…according to Act of Parliament. J. Pine Sculp.

ARMADA

NAVALE DESPAIGNE
INVINCIBLE
PAR LES ANGLOIS
I R

PETER PADFIELD

ARMADA

westermann

CIP-Titelaufnahme
der Deutschen Bibliothek

Padfield, Peter
Armada/Peter Padfield. [Übers. aus d. Engl. Manfred Vasold].
- Braunschweig: Westermann, 1988
Einheitssacht.: Armada <dt.>
ISBN 3-07-**50 8985**-0

Übersetzung aus dem Englischen: Manfred Vasold
Lektorat: Doris Mendlewitsch
Umschlagtypographie: Gerd Gücker
Satz: Hagedorn GmbH, Braunschweig
Druck und Bindung: Imago, Mailand

ISBN 3-07-**50 8985**-0

Vorsatz
Karte mit der Route der Armada, gestochen und veröffentlicht von John Pine, 1660–1756. Sie lehnt sich an ein Original aus dem Jahr 1590 an und zeigt die Routen der englischen und der spanischen Flotte. Die reiche allegorische Verzierung der Ränder stellt den Sieg des protestantischen England über das katholische Spanien dar.

Schmutztitel
Visschers Stich zeigt den Kauffahrer *Griffin,* der als bewaffnetes Hilfsschiff für die englische Flotte angeheuert wurde.

Frontispiz
Die Armada in der Straße von Dover. Flämische Schule, um 1610. Hier werden mehrere Ereignisse dargestellt: Rechts sieht man die Verteidigung Englands durch seine Flotte; an der Küste steht eine Armee bereit, die die Standarte Königin Elisabeths trägt. Links sind die Schiffe der Armada mit spanischen und katholischen Emblemen. Im Hintergrund erscheinen Signalzeichen der Armada.
Das Wappen der Stuarts und die Initialen IR (= James Rex) ganz oben deuten darauf hin, daß diese seltene Miniatur eines historischen Ereignisses vielleicht für König Jakob I. angefertigt wurde.

Titelseite
Ein silbernes Medaillon aus einer Reihe, die die Niederländer 1588/89 zur Feier ihrer Befreiung anfertigten.

Autor und Verlag danken folgenden Personen und Institutionen für die freundliche Genehmigung zum Abdruck von Illustrationen, die auf den genannten Seiten erscheinen:
Bibliothèque Nationale, Paris: 30
Fachbereich Klimaforschung der University of East Anglia: 50, 160, 185
Umweltamt, London: 84, 88
Marquis von Salesbury, Hatfield House: 14, 21, 25, 36, 39, 52, 54, 55, 61, 76, 96, 101, 133, 134, 168, 193
Marquis von Tavistock und den Treuhändern des Bedford-Nachlasses, Woburn Abbey: 23, 167
National Maritime Museum, London: Umschlag, Vorsatz, 1, 2, 3, 8, 10, 11, 17, 29, 37, 40, 45, 59, 60, 72, 73, 78, 79, 99, 105, 109, 110, 112, 113, 120, 121, 126, 129, 136, 146, 147, 151, 155, 157, 159, 161, 172, 173, 174, 175
National Portrait Gallery, London: 33, 64
The National Trust Photographic Library: 33
Northern Ireland Tourist Board: 183
Rotunda Museum, Woolwich: 92, 93
Sammlungen Ulster Museum: 177, 180, 181, 184
Victoria und Albert-Museum, London: 83

Inhalt

Danksagung

Meine Frau Jane hatte großen Anteil an der Arbeit für dieses Buch, das ohne ihre Hilfe und ihren Spürsinn nicht dasselbe wäre. Wir profitierten beide von der großzügigen Unterstützung der Bibliothek der University of East Anglia, deren Mitarbeitern wir sehr danken; ebenso half uns, wie immer, die Woodbridge Library.

Lionel Willis leistete einen großen Beitrag mit seinen außerordentlichen Zeichnungen der Kriegsschiffe, der Karten und der Diagramme. Ich danke ihm und John Taylor, der die Illustrationen zusammenstellte, darunter einige bisher unveröffentlichte, die das Buch so anschaulich machen.

Ebenso Dank an David Lyon, den früheren Kurator für Marineartillerie des National Maritime Museum; Dr. Margaret Rule von der *Mary-Rose-Stiftung,* Portsmouth, für ihre Hilfe bei allen Fragen; Krystina Behnke, Berlin, für ihre Hilfe bei der Auswertung von Frank Lynders Untersuchungen des Armada-Wracks vor Norwegen; außerdem in Norwegen Bjørn Ringstadt in Folkehuset, Molde, und Bjørn Jonson Dale, Oslo, für ihre Untersuchungen der mündlichen Überlieferungen über das Wrack.

Ich bin Prof. Hubert Lamb und Dr. K. S. Douglas vom Fachbereich Klimaforschung der University of East Anglia dankbar für die Erlaubnis, einige Wetterkarten aus ihren Untersuchungen über Sommer und Herbst 1588 abzudrucken. Gleichfalls danke ich dem Herausgeber des *Mariner's Mirror,* der Zeitschrift der Society for Nautical Research, für die Erlaubnis, aus „Gorgas' Seafight" von Thomas Glasgow Jr. zu zitieren; Dank auch an die Autoren zahlreicher Artikel aus *Mariner's Mirror,* die zu diesem Buch viel beigetragen haben.

1

Der vorsichtige König

König Philipp II. von Spanien (1527–1598; regierte 1556–1598).

Philipp II. von Spanien traf seine Entscheidungen niemals leichtfertig; sein Entschluß, England einzunehmen, bildete da keine Ausnahme. Wann genau er ihn traf, ist nicht bekannt; es ist sogar fraglich, ob die Armada, die er 1588 nach Norden entsandte, wirklich eine Invasion vornehmen sollte, oder ob er erwartete, die Drohgebärde werde genügen, die englische Königin Elisabeth I. in die Knie zu zwingen. Gehofft hat er das bestimmt – erwartet hat er es wahrscheinlich nicht.

Ebensowenig ist klar, ob das Entsenden der Armada klaren strategischen Vorstellungen entsprang oder ob es ein Akt der Verzweiflung war, um das Gesicht beziehungsweise auf den Finanzmärkten das Ansehen zu wahren. Die tüchtigeren unter Philipps Beratern hatten seit Jahren die strategische Bedeutung Englands unterstrichen, aber über Erörterungen dieser Frage war man nie hinausgekommen. Seine niederländischen Untertanen standen in Aufruhr, und noch im August 1585 war er entschlossen, zunächst seine Autorität wiederherzustellen, danach könne man über England nachsinnen. Im Herbst desselben Jahres erfuhr er, daß Elisabeth mit den niederländischen Aufständischen einen Vertrag abgeschlossen hatte, in dem sie ihnen Truppen und Geld versprach, um ihren Widerstandsgeist zu stärken. Außerdem war Francis Drake mit einem ansehnlichen Geschwader in die Bucht von Vigo gesegelt und hatte dort geplündert, ja sogar den Hafen von Vigo bedroht. Daß Engländer und Franzosen ihm in Übersee manchen Schaden zufügten, war er gewohnt; aber sich an seiner eigenen Küste beleidigen zu lassen, war noch etwas anderes. Er bat seinen bewährtesten Admiral, den Marqués de Santa Cruz, und seinen erfolgreichsten Feldherrn, den Herzog von Parma, ihm genaue Pläne für eine Invasion Englands vorzulegen.

Im März traf die Nachricht ein, Drake habe den Atlantik überquert und sei in der Karibik aufgetaucht, er habe Santo Domingo eingenommen, die frühere Hauptstadt der Insel Hispaniola, und sie und Cartagena, die Hauptstadt des spanischen Königreiches Neu-Granada auf dem Festland Südamerikas, geplündert und Lösegelder erpreßt. Diese beiden Städte sollten die wichtigsten Stützpunkte in dem Verteidigungssystem dieser Region bilden; aber schlecht befestigt, waren sie schnell gefallen.

Die wichtigsten Seerouten zu den Niederlanden befanden sich bereits in den Händen der Rebellen, die die Inseln in den Mündungen der Schelde und anderer wichtiger Flüsse beherrschten. Eine englische Streitmacht unter dem Earl of Leicester war gelandet, um den Aufständischen zu helfen. Jetzt sah es so aus, als wolle England die nicht minder wichtigen Orte bedrohen, die die Schatzflotte aus den spanischen Besitzungen in Amerika als Treffpunkte aufsuchte. Die Kaufleute und die Finanziers waren beunruhigt; ihre Überzeugung, der Schlüssel zur Sicherheit der Niederlande und der amerikanischen Besitzungen liege in England, nahm zu. Es scheint, daß sich Philipps Ziele von

Sir Francis Drake wird 1579 in Nova Albion gekrönt. Stich aus dem Buch „Americae" von Theodor de Brys, in der Ausgabe von J. L. Gottfried. Im Verlauf seiner berühmten Weltumsegelung auf der Golden Hind (1577–1580) ging Drake in der Nähe des heutigen San Francisco vor Anker; dort hießen ihn die Indianer willkommen und krönten ihn. Im Namen von Königin Elisabeth I. ergriff er förmlich Besitz von dieser Region und nannte sie Nova Albion.

da an änderten: Als erstes müsse England zur Ordnung gerufen werden, danach sei es Zeit, sich die niederländischen Rebellen vorzunehmen. Noch immer kann man sich fragen, bis zu welchem Grad dies die Folge der Unsicherheit der Kaufleute war und bis zu welchem Grad Teil einer offensiven Strategie zur See, inwieweit einfach eine Frage des Ansehens, die bei allen Entscheidungen, die sein Reich betrafen, nicht weniger wichtig war als die beiden anderen Überlegungen. Es fällt schwer, dem Urteil des Papstes, der Philipp Unterstützungsgelder verweigerte, zu widersprechen, daß das Ganze mit Religion wenig zu tun habe.

Philipps Charakter ist den Historikern ein Rätsel. Er sprach oder schrieb selten über sich; in den Augen der Nachgeborenen ist er der Herrscher Spaniens im Goldenem Zeitalter, der in Fernand Braudels Worten, *„schweigsam an seinem Schreibtisch saß, der mit rascher Hand die Ränder seiner Berichte mit Bemerkungen vollschrieb, der niemanden an sich heranließ, zurückgezogen und nachdenklich"*[1].

Er war der Sohn Kaiser Karls V., mütterlicherseits der Enkel von Ferdinand von Aragón und Isabella von Kastilien – des Herrscherpaares, das Spanien vereinigt und die südlichen Landesteile für das Christentum zurückerobert hatte. Väterlicherseits war er ein Sproß des Habsburgerkaisers Maximilian I., dessen Besitzungen sowohl Österreich und Ungarn als auch die Provinzen der Herzöge von Burgund, die Freigrafschaft Burgund, Luxemburg und die Niederlande umfaßten. Karl V. hatte dieses Riesenreich geerbt, zu dem im Mittelmeer die Balearen gehörten, ferner Sardinien, Sizilien, das Königreich Neapel mit der Südhälfte Italiens sowie Mailand im Norden; im Atlantik die Kanarischen Inseln, die Karibikinseln Kuba und Hispaniola sowie die immer größer werdende Neue Welt in Mittel- und Südamerika: nördlich der Landenge das Vizekönigreich Neu-Spanien (Mexiko), südlich davon Neu-Granada (Venezuela und Kolumbien) und Peru.

Um sein weitläufiges Reich im Osten sowie im Mittelmeer gegen die Türken zu verteidigen, im Westen gegen Frankreich, und schließlich auch noch zu versuchen – am Ende vergebens –, den Geist der Ketzerei und des Aufruhrs unter den deutschen Fürsten im Norden und in der Mitte des Heiligen Römischen Reiches zu unterdrücken, gab Karl weit mehr aus, als er aus seinen Ländern an Steuergeldern herauspressen konnte. Er glich das Defizit aus, indem er auf die Einkünfte Kastiliens und die Besitzungen in der Neuen Welt Gelder aufnahm. Bankiers aus aller Herren Länder gewährten ihm Kredit; als Sicherheit verpfändete er ihnen zukünftige Schiffsladungen mit Edelmetallen oder Steuergelder – und dies zu Zinsen, die geradeso anwuchsen wie seine Schulden. In den späten 1550er Jahren zahlte er 50 Prozent und einigen genuesischen Bankiers sogar mehr als 75 Prozent Zins. Er verkaufte auch Staatspapiere, die sogenannten *juros*, mit einem Zinssatz von 5 bis 7 Prozent, sie waren von bestimmten kastilischen Steuern oder Abgaben gedeckt. Die Zinsen für all das verschlangen mehr und mehr von seinem bis dahin noch unverpfändetem Einkommen. So wurde die Krone Kastiliens zu einem Pfandgut, indes die gewöhnlichen und die außerordentlichen Steuern unerträglich hinaufgeschraubt wurden; das erdrückte den einfachen Mann und drosselte Handel und Gewerbe.

Philipp wurde schon in seiner Kindheit mit diesen Finanzproblemen und ihren schlimmen Folgen vertraut, denn sein Vater verbrachte seine Zeit auf Reisen und im Feld, und schon mit 16 Jahren mußte Philipp ihn in Kastilien vertreten. Mit 17 Jahren schrieb er ihm, um von einem Defizit von mehr als drei Millionen Dukaten zu berichten – *„und wir wissen nicht, von wem oder wie wir es beheben können, denn die Einkünfte aus Übersee sind auf Jahre hinaus verpfändet“*[2]. Mit 18 Jahren teilte er ihm mit, *„daß die einfachen Leute sich in einem solch kläglichen Elend befinden, daß viele von ihnen nackend umherlaufen“*[3].

1556 hatte Karl alle Hoffnung und das Vertrauen seiner Bankiers verloren. Er dankte ab und überließ seinem Bruder Ferdinand seine mitteleuropäischen Besitzungen, den Rest seines Reiches Philipp. So großartig es auch nach außen hin aussah, das Herzstück des Reiches, Kastilien, war bankrott; im Jahr darauf war Philipp gezwungen, die Zahlungen aus dem kastilischen Schatzamt einzustellen, er verwandelte alle offenstehenden Anleihen in *juros* mit einem Zins von 5 Prozent.

Bevor er eine Entscheidung traf, dachte er sorgfältig und lange nach, das war ein Teil seines Wesens. Seine Porträts zeigen einen nachdenklichen Mann von großem Ernst. Seine Politik läßt sein Leitziel ahnen: dem Rat seines Vaters zu folgen und Gott zu erlauben, ihn *„als Sein Werkzeug“* zu benutzen, um sein Erbe im wahren Glauben zu erhalten. Dafür setzte er auch die Inquisition ein.

König Philipp II. von Spanien.
Spanische Schule, 17. Jahrhundert.

Königin Elisabeth I.
(1533–1603; regierte 1558–1603).
John Bettes der Jüngere, tätig 1578–1599.

Unter Philipp dehnte sie sehr bald ihren Herrschaftsbereich aus und unterdrückte alle Formen von Widerstand. Alle Manuskripte wurden zensiert, bevor sie in Druck gingen, desgleichen die Bücher, spanische Übersetzungen von ausländischen Büchern durften nicht eingeführt werden; freimütige Geister kamen ins Gefängnis. So groß war die Furcht, von außen her verdorben zu werden, daß Philipp allen spanischen Studenten an ausländischen Universitäten die Rückkehr befahl, nur die rechtgläubigen Universitäten in Rom, Bologna, Neapel und Coimbra waren davon nicht berührt. Sie waren die einzigen Hochschulen im Ausland, an denen Spanier studieren durften.

Interessanterweise folgte er mit diesem scharfen Vorgehen einem Brief seines Vaters, der seine Ängste zum Ausdruck brachte, die Ketzerei könne sich ausbreiten, und zugleich die gleichen radikalen Maßnahmen empfahl, die er selber in Flandern und Ungarn angewandt hatte: Wer widerrief, sollte nicht mit einer leichten Strafe davonkommen, um sodann – *„wie dies besonders für Gebildete zutrifft"* – seine Ketzereien fortzusetzen, nein, *„es erging ein Befehl, daß ein jeder, wes Standes er auch sei, der bestimmte Dinge getan hatte, einzig und allein deswegen verbrannt werden sollte, sein Besitz sollte der Krone zufallen. Die nackte Not verpflichtet mich, so zu handeln."* [4]

Karls Haß gegen die Ketzerei war keineswegs nur religiös begründet, er war ebenso politisch motiviert, hervorgegangen aus seinen Kämpfen mit den deutschen Lutheranern. Ketzerei und Aufruhr, das war für ihn ein und dasselbe. Auf der spanischen Halbinsel fürchtete man sich vor allem vor einem Aufstand der maurischen Untertanen, die vielleicht als Agenten der Türken auftraten, und vor den einst so einflußreichen ehemaligen Juden, die man jetzt als *conversos* bezeichnete, seit ihre Väter die christliche Taufe über sich hatten ergehen lassen. So ergeben sich zwei Aspekte: Die Inquisition war Ausdruck eines religiösen Fundamentalismus und zugleich ein Instrument der staatlichen Unterdrückung, mit dem man die innere Sicherheit gewährleistete.

Daß Philipp selbst nach der Abdankung Karls weiterhin dessen Ratschlägen folgte, entspricht durchaus dem, was man von seinem Charakter erwarten durfte. Philipp wollte sich an seinem Vater messen und befand sich zu leicht – das könnte ein Schlüssel zu seinem Wesen sein. Eines seiner wenigen persönlichen Schriftstücke deutet dies an. Als er 1569 seinem wichtigsten Berater schrieb, sagte er, er denke daran abzudanken:

„Ich weiß sehr wohl, daß ich in diesem Leben an einem anderen Orte stehen sollte, nicht so hoch, wie der eine Gott mich gestellt hat. Das ist schrecklich für mich. Und viele stören sich daran. Möge Gott, daß wir im Himmel besser behandelt werden." [5]

Dies mag ein Zeichen seiner tiefen Niedergeschlagenheit nach dem Tod seines Sohnes Don Carlos gewesen sein, kurz nachdem er seine geliebte Frau Elisabeth von Valois verloren hatte. Vielleicht war es der Schrei eines Erschöpften, der sich eine schier übermenschliche Aufgabe gestellt hatte: jede Botschaft selbst zu lesen und über alles und jedes Bescheid zu wissen, was in seinem unermeßlichen Reich geschah. *„Ein König"*, so sagte er einmal, *„ist nichts als ein Sklave, der eine Krone trägt."* [6]

Seine Räte oder schnell einberufene Gremien legten ihm ihre *consulta* vor. In diesen Dokumenten faßten sie die wichtigsten Punkte der Diskussion zusammen und schrieben ihre eigene Empfehlung dazu, daneben ließen sie einen breiten Rand für seine Notizen. Diese Randbemerkungen haben die Historiker lange beschäftigt. Sie berühren jedes erdenkliche Gebiet, Pensionszahlungen für Witwen ebenso wie Tagesfragen von größter Wichtigkeit; offenbar sah Philipp deren unterschiedliche Bedeutung nicht. Man hat ihn als den Ersten Bürokraten des Spanischen Reiches bezeichnet. Er hatte keine großen Visionen; er kannte nur das pragmatische, beständige Reagieren auf Ereignisse. Fernand Braudel schreibt dazu:

„Er sah seine Tätigkeit als eine unendliche Kette kleiner Einzelheiten. Jede seiner Randbemerkungen ist eine kleine, genaue Äußerung, sei sie nun ein Befehl, eine Bemerkung, die Korrektur eines Rechtschreibfehlers oder eines Irrtums in der Geographie. Niemals flossen da allgemeinere Ideen oder weitreichende Pläne aus seiner Feder.“[7]

Der Palast von San Lorenzo de Escorial gibt uns einen weiteren Schlüssel zu seinem Wesen und seinen Ansichten. Er ließ ihn am Rand der Sierra Guadarrama außerhalb von Madrid errichten. Er war als Kloster und Mausoleum für seine Familie und den König selbst gedacht, ebenso als königliche Residenz, vor allem aber als sein persönliches Refugium. Seine Räume waren gleich neben der Kapelle in der Mitte der weitläufigen Gebäude, die sich um Innenhöfe gruppieren; ihr Grundriß zeigt die Form des Folterinstruments, das an den Märtyrertod des heiligen Laurentius erinnert - einen Rost. Von seinem Schlafgemach konnte er durch ein Fenster zum Hochaltar hinüberblicken und die Seelenmesse für seine Eltern hören, die darunter begraben lagen. Die Gemälde in seinen Räumen enthüllen viel von seinem Inneren - Da hingen von Hieronymus Bosch *Der Garten der Lüste, Der Heuwagen* und *Die Sieben Todsünden*.[8] Ihre deftige Erdverbundenheit und ihre Symbolik - ewige Höllenstrafen für irdische Laster - müssen dieselben Gemütskräfte in ihm angesprochen haben, die ihn auch bewogen hatten, diesen Palast als seinen Zufluchtsort und seine Grabstätte zu errichten.

Sein eigenes Leben bot ihm Anlaß genug, über den Tod nachzudenken. Seine Mutter, die er geliebt und hoch geachtet hatte, war verstorben, als er 12 Jahre alt war. Er hatte den Leichenzug von Toledo nach Granada begleitet - durch die Hitze verweste ihr Leichnam so schnell, daß sie nicht mehr zu erkennen war, als man den Sarg öffnete. Mit 16 Jahren heiratete er die portugiesische Infantin Maria, sie starb zwei Jahre später im Kindbett; der Sohn, den sie ihm gebar, Don Carlos, wuchs zu einem schwachsinnigen Jungen heran, der gern andere Kreaturen quälte, unfähig, eines Tages zu regieren. Er starb im Alter von 23 Jahren, nachdem Philipp ihn unter Aufsicht hatte stellen müssen. Inzwischen hatte Philipp die englische Königin Maria geheiratet; es wurde eine unglückliche, kinderlose Ehe, eingegangen aus Pflichtgefühl gegenüber seinem Vater, der versuchte, England zusammen mit den spanisch-niederländischen Besitzungen gegen Frankreich zu vereinen. Nach Marias Tod machte Philipp ihrer Nachfolgerin Elisabeth einen Antrag; sie zog die Entscheidung endlos hinaus, wie es ihre Art war, dann lehnte sie ab. Daraufhin heiratete Philipp die 13jährige Elisabeth von Valois, die zwei Töchter gebar und im Alter von 21 Jahren im Kindbett starb. Er hatte sie geliebt. Seine letzte Gemahlin war Anna von Österreich; sie schenkte ihm fünf Kinder, davon starben vier sehr jung, nur ein Sohn überlebte, Philipp, um ihr Erbe anzutreten. Anna starb 1580.

Und wenn Philipp vielleicht auch aufgrund seiner Persönlichkeitsstruktur keine großen Pläne hätte hervorbringen können, so ist dies doch auch als echte Bescheidenheit gegenüber dem göttlichen Weltplan zu deuten. So unterwies er seinen Sohn, den späteren Philipp III., als guter Fürst müsse er zuallererst ein guter Christ sein: *„Wenn du als Vorkämpfer oder als Verteidiger unserer heiligen Religion in die Schranken treten mußt, wird Gott, selbst wenn du dein ganzes*

El Escorial, im Bau.

Königreich verlieren solltest, dich ruhmreich bei sich aufnehmen, und dies ist das einzige Ziel, nach dem man streben sollte.“[9]

Vermutlich sah er sich weniger als Gefangenen seiner Staatspapiere, vielmehr als einen Gefangenen von Umständen, über die er nicht zu gebieten vermochte. Darin hatte er natürlich recht. Die Ereignisse, mit denen er sich herumschlug, wurden von Konquistadoren und Spekulanten in Amerika herbeigeführt, von Finanziers in Deutschland, Italien und Flandern, von Kaufmannsgenossenschaften in Frankreich, England und den Niederlanden, von Gouverneuren und Händlern im portugiesischen Teil der Neuen Welt – das Handelssystem, als Merkantilismus oder, noch vager, als Kapitalismus zu bezeichnen, sprengte die Fesseln des Mittelmeers und verlagerte den Schwerpunkt der Handelstätigkeit in den Atlantik. Dies hatte schon vor Karls Herrschaft begonnen, ja schon bevor Vasco da Gama das Kap der Guten Hoffnung umrundete und auf den Indischen Ozean hinaussegelte; doch zur höchsten Reife gelangte dieser Prozeß erst unter König Philipp.

Spanien und Portugal beanspruchten den Atlantik ausschließlich für sich; ihre Einflußzonen, so hatten sie vereinbart, sollten zu beiden Seiten einer Linie liegen, die 370 Meilen westlich der Kapverdischen Inseln verlief: westlich dieser Linie besaß Spanien seine Besitzungen in der Mitte Amerikas, und, noch weiter westlich, im Pazifik; östlich dieser Linie besaß Portugal den größten Teil der Ostküste Brasiliens, Stützpunkte an den Küsten im östlichen und westlichen Afrika und Indien sowie die ostindischen Inseln. Die Gewürze von diesen Inseln und das Gold und Silber aus der Neuen Welt bildeten das Herzstück des Handels im Atlantik. Aber bald folgten Pflanzer und Viehzüchter den Konquistadoren und schufen die Bedingungen für ein Handelsdreieck: europäische

Fertigwaren und Sklaven aus Afrika gingen zu den Plantagen in der Neuen Welt, im Tausch gegen Zucker, Tabak, Pelze und andere Produkte, die sodann nach Europa gebracht wurden.

Die Niederlande profitierten von diesem anwachsenden Handelsverkehr am meisten. Dies war zum Teil dem Zufall zuzuschreiben, daß sie zur spanischen Krone gehörten, hauptsächlich aber ihrer Lage: einerseits am Ende eines großen Netzwerkes von Flüssen, das den Nordwesten und Südosten Kontinentaleuropas miteinander verband, andererseits zwischen Atlantik und Ostsee, von wo das Holz für die Schiffe kam, ferner Pech und Teer, Terpentin und Flachs, die man in immer größeren Mengen für die Schiffe im Atlantik brauchte. So wurde Antwerpen für portugiesische und spanische Gewürze und Kolonialwaren zum Stapelplatz im Norden, zum Mittelpunkt der reichsten, industriell höchstentwickelten Region in Europa, eigentlich zur Werkstatt und Rüstkammer der spanischen und portugiesischen Reiche. Spanische Schätze kamen als Zahlungsmittel herein und beschleunigten seinen Aufstieg – Antwerpen entwickelte sich zur Finanzmetropole des spanischen Reiches.

Natürlich profitierte der ganze Nordwesten Europas von diesem Zuwachs an Reichtum, ganz besonders die Küste am Atlantik. Die ersten, die diesen Kreislauf an der Quelle anzuzapfen versuchten, waren französische Freibeuter, oft unterstützt von Kaufleuten oder ihrem König. Sie konzentrierten sich auf die Azoren und auf Häfen im spanischen Teil Amerikas, wo die heimsegelnden Flotten sich versammelten.

Die Engländer waren damals bereits in den spanischen Bereich eingedrungen, ihre Kaufleute und Seefahrer trieben, mehr oder weniger erlaubtermaßen, auf der iberischen Halbinsel und den Atlantikinseln Handel; von den Karibikinseln, Amerika und der Sklavenküste Afrikas waren sie ausgeschlossen. „Erlaubtermaßen“ – dieses Wort beschreibt die Wirklichkeit des Seehandels im 16. Jahrhundert nur ungenügend: Händler konnten auch Schmuggler oder Piraten sein, je nachdem, welche Möglichkeiten sie sahen. Je hartnäckiger Spanien und Portugal versuchten, ihr Monopol in diesem Raum geltend zu machen, desto mehr Gewalt und Bestechung setzten sie von außen ein, hier einzudringen. Die Franzosen traten in der Karibik ziemlich offen auf; die Engländer hingegen nutzten die Vorteile ihrer tiefen Häfen an der Kanalküste, gegenüber den Niederlanden, und betrieben lieber den Schmuggel und die Seeräuberei – diese Praktiken waren zwar verboten, aber sie brachten hohe Gewinne, und so wurden sie selbst von rechtmäßigen Handelsorganisationen gutgeheißen, ja selbst von der englischen Gesellschaft und ihren höchsten Spitzen samt der Königin.

Franzosen und Engländer fügten Spanien auf ihren Plünderzügen nur geringe Verluste zu. Weitaus ernster waren die Veränderungen, die der neue Reichtum aus dem Atlantik für die Niederlande brachte – er erhöhte die Macht und den Ehrgeiz des Bürgertums in den Seehäfen und Gewerbezentren und verstärkte die natürlichen Spannungen zwischen dieser Schicht und dem Feudaladel und den Oberen der Kirche. Diese allgemeinen Spannungen drückten sich in religiösen Auseinandersetzungen aus. Zu Recht glaubte Philipp, ebenso wie sein Vater, daß Ketzerei gleichbedeutend mit Aufruhr sei. Er versuchte, die Macht der Kirche zu stärken, indem er in den Niederlanden 14 neue Bischofssitze einrichten ließ, jeder mit einem Stab von Inquisitoren. Ein Aufschrei der Empörung war die Reaktion sowie das Entstehen einer Unabhängigkeitsbewegung; die Inquisition trug das Siegel Spaniens, und da war es nicht schwer, das Volk zu calvinistischer Wut gegen sie aufzureizen. Ähnliche soziale Spannungen gab es auch im westlichen Teil Frankreichs, am Atlantik, sie brachten eine ähnliche Widerstandsbewegung hervor, die Hugenotten. Für Philipp war der Bürgerkrieg in Frankreich eine Warnung, er sah hinter den verschiedenen protestantischen Aufständischen eine staatenübergreifende Verschwörung. Da lag für ihn seine Aufgabe klar auf der Hand: Er sandte unter dem Herzog von Alba Truppen nach Norden, den Aufruhr niederzuwerfen. Alba wandte die grausamsten Unterdrückungsmittel an, was den Widerstandsgeist der protestantischen Aufständischen unter Führung Wilhelm von Oraniens nur noch anstachelte. Inzwischen benutzten aufständische Seeleute, die sich selbst als „Geusen" bezeichneten – das bedeutete Bettler –, englische und französische Häfen als Stützpunkte und plünderten zusammen mit den Hugenotten spanische Handelsschiffe aus. Im Winter 1568/69 gelang es ihnen, die Seeverbindung zwischen Spanien und den Niederlanden zu unterbrechen.

Philipp rief Alba zurück und versuchte, einen versöhnlicheren Kurs einzuschlagen. Aber dafür war es bereits zu spät. Die Kosten der Feldzüge und der durch den Aufruhr verursachte Niedergang in diesem Handels- und Finanzzentrum ließen seine Finanzquellen versiegen; sein Reich geriet in den gleichen kläglichen Zustand, in dem es sich schon früher befunden hatte. 1575 ließ er die Zahlungen des kastilischen Schatzamtes einstellen. Im Jahr darauf meuterte die unbesoldete Armee in den Niederlanden und plünderte Antwerpen.

England war unterdessen ins Lager des Feindes übergewechselt. Frankreich war von einem Bürgerkrieg zerrissen, so drohte England von daher keine Gefahr; aber wichtiger war wohl, daß England arm war und Elisabeth, ihr Hof und die Kaufmannschaft auf den schnellerworbenen Reichtum angewiesen waren, den die Plünderung spanischer Handelsunternehmen und des spanischen Schatzes verhieß. Drake war nur der bekannteste und der erfolgreichste unter den vielen englischen Seeräubern, die es zu den Silbertransporten aus Peru in das Dreieck zwischen Spanisch-Amerika und der Landenge von Panama zog. Unbeabsichtigt kamen Philipp zwei Dinge zu Hilfe: Ganz besonders wichtig war erstens die gewaltige Steigerung des Silberzustroms aus den Gruben der Neuen Welt. 1580 belief sich das „Königliche Fünftel" auf zwei Millionen Dukaten, zu Beginn seiner Herrschaft war dies der gesamte Wert der jährlichen Förderung gewesen.[10] Das war immer noch zu wenig, um die Lücke zwischen dem Steueraufkommen und den steigenden Ausgaben für Heer und Marine zu schließen, die zur Verteidigung der Landesgrenzen, zur Präsenz im Mittelmeer und im Atlantik nötig waren sowie für die Besoldung der Armee in den Niederlanden. In den Augen der Welt verlieh das „Königliche Fünftel" seiner Krone einen leuchtenden Glanz und ließ die Bankiers erneut Vertrauen fassen, so daß sich sein politischer Handlungsspielraum wieder vergrößerte.

Der zweite Glücksfall betraf Portugal. 1578 fiel der junge König Sebastian an der Spitze eines Kreuzfahrerheers in Marokko. Ihm folgte der alte Kardinal Heinrich von Portugal, der Ehelosigkeit geschworen hatte und keine eigenen Nachkommen hinterließ. Über die Linie seiner Mutter konnte Philipp einen Anspruch auf diesen Thron reklamieren, und er begann, einflußreiche Leute in Portugal davon zu überzeugen; was nicht schwierig war, da die Übergriffe der Protestanten Portugals Handelsrouten nicht weniger trafen als die spanischen, so daß beide Mächte sich zu einem Schutzbündnis für ihre überseeischen Herrschaftsräume zusammenfanden. Der anschwellende Reichtum aus der Neuen Welt war ein weiteres überzeugendes Argument, denn Portugal benötigte diese Gelder dringend für seinen Handel mit dem Osten und im Indischen Ozean. Daher standen die meisten Adligen und die Finanziers und Kaufleute in Lissabon schon auf seiten Philipps, als Kardinal Heinrich im Januar 1580 starb. Eine Ausnahme machten die *conversos* – sie fürchteten, mit Philipp

Der Marqués de Santa Cruz, ein erfahrener spanischer Admiral, der als der „Unbesiegbare" bekannt war; er sollte Kommandeur der Armada sein. Santa Cruz starb jedoch vor der Abfahrt, an seiner Statt wurde der Herzog von Medina Sidonia ernannt.

werde zwangsläufig auch die Inquisition nach Portugal kommen. Sie und Teile des niederen Klerus unterstützten den Anspruch des illegitimen Antonio, der nun für seinen Anspruch zu kämpfen begann, indem er Lissabon einnahm und sich des Kronschatzes bemächtigte. Philipp war darauf vorbereitet: In einer Reihe schneller, wohldurchdachter Operationen überrannten seine Streitkräfte binnen eines Jahres das Land. Antonio flüchtete und suchte Hilfe in Frankreich. Philipp II. bestieg als Philipp I. den portugiesischen Thron.

Auf dem Höhepunkt seiner Macht konnte Philipp behaupten, daß in seinem Reich die Sonne nicht unterging. Von diesem Riesen mit seinen anscheinend unerschöpflichen Quellen des Reichtums, die man nur aus der Erde der Neuen Welt zu nehmen brauchte, ging eine Bedrohung aus, die zu einem wichtigen Faktor europäischer Politik wurde. Die Protestanten im nördlichen Europa mußten sich zusammenschließen, wollten sie nicht Gefahr laufen, einer nach dem andern verschlungen zu werden.

In den Jahren nach 1580 wuchs diese Gefahr zusehends. Philipps Militärbefehlshaber und Generalgouverneur in den Niederlanden, Alexander Farnese, Herzog von Parma, eroberte die südlichen Provinzen zurück und nahm 1585 Brüssel und Antwerpen. Im Jahr davor war der Führer der Protestanten, Wilhelm von Oranien, mit Philipps Zutun umgebracht worden. Es war bekannt, daß Philipp einen Aufstand in England und die Ermordung Elisabeths geplant hatte. Die Bedrohung für England wuchs 1585, als Parma die Rückeroberung der südlichen Niederlande zu Ende führte, danach würde England diesem Riesen alleine gegenüberstehen. Elisabeth sandte Leicester und seine Armee den Aufständischen in den nördlichen Provinzen zu Hilfe und schickte gleichzeitig Drake auf eine Kreuzfahrt; Santo Domingo und Cartagena wurden geplündert und Philipp mußte sich an seiner eigenen Küste, in Vigo, bedrohen lassen. Diese Stachel in Philipps Fleisch trieben ihn dazu, England anzugreifen.

Der Plan seines Admirals Santa Cruz war ganz einfach: Man sollte eine unüberwindliche Flotte von etwa 560 Kriegsschiffen zusammenziehen (darunter 40 Galeeren und 6 Galeassen), bewaffnete Kauffahrer und Vorratsschiffe von insgesamt 77 000 Tonnen, die eine Armee von 60 000 Soldaten sowie die nötigen Geschütze für eine Belagerung aufzunehmen vermochten, sie in England an Land bringen und auf London zumarschieren lassen. Parmas Plan war genauso einfach: Er wollte seine niederländische Armee völlig überraschend an der englischen Ostküste landen, wofür viele kleine Schiffe eigens für diesen Zweck angefertigt werden sollten. Aber beide Pläne waren unrealistisch: der von Santa Cruz verlangte mehr Menschen, mehr Geld und mehr Schiffe, als selbst das spanische Reich aufbringen konnte; Parmas Plan setzte voraus, daß weder die Engländer noch die Seegeusen, die sämtliche Flußmündungen und Seeküsten der Niederlande beherrschten, von diesem Riesenunternehmen erfuhren und nicht versuchten, Parma mit ihren überlegenen Streitkräften aufzuhalten, wenn er in See stach. Philipp bevorzugte grundsätzlich Santa Cruz' Plan; aber er machte etliche Abstriche, ehe er ihm realisierbar erschien. Als es im Lauf des Jahres 1587 so aussah, als sei es unmöglich, selbst diese Streitmacht aufzustellen und auszurüsten, beschloß man, beide Pläne zu vereinen: Santa Cruz sollte mit einer Flotte von Lissabon in See stechen, die groß genug war, die englische Flotte zu besiegen; sie sollte etwa 16 000 Soldaten sowie genügend Vorräte an Bord führen und an der niederländischen Küste mit Parma zusammentreffen; dessen Aufgabe war es, inzwischen genügend kleine Schiffe herstellen zu lassen, die 30 000 Mann seiner Armee auf die andere Seite des Kanals, nach Kent, bringen konnten.

Einen solchen Plan würde man von einem vorsichtigen König kaum erwarten. Vielleicht ließen er und seine Berater sich vom Optimismus eines Santa Cruz und von dem Erfolg der vereinigten See- und Landstreitkräfte bei der Eroberung Portugals anstecken. Aber diese Operationen an seiner eigenen Küste waren grundverschieden von einem solchen Vorhaben in der Ferne. Und nichts von solcher Größenordnung und solcher Weiträumigkeit war je zuvor versucht worden. Die Marineunternehmen im Mittelmeer waren von ganz anderer Dimension und dienten einem anderen Zweck; sie bauten darauf, daß die Galeeren, im wesentlichen Kriegsschiffe mit kurzer Reichweite, und die Festungen auf dem Land sich gegenseitig unterstützten. Die Spielregeln im Mittelmeer waren wohlbekannt; die Operationen ähnelten dort den alljährlich abgehaltenen, altbekannten Turnierspielen zur Sommerzeit. Aber hier im Atlantik, vor der Küste Frankreichs und der Niederlande, gab es Stürme, die ganze Flotten umherwarfen und zerstreuten; hier gab es Winde, die einen vom Kurs abbringen konnten, starken Wellengang, Untiefen und unvorhersehbares Wetter, von den feindlichen Streitkräften einmal ganz abgesehen. Man setzte unendlich viel aufs Spiel, an Glaubwürdigkeit wie an Finanzmitteln; man setzte auf einen unbekannten Gewinn und bediente sich dabei unerprobter Mittel. Es war, mit einem Wort, unvorsichtig. Ohne Philipps Einkünfte aus der Neuen Welt und ohne seine portugiesischen und italienischen Schiffe wäre es unmöglich gewesen.

War es die Verzweiflungstat eines unsicheren und vorsichtigen Menschen, der Entschlossenheit vortäuschen wollte? Hatte der Silberfluß aus der Neuen Welt seine Verhaltensweise von Grund auf verändert? Sah er sich, wie er selber einmal geschrieben hatte, gezwungen, *„als Schutzherr ... unserer heiligen Religion aufzutreten, dies ist das einzige Ziel, nach dem man streben sollte“*? Oder war er einfach schlecht beraten? Im Sommer 1587 war er müde und fühlte sich krank; er verließ sich auf eine kleine Kamarilla von Ministern, die ihre eigene Stellung eifersüchtig hüteten; keines der wichtigsten Mitglieder dieses Kreises, weder Don Juan de Idiáquez noch Don Cristóbal de Moura, war kriegserfahren.

Philipp war nicht blind für die mannigfachen Gefahren. Santa Cruz war Drake zu den Azoren nachgesegelt – vergeblich, wie sich herausstellte –, und die Jahreszeit erlaubte es nicht mehr, einen Krieg zu führen. Trotzdem war Philipp, wie er Parma schrieb, entschlossen, das Unternehmen England vorzubereiten:

„Wir sind uns der Gefahren vollauf bewußt, die man eingeht, wenn man eine große Flotte im Winter ohne einen sicheren Hafen durch den Kanal sendet. Aber die Gründe, die dies notwendig machen, genügen, diesen Einwand hinwegzufegen ... Die zusammengezogenen Seestreitkräfte und die riesigen finanziellen Verpflichtungen, die wir eingegangen sind, machen es außergewöhnlich schwer, ein solches Unternehmen noch einmal zusammenzustellen, falls sie uns diesmal entkommen; indes die Hindernisse und die Uneinigkeit, die im nächsten Sommer möglicherweise (oder ganz bestimmt) auftreten werden, uns zwingen, das Unternehmen in diesem Jahr durchzuführen oder es gänzlich scheitern zu sehen ... Ich habe bei anderen Gelegenheiten an Euch geschrieben, wie sehr unser ganzes Ansehen auf dem Spiel steht und wie sehr meine innere Ruhe von dem Gelingen dieses Unternehmens abhängt.“[11]

Eine Woche später führte er *„die Hindernisse, die möglicherweise auftreten werden“* auf, als er Santa Cruz seine Instruktionen übersandte:

„... Wir haben Grund zu glauben, daß die Engländerin Fallstricke und Verschwörungen vorbereitet ... Überdies gehen wir davon aus, daß die Verhandlungen zwischen den Türken und den Persern zügig vorankommen, und daß es die Absicht der Türken ist, eine Flotte im Sommer gegen Italien auszusenden, sobald sie (im Osten) Frieden geschlossen haben ... Dann müssen wir auch bedenken, daß uns Gott allem Anschein nach in Flandern eine Tür geöffnet hat, indem er uns in den Besitz von Sluys brachte, denn von dort führt ein kurzer, sicherer Weg nach England; nicht zu vergessen der vielen Vorteile, die wir mit diesem Ort gewonnen haben, denn hier können wir nicht nur die Barken zusammenbringen, die aus den Strömen kommen, die hier zusammenfließen, auch der Ort selber und die Lage des Landes bieten Vorteile, wenn man eine große Streitmacht insgeheim zusammenziehen will. Schließlich gilt es noch die Streitkräfte zu bedenken, die Seiner Majestät gerade jetzt vielerorts zur Verfügung stehen. Stellt man sie sich getrennt voneinander vor, so genügen sie für diese Aufgabe keineswegs – doch wenn man sie geschickt vereinigt, werden sie uns den Sieg bringen, wenn wir nicht zaudern, sondern sie jetzt einsetzen, da der Feind schlecht vorbereitet ist ...“[12]

Doch die Gelegenheit war eher trügerisch: der Besitz von Sluys sicherte die Überfahrt nach England mitnichten – keineswegs konnte man hier eine Armee und die erforderlichen Schiffe für eine Invasion heimlich zusammenziehen. *„Wenn man sie geschickt vereinigt, werden sie uns den Sieg bringen“* – genau dieses Problem machte die Aussicht auf einen Sieg so gering.

Dieser und weitere Briefe, die Philipp in diesem Herbst und Winter schrieb, legen nahe, daß offenbar eine Situation eintrat – in der Geschichte sind diese Momente gar nicht selten –, in der die Hauptperson keine Wahl mehr hat oder dies zumindest glaubt. Einerseits mußte er etwas gegen die Engländer tun, deren Übergriffe seinem Ansehen zusetzten und damit auch seiner Glaubwürdigkeit; sie mußten sich zu noch frecheren Taten ermutigt fühlen, wenn er sie ein weiteres Jahr straflos davonkommen ließ. Andererseits mußte er zuschlagen, bevor die Türken mit Persien Frieden machten und dann den Rücken frei hätten, der Ruhe ein Ende zu machen, indem sie Italien oder vielleicht sogar die Azoren angriffen. Der englische Gesandte in Konstantinopel versuchte, sie in diese Richtung zu lenken. Dann gab es noch Portugal, wo die Belastungen infolge der Vorbereitungen der Armada sowie die Übergriffe der Protestanten zur See eine gefährliche Unzufriedenheit hervorgerufen hatten. Die Engländer hatten den portugiesischen Thronanwärter Antonio aufgenommen und schürten den Aufruhr im Land. Und John Hawkins plante etwas Unangenehmes auf den Azoren, eine wichtige Stelle für die zurückkehrenden Schatzflotten. Dann Frankreich, das jetzt glücklicherweise mit sich selbst im Bürgerkrieg lag, aus dem es sich aber eines Tages wieder befreien würde. Und dann natürlich die gewaltigen finanziellen Belastungen, welche die Ausrüstung der Armada mit sich brachten. Das alles drängte Philipp, die Initiative zu ergreifen, solange dies möglich war.

Es war gefährlich, weiterzumachen – aber noch gefährlicher, aufzuhören. Betrachtete man die Dinge mit einem hoffnungsfrohen Auge, dann sah man die Möglichkeit, im Kanal gegen England zu siegen – nichts zu unternehmen, bedeutetet mit Sicherheit, gedemütigt zu werden und die bereits ausgegebenen Millionen verschwendet zu haben. Es war ein verzweifeltes Spiel, und Philipp war inzwischen ein alter, kranker, eigensinniger und verzweifelter Mensch.

2

Die jungfräuliche Königin

Elisabeths materielle Möglichkeiten waren, verglichen mit Philipps, geradezu zwergenhaft. Aber in gewissem Sinne war das auch eine Quelle der Kraft: Elisabeth hatte keine entlegenen Besitzungen zu verteidigen oder Interessengebiete, die ihre Aufmerksamkeit verlangten; sie konnte ihr Augenmerk ganz der Hauptbedrohung zuwenden. Ihre größte Stärke war das Meer, das ihr Königreich wie ein Wassergraben umgab, und nur an einer Stelle hatte sie eine ziemlich schmale Landgrenze mit einem – noch schwächeren – Königreich, Schottland, im Norden. Natürlich war die See weit mehr als nur ein trennender Wassergraben – sie öffnete den Weg zum Handel und zur Seeräuberei. Wenn England seine Marine stärkte, dann konnte es damit seinen Reichtum und zugleich seine Verteidigung fördern.

Für Elisabeths Methoden war die See wie geschaffen. Ihre Gewandtheit grenzte an Falschheit, und nur äußerst ungern ging sie eine Verpflichtung ein, wenn sie sie nicht irgendwie vermeiden konnte. Die Lage Englands als Insel im Meer vertiefte noch diese Neigungen. Dies zeigte sich bald nach ihrer Thronbesteigung, als sie einen unerklärten Krieg gegen die Franzosen führte, die in Schottland eine Armee aufgestellt hatten und mit Nachschub versorgten. Elisabeth sandte ein Geschwader nach Norden, um sie unterwegs abzufangen, und instruierte ihren Admiral, William Winter, daß er nicht in ihrem königlichen Namen handeln solle, *„sondern in seinem eigenen, außerdem solle er dort zuschlagen, wo es die Franzosen am meisten schmerzte“*[1].

Daraufhin griff Winter einen französischen Geleitzug an, der gerade im Firth of Forth lag. Er nahm ihnen zwei Kriegsschiffe und einige Vorratsschiffe ab und trieb den Rest an Land, dann blockierte er mit seinem Geschwader den Firth. Als die Parteigänger der Franzosen in Schottland ihn zwei Tage später fragten, ob er als ihr Feind gekommen sei, erwiderte er, ein Sturm habe ihn in den Firth getrieben und er sei niemandem feindselig gesonnen; als man jedoch auf ihn geschossen habe, da habe er sich entschlossen, den protestantischen Schotten jede Hilfe angedeihen zu lassen – *„meine Herrin, Ihre Königliche Hoheit, war nicht eingeweiht“.* Der Vertrag, der nach diesem Zwischenfall abgeschlossen wurde, sah vor, alle französischen Truppen aus Schottland zurückzuziehen, so daß die Bedrohung aus dem Norden aufhörte. Dies war ein gutes Beispiel, wie einfach man die Marine gleichsam auf der inneren Linie einsetzen und mit welchen Lügen die Königin sich reinwaschen konnte. Diese Lügen glaubte zwar keiner, aber sie dämpften doch die Feindseligkeiten und verhinderten, daß ein offener Krieg ausbrach. Hawkins, Drake und all die anderen trieben dieses Spiel Elisabeths. Die Königin trat dabei als ein wichtiger Geldgeber auf und bekam ihren Anteil an der Beute; trotzdem galt sie als „nicht eingeweiht“ in diese Unternehmungen. Bezeichnenderweise kam es erst dann zum Bruch mit Spanien, als sie 1585 eine Landstreitmacht unter Leicester in die Niederlande sandte: eine Armee auf dem Land konnte man nicht verleugnen.

Bildnis Philipps II. und Maria Tudors, Elisabeths Halbschwester; es wird Hans Eworth zugeschrieben.

Ihre Gewandtheit hatte Elisabeth in einer harten Schule erworben. Sie war die Tochter jenes derben Monarchen Heinrich VIII. und seiner lebhaften, dunkeläugigen Geliebten Anne Boleyn, die Heinrich heiratete, kurz nachdem sie mit Elisabeth schwanger war. Um für diese Heirat frei zu sein, mußte er sich erst von seiner ersten Frau scheiden lassen, Katharina von Aragón, was zu einem Bruch mit dem Papst führte und das Land auf den Pfad der protestantischen Reformation führte, und zwar auf eine ziemlich typisch englische Art, also ohne die lautstarken Erklärungen eines Luther oder Calvin.

Seine Tochter aus erster Ehe, die 17jährige Maria, war bitterböse, daß ihre Mutter in Ungnade gefallen war; sie betrachtete Elisabeth als unehelich. Zweieinhalb Jahre später wurde Elisabeth offiziell für illegitim erklärt. Anne Boleyn hatte Heinrich nicht den Sohn geboren, den er brauchte; sie war inzwischen des Ehebruchs angeklagt, überführt und hingerichtet worden. Nun, da beide Töchter des Königs denselben Status innehatten, war Maria, die ältere, wieder versöhnt, ja sie brachte ihrer jüngeren Halbschwester schließlich sogar Zärtlichkeit entgegen.

Elisabeth war ein lebhaftes Kind mit einem frühreifen, ausgezeichneten Verstand. Sie war wenig älter als zehn, als sie ihre Morgenstunden mit dem Griechischen und die Nachmittage mit Latein zubrachte; Französisch und Italienisch beherrschte sie bereits, später lernte sie noch Spanisch. In dieser Hinsicht übertraf sie Philipp von Spanien, der mit keiner anderen Sprache vertraut war als mit seinem Kastilisch. Sie war 13 Jahre, als ihr Vater starb, danach mußte sie ihren ganzen Scharfsinn aufwenden, um ihr Überleben zu sichern. Ihre Jugend war eine einzige politische Lehre.

Heinrich war es schließlich gelungen, mit einer seiner späteren Frauen, Jane Seymour, einen Sohn zu zeugen, Edward. Aber Edward war noch minderjährig, als er den Thron bestieg, sein Onkel Edward Seymour, Earl of Hertford, führte als Lordprotektor die Regentschaft. Er verwickelte Elisabeth in Intrigen um die Nachfolge. Als diese bekannt wurden, warf man ihn in den Tower, und die 16jährige Elisabeth mußte ihren ganzen Witz aufwenden, sich von dem Ruch der Komplizenschaft zu befreien. Dies gelang ihr, und nur Seymour verlor seinen Kopf. Die nächste Prüfung stand ihr 1553 bevor, als Edward starb. Nun bestieg ihre ältere Halbschwester Maria den Thron und heiratete im folgenden Jahr Philipp von Spanien. Heinrichs Bruch mit der römischen Kirche, die Säkularisierung, der Verkauf des Kirchenguts und zuletzt die Kämpfe um den jungen König hatten England erschüttert. Durch diese spanische Heirat wurden die Auseinandersetzungen noch verschärft. Maria war Katholikin aus ganzer Seele, sie wollte den wahren Glauben und die Suprematie des Papstes in England wiederherstellen. Zwar gab es noch immer, vor allem im Norden, mächtige katholische Familien, doch hatten einflußreichere Gruppen inzwischen ein Interesse an der Bewahrung der mittlerweile 20 Jahre alten Reformation: Die Londoner Kaufleute und die Kaufmannschaft in den Häfen im Süden und Osten, der kleine landbesitzende Adel, die Leute aus den freien Berufen und die Freibauern, die die konfiszierten Ländereien der Kirche aufgekauft hatten, Priester, die unter den neuen Gesetzen geheiratet hatten, und die jüngeren Geister ganz allgemein, die unter der Reformkirche aufgewachsen waren – sie alle wollten sich keinesfalls dem Einfluß Roms oder eines ausländischen Monarchen unterwerfen. Am allerwichtigsten waren die Interessen der Kaufleute, denen die Beschränkungen des Feudalismus zuwider waren: sie waren die natürlichen Verbündeten des protestantischen Glaubens. Für sie war es naheliegend, sich auf Elisabeth zu konzentrieren.

Elisabeth war für diese Einstellung empfänglich. Ihrem skeptischen, praktischen Verstand waren extreme Auffassungen wie Marias fanatischer Katholizismus durch und durch fremd. Leidenschaften konnten sie erschüttern, zumindest vermochte sie diesen Anschein zu erwecken; aber letzten Endes gab sie ihnen niemals nach. Sie ließ sich von ihrem Kopf beherrschen. Sie war, in den Worten des englischen Historikers Alfred L. Rowse, *„eine Frau, die in ihrem Innersten intellektuell und keiner Seelenregung fähig war“*[2].

Sie blieb der Messe bei Hofe zunächst fern, doch da allenthalben Aufstandsgeist und Verschwörung gewittert wurde, war dies am Hofe Marias und ihrer Ratgeber gefährlich. Nun bat sie um Bücher und Lehrmeister, welche die Fehler ihrer Erziehung berichtigen sollten. Maria gefiel dies, doch als Elisabeths Religiosität noch immer zu wünschen übrig ließ, wurde sie argwöhnisch. Elisabeth versicherte vergebens, daß ihre innere Verwandlung echt sei. Doch Maria roch überall Ketzerei, und wie Karl und Philipp von Spanien brachte sie sie mit Rebellion in Verbindung. Elisabeth mochte ihren ganzen Witz und ihre Verstellungskünste aufbieten. Sie konnte nicht verhindern, daß andere, ihren Namen mißbrauchend, den Sturz Marias planten. Man brachte sie in den Tower, obschon sie ihre Unschuld und ihre Ergebenheit gegenüber der Königin beteuerte. Die Beweise genügten nicht, sie des Hochverrats zu überführen, und man hielt es für gefährlich, sie hinrichten zu lassen, denn das Volk stand offensichtlich auf ihrer Seite. Sie wurde in einem Landhaus unter Aufsicht gestellt.

Inzwischen versuchte Maria, ihrem Land den alten Glauben wieder beizubringen. 1555, ein Jahr nach ihrer Heirat mit Philipp, bestieg der erste Blutzeuge den Scheiterhaufen, und während der dreieinhalb Jahre, die Maria noch zu leben blieben, wurden dreihundert weitere verbrannt, darunter sechzig Frauen. Bezeichnenderweise kamen die meisten der Opfer aus London und den sechs Grafschaften rundherum, nur eines kam aus dem Norden.[4]

Maria die Blutige vermehrte nur den Haß gegen den Papst und die ausländischen Einflüsse im Süden des Landes. Als ihr Ende 1558 Elisabeth auf den Thron folgte, stand England dem Bürgerkrieg näher als je zuvor, denn in den Augen der katholischen Kirche war Elisabeth unehelich und daher eine Usurpatorin. Spätestens mit ihrem Tode würde ein weiterer Nachfolgekampf ausbrechen, und Frankreich und Spanien, die miteinander um Einflußnahme in England stritten, würden versuchen, jeweils ihrem Kandidaten auf den Thron zu helfen.

Die von den Franzosen geförderte Prätendentin war Maria Stuart, Königin von Schottland, die Tochter von Jakob V. von Schottland und der Maria Guise. In Elisabeths Augen war sie, was Elisabeth für die verstorbene Königin gewesen war – ein gefährlicher Sammelpunkt für Aufrührer. Glücklicherweise war Elisabeth die Favoritin Philipps, und als er ihr die Ehe antrug, spielte sie auf Zeit und hielt ihn hin.

Ähnlich verfuhr sie auch in Fragen der Religion. Sie führte mit größter Vorsicht eine gemäßigte Form des Protestantismus wieder ein, wie es die aufstrebende Mehrheit in London und im Süden gerne sah, verärgerte damit aber den Papst und König Philipp. Sie versuchte, ihrem Volk zu gefallen. 25 Jahre alt und nicht ohne weiteres schön zu nennen, steckte aber die Frische einer jungen Frau in ihr. Sie hatte eine gesunde Gesichtsfarbe, ausdrucksvolle dunkle Augen, eine Fülle von rot-goldenem Haar, dazu *„feine Glieder und Züge“*. Sie gab sich königlich und setzte doch ihre weiblichen Künste dazu ein, ihr Volk für sich zu gewinnen, jede Schicht und jeden Stand; *„sie vereinigte Güte mit Majestät ... und ließ sich selbst zu den Gemeinsten gnädig herab“*[5], wie ein Zeitgenosse schrieb.

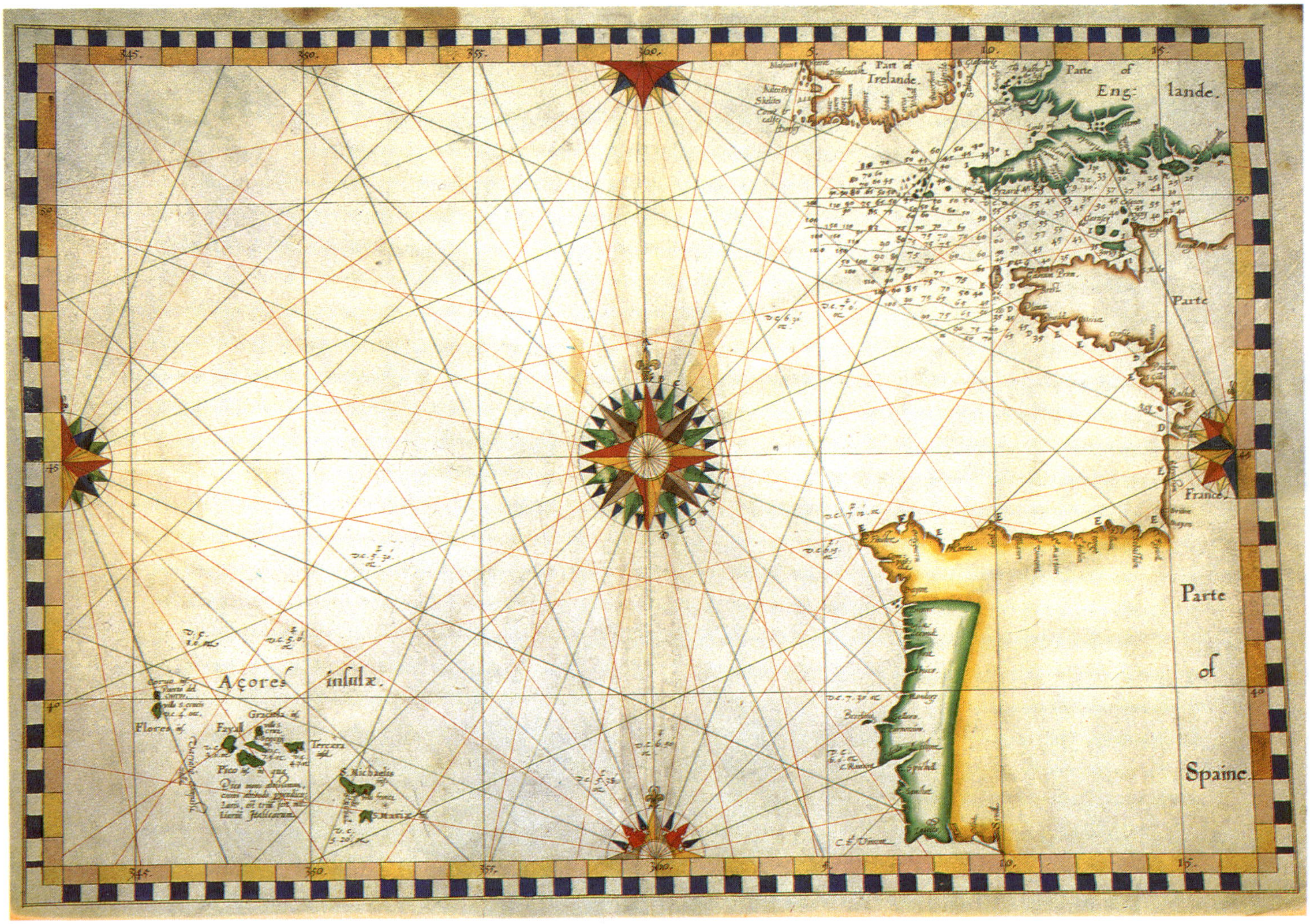

Atlantikkarte aus dem 16. Jahrhundert. Sie zeigt die Azoren, wo sich die nach Spanien zurückkehrenden Schatzflotten aus der Neuen Welt sammelten, bevor sie den letzten Teil ihrer Reise nach Sevilla antraten.

Ihre weiblichen Künste setzte sie auch bei Hofe und ihrem Rat ein, begünstigte einzelne Lieblinge und ganze Gruppen – und steuerte doch ihren eigenen Kurs, bisweilen abwartend, häufiger eigenwillig und gebieterisch. Sie vermochte Menschen einzuschätzen, ihre Fähigkeiten und ihre Schwächen, und erlaubte nicht einmal ihren vertrautesten Ratgebern, ihr in dieser Hinsicht überlegen zu sein. Ein Zeitgenosse schrieb dazu:

„Einzig und allein sie selbst bestimmte, wem sie ihre Gunst schenkte, und ihre Günstlinge waren niemals mehr als ihre Gehilfen; sie hingen voll und ganz von ihrer fürstlichen Gnade und ihrem eigenen guten Betragen ab.“[6]

Wie sie ihre Gunst gewährte und ihre Weiblichkeit als Waffe einsetzte, war meisterhaft. Von ihrem Vater hatte sie die derbe Lust am Leben und den Sinn für Grobheit. Es war ein rohes Zeitalter. Sie liebte es zuzuschauen, wenn eigens für diesen Zweck abgerichtete Doggen über angekettete Bären herfielen, und sie fand es lustig, wenn diese sich von der Hundemeute loszureißen versuchten, blutig aus den Mundwinkeln geifernd. Sie war eine gute Reiterin und jagte gern, wie sie auch die feineren Ablenkungen des höfischen Lebens liebte, Tanz und Gesang, das Spiel auf dem Spinett und kostbares Geschmeide. Tag für Tag erschien sie in einem anderen Gewand und forderte die Schmeichelei der eifersüchtigen Galane heraus, die um ihre Aufmerksamkeit kämpften. Bisweilen

Lord Burghley, Elisabeths Staatssekretär, auf einem Maultier.

ließ sie ihren Gefühlen freien Lauf, wie dies auch ihr erster großer Günstling, Robert Dudley, Earl of Leicester, zu tun pflegte, den sie vielleicht geheiratet hätte, wäre da nicht ein Unfall dazwischengekommen, oder mit dem auffallend gutaussehenden jungen Earl of Essex, den sie in späteren Jahren mit mehr Eifer hofierte als *„gute Sitten zulassen“*[7].

Mit ihren Ratgebern verfuhr sie oft nicht so freundlich. Einer schilderte, wie sie *„süß lächelte, als könne sie alle ringsumher gut leiden – und wie sie es schaffte, daß ein jeder ihr seine innersten Gedanken offenbarte“*[8]. Hinterher hielt sie ihnen ihre wahren Gedanken vor und die Meinungen, die sie im Rat vertreten hatten, und wies auf die Widersprüche hin. Bei ihr ging es ganz anders zu als an dem nüchternen Hof Philipps II. Elisabeth war ein Abbild des Volkes. Hier spiegelte sich der Unterschied zwischen einem kühnen, emporstrebenden Land, das von jugendlicher Kraft erfüllt war und die Welt erobern wollte, und einer anerkannten Macht, deren Vorstellungen und Bemühungen ganz auf Bewahrung ausgerichtet war.

Sie ernannte William Cecil, den späteren Lord Burghley, zum Staatssekretär. Sie schätzte sein stets maßvolles Vorgehen und seine Vorliebe für die Protestanten und Kaufleute; im Konflikt zwischen aufsteigenden Mittelschichten und altem Feudaladel stellte er sich auf die Seite des Mittelstandes. Negativ formuliert förderte sie ihren nachgiebigsten und opportunistischsten Berater.

Er hatte unter Maria überlebt, indem er sich, wie Elisabeth, angepaßt hatte. An Schläue und Biegsamkeit war er ihr ebenbürtig. Gleichwohl diente er ihr und ihren Interessen mit größter Treue, was sie durchaus anerkannte. *„Ich schätze Euch so ein“,* sagte sie, als er ihr den Eid leistete, *„daß keinerlei Geschenke Euch zu bestechen vermögen und daß Ihr dem Staat treu dienen werdet...“* Das konnte man damals nicht von vielen sagen, da die Ämter nicht wegen ihren geringen Bezahlung begehrt waren, sondern der Vorteile wegen, die man aus ihnen zog. Cecil, Lord Burghley, verbrachte vierzig Jahre in ihren Diensten; Alfred Rowse hat diese Verbindung als *„die bemerkenswerteste in der englischen Geschichte und ... im Ergebnis folgenträchtigste“*[9] bezeichnet.

Diesem Urteil stimmen die meisten englischen Historiker zu. Anders aber Charles Wilson; ihm scheint es, als habe es in England an einer guten Politik oder an Grundsätzen gefehlt – dies und die chronische Unentschlossenheit der beiden soll den Niederlanden, Europa und zuletzt auch England selbst viel Unheil gebracht haben.[10]

Da es in Elisabeths Rat auch etliche Heißsporne gab, hat man Burghley als den Führer der Friedenspartei bezeichnet. Dennoch riet auch er zu einer offensiven Politik gegenüber den Franzosen in Schottland, so daß die französischen Truppen sehr bald die Gebiete nördlich der Grenze räumten. Während Herrin und Diener die folgenden Stürme zusammen meisterten, wurden sie einander immer ähnlicher. Er wurde vorsichtiger, biegsamer. Sie hatte für jeden einen Spitznamen – Burghley nannte sie ihren „Geist“, und das war er auch. Genauso könnte man sagen – und das wäre vielleicht noch aufschlußreicher –, daß er den Geist der protestantischen Handelsinteressen verkörperte.

Sein Name fand sich auf der Liste jener draufgängerischen Kaufmannsgilde „The Merchant Adventurers of England“, die sich schon einige Jahre bevor Elisabeth den Thron bestieg *„für die Entdeckung neuer, unbekannter Länder, Territorien, Inseln und Herrschaftsgebiete“* stark machten. Die Merchant Adventurers suchten eine Nord-West- oder eine Nord-Ost-Passage in den Fernen Osten, um die Südroute um das Kap der Guten Hoffnung, die in portugiesischer Hand war, zu umgehen. Ihre Organisationsform war die Handelsgesellschaft, an der die Mitglieder mit 25-Pfund-Anteilen beteiligt waren und die den

Gewinn anteilsmäßig auszahlte. Alle späteren Unternehmungen unter Elisabeths Herrschaft wurden so organisiert. Die erste Unternehmung war der Versuch, die portugiesischen und spanischen Monopole aufzubrechen, indem man Sklaven aus Afrika zu den spanischen Siedlern in die Neue Welt brachte; ein Merchant Adventurer aus Plymouth namens John Hawkins leitete 1562 diese Fahrt. Londoner Kaufleute und Beamte des Marineamtes unterstützten diese Reise finanziell; Hawkins war mit einer Tochter des Marineschatzmeisters verheiratet. Diese Reise zahlte sich aus. Zwei Jahre später stach er erneut in See, und diesmal stand der Name William Cecils auf der Liste der Geldgeber, desgleichen der des Lord Admirals und etlicher Beamter des Marineamtes und der Londoner Kaufmannschaft. Elisabeth beteiligte sich mit einem Kriegsschiff, dessen Wert mit 2000 Pfund angegeben wurde, was sie zu einem entsprechend hohen Anteil an der Beute berechtigte. Diese Reise war ebenso erfolgreich wie die erste, man tauschte afrikanische Sklaven für Silber und Produkte der Siedler. Glaubt man dem portugiesischen Gesandten, dann belief sich der Gewinn auf 60 Prozent des investierten Kapitals.

Schließlich organisierte Hawkins ein noch größeres Unternehmen: daran waren sechs Schiffe beteiligt, an ihrer Spitze zwei der Königin, und das Ganze, wie gewöhnlich, unterstützt von den Londoner Kaufleuten, von Beamten des Marineamtes und Ministern, darunter Burghley. Dies war tatsächlich ein gemeinsames Unternehmen von Staat und Kaufmannschaft, die sich damit Zugang zu den beiden iberischen Handelszonen verschafften.[11] Hawkins raubte die Portugiesen an der afrikanischen Küste gründlich aus und drängte dann den spanischen Siedlern auf den Karibikinseln seine menschliche Ware auf, indem er Haus für Haus niederbrannte, bis sie mit dem Handel einverstanden waren. Doch auf dem Rückweg geriet er in einen Sturm, der ihn in San Juan de Ulúa, unweit von Vera Cruz, im Golf von Mexiko stranden ließ. Unglücklicherweise lief gerade die spanische Silberflotte in den Golf, die einen neuen Vizekönig nach Neu-Spanien beförderte. Dieser Vizekönig griff ihn plötzlich an, nachdem sie bereits ihre friedlichen Absichten signalisiert hatten. In dem anschließenden Gefecht mußte Hawkins alle Schiffe bis auf zwei aufgeben und kam selbst gerade noch mit dem Leben davon.

Die Kämpfe von San Juan de Ulúa von 1568 bedeuteten in den englisch-spanischen Beziehungen einen Wendepunkt. Als Hawkins seine ersten Seereisen unternahm, hatte England gute Beziehungen zu spanischen Kaufleuten und zur spanischen Krone. Diese Kontakte blieben bestehen; aber weder Hawkins noch irgendein anderer englischer Seemann vergaß, wie der spanische Vizekönig sie hereingelegt hatte, und sie vergaßen auch nicht das Schicksal einiger Männer, die in Gefangenschaft gerieten: Zwei von ihnen wurden in Sevilla als Ketzer lebendigen Leibes verbrannt, vier weitere gingen als Sklaven auf die Galeeren, andere wurden ausgepeitscht. Inzwischen war um den Handel im Atlantik ein unerklärter Seekrieg ausgebrochen. Das wäre zwar auch ohne San Juan de Ulúa geschehen – daß England in die spanischen Märkte einzudringen versuchte, genügte als Grund. Aber diese Schlacht verhärtete auf jeden Fall die Einstellung auf beiden Seiten.

Erst wenn man weiß, wann Hawkins diese Reisen unternahm, versteht man, was hinter dem religiösen – oder, in der Sprache von heute, ideologischen – Kampf eigentlich steckte. Seine erste Reise fiel mit dem Ausbruch des französischen Bürgerkriegs zusammen, in dem die Hugenotten an der Biscaya und in der Kanalregion gegen die feudale Adelspartei in Paris kämpften. Die zweite Reise fand statt, als gerade die protestantischen Geusen in den Niederlanden sich gegen den feudalen Adel erhoben, dessen Zentrum dank des Zufalls der

Erbfolge in Madrid lag. Die Möglichkeit, aus dem Atlantikhandel schnell zu Wohlstand zu kommen, hatte die Kaufleute am Rande Westeuropas veranlaßt, sich von den feudalen Zentren abzuwenden. Natürlich standen an ihrer Spitze selber Adlige wie der Prinz von Condé aus dem Hause Bourbon oder, in den Niederlanden, Wilhelm von Oranien.

Elisabeths England unterschied sich insofern von diesen Staaten, als der feudale Mittelpunkt, die Krone, sich mit den Handelsinteressen der Insel zusammentat. In England gab es also darin keinen Interessenkonflikt. Elisabeth und Burghley, Leicester und die Beamten des Marineamtes und der Admiralität waren mit den Londoner Kaufleuten und den Vertretern des Königs in den Grafschaften, den Vizeadmirälen, Kaufleuten und Offiziellen aus den südlichen Grafschaften in einem Netz von Piraterie, Schmuggel und gewöhnlichen Handelsgeschäften verbunden. „Piraterie" und „Schmuggel" tragen natürlich eine moralische Wertung, und „Handel" steht dazu fast als Gegenpol. Objektiv betrachtet gab es keinen moralischen Unterschied zwischen dem Anspruch der Portugiesen und Spanier auf ihre Märkte, die sie gewaltsam erobert hatten und durch Ausbeutung und Grausamkeiten aufrechterhielten, und dem gewaltsamen Angriff der Protestanten auf diese Monopole, die gleichermaßen begleitet waren von Ausbeutung und Grausamkeiten. Beide Parteien versuchten, mit Gewalt zu Reichtum zu kommen; keine von beiden würde nach den Maßstäben des modernen Liberalismus als moralisch bezeichnet werden. Elisabeth wie auch Burghley ließen sich vom Geist der Merchant Adventurers leiten, und der stand im Widerspruch zum alteuropäischen Feudalgeist, folglich auch zu dessen katholischer Religion. Elisabeth mit ihrer praktischen Vernunft, ihrer nüchternen Einschätzung und ihrer bemerkenswerten Gabe, die Interessen ihres Volkes zu ahnen, nahm dies instinktiv wahr, und so geriet sie in offenen Gegensatz zu Philipp von Spanien. Dies entwickelte sich schrittweise: zunächst unterstützte sie die Hugenotten, dann die kühnen Übergriffe von Francis Drake, bis sie schließlich 1585 englische Streitkräfte unter Leicester in die Niederlande schickte.

Verteidigungsmaßnahmen waren inzwischen schon getroffen. Burghley und John Hawkins hatten interessanterweise diese Vorkehrungen schon einige Jahre vor Philipps Entscheidung, die Armada auszusenden, angeregt. Der wichtigste Schritt war die Erneuerung der Marineverwaltung; dies wurde zunächst 1577 in Gesprächen zwischen Burghley und Hawkins geklärt. In den Gesprächen mit Burghley beschuldigte Hawkins Sir William Winter, der das Zeug- und das Vermessungsamt unter sich hatte, korrupter Machenschaften: er habe dem Königlichen Marineamt allzu hohe Preise abverlangt, Bauholz aus dem Besitz der Königin für seine eigenen Schiffe und die seiner Freunde verwendet und dergleichen. So ging es in allen Ämtern zu, aber vielleicht hatte Winter übertrieben. Hawkins sagte Burghley, die Flotte ließe sich für zwei Drittel der Kosten von seinerzeit sechstausend Pfund im Jahr unterhalten, und Burghley, ein guter Menschenkenner, der Hawkins als Reeder, als Geschäftsmann und als Seefahrer seit zwanzig Jahren schätzte, ernannte ihn im Januar 1578 zum Leiter des Marineschatzamtes.

Hawkins hielt nicht nur sein Versprechen, die Kosten für die Flotte zu senken, auch der Aufbau der Flotte wurde völlig verändert. Zuvor war sie wesentlich für die Verteidigung konzipiert, mit schwerfälligen schwimmenden Festungen, vollgepackt mit Bewaffneten, die fremde Schiffe entern und im Nahkampf nehmen sollten. Hawkins machte daraus eine Flotte aus niedrigen, schnellen und sturmfesten Schiffen, mit denen man aus größerer Entfernung Artilleriegefechte mit dem Gegner austragen konnte. Man könnte ihn als den

Vertreter der Freibeuterschule in der Marinekriegführung bezeichnen. Will man weitreichende Reformen durchführen, muß man die alten Ideen bekämpfen, die in diesem Falle von den alterprobten Marineleuten vertreten wurden, vor allem von William Winter, und diese Leute konnten sich Kriegsschiffe nur mit hohen Aufbauten vorstellen, gleichgültig wie unbeweglich sie dadurch wurden. Mit Burghleys Unterstützung gelang es Hawkins, sowohl die Konstruktion der Schiffe als auch die Rekrutierung der Mannschaften zu reformieren: die Besatzung wurde verringert, der Lohn des einzelnen um ein Drittel erhöht. Damit wollte er zum einen den Ausfall durch Krankheiten drosseln, der eine Folge der Überfüllung der Schiffe war, und zum anderen bessere Matrosen gewinnen, die sonst zur Handelsmarine gegangen wären.

Bestimmt haben er und Burghley nicht nur an die Verteidigung des Ärmelkanals gedacht; Hawkins blickte auch auf die reichen Flotten, die aus der Karibik kamen, er heckte fortwährend neue Pläne aus, sie entweder an der Landenge von Panama oder vor den Azoren anzugreifen oder die spanischen Häfen zu blockieren. Ein einziger Erfolg würde für die englische Königin nicht nur ein großer Gewinn sein, sondern auch für Philipp der Ruin, denn dessen Zahlungsfähigkeit hing von dem Eintreffen der alljährlichen Silberflotte ab. Die Königin hielt Hawkins zunächst zurück, denn solange ihre Flotte so klein war, fürchtete sie, die spanische Armee in den Niederlanden könne eines Tages heimlich über den Kanal kommen.

Nach 1580, als Angehörige des Jesuitenordens in England eintrafen, nahm diese Gefahr noch zu. Ihre Anwesenheit fachte die glimmenden Feuer des protestantischen Glaubenseifers wieder an, und Elisabeth, die solche Stimmungen spürte, mußte ihre Politik der religiösen Mäßigung aufgeben. Sie weigerte sich noch immer, gewöhnliche Katholiken zu verfolgen – sie ließ ihnen lediglich Geldbußen auferlegen, weil sie die Gottesdienste der Kirche von England nicht besuchten –, aber Jesuiten und katholische Priester wurden jetzt eingekerkert und hingerichtet.

Nicht ohne Grund munkelte man von katholischen Verschwörungen, denn der Papst versuchte, mit Spanien eine Heilige Allianz zu bilden, deren Ziel die Invasion Englands war. 1582 bekam der Leiter des englischen Geheimdienstes, Walsingham, Beweise dafür in die Hand, und zwar Briefe, die ein spanischer Mittelsmann in einem Spiegel verborgen hatte. Philipp war noch immer entschlossen, den Aufstand in den Niederlanden zu ersticken, ehe er sich mit England einließ, doch der Inhalt dieser Briefe und die von den Jesuiten hervorgerufene Unruhe beunruhigten den Kronrat. Burghley befahl dem Oberhaupt der Marine, dem Lord Admiral, Informationen zu sammeln, wie man sich gegen eine Invasion schützen könne, und im Jahr darauf ließ er die englische Bevölkerung „auf See" schätzen. Das Ergebnis war eine genaue Aufstellung aller englischen Kauffahrer und Frachtensegler auf der Themse samt Angaben über ihre Tonnage, Namen und Wohnorte sämtlicher Kapitäne, Seeleute und Fischer, *„insgesamt 16 255 Personen, die in irgendeiner Weise mit der See zu tun hatten"*[12]. Dies war das Meisterstück einer gut arbeitenden Bürokratie, es ermöglichte Burghley, im Notfall Kauffahrer und die notwendige Schiffsbesatzung zwangsweise zu rekrutieren. Interessanterweise stammen diese Pläne von 1584, also bevor Philipp sich entschied, die Armada zu schicken – sie sind gleichsam die Prophezeiung seiner Entscheidung.

Als im Jahr darauf der Bruch mit Spanien kam, wurden neue Pläne vorgelegt. Hawkins' wichtigste Stellvertreter in Sachen Flottenbau, die Schiffsbaumeister Peter Pett und Matthew Baker, bauten, jeder für sich, eine schnelle Galeone, die *Vanguard* und die *Rainbow;* Walter Raleigh baute ein ähnlich gro-

Sir Walter Raleigh (um 1552–1618), Abenteurer und Entdecker. Stich von Simon de Passe (1595–1647), der in Walter Raleighs „History of the World" (3. Auflage, 1617) als Frontispiz diente.

ßes Schiff: die *Ark Raleigh,* die später als *Ark Royal* in die Flotte aufgenommen wurde. Außerdem kamen noch weitere ozeantüchtige Pinassen dazu. 1587 bestand die Königliche Marine aus 18 Kriegsgaleonen, die zwischen 300 und gut 1000 Tonnen rangierten, davon waren alle, bis auf die drei größten, neu oder nach den neuen Vorstellungen gebaut, also lang und niedrig, ferner 7 kleinere Galeonen von 100 Tonnen und 18 ozeantüchtige Pinassen für Aufklärung, Nachrichtenübermittlung und Proviant.

Nicht weniger wichtig als die Schiffe waren die Besatzung, ihre Lebensmittel und Bewaffnung; sie wurden mit der gleichen Sorgfalt ausgesucht. Bezahlt wurden sie aus Steuer- und Zollerhöhungen. Burghley hatte in diesem Bereich einen Mann gefunden, Thomas Smythe, der auf seine Weise ebenso bemerkenswert war wie Hawkins. Es gelang ihm, zwischen 1570 und 1584 die Zollerträge auf Einfuhren nach London und seinen Außenhäfen zu verdoppeln. Das beruhte zum einen auf einer Erhöhung des Handelsvolumens, zum anderen stellte Smythe mehr und besser bezahlte Zollaufseher ein und machte damit dem alten Schlendrian ein Ende.[13]

England und Spanien – in diesen Jahren waren das zwei Welten für sich, und nicht nur in puncto Reichtum. Elisabeths Staat nahm jährlich etwas mehr als zweihunderttausend Pfund Sterling ein; doch dank umsichtiger Haushaltsführung – Burghley bezeichnete es als „Knausrigkeit" –, dank der Veräußerung einiger Krondomänen, deren Ertrag manches Loch stopfte, dank einiger Anleihen und schöner Gewinne aus überseeischem Prisengut verfügte sie über eine stattliche Kriegskasse; außerdem tat die Steuer keinem ihrer Untertanen weh, sie besaß eine effiziente Verwaltung und hatte keine langfristigen Schulden. Philipp hingegen, dessen Einkünfte aus Kastilien und Amerika sich auf über neun Millionen Dukaten beliefen – das waren zweieinviertel Millionen Pfund Sterling, also mehr als das Zehnfache von Elisabeths Einkünften –, war hochverschuldet: der Zins, den er auf die *juros* zahlte, verschlang etwa ein Drittel seiner Einkünfte, vom Rest war ein Großteil verpfändet. Zwischen seinen Einnahmen und seinen Ausgaben bestand stets eine tiefe Kluft, und um sie zu überbrücken, mußte er – ohne vorausschauenden Plan – nach jedem rettenden Strohhalm greifen. Seine Finanzen waren, mit anderen Worten, ein einziges Chaos; jeder Notfall wurde aus Geldern bezahlt, die zufällig vorhanden waren; die Bevölkerung Kastiliens war durch die Steuern erschöpft; die Wirtschaft stagnierte; das Schatzamt stand bei Tausenden von Soldaten und Lieferanten in der Kreide, in einigen Fällen waren die Rückstände mehr als 20 Jahre alt.[14]

Ein erheblicher Unterschied bestand auch im Rang der beiden Länder: das eine war eine Weltmacht und ein Reich für sich, eine Supermacht würde man heute sagen; das andere war eine Insel gleich vor der Küste Europas, die teils von der Wollerzeugung lebte, teils von der Seeräuberei.

Niemals bedurfte Elisabeth dringender eines weitblickenden Rates als in den Jahren vor der Entsendung der Armada. Aus späterer Sicht scheint der Ausgang des Ganzen wie vorherbestimmt; aber damals lag das Ende keineswegs so klar auf der Hand. In ihrem Königreich gab es Umsturzversuche, die Ratschläge, die sie erhielt, widersprachen einander, sie wurde von Sorgen und Ängsten gequält. In Walsingham hatte sie glücklicherweise einen Meister der Gegenspionage. Systematisch fing er den Briefwechsel zwischen Maria Stuart – Philipps Kandidatin für den englischen Thron – und ihren Briefpartnern ab, und deckte so eine Verschwörung auf: Ein Aufstand der englischen Katholiken, die Ermordung Elisabeths und die Ankunft von Philipps Armee in England – das alles sollte gleichzeitig stattfinden. Elisabeth zögerte nicht, die Verschwörer zu bestrafen. In London jubelten die Massen, als sie zum Richtplatz

Maria Stuart, Königin von Schottland. Porträt von Francois Clouet, 1559. In erster Ehe war sie mit Franz II. von Frankreich verheiratet.

geschleift wurden, wo der Galgen schon auf sie wartete; einige wurden in einem öffentlichen Schauspiel gevierteilt.

Die Entscheidung über Maria Stuarts Schicksal hingegen zögerte Elisabeth hinaus. Seit Maria fast zwanzig Jahre zuvor aus Schottland nach England geflohen war, stand sie unter ihrem Schutz – und seither war sie in fast jede Verschwörung gegen Elisabeths Leben verwickelt gewesen. Daß sie nach der Krone strebte und Philipp sie für seine eigenen Zwecke einsetzen wollte, stand außer Zweifel. Burghley, Walsingham, Leicester, der gesamte Rat und beide Häuser des Parlaments, die Lords wie die Commons – sie alle rieten Elisabeth, Maria hinrichten zu lassen. Doch sie zögerte, dem Parlament sandte sie *„eine Antwort – ohne Entscheidung“*[15]. War es eine Gefühlsaufwallung oder Widerwillen, königliches Blut zu vergießen, oder Erinnerung an die Todesgefahren, die sie selber unter Maria Tudor erlitten hatte? War es kühle Überlegung? Solange Maria am Leben war, entstanden die Verschwörungen in ihrer Nähe; folglich war es einfach, sie aufzudecken. War es Furcht, Marias Tod könne einen Hitzkopf zu einer Verzweiflungstat hinreißen oder den Ausschlag geben, daß Philipp seine Truppen sandte und ein offener Krieg ausbrach, dessen Folgen unabsehbar waren? Sie wartete ab, wie sie früher abgewartet hatte, als ihre Berater und das Parlament sie angefleht hatten, zu heiraten, um die Thronfolge zu sichern. Immer hatte sie einen Rückzieher gemacht. *„Letzten Endes genügt es mir, wenn einmal ein Marmorstein erklärt, daß ich als königliche Jungfrau lebte und starb.“*[16]

Gleich zu Beginn des Jahres 1587 wurde eine weitere Verschwörung aufgedeckt, diesmal war auch der französische Gesandte darin verwickelt. Der Druck wuchs, schließlich unterschrieb sie Marias Todesurteil – doch dann machte sie erneut eine Wendung und fragte Walsingham, ob man sie nicht besser heimlich töten lassen sollte, so daß niemand ihre Mittäterschaft ahnen könnte. Doch Burghley und der Rat hatten ihre Unterschrift, und so sandten sie den zweiten Sekretär, Davison, so schnell es ging mit dem Todesurteil nach Fotheringhay Hall, wo Maria gefangen war. Am 8. Februar 1587 starb die schottische Königin wie sie gelebt hatte, überzeugt in ihrem katholischen Glauben und von ihrem Recht auf die Krone Englands. Jetzt war der Bruch zwischen Elisabeth und Philipp vollkommen.

Aus Lissabon und spanischen Häfen waren unterdessen Berichte eingetroffen, daß dort große Vorbereitungen für ein Unternehmen zur See angelaufen seien, und zwar gegen England, wie es hieß. Jetzt hörte Elisabeth auf den Rat, den Hawkins, Drake und andere Vertreter einer offensiven Seepolitik ihr gegeben hatten. Sie hatten seit Jahren gefordert, England sollte am besten an der feindlichen Küste verteidigt werden. Nun wurde für die bislang größte Expedition zur See eine Handelsgesellschaft eingerichtet, die, wie üblich, teils aus Schiffen der königlichen Marine, teils aus denen von Kaufleuten bestand. Elisabeth stellte vier Kriegsschiffe und zwei Pinassen, Drake und seine Freunde vier Kauffahrer, der Lord Admiral, Howard of Effingham, stellte ein Schiff und eine Pinasse, die Londoner Kaufmannschaft acht Schiffe und drei Pinassen. Das Kommando erhielt Drake. Aber Elisabeth änderte bald ihre Meinung, sie widerrief ihre Instruktionen und verbot Drake, Philipps *„Städten oder Schiffen im Hafen Gewalt anzutun oder gegen sein Land feindselig vorzugehen“*[17]; lediglich die See sollte er unsicher machen. Doch als die Botschaft in Plymouth eintraf, wo Drake sein Geschwader versammelt hatte, war er schon ausgelaufen. Mochte Elisabeth noch so lange zaudern, für eine Umkehr war es jetzt zu spät.

3

Die Seefahrer

Francis Drake kam aus der Grafschaft Devonshire; irgendwann Anfang der 1540er Jahre wurde er unweit von Tavistock, nördlich von Plymouth, geboren. Sein Vater Edmund Drake war der jüngere Sohn aus einer Familie von Freibauern. Ob er selbst Feldbau betrieben hat, ist nicht bekannt; wir wissen aber, daß er ein überzeugter Protestant war, der Tavistock 1549 verließ, als die Bauern sich dort gegen die Reformation erhoben.

Vor kurzem hat John Sugden eine andere, glaubwürdigere Lesart dieses Lebens angeboten. Er zitiert einen Eintrag aus alten Akten der Jahre 1547/48, in denen ein *„Edmund Drake, Scherer"*, und ein *„John Hawkyns, Schneider"*, zuletzt wohnhaft in Tavistock, Devonshire, beschuldigt wurden, am 25. April 1548 einem gewissen John Harte ein Pferd im Wert von drei Pfund gestohlen zu haben; am 16. April soll er, zusammen mit einem *„William Master, Seiler"*, einen gewissen Roger Langisforde auf der Königlichen Straße bei Peterstavy, Devonshire, angegriffen und ihm aus seiner Börse 21 Schilling und 7 Pence gestohlen haben.[1]

Aus welchen Gründen auch immer, Edmund Drake zog nach Kent, wo er in einem alten Schiff auf dem Fluß Medway lebte und den Seeleuten aus den Häfen Chatham und Gillingham seine aufrührerischen Lehren predigte, und dies unter Maria der Blutigen. Der junge Francis erlebte den protestantischen Eifer seines Vaters, ehe er auf einem Küstenschiff als Schiffsjunge mitfuhr. Hier lernte er die Grundregeln des Segelns, und nach allem zu urteilen, was man später von ihm hörte, war er ein aufmerksamer, guter Schüler. Das dachte offenbar auch sein Meister, denn er vererbte ihm das Schiff.

Die Drakes waren mit den Hawkins' verwandt, vielleicht wurde deshalb Francis von Hawkins auf dessen dritte Expedition mitgenommen, die 1566 unter der Führung von John Lovell in See stach. Nach dem Mißerfolg dieser Unternehmung wechselte Francis auf das Flaggschiff einer größeren Expedition unter Hawkins' Führung über und segelte im Oktober 1567 aus. Offenbar gelang es ihm, Hawkins zu beeindrucken, denn im Verlauf dieser Reise wurde ihm das Kommando über eines der kleineren Schiffe anvertraut, der *Judith*, einem 50-Tonnen-Schiff.

Die *Judith* war eines der beiden Schiffe, die bei dem Gefecht von San Juan de Ulúa entkamen; die andere war die *Minion*, auf die Hawkins mit einer Handvoll seiner Männer übergewechselt war, weil sein Flaggschiff beschädigt wurde. Die beiden Schiffe segelten getrennt voneinander zurück. Auf der *Minion* starben die meisten der rund zweihundert Männer an Hunger oder an Krankheit. In dem Bericht, den Hawkins nach seiner Ankunft in Plymouth schrieb, erklärte er, daß die *Judith „uns in gleicher Nacht in unserer Not im Stich ließ"*[2]. James A. Williamson, der Biograph von Hawkins, meint dazu: *„Drake so etwas nachzusagen, war hart, auch wenn sein Name nicht ausdrücklich genannt wurde."*[3] Für Drakes Verhalten gibt es keine plausible Erklärung; ein seltsames Vorspiel für jemanden, der später einmal so berühmt werden sollte.

Kurz nach 1570 führte Drake eine kleine Expedition zur Landenge von Panama, griff dort Schiffe an der Küste und Siedlungen an. Schließlich gelang es ihm und seinen – durch das Fieber dezimierten – wenigen Männern, zusammen mit Kapitän Le Têtu, einem hugenottischen Freibeuter aus Le Havre, und einer Gruppe entflohener schwarzer Sklaven, eine spanische Schatzkarawane zu überwältigen und ihr einen Teil der Münzen abzunehmen – die Spanier schätzten diese Beute auf 80 000 bis 100 000 Goldpesos, das sind etwa 40 000 Pfund, die er mit dem Franzosen aufteilte. Le Têtu, der bei diesem Überfall eine Verletzung davontrug, wurde an Ort und Stelle zurückgelassen. Die Spanier nahmen ihn gefangen und richteten ihn schließlich hin. Drake blieb keine andere Wahl, als sich dem Franzosen gegenüber so zu verhalten, denn er mußte sich um seine eigenen Leute kümmern. Es war eben ein gefährliches Spiel, und alle, Franzosen, Engländer und Niederländer, wußten, daß die Spanier kein Pardon gaben.

Drake erkannte in der Landenge eine gute Möglichkeit, Schiffe mit Silberladungen aus Peru hier an der Küste abzufangen. Er stach im Dezember 1577 von Plymouth aus in See, ganz bestimmt mit dem Ziel, durch die Magellan-Straße in den Pazifik zu segeln. Sein Geldgeber war eine illustre Gruppe, darunter Leicester, Walsingham und die Winters, John Hawkins und die Königin; Drake selbst war mit tausend Pfund beteiligt. Man weiß nicht genau, was sie sich von diesem Unternehmen versprachen, denn man streute bewußt Fehlinformationen aus, um die Spanier auf eine falsche Spur zu locken; das eigentliche Ziel der Reise blieb geheim. Das einzige noch existierende Exemplar von Drakes Anweisungen scheint auf Handelsaustausch an der chilenischen Küste hinzudeuten. Obwohl jedes seiner vier Schiffe ziemlich klein war, führte er doch eine schwerbewaffnete, gut ausgerüstete Expedition an. Sein Flaggschiff, die *Pelican,* hatte wahrscheinlich wenig mehr als hundert Tonnen und war vielleicht 25 Meter lang. Später taufte er sie um auf *Golden Hind,* und unter diesem Namen wurde sie in der Seefahrtsgeschichte berühmt. Die Reise begann als Freibeuterunternehmen und geriet schließlich zur ersten Weltumsegelung durch einen Engländer, der eine Ladung von Goldpesos, Silberstangen, rohem Silber und andere Schätze nach England zurückbrachte, die man sonst nur aus dem Märchen kennt. Diese Reise wurde zu einer Legende von Tollkühnheit und Heldenromantik – beides war gewiß mit im Spiel, aber auch verzweifelte Mühen, Ärger und Streit, der fast zur Meuterei ausartete. Daß Drake diese Reise zu einem Triumph machte, beweist sein Selbstvertrauen und seine Charakterstärke.

Wollte er ein bis dahin den Engländern unbekanntes Meer befahren, so eroberte er einfach ein spanisches oder portugiesisches Schiff, stahl dessen Karten und nahm den Lotsen mit. Einem dieser Lotsen, Nuno da Silva, verdanken wir eine der besten Schilderungen des jungen Drake: *„klein, rundlich und sehr kräftig ... feine Züge, einen hübschen rötlichen Bart und von rötlicher Hautfarbe“*[4]. Da Silva behauptet, Drake habe Vögel, Bäume und Robben in sein Logbuch gezeichnet. *„Er zeichnet sehr fleißig und hat einen Jungen bei sich ... der ein großer Maler ist; sie schließen sich in seiner Kajüte ein und malen stundenlang.“*[5] Er schilderte auch, wie Drake sich einmal eines Schiffes bemächtigte und auf der Stelle *„die Karten, das Astrolabium und den Kompaß packte, sie in Stücke brach und ins Meer warf“*[6].

Ein spanischer Gefangener beschreibt ihn als sehr streng, jede Nachlässigkeit der Mannschaft strafend, obwohl er sie sonst sehr gütig behandelte. Sie zeigte ihm gegenüber die größte Achtung, wie es auch die Herren an Bord machten: keiner von ihnen setzte sich zu Tisch, bevor er saß, oder bedeckte vor

Sir Francis Drake.
Miniatur von Nicholas Hilliard, 1581.

Buckland Abbey, Drakes Wohnsitz, heute im Besitz des National Trust.

ihm den Kopf, wenn sie einen Toast ausbrachten. Die Mahlzeiten wurden stets mit einem Fanfarenstoß begonnen und von Musik begleitet, man aß von silbernen Tellern mit goldenen Rändern und *„goldenen Girlanden, darin sein Wappen abgebildet ist“*[7]. Vielleicht war dies das Wappen der Drakes, dessen Oberhaupt Sir Bernard Drake of Ash war, Francis Drake täuschte nämlich gern eine edle Geburt vor und tat so, als sei er mit diesem verwandt. Vor dem Essen und zwischen den einzelnen Gängen wuschen sich die Herren die Hände in parfümiertem Wasser; viele dieser Parfüms und andere feine Dinge habe er von der Königin erhalten, sagte er mit der Angebermanier eines Emporkömmlings. Ein Spanier berichtete, er

„bilde sich auf seine Kunst als Seemann und als ein Gebildeter so viel ein, daß er ihnen (seinen Gefangenen) weismachte, niemand auf dieser Welt verstehe mehr von der Kunst der Seefahrt als er“[8].

Als er von seiner legendären Reise zurückkam, schlug ihn Elisabeth auf dem Achterdeck der *Golden Hind* zum Ritter, und seine Befriedigung darüber war ungeheuer groß. Er bat um ein eigenes Wappen und kaufte sich die Abtei Buckland in Devonshire als Residenz. Die meisten Engländer sahen in ihm einen Helden, und das war fraglos auch der Grund, warum Elisabeth König Philipp den schweren Schimpf zufügte, Drake zum Ritter zu schlagen. Für die alte Gentry, die ihn um seinen legendären Reichtum beneidete und nur ungern von seinem Aufstieg und seiner Prahlerei hören mochte, war er *„der Oberspitzbub aus jenem unbekannten Teil der Welt“*[9]. Für die Spanier war er *„El Dragón“*, der Drachen, und mit gutem Grund gefürchtet.

Zwischen Drake und dem anderen großen englischen Seefahrer, Horatio Nelson, gibt es viele Ähnlichkeiten. Beide waren überaus eitel, sorgten sich aber um ihre Männer. Beide waren von einem einfachen, glühenden protestantischen Gottesglauben erfüllt – und von einem nicht weniger einfältigen, brennenden Haß auf den katholischen Feind samt all seiner Schändlichkeiten. Beide machten die Ratschläge und altbekannten Ideen vorsichtiger Menschen ungeduldig, beide hatten den Mut, ihren eigenen, offensiven Instinkten zu folgen. Beide kamen nach einer langen Lehrzeit im Seekrieg zu fast genau den gleichen Schlußfolgerungen. *„Zeit und Ort richtig gewählt zu haben, bedeutet bei allen Kampfhandlungen den halben Sieg“*, so sagte Drake[10], und Nelson meinte: *„Der richtige Zeitpunkt ist alles; fünf Minuten zu früh oder zu spät können den Sieg in eine Niederlage verwandeln.“*[11]

Drake hat dies niemals eindrucksvoller gezeigt als 1587, als Elisabeth ihn losschickte, die Vorbereitungen der Armada durcheinanderzubringen. Er stach in großer Eile in See, bevor seine Schiffe genügend Vorräte und Seeleute an Bord hatten. Als er die portugiesische Küste erreichte und dort erfuhr, daß der spanische General Santa Cruz sich gerade in Lissabon aufhielt, der Hafen von Cádiz aber voller Schiffe lag, die nur von einigen Galeeren beschützt wurden, segelte er sofort nach Cádiz. Gegen den Protest seines Vizeadmirals – ein Mann der alten Schule, der erst einen Kriegsrat einberufen wollte – drang er an der Spitze seiner kleinen Flotte in den Hafen ein. Die Galeeren – die traditionellen Mittelmeerkriegsschiffe – kamen ihm entgegen, konnten aber mit ihren Kanonen am Bug gegen die Breitseiten seiner Atlantikschiffe nichts ausrichten. Er fiel über die ansonsten ungeschützten Kauffahrer im äußeren Hafenbecken her, zerstörte die größeren, die sich nicht in die seichten Gewässer zu retten vermochten, schickte dann seine Pinassen in den inneren Hafen und verbrannte die Galeere, die Santa Cruz gehörte. Als er den Hafen wieder verließ, war der in Cádiz beheimatete Teil der Armada – hauptsächlich Vorratsschiffe – zerstört.

Nun segelte er westwärts zum Kap São Vicente, da dort ein spanisches Geschwader sein sollte. Als er es nicht antraf, entschied er sich, an Land zu gehen. Wieder protestierte sein Vizeadmiral, und Drake erteilte ihm nun Stubenarrest. Nach einem erfolglosen Angriff auf den Hafen von Lagos an der Algarve führte Drake persönlich einen Sturmangriff auf die Burg von Sagres, das knapp östlich des Kaps São Vicente gelegen ist. Als das Tor lichterloh brannte, wurde die Burg übergeben, deren Mannschaft zweifellos einige Zeit lang nicht besoldet worden war. Nun hatte Drake einen sicheren Ankerplatz, wo er Wasser aufnehmen und seine Schiffe instandsetzen konnte; außerdem beherrschte er die Route zwischen dem Mittelmeer und der Armada, die gesamten Vorräte für Santa Cruz' Flotte mußten hier vorbei. Die Verwüstungen, die Drake an der spanischen Küste angerichtet hatte, erschütterten das Vertrauen von Philipps Bankiers, was wiederum den Zinssatz in die Höhe trieb. Ihr

Urteil war zutreffend: Drake hatte Philipp am Hals gepackt, und wäre England eine hochentwickelte Seemacht gewesen, mit den Reserven und der Organisation, die man für eine längere Blockade braucht, dann hätte die Armada niemals in See stechen können.

Drakes Unternehmen hatte ursprünglich teils strategische, hauptsächlich aber seeräuberische Ziele, denn seine Geldgeber hofften auf Gewinne; aus diesem Grund zog es ihn nun auch vom Kap in Richtung Azoren, er muß von einer aus der Karibik zurückkehrenden Flotte gehört haben. Als er sich den Azoren näherte, stieß er zufällig auf eine portugiesische Karracke, die *San Felipe,* die Pfeffer und andere Gewürze sowie exotische Waren an Bord hatte; er brachte sie in kurzer Zeit auf und machte sich mit ihr auf den Heimweg. Das Schiff samt Ladung erbrachte 115 000 Pfund, sein weiteres Prisengut brachte 26 000 Pfund, so daß der Rohgewinn dieser Fahrt über 100 Prozent lag. Der Anteil der Königin belief sich auf 46 000 Pfund, der von Drake auf 18 000 Pfund, ein großes Vermögen.[12]

Daß er die Blockade aufgegeben hatte, zeitigte unbeabsichtigt eine strategische Wirkung: Da Drake die zurückkehrende Schatzflotte an ihrem Treffpunkt bei den Azoren bedrohte, mußte Santa Cruz ihm mit einem Kampfgeschwader dorthin folgen, und als die Spanier sturmzerzaust und schwer angeschlagen, ohne Vorräte, nach Lissabon zurückkehrten, war es für dieses Jahr zu spät, das Unternehmen England ins Auge zu fassen – nicht zu spät für Philipp zwar, wohl aber für Santa Cruz, der es besser wußte und nicht segeln wollte.

Drake prägte dieser Epoche seinen Namen auf. Die Spanier sahen in ihm das Unheil selbst; dabei war er nur derjenige aus einer Reihe protestantischer Seefahrer – Engländer, Franzosen, Niederländer –, der am meisten Glück und Erfolg hatte. John Oxenham, einer dieser Abenteurer, der an der Landenge von Panama mit von der Partie gewesen war, hielt sich schon wieder in diesem Teil der Erde auf, als Drake gerade seine Weltumsegelung machte. Man hat oft gerätselt, ob sie vielleicht noch ein gemeinsames Unternehmen planten; aber Oxenham wurde von den Spaniern gefangengenommen und hingerichtet.

Thomas Cavendish, ein Abenteurer aus Suffolk, folgte 1587 Drake auf seiner Route in den Pazifik und machte zwei Jahre später eine ähnliche Weltumsegelung – freilich ohne ähnlichen Gewinn. Drake war der erste, der die Spanier überraschte; er nutzte es aus, *„Zeit und Ort richtig gewählt zu haben..."* Der hugenottische Kapitän Jean Ribault gründete in Florida, an der strategischen Flanke der Route der spanischen Schatzflotten auf dem Rückweg von Havanna, eine Siedlung. Sie wurde wieder aufgegeben, was teils der Treulosigkeit des englischen Piraten und Überläufers Thomas Stukeley zuzuschreiben war, den Ribault törichterweise als Partner mitgenommen hatte; später wurde sie von einem Hugenotten namens René de Laudonnière wiedererrichtet, um die Zeit von Hawkins' zweiter Reise. Im Jahr darauf erzwang der spanische Admiral, der für den Schutz der Schatzflotte verantwortlich war, Pedro Menéndez de Avilés, die Übergabe dieser Siedlung, und Ribault erfuhr an Ort und Stelle, daß das Wort eines spanischen Edelmannes nicht mehr wog als das eines englischen Piraten – er und die anderen Überlebenden wurden niedergemetzelt.

Von den Engländern, die in Nordamerika zu siedeln versuchten, sind Sir Walter Raleigh und Sir Richard Grenville durch ihre Niederlassung in Virginia am meisten bekannt geworden. Schon vor ihnen gründete Sir Humphrey Gilbert in Nordamerika Kolonien, er beanspruchte 1583 Neufundland für die englische Königin; seine Spur verliert sich auf der Rückreise nach England im selben Jahr, auf dem kleinsten seiner Schiffe, einem 10-Tonner. Seine letzten

Drakes Kanal. Diese Karte von 1592 zeigt den von Drake entworfenen Plan einer Wasserstraße zwischen Dartmoor und Plymouth. Drakes Residenz, Buckland Abbey, sowie ein Signalzeichen der Armada sind eingezeichnet.

Sir John Hawkins (1532–1595), „Merchant Adventurer" und Reformer der Marine. Englische Schule, 16. Jahrhundert.

Worte an die angsterfüllten Beobachter auf dem größeren Schiff hat Hakluyt in seinem Buch *Divers Voyages* unsterblich gemacht: *„Wir sind dem Himmel auf See ebenso nahe wie auf dem Lande."*[13]

Aus der Gruppe derer, die sich durch ihre Amerikafahrten einen Namen machten, ragt Martin Frobisher heraus. Er wurde in Yorkshire geboren, kam als Junge nach dem Tod seiner Eltern nach London und nahm an einer Reise teil, die einer seiner Verwandten, Sir Thomas Yorke, unterstützte; sie führte ihn zur Goldküste nach Westafrika. Die meisten der Teilnehmer, ihr Anführer Thomas Wyndham eingeschlossen, erlagen einem Fieber, und der junge Frobisher – oder Frobiser beziehungsweise Forbiser, wie er sich damals schrieb – gehörte zu den vierzig, die zurückkehrten. 1554 unternahm er erneut eine Reise zur Goldküste, diesmal unter John Lok. Bei einem Landaufenthalt nahmen ihn Eingeborene gefangen und brachten ihn zur portugiesischen Sklavenstation Elmina. Wahrscheinlich zahlte Sir Thomas Yorke für seine Freilassung ein Lösegeld, und Frobisher wurde nach Europa zurückgebracht. Danach scheint er eine Zeitlang als Handelsagent in Marokko tätig gewesen zu sein. Nach 1560 kehrte er heim und zog nun als Pirat umher; zusammen mit anderen Freibeutern machte er die Gewässer am westlichen Ende des Ärmelkanals unsicher.

Berühmt wurde Frobisher durch seine mehrmaligen Versuche, nördlich des amerikanischen Kontinents eine Nord-West-Passage nach Asien zu finden. Möglicherweise wurde ihm die Idee von Bekannten, von Humphrey Gilbert oder von John Lok, unter dem er zur Goldküste gefahren war, vorgeschlagen. Es lag der Gedanke in der Luft, man könne den Doppelkontinent Amerika südwärts durch die Magellan-Straße oder aber, noch besser, durch eine erhoffte Meeresenge im Norden in Richtung Pazifik umfahren.

Auf seiner ersten Reise, 1576, ein Jahr, bevor Drake nach Süden zur Magellan-Straße aufbrach, versuchte es Frobisher im Norden. Er segelte an Neufundland und der Küste von Labrador vorbei und gelangte am Südende der Baffin-Insel in eine breite, tiefe Bucht, die heute seinen Namen trägt. Er brachte einen Eskimo mit, den er als Asiaten ausgab, um zu beweisen, daß er die Nord-West-Passage gefunden habe, was natürlich nicht stimmte. Außerdem führte er ein Stück schwarzen, glitzernden Erzes mit sich, das er als Gold herumreichte, obwohl man ihm da bald widersprach. Das Gold und die erhoffte Route nach Cathay – das ist der alte Name für China – bedeutete eine doppelte Anziehungskraft. Lok gründete daher die Company of Cathay, die sich der üblichen Unterstützung von Kaufleuten und Adligen erfreute, an ihrer Spitze Elisabeth. Frobisher führte im Auftrag dieser Company noch zwei Reisen durch und brachte weiteres Erz mit zurück, dessen geringen Wert man schließlich erkannte.

Elisabeth schätzte die Leistungen ihrer berühmten Entdecker so hoch ein, daß sie 1585 Drake mit einer Expedition in die Karibik beauftragte und eben dadurch den Bruch mit Spanien provozierte. Frobisher wurde Drakes Vizeadmiral. Er war ein großer, ungewöhnlich kräftiger und streitbarer Mann, dazu ein schroffer Zuchtmeister, der seine Untergebenen oft hart schikanierte. Seine Fähigkeiten als Seemann und sein Mut standen zwar außer Frage, aber man diente nicht gerne unter ihm. Nach dem Armada-Unternehmen von 1588 war er voller Mißgunst und Neid gegen Drake; er ließ seinen Gefühlen in Gegenwart von John Hawkins und anderen freien Lauf, schmähte Drakes Verdienste um die Flotte als die eines *„feigen Schuftes und Verräters"* und beschuldigte ihn, andere um ihre Beute zu betrügen und zu verleumden:

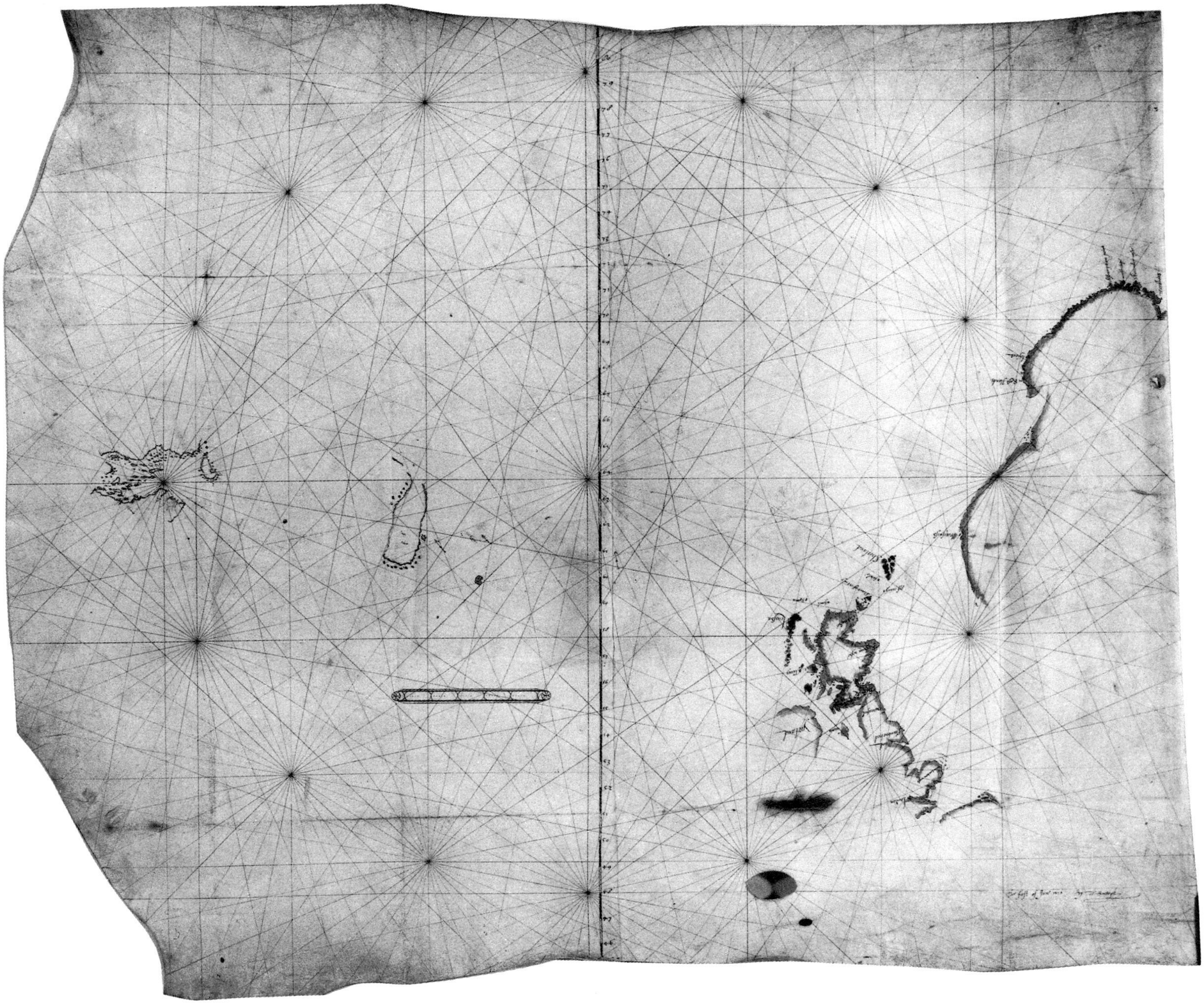

Karte, die Martin Frobisher bei seiner Suche nach einer Nord-West-Passage nach Asien verwendete, 1576; sie zeigt die von ihm entdeckte und nach ihm benannte Frobisher Bay in der Baffin-Insel.

„Er hat über mich Geschichten erzählt, die er zurücknehmen wird, oder ich werde ihn blutig prügeln. Außerdem behauptet er, niemand habe bessere Dienste geleistet als er. Er lügt wie gedruckt, denn es gibt welche, die haben das gleiche geleistet wie er und sogar noch Besseres.“ [14]

Ein gesetzloser und bedrohlicher Haufen waren die niederländischen Seegeusen. Aus den Aufständen der Jahre 1566/67 gegen Albas Unterdrükkung hervorgegangen, kamen ihre Anführer aus dem mittleren und niederen Adel, eher Landedelleute als wirklicher Adel; sie stammten hauptsächlich aus den Provinzen im Norden, aus Friesland und Holland, und wollten unbedingt ihre Freunde rächen, die Alba hatte verbrennen oder auf andere Weise hatte töten lassen. Auch sie waren Seeräuber, obschon oft genug aus Gründen des reinen Überlebens. Sie waren überzeugte Protestanten und haßten den Katholizismus, den sie mit spanischer Unterdrückung gleichsetzten. Auf ihren Schiffen fuhren calvinistische Priester mit, die das Morgen- und Abendgebet

Ano Dni. 1605.

Charles Howard (1536–1624), zweiter Baron Howard of Effingham. Diese Miniatur wird Rowland Lockey zugeschrieben (Schüler von Nicholas Hilliard), 1605.

sprachen, wie Gebete auch auf den Schiffen der Hugenotten, der Engländer und der Spanier üblich waren. Sie waren trotzdem wilde Haufen von rauhen Kerlen, für ihre Grausamkeit eher bekannt als für Frömmigkeit.

Wilhelm von Oranien setzte sie für seine Sache ein. Als souveräner Fürst im Krieg mit Spanien ließ er ihnen Kaperbriefe ausstellen, um ihre Übergriffe gegen Spanien zu legalisieren, so daß es sich gleichsam nicht mehr um Seeräuber-, sondern Kriegsschiffe handelte. Wo immer sie vor Alba sicher waren, hatten sie ihre Stützpunkte, zunächst vor allem in Emden und Delfzijl, unweit der Emsmündung, später mehr und mehr in England, im südlichen Irland und in den französischen Häfen am Atlantik, wo sie ihr Beutegut verkaufen konnten. Für diese seichten Küstengewässer hatten sie ein spezielles Kanonenboot entwickelt, das unter dem Namen „Cromster" bekannt wurde. Im nahen Küstenbereich bewährten sich diese Schiffe so gut, daß die englische Marine sie später übernahm. Diese Front aus englischen Seeräubern, französisch-hugenottischen Freibeutern und Geusen setzte dem friedlichen Handel im Ärmelkanal gewaltig zu, auch dem englischen Wollhandel mit den Niederlanden. Das war wohl der wichtigste Grund für Elisabeth, die Geusen von ihren Häfen fernzuhalten und englischen Bürgern zu verbieten, mit ihnen Handel zu treiben oder ihnen ihre Beute abzukaufen. Außerdem ließ sie, um die Seeräuber im Kanal abzuschrecken, ein königliches Geschwader kreuzen – dies war die Antwort auf all den Ärger, den diese Piraten den englischen Kaufleuten verursacht hatten.

Damals hielt sich eine größere Bande von Geusen unter ihrem Anführer William van der Marck in Dover auf. Er hatte Elisabeth gebeten, diesen strategisch wichtigen Hafen auch künftig benützen zu dürfen und ihr dafür die Dienste seiner kleinen Flotte angeboten. Sie befahl ihm, augenblicklich zu verschwinden. Nach einer mehrwöchigen Kreuzfahrt, als er dringend frisches Wasser und neue Vorräte brauchte, nahm er den Hafen von Brielle unweit von Hoek van Holland ein, dessen spanische Garnison sich zurückgezogen hatte. Dies war der Wendepunkt in der Geschichte der niederländischen Aufstände, denn von diesem Stützpunkt aus verbreiteten sich die Seegeusen über ganz Holland und die Inseln von Seeland; sie steckten die Bewohner mit ihrem aufrührerischen Geist an und bemächtigten sich weiterer Häfen an den großen Flußmündungen, bis sie schließlich über die Schelde herrschten und damit den Handel von Antwerpen in ihren Händen hatten – und Antwerpen war die Handels- und Finanzmetropole von Philipps Reich. Die Nordprovinzen, bis dahin eine belagerte Zone, wurden bald zur strategischen Kommandozentrale und verfügten über Waffen, Vorräte, Gelder und Menschen. Die Spanier mußten den langsamen und kostspieligen Landweg über die sogenannte „Spanische Straße" von Genua über Mailand, Savoyen, die Freigrafschaft Burgund und Lothringen nach Antwerpen nehmen.

So sah es 1587 aus, als der letzte und erfolgreichste aller spanischen Befehlshaber in den Niederlanden, der Herzog von Parma, von Philipp den Befehl erhielt, eine Streitmacht aufzustellen und auf den gemeinsamen Einsatz mit der spanischen Armada für eine Invasion Englands vorzubereiten. Parma schrieb, die Häfen, über die er gebiete, seien nicht tief genug für eine solche Operation. Seine Streitkräfte seien allesamt in Flandern; die Untiefen vor den Häfen von Dünkirchen und Nieuwpoort würden die Galeonen abhalten, während die Barken und andere Küstenschiffe mit geringem Tiefgang, die er für die Überfahrt zusammenziehen sollte, den flachen Schiffen der Seegeusen ausgeliefert sein würden. Seine Warnungen verhallten ungehört.

4

Kommandeur wider Willen

Philipp quälte der Gedanke, er könne etwas versäumen. Seit Santa Cruz im September 1587 von seiner Jagd auf Drake bei den Azoren zurück war, bedrängte Philipp ihn, England anzugreifen. Er wollte einen Überraschungscoup landen; doch dies hieß Walsinghams Kundschafternetz unterschätzen. Daß Philipp überhaupt bereit war, jetzt, in den kurzen Tagen des Spätherbstes, seine Schiffe samt Mannschaften den Stürmen des Nordatlantiks, den felsigen Küsten des Kanals sowie den Untiefen Flanderns auszusetzen, kann nur der Verzweiflung, der Unkenntnis, den unsinnigen Einflüsterungen aus seinem Rat oder dem schwächenden Einfluß von Alter und Krankheit zugeschrieben werden. Aber Santa Cruz fand Gründe, seine Abreise aufzuschieben.

Der größte Teil seiner Flotte blieb vor Lissabon und kämpfte dort gegen die mächtigen Wellen des Tejo an, indes man die Schäden der letzten Reise ausbesserte, zusätzlichen Proviant, Vorräte und Waffen an Bord nahm. Das Leben eines Matrosen im Dienste des Königs war – selbst in Glanzzeiten – kaum verschieden von dem eines Sklaven oder abgeurteilten Verbrechers, der seine Strafe auf einer Galeere ableistete. Man hauste eng zusammengepfercht im Zwischendeck, dessen Ritzen zwar das Sonnenlicht ausschlossen, den Regen aber hereinließen. Das Essen war minderwertig – Zwieback, oft mit Stroh vermischt gebacken, hart und alt, und nicht selten voller Maden. Die Offiziere des Königs behandelten sie *„wie Hunde“*, klagten die Seeleute.[1] Einzig und allein die tägliche Ration Wein machte ihr Leben erträglich; ihre Leidensgefährten im Norden bekamen Bier. Doch in diesem Winter wurden das Essen und der Wein knapp, denn die Geldquellen des Königs versiegten und seine Schulden bei den Lieferanten stiegen. Hunger und ansteckende Krankheiten breiteten sich im Zwischendeck aus; zwei Lotsen, so hieß es, seien bereits verhungert – wenn das stimmte, wie muß es dann erst den anderen Männern in ihren ungesunden, überfüllten Quartieren ergangen sein? Nicht einmal der Oberbefehlshaber blieb verschont. Als Philipp im Januar 1588 einen Emissär nach Lissabon schickte, um bei der Flotte nach dem rechten zu sehen und herauszufinden, warum Santa Cruz noch immer nicht segelbereit war, fand dieser einen Großteil der Männer auf dem Krankenlager; Santa Cruz hatte sich – vielleicht wegen seiner vielen Sorgen – Typhus zugezogen und lag im Sterben.

Als Philipp davon erfuhr, sah er sich sogleich nach einem Nachfolger um. Der Bericht über den Zustand der Flotte und der Besatzung machte ihm klar, daß er nicht in erster Linie einen Admiral oder einen kämpferischen General brauchte, sondern einen Organisator, der diese Waffe schnell wieder für ihn schärfte. Nach einem solchen Mann brauchte er nicht lange zu suchen. Don Alonso Pérez de Guzmán, siebter Herzog von Medina Sidonia, erster Edelmann Andalusiens, war ein Mann von großer Erfahrung bei der Organisation von Expeditionen, sei es zu Wasser oder zu Lande; und er war bereits damit betraut, Schiffe zu besorgen und Besatzungen und Vorräte für die Armada zusammenzuholen. Seit die Pläne im vorigen Frühjahr erste Gestalt angenommen hatten, war er ein wichtiger Berater dieses Unternehmens. Außerdem war er der reichste Grande in ganz Spanien, das war sehr wichtig. Denn man erwartete von Expeditionsführern und selbst von militärischen Befehlshabern, daß sie ihre eigenen Mittel zur Entlastung der Staatskasse einsetzten – und gerade jetzt war dies unumgänglich, denn der Zahlmeister der Armada stand mit fast 300 000 Dukaten in der Kreide.[2] Aber Medina Sidonia besaß nicht nur Geld, er verfügte auch über Männer: aufgrund seiner traditionellen Stellung als Heerführer Andalusiens war er eigentlich Philipps Vizekönig im Süden der Halbinsel, er vermochte aus seinen eigenen und aus benachbarten Gütern Rekruten auszuheben. Für den letzten Feldzug gegen Portugal hatte er es geschafft, eine Armee von 60 000 Soldaten aufzustellen. Er konnte sich auch auf ein Gefolge junger Adliger verlassen, die auf den Übersee-Expeditionen Ansehen und Reichtum zu gewinnen hofften.

Medina Sidonia bezog einen großen Teil seines Einkommens aus den Zöllen von Sanlúcar de Barrameda, dem Hafen an der Mündung des Guadalquivir, der nach Sevilla hinaufführte, dem wichtigsten Hafen für die Flotten aus der Neuen Welt. Sanlúcar war der Stammsitz der Guzmáns. Hier war er geboren, und seit seinen Jugendtagen hatte er sich für den Schiffsverkehr auf dieser wichtigen Ader des Atlantikhandels interessiert. Während der vergangenen fünf Jahre war er für die Ausrüstung der Flotten zuständig gewesen, die Jahr für Jahr in die Karibik fuhren; jetzt war es seine Aufgabe, die Galeonen, die sie zu ihrem Schutz begleiteten, mit Vorräten und Besatzung auszurüsten. Bald sollten diese Schiffe in Richtung Lissabon auslaufen, um zusammen mit den portugiesischen Galeonen den Kern der Flotte Santa Cruz' zu bilden. Zur Kaufmannschaft dieser wichtigen Stadt, in der die Ausrüstung und die Vorräte gelagert wurden, unterhielt er gute Beziehungen, bei ihnen genoß er Kredit – dies war keine geringere Empfehlung für ihn als sein persönlicher Reichtum und seine Gefolgschaften.

Darüber hinaus besaß Medina Sidonia wertvolle persönliche Eigenschaften. Im Alter von 24 Jahren hatte er sich erboten, die Instandhaltung der königlichen Galeeren zu übernehmen. Sein Angebot wurde nicht angenommen, aber die Empfehlungen, die seinerzeit im Rat zu hören waren, beweisen, daß man ihn schon in so jungen Jahren für überaus zuverlässig hielt. *„Der Herzog verbürgt aufgrund seiner ganzen Persönlichkeit, daß er sie (die Galeeren) in sehr gutem Zustand halten würde.“*[3] Während des Feldzugs gegen Portugal hatte er sich tadellos verhalten; er hatte seine Beziehungen in der Algarve benutzt, die Belagerung des südlichen Portugal für die Bewohner erträglicher zu machen. Vor noch gar nicht so langer Zeit hatte er in seiner Eigenschaft als Kommandeur des westlichen Andalusien Truppen zur Entsetzung von Cádiz herangeführt, als Drake diesen Hafen angriff; gemeinhin glaubte man sogar, er habe Drake zum Rückzug gezwungen. Philipp war beeindruckt und machte ihn zum Generalkapitän von ganz Andalusien – diese Position hatte zwar der Herzog faktisch auch schon zuvor innegehabt –, um ihn damit seines Wohlwollens zu versichern.

Medina Sidonia war inzwischen 38 Jahre und auf dem Höhepunkt seines Lebens – wer, wenn nicht er, wäre imstande, die chaotischen Zustände in der Flotte zu beseitigen, die Santa Cruz vergeblich zu beheben versucht hatte? Allerdings fehlte es ihm an Erfahrung zur See und bei der Kommandoführung in größeren Schlachten – der militärische Aufmarsch während des Portugalfeldzugs war von ganz anderer Art gewesen. Gleichwohl sollte er jedoch imstande sein, sich der Seekriegserfahrung seiner Geschwaderkommandeure zu bedienen. Was den Zug gegen England betraf, so sollte dort Parma den Befehl übernehmen.

Umstritten ist, ob Philipp wirklich eine Invasion Englands vorhatte, oder ob er nicht vielmehr darauf hoffte, daß die Demonstration seiner Stärke Elisabeth zur Raison bringen würde. Der englische Historiker I. A. A. Thompson meint dazu:

„Das oberste Ziel seiner Armee war es, sich im Ärmelkanal in eindrucksvoller Pose zur Schau zu stellen, an England vorbeizufahren und sich dabei mit beiden Fäusten auf die Brust zu klopfen."[4]

Verhandlungen waren bereits im Gange, und am 30. Januar schrieb Parma an Philipp, alle Nachrichten schienen zu *„beweisen, daß die Königin von England wirklich Frieden schließen möchte und daß ihr die ganze Unruhe und die anfallenden Kosten schwer zusetzen"*.[5]

Philipp erfuhr dies erst, nachdem er Medina Sidonia schon ernannt hatte; aber Parma faßte ohnehin nur zusammen, was Philipp von seinen Spionen in England berichtet wurde.[6] Natürlich kannte er Elisabeth gut genug, um zu wissen, daß sie bei allen Verhandlungen auf Zeit spielte, bis die größte Gefahr vorüber war – um dann sofort wieder ihre alte Politik weiterzuverfolgen. Genau deshalb bereitete er seine Armada vor. Wenn sie erst einmal auf See war, vermochte ihr die englische Marine kaum etwas anzuhaben. Deren Kanonen schossen ungenau und mit nur geringer Reichweite, die Batterien waren klein – eigentlich war es unmöglich, mit ihnen ein richtiges Atlantikschiff zu versenken. Wenn es hingegen zum Nahkampf kommen sollte, waren die Spanier auf jeden Fall sowohl in der Zahl als auch in der Disziplin überlegen. Philipp hatte also allen Grund zu glauben, daß Elisabeth auf seine Bedingungen eingehen würde, wenn es seiner Armada nur gelänge, in den Ärmelkanal zu kommen und dort ihre Größe und ihre Unbesiegbarkeit zur Schau zu stellen. Aber noch besser wäre es freilich, wenn ihr Erscheinen die englischen Katholiken zum Aufstand anstacheln würde, dann hätte Elisabeth innenpolitisch alle Hände voll zu tun. Da er die ungeheuren Kosten und Unwägbarkeiten eines Krieges fürchtete, wäre ihm diese Möglichkeit zweifellos am liebsten gewesen. Bezeichnenderweise legte er genau fest, welche Kompromisse er eingehen würde. Ob er aber wirklich einen solchen Ausgang erwartete, ist aufgrund der Quellenlage nicht zu erschließen.

Jedenfalls mußte die Armada bald in See stechen, damit Drake nicht erneut, wie im Jahr zuvor, als erster ausfuhr und seine Untaten wiederholte. Niemand erschien Philipp für diese Aufgabe besser geeignet als Medina Sidonia. Daher ließ er am 11. Februar 1588 seinen Minister Idiáquez an den Herzog schreiben, um ihm mitzuteilen, er habe *„seine Augen auf ihn gerichtet"*, das Kommando zu übernehmen. Medina Sidonia erschrak fürchterlich und antwortete in seinem berühmten Brief, in dem er seine Untauglichkeit für diesen Posten unterstrich:

„Zunächst danke ich Eurer Majestät in aller Bescheidenheit dafür, daß Ihr mir eine so gewaltige Aufgabe anvertrauen wollt, und ich wünschte, ich besäße die Fähigkeiten und die Herzenskraft dafür. Aber, Sire, ich besitze nicht die Gesundheit für die See, denn schon aus meiner geringen Erfahrung zur See weiß ich, daß ich sehr bald seekrank werde, weil meine Körpersäfte durcheinandergeraten. Davon abgesehen ... bin ich in großer Verlegenheit, und zwar so sehr, daß ich unlängst, als ich nach Madrid reisen mußte, genötigt war, mir für diese Reise Geld zu borgen. Die

Der Herzog von Medina Sidonia, Kommandeur der spanischen Flotte.

Schulden meines Hauses belaufen sich auf 900 000 Dukaten, und ich bin daher außerstande, das Kommando anzunehmen. Ich besitze nicht einen einzigen Real, den ich für diese Expedition ausgeben könnte.

Überdies erlaubt es mir weder mein Gewissen noch mein Sinn für Pflichterfüllung, diese Aufgabe zu übernehmen. Die Streitmacht ist so groß und das Unternehmen so wichtig, daß ich dafür nicht der richtige Mann bin, zumal ich keinerlei Erfahrung besitze in der Seefahrt, geschweige denn, daß ich je ein führendes Amt in der Marine innegehabt hätte ... Ich würde blinden Auges auf See fahren und müßte mich auf die Ratschläge anderer verlassen, deren gute oder schlechte Eigenschaften ich nicht kenne und die mich, wenn sie wollten, in die Irre führen und verderben könnten ...“[7]

In diesem Stil ging es immer weiter. Philipp schrieb diese Entschuldigungen seiner Bescheidenheit zu. Er kannte ihn gut, und wahrscheinlich hatte er recht. Santa Cruz war ein weltberühmter Admiral, der viele Siege errungen hatte. Wie konnte einer, dem jede Erfahrung zur See fehlte, einem solchen Admiral nachfolgen, ohne die schwersten Zweifel zu empfinden?

Aber es gab noch andere Gründe. Der Herzog hielt das ganze Unternehmen – auch darauf hat I. A. A. Thompson hingewiesen – für einen schweren Fehler und sah keine Aussicht auf Erfolg[8]; außerdem würde es ihn eine Menge Geld kosten – und so kam es dann tatsächlich, er bezahlte rund 750 000 Dukaten. Die Möglichkeit, sein Ansehen zu verlieren, war groß – es gab keinen Vorteil, der diese Risiken aufwog. Seine Frau drängte ihn, daheim zu bleiben: *„Es genügt, Herzog von Medina Sidonia zu sein“*, soll sie gesagt haben.[9] Und das genügte wirklich; er brauchte nichts zu beweisen. Der jugendliche Ehrgeiz nach Abenteuern war verschwunden, statt dessen kümmerte er sich jetzt um seine großen Ländereien. Es ging ihm gut, er war beschäftigt, und er neigte ohnehin eher zu Nachdenklichkeit und Sorgfalt als zu großen Abenteuern. Ein paar Jahre zuvor hatte ihn Philipp zum Gouverneur von Mailand ernannt; doch dank mehrmaliger Ausflüchte und Verzögerungen hatte er es geschafft, diesen Posten nicht anzutreten. Nun führten ihn persönliche Neigungen und nüchterne Einschätzung der Lage dazu, es auch diesmal mit der gleichen Taktik zu versuchen.

Philipp wollte davon nichts wissen. *„Ich bin es, der Eure Fähigkeiten und Eigenschaften beurteilen muß“*, schrieb er, *„und ich bin völlig zufrieden damit ...“* Was seine Gesundheit anginge, müsse man glauben, daß Gott sie gewähren würde, denn er würde ja für seine Sache in See stechen.

„Ihr habt Eure guten Absichten durch Euren Fleiß und Eure Sorgfalt bewiesen, und da derlei Eigenschaften niemals so nötig waren wie gerade jetzt, so seid Ihr es, der sich für diese schwere Aufgabe vorbereiten muß.“[10]

Der Herzog von Parma (1545–1592), Philipps erfolgreichster Generalgouverneur der Niederlande und einer der besten Soldaten seiner Zeit. Wahrscheinlich Stich eines spanischen Künstlers, 18. Jahrhundert.

Zeitgenossen teilten Philipps Einschätzung. Parma, mit dem der Herzog zusammenarbeiten sollte, schrieb, dies sei eine gute Wahl.[11] Der venezianische Gesandte in Madrid, der Bescheid wußte und mit Medina Sidonia gut bekannt war, schrieb, er sei *„ein Fürst von vielerlei Fähigkeiten, wiewohl er niemals zur See fuhr“*, und in einer späteren Depesche: *„Er besitzt ausgezeichnete Fähigkeiten und ist allgemein beliebt. Er ist nicht nur umsichtig und tapfer, sondern auch von ungewöhnlich gutmütiger und freundlicher Natur.“*[12] Der französische Gesandte bezeichnete ihn als einen der fähigsten Untertanen König Philipps.[13]

Der Tonfall von Philipps Brief zeigte dem Herzog, daß er sich diesem Auftrag nicht entziehen konnte, also machte er sich schweren Herzens auf den

Weg nach Lissabon, sich Gott und seinem König anvertrauend. Dies ist ein Augenblick bitterer Ironie: In diesem widerstrebenden Edelmann konzentrierten sich die Kräfte, die Philipp in einen Krieg trieben, den er eigentlich fürchtete – gegen eine Königin, die ihn wahrscheinlich noch mehr fürchtete. Gleichzeitig litten in diesem kalten und feuchten Februar Tausende von Unglücklichen an Hunger und Krankheit, die entweder auf die Schiffe zwangsverpflichtet waren oder einfach Philipp die Treue nicht versagen wollten.

Als Medina Sidonia Anfang März 1588 in Lissabon eintraf, fand er bestürzende Verhältnisse vor. Es fehlte der Oberkommandierende, es war kein Geld vorhanden, die Heereslieferanten waren Schurken, das Essen war ungenießbar, das Wetter schlecht. Krankheit, Tod und der lange, unfreiwillige Müßiggang hatten die Männer völlig demoralisiert, ihnen fehlte jedes Verständnis für ihre Aufgabe und Verantwortung. Er rief einen Stab erfahrener Offiziere zusammen, darunter einen Fachmann für Geschütze, er sah sich Santa Cruz' Pläne gründlich an und begann, in materieller wie in geistiger Sicht für Ordnung zu sorgen, indem er selber mit gutem Beispiel voranging. Bald sah man diese mittelgroße, kräftige Gestalt, das Gesicht umrahmt von hellem Haar, mit hoher Stirn und nachdenklichen Augen, Wohlstand und überlieferte Würde ausstrahlend, ein Schiff nach dem anderen inspizieren. Wie immer auch seine geheimen Zweifel ausgesehen haben mögen – und in seinen langen Briefen an Philipp schilderte er sie ausführlich –, seine Energie, seine ruhige Entschlossenheit und Zielstrebigkeit beeindruckten seine Berater und selbst die weniger umgänglichen älteren Befehlshaber. Endlich kam eine neue Stimmung auf – und mit dem Beginn des Frühlings kam auch die Hoffnung.

Am meisten beunruhigte ihn – abgesehen von der Qualität und ungleichen Verteilung der Vorräte, Krankheiten und Desertionen – die Knappheit an Artillerie und an Munition. Er kannte die Schatzflotten gut, und er kannte die Taktik der protestantischen Freibeuter, die sehr viel lieber mit ihren Geschützen aus sicherer Entfernung ihre Breitseiten abfeuerten, als sich auf ein Entermanöver einzulassen. Er hatte Philipp gewarnt, daß die Engländer ebenso verfahren würden, und er wußte, daß man in einem solchen Kampf mehr Kanonen, mehr Pulver und mehr Kugeln brauchte, als er besaß. Die Galeeren, mit denen er die aus Amerika heimkehrende Flotte beschützt hatte, besaßen 60 Schuß für jedes Geschütz. Er sandte an Philipp die dringende Bitte, ihm nun für seine Kriegsschiffe diese Menge zukommen zu lassen, außerdem bat er um weitere schwere Geschütze und mehr Schießpulver.

Daß es daran fehlte, verweist auf die Schwächen der spanischen Wirtschaft. Was die Spanier an Fertigwaren verwendeten, von Textilien bis zu moderner Artillerie, kam hauptsächlich aus den Niederlanden, der wichtigsten Werkstatt dieses Reiches. Doch seit dort Kriegswirren herrschten und die Seegeusen die Häfen blockierten, war auch die Wirtschaft gestört; nun mußte man Kanonen dort kaufen, wo es welche gab. Einige stammten aus älteren Zentren der Kanonengießerei in Italien, viele andere ließ man auf kostspieligen Schleichwegen vom protestantischen Feind besorgen. Philipp waren eine Kanonengießerei in Málaga und eine weitere in Lissabon verblieben, sie waren die einzigen funktionierenden Werkstätten auf der Halbinsel, daher bedrängte man sie, alles zu tun, die Wünsche des Herzogs zu erfüllen.

Die Schiffe, für die er diese Bewaffnung benötigte, waren untereinander so grundverschieden wie die Kanonen. Philipps Königliches Marineamt hatte sich um die Galeerenflotte zu kümmern, sie war sein Machtinstrument im Mittelmeer. Die Schatzflotte aus der Neuen Welt wurde bei ihrer Fahrt über den Atlantik von einem Geschwader neuer Kriegsgaleeren geschützt, aber diese

Schiffe durften nicht sehr groß sein, da sie die Untiefen an der Mündung des Guadalquivir passieren mußten; sie waren eher kleiner als das durchschnittliche englische Linienkriegsschiff.[14] Seit langem sah Philipp sich dem Druck von vielerlei Seiten ausgesetzt, mehr und größere Kriegsschiffe für den Einsatz im Atlantik bauen zu lassen. Seit der Eroberung von Portugal und der Notwendigkeit, dessen Inseln im Atlantik sowie die eigenen Seerouten zu schützen, wurde diese Frage immer dringlicher, so daß es neuerdings einen Plan gab für eine reguläre Königliche Marine. Den Bau dieser Schiffe sollten private Schiffbaumeister an der Biscayaküste übernehmen, dort lag das Zentrum des spanischen Schiffbaus. Als es ans Bezahlen ging, kam es wie immer: Die Schiffbauer bekamen ihr Geld nicht, weil die Gelder, die für sie bestimmt waren, plötzlich für andere, unvorhergesehene Zwecke benötigt wurden, die jetzt vordringlich erschienen. Gegen Ende des Jahres 1584, gerade ein Jahr bevor die Entscheidung über das „Unternehmen England" fiel, zerriß Philipp diese Verträge. Vier Jahre nacheinander hatten die Spanier auf eine höchst unzulängliche und teure Weise Schiffe für die Verwendung im Atlantik besorgt: sie hatten Kauffahrer gemietet und sie für diesen Einsatz völlig umgerüstet. Nichts könnte deutlicher zeigen, in welch verzweifelte Lage die spanische Finanzverwaltung infolge von Krieg und Verschuldung gekommen war.

Als man schließlich die Armada gegen England zusammenzog, besaß man nur zehn Kriegsschiffe, nämlich die Galeonen der amerikanischen Schutzflotte sowie dieselbe Anzahl an portugiesischen Galeonen. Außerdem verfügte Spanien noch über vier Galeassen aus Neapel, eine Art Zwitter, der die besten Eigenschaften der von Ruderern getriebenen Galeeren mit denen des Segelschiffes zu vereinigen suchte. Sie erwiesen sich als Versager, denn wegen der Bänke mit den Ruderern konnte man an den Breitseiten keine Geschütze aufstellen; außerdem waren sie zu schwer, um bei günstigem Wetter gegen eine Galeere konkurrieren zu können, bei schlechtem Wetter waren sie weniger seetüchtig als eine Galeone.

Philipp versuchte die Kampfkraft der Armada zu erhöhen, indem er weiterhin Kauffahrer anmietete oder einfach zwangsverpflichtete, die gerade in spanischen Häfen lagen. Er ließ sie mit Geschützen und an Bug und Heck mit Kastellen für leichte Kanonen ausrüsten. Hier, auf diesen erhöhten Plattformen, sollten die Soldaten bei den Entermanövern stehen. Die meisten dieser Schiffe waren im Mittelmeerraum gebaut und daher leichter und breiter, bauchiger, als die Galeonen im Atlantik. Colin Martin, der nach mehreren solcher Wracks der Armada getaucht ist und ihren Aufbau durch eigene Anschauung bestätigen kann, meint, daß 1587 die Entscheidung fiel, die älteren, kleineren Schiffe, wie man sie gern in der Biscaya verwandte, weil sie deren Witterung gut entsprachen, durch große Kauffahrer aus dem Mittelmeer – *Nãos* genannt – zu ersetzen. Das beruhte wahrscheinlich auf der Erkenntnis, daß die vierzig Galeeren, die Santa Cruz als Herzstück seiner Armada hatte aufstellen wollen, gegen die Breitseiten der Galeonen nicht taugten – Drake hatte das im selben Jahr im Hafen von Cádiz bewiesen. Daher wurden nun die meisten Galeeren aus der Kriegsmarine ausgemustert und durch Kriegsschiffe ersetzt, die an ihren Breitseiten Kanonen aufnehmen konnten; damit konnte man auch aus größerer Entfernung die Engländer beschießen, denn Medina Sidonia ahnte, daß die Engländer sich nicht allzu nahe heranwagen würden. Also rief man jetzt nach wuchtigen, breiten Frachtschiffen aus dem Mittelmeer.[15] Dies ist ein bezeichnender Hinweis auf die Kurzsichtigkeit oder die verzweifelte Notlage, die Philipp dazu bewog, sein Schiffbauprogramm aufzugeben und statt dessen diese bauchigen Schiffe einzusetzen, die zwangsläufig langsamer und schwerfälliger waren als die zweckmäßig ausgebauten, schnellen Kriegsschiffe, auf denen die Seefahrer des Nordens fuhren.

Die erfahrenen Kommandeure und bestimmt auch Medina Sidonia kannten diese Nachteile. Ein eigens vom Papst gesandter Emissär war in diesem April in Lissabon, um zu erfahren, wie die Dinge stünden. Er fragte *„einen der höchsten und erfahrensten Offiziere“* der Flotte, was er wohl erwarte, falls es im Kanal zu einem Kampf käme. Die Engländer hätten schnellere, manövrierfähigere Schiffe, entgegnete dieser, obendrein noch bedeutend mehr Kanonen mit größerer Reichweite; und da sie ihren Vorteil kannten, würden sie wohl abwarten und die Armada in Stücke schießen, bevor sie richtig herankommen konnte. Trotz alledem, fügte dieser Spanier hinzu, sei er voller Zuversicht, daß Gott ein Wunder senden werde – *„launisches Wetter oder einfach die Engländer ihres Witzes berauben“* –, damit sie die englischen Schiffe entern könnten, denn dann würde die zahlenmäßige Überlegenheit der spanischen Soldaten und ihre bessere Kampfweise den Sieg bringen. Sie würden in See stechen, so schloß dieser Offizier, in der zuversichtlichen Hoffnung auf ein Wunder.[16]

Die Mehrzahl der spanischen Offiziere kümmerte sich nicht um taktische Fragen, ebensowenig die mehr als vierhundert jungen Caballeros und Hidalgos, die sich zu dieser Reise entschlossen hatten, um sich einen Namen zu machen oder vielleicht im Kampf ein Vermögen. Die kastilische Gesellschaft war geprägt von einem landbesitzenden Militäradel und hatte – wie alle Gesellschaften dieser Art – die entsprechenden Vorstellungen von Ehre, Ansehen, Reinheit des Blutes. Sie interessierten sich nicht für das Meer, Schiffe waren für sie einfach Transportfahrzeuge, und Seeleute gehörten in ihren Augen demselben Stand an wie Kaufleute oder landlose Vaganten, die man allenthalben auf den Landstraßen herumlaufen sah. Sich damit zu beschäftigen, wäre unter ihrer Würde gewesen. Ein Grande wie Medina Sidonia durfte sich für Schiffe interessieren und Umgang pflegen mit Kaufleuten und Finanziers – ein Hidalgo konnte nur mit Verachtung auf sie herabblicken. Diese mitreisenden Herren hatten nicht die geringste Ahnung, wie eine Niederlage aussehen würde und wie dringend sie ein Wunder auf See benötigen würden – sie brannten vor jugendlichem Feuer und waren stolz, Spanier zu sein, daher warteten sie so ungeduldig wie Philipp auf die Abfahrt.

Nahezu zweihundert Mönche waren auf den verschiedenen Schiffen für die geistlichen Tröstungen zuständig. Schließlich war es ein Kreuzzug, das war Philipps erste Bemerkung, als er Anfang April Medina Sidonia seine Instruktionen zusandte:

„... die Sache, die Ihr verteidigt, ist so ganz die Seine, daß wir auf Seine Hilfe und Gunst hoffen dürfen, wenn wir uns nicht um unserer Sünden willen als Unwürdige erweisen. Aus diesem Grund müßt Ihr Euch in der Armada gegen jegliche Sünde besonders versichern, vor allem aber der Gotteslästerung, indem Ihr jeden, der vom Pfad der Tugend abweicht, streng bestraft, damit nicht das Verbrechen des Sünders die Häupter derer trifft, die seine Sünde straflos hinnehmen, und auch, weil Sein Name von allen geheiligt werden soll, da wir für Unseren Herrn und für den Ruhm Seines Namens in den Kampf ziehen ...“[17]

Der Herzog folgte seinen Anweisungen getreulich. In seinem Auftrag hieß es eigens, das Ziel dieser Expedition sei, die Länder für die Kirche zurückzugewinnen, in denen jetzt die Feinde des wahren Glaubens herrschten.

„Damit dieses Ziel vor Euer aller Augen stehe, befehle ich Euch, Sorge zu tragen,

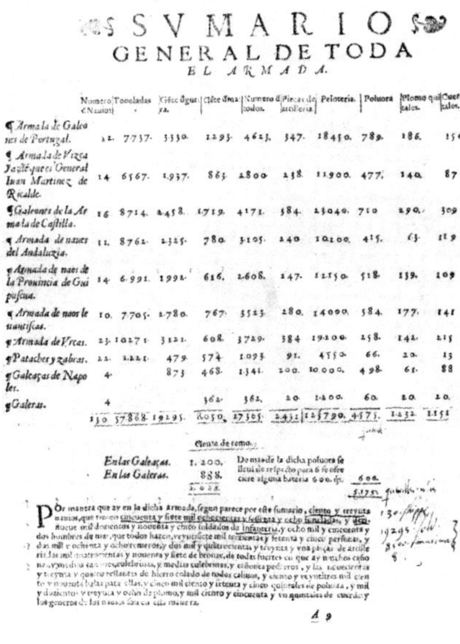

Titelseite und Beispiel aus dem Inventarbericht der Armada, erschienen in Lissabon, wo die Flotte sich sammelte. Es werden 130 Schiffe aufgezählt, ferner 27 365 Männer und 2431 Artilleriegeschütze.

daß alle Dienstgrade beichten und mit aufrichtiger Reue ihrer Sünden die Absolution erhalten, bevor sie an Bord gehen ... Ich gebiete Euch gleichfalls, Sorge zu tragen, daß kein Soldat, kein Matrose und keine andere Person in der Armada den Namen Unseres Herrn, den Unserer Lieben Frau oder den eines Heiligen lästert, ohne daß Ihr ihn, ganz nach Eurem Gutdünken, schwer bestrafen laßt ...“ [18]

In der Semana Santa, der Karwoche, während überall Prozessionen und Gottesdienste stattfanden, gingen die Vorbereitungen langsamer voran. Am 25. April wurde in der Kathedrale von Lissabon ein großer Bittgottesdienst für die Reise abgehalten. Philipps Vizekönig in Portugal, der Kardinal Erzherzog, ritt zusammen mit Medina Sidonia aus seinem Palast, hinter ihnen die Kommandeure und Offiziere der Armada und die freiwillig dienenden Edelleute in schöner, farbenprächtiger Gewandung:

„... da ein blauer Überwurf aus Seide, mit Goldlitzen besetzt ... ein Wams aus besticktem Samt mit Taft ... ein lederner Koller, nach Ambra duftend, mit Gold- und Silberschnüren verziert ... ein Wams, verziert mit Blumen und mit Goldschnüren ... Reithosen aus gelbem Satin, mit Silber ausgelegt ... Hosen aus Seide, mit Goldfäden durchwirkt, dazu einen blau bestickten Hut aus Taft, mit einem Silberband und einer großen Feder ...“ [19]

Klappernd ritten sie, an der Ehrenwache vorbei, durch die Straßen, zur Kathedrale, in der die Gläubigen sich zusammendrängten. Den Hochaltar überragte eine große Standarte, auf der die königlichen Farben prangten, darauf gestickt das Bildnis des gekreuzigten Heilands und der Jungfrau Maria. Als das Meßopfer vorüber war und der Erzbischof von Lissabon das heilige Unternehmen gesegnet hatte, führte der Vizekönig Medina Sidonia zum Hochaltar; und während der Herzog niederkniete, hob der Vizekönig einen Zipfel der Standarte auf und legte sie symbolisch so in seine Hände. Draußen schoß die Ehrenwache Salut, und nach kurzer Pause fand er im Donner der Kanonen von der Flotte auf dem Fluß sein Echo. Es war ein großartiges Schauspiel. Als der Standartenträger das Banner hob, konnte man die Worte lesen *„Exsurge, domine, et vindica causam tuam“* – „Erhebe Dich, o Herr, und schütze Deine Sache“. Wer konnte jetzt noch zweifeln, nach diesen Monaten der Verwirrung und des Zauderns, daß die große Flotte siegreich zurückkehren würde?

Als sie Ende Mai in See stachen, übernahm Medina Sidonia mit seinem Flaggschiff *San Martin* die Führung. Für die Zuschauer war es ein erhebendes Schauspiel. Insgesamt 150 Fahrzeuge waren es [20], kleine und große, in leuchtenden Farben und mit vielfarbigen Segeln und Zeichen, mit denen sie ihre Geschwaderzugehörigkeit anzeigten, und überall war das Kreuz zu sehen als das Symbol des Kreuzzugs, in roter Farbe wölbte es sich auf den geblähten Segeln. So einmalig schön auch der Anblick gewesen sein mag – schon nach den Maßstäben des folgenden Jahrhunderts waren die besten der Schiffe veraltert; ja, die schwerfälligeren unter ihnen vermochten die Felsen und die Untiefen an der Südküste nur mit fremder Hilfe zu überwinden, mußten sich von Galeeren oder kleineren Depeschenbooten ins Schlepptau nehmen lassen, und es dauerte zwei Tage, ehe sie vom Tejo in den Ozean gelangten. Solcherart waren die nautischen Probleme, denen sich der Herzog nun gegenübersah.

Das scheint ihn wenig gestört zu haben, vielleicht eine Folge der vielen Ermutigungen, die ihm ein Mönch namens Antonio de la Concepción hatte zuteil werden lassen. *„Er ist sich ganz sicher, daß Unser Herr Eurer Majestät einen*

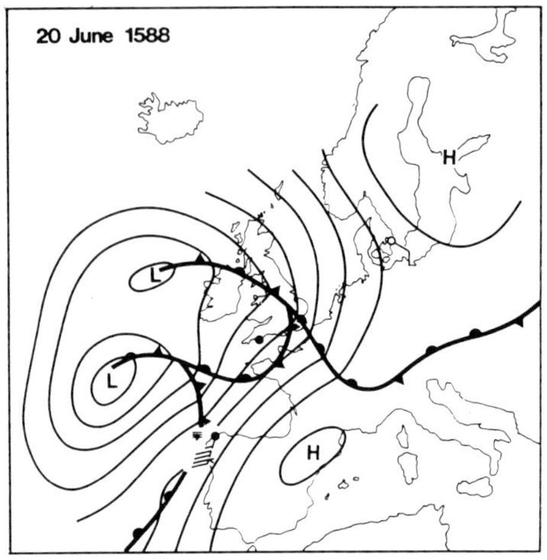

Diese Karte wurde vom Fachbereich Klimaforschung der University of East Anglia hergestellt; sie zeigt das Wetter im Atlantik am 20. Juli 1588, als die Armada vor La Coruña im Sturm zerstreut wurde. Runde Felder zeigen das Wettergeschehen nach englischen und spanischen Berichten an; die Beobachtungen des dänischen Astronomen Tycho Brahe (1546–1601) werden durch Kreise bezeichnet.

großen Sieg schenken wird", hatte er am 14. Mai an Philipp geschrieben.[24] Vermutlich entsprang seine Zufriedenheit aber eher dem Umstand, daß er die riesige Streitmacht in Ordnung gebracht hatte, und dem Bewußtsein, alles Menschenmögliche getan zu haben: Die Kanonen waren nach einem vernünftigen Plan auf die Schiffe verteilt, und jedes Geschütz hatte mehr Geschosse bekommen, im Durchschnitt 50 Schuß je Kanone, und die entsprechende Menge an Schießpulver; Segel- und Kampfinstruktionen waren an die Schiffsführer verteilt, man war sich über die verschiedenen Treffpunkte und Codes im klaren, jede Einzelheit war durchdacht, kleine Waffen und Munition, Vorräte, die Ausrüstung für die Pioniere und die großen Geschütze des Belagerungszugs, den man in England einsetzen wollte, Maulesel als Zugtiere, die Sandalen mit Hanfsohlen für die Maultiertreiber – alles war planmäßig vorbereitet. Vielleicht empfand er einfach Erleichterung nach so viel Plackerei. Nun blieb es Gott überlassen, ihnen eine gute Überfahrt zu gewähren.

Dieses Gefühl hielt nicht lange an. Der Wind kam weiterhin aus Norden, und es war für diese Menge schwerfälliger Schiffe, von schlechten Seeleuten gesteuert, unmöglich, gegen den Wind zu segeln. Schließlich drehte er langsam nach Westsüdwest, so daß sie nun gut vorankamen. Es war fast ein Monat vergangen, seit sie Lissabon verlassen hatten; das Wasser in den Fässern war bereits grün und ihre Speisevorräte *„so verfault und stinkend",* daß man vieles über Bord warf, damit sich unter den Männern nicht die *„Pestilenz"* ausbreite.[22]

Bis 13. Juni hatten die Winde aus Südwest die Armada bis zum Kap Finisterre gebracht, von dort aus konnte man sich in die Biscaya hinauswagen. Aber nun setzte Gegenwind ein, und die Lotsen empfahlen dem Herzog, La Coruña anzulaufen. Er war jedoch nicht einverstanden, denn er wollte verhindern, daß die Matrosen *„wie gewöhnlich"* zuhauf desertierten; aber am 19., als der Wind wieder nach Südwest umschlug, mußte er sich anders entscheiden, weil die Vorräte, vor allem das Wasser, immer mehr verdarben. Er fuhr in den Hafen voraus, ein Teil der Flotte gleich hinter ihm; einige der Schiffe schafften es vor Einbruch der Dunkelheit nicht mehr und blieben die Nacht über draußen. Der Wind wurde stärker und kühler, wuchs sich aus zu einem Sturm und trieb die Schiffe vor sich her in den Golf. Am 21. schrieb Medina Sidonia an Philipp:

„Die Leute auf dem Land sagen, sie hätten noch niemals eine so heftige See und solchen Wind zusammen mit Nebel und Sturmböen erlebt. Glücklicherweise wurde die Armada nicht draußen auf hoher See davon überrascht, und vor allem sind die Galeeren in Schutz, ganz bestimmt wären sie havariert und hätten das ganze Unternehmen gefährdet . . ."[23]

Er habe, so fuhr er fort, neue Vorräte an Fleisch und Fisch an Bord bringen und die Wasserbestände fast vollständig erneuern lassen. Um seine Gesundheit stehe es nicht gut, aber er sehe nach allem so gründlich, wie er nur könne –

„mit Sorge, wie Seine Majestät sich denken können, über das Unglück, welches die Armada getroffen hat. All meinen Bemühungen zum Trotz, den Hafen nicht anzulaufen, bin ich jetzt hier und einige Schiffe der Armada draußen auf See."

Die Männer mußten auf ihren Schiffen bleiben, nur wer für einen Sondereinsatz bestimmt war, durfte an Land. Dazu mußte man, um passieren zu können, ein Papier mit der Unterschrift des Herzogs dem örtlichen Kommandeur der Infanteriekompanie am Kai vorweisen. Diese Maßnahme und die angedrohten schweren Strafen waren sehr nützlich. Trotz alledem, als am 24. das Wetter weiterhin schlecht war, ein Großteil der Flotte weiterhin vermißt wurde, und auf den Schiffen im Hafen die ersten sich krank meldeten, fiel es Medina Sidonia immer schwerer, an einen glücklichen Ausgang des Unternehmens zu glauben. Philipp gegenüber machte er sich Luft: Bislang, so schrieb er ihm, habe er nichts sagen wollen, damit man nicht glaube, er tue dies aus persönlichen Gründen; doch jetzt fühle er sich verpflichtet, mancherlei zu bedenken zu geben. Er erinnerte Philipp, daß er es ursprünglich abgelehnt hatte, die Armada zu befehligen, und fuhr fort:

„Ich habe dies nicht getan, weil ich Euch den Dienst versagen wollte, sondern weil ich wußte, daß wir ein mächtiges Königreich angreifen wollen, welches die Hilfe seiner Nachbarn genießt, und daß dazu eine viel größere Streitmacht nötig sein würde, als Eure Majestät in Lissabon zur Verfügung hatte ... Es wäre nicht ratsam, eine solche Aufgabe mit Streitkräften zu versuchen, die nur ebenso groß sind wie die gegnerischen – doch töricht wäre es, diese mit einer kleineren Streitmacht und mit unerfahrenen Leuten wie den unsrigen zu beginnen. Ich muß gestehen, daß ich in unserer Armada sehr wenige sehe, wenn überhaupt einen, der die ihm auferlegten Pflichten richtig kennt und zu ihrer Ausführung imstande ist. Ich habe dies sehr sorgfältig geprüft und beobachtet, und Eure Majestät möge meiner Versicherung Glauben schenken, daß wir sehr schwach sind ...“[24]

Er erinnerte an die große Streitmacht, die Philipp für die Eroberung Portugals – eines angrenzenden Landes – zusammengezogen hatte. *„Sire, wie könnt Ihr jetzt glauben, wir könnten ein Land von der Größe Englands angreifen mit einer Streitmacht wie der unsrigen?“* Und zuletzt schlug er vor, *„dem Feind ehrenvolle Bedingungen anzubieten“*, statt auf dem Invasionsplan zu bestehen.

Als er dies schrieb, fehlten ihm noch immer 35 Fahrzeuge, darunter 2 Galeassen. Viele der vermißten Schiffe waren Häfen an der Biscayaküste angelaufen, bis hin nach Santander; aber eine größere Gruppe, darunter viele der Vorratsschiffe, hatte es zu den westlichen Zufahrtsrouten des Kanals verschlagen; sie warteten nun am nächsten Treffpunkt auf ihren Befehlshaber, an der Südwestspitze Englands, vor den Scilly Inseln.

Aber nichts und niemand vermochte Philipp jetzt noch von seinem Plan abzubringen:

„Für das, was der Sturm angerichtet hat, trifft Euch keine Schuld ... Rafft Euch also zusammen und tut Eure Pflicht, da Ihr nun seht, daß ich, von finanziellen und anderen Kümmernissen schwer gebeutelt, entschlossen bin, alle Fährnisse mit der Hilfe Gottes zu überwinden.“[25]

Diese Zeilen schrieb er am 1. Juli. Vier Tage später wiederholte er seine Absicht, auf keinen Fall von dem Unternehmen abzulassen, sondern *„das begonnene Werk fortzusetzen und alle Schwierigkeiten zu überwinden“*. Gebrechlich und krank, wie er war, tat der alte König das Seine, indem er immerzu im Gebet lag, während daneben in der großen Kapelle im Escorial die Heilige Messe gefeiert wurde – eine erschöpfte Gestalt, von dessen schwarzem Gewand nur das Weiß des Haares, die große Halskrause und die Ärmel sowie der Orden vom Goldenen Vlies auf seiner Brust abstachen.

Karten des Verteidigungssystems an der englischen Ostküste; diese Anlagen wurden im Frühsommer 1588 schnell errichtet, als man eine spanische Invasion befürchtete. Die Karten zeigen Yarmouth und Weybourne an der Küste von Nord-Norfolk.

5

Lord High Admiral

Aus englischer Sicht erschienen die Probleme nicht weniger groß. Es gab keinen Zweifel, daß die Armada abgesegelt war. Über ihre Stärke war höchst Unterschiedliches zu hören – man munkelte von bis zu 500 Segeln. Zuletzt wurde sogar eine gedruckte Liste herumgereicht, die als zuverlässig galt und nach einem Bericht Medina Sidonias an Philipp vor dessen Abfahrt aus Lissabon erstellt worden war; fraglos wurde sie verbreitet, um Elisabeth zu beunruhigen und ihre katholischen Untertanen zu ermutigen. Danach handelte es sich um 130 Segelschiffe, darunter 4 Galeeren und 4 Galeassen, die insgesamt 19 000 Soldaten an Bord hatten, mehr als 8000 Matrosen, 2080 Galeerensklaven, ferner adlige Freiwillige und weitere Offiziere, Diener, 85 Mann Pflegepersonal für das 580-Tonnen-Schiff *San Pedro el Mayor,* ein schwimmendes Hospital mit *„Medizin und Apothekerwaren"* im Wert von 6000 Dukaten an Bord, fast 200 Mönche aus verschiedenen Orden, 22 Herren aus dem Hause des Herzogs und 50 seiner Dienerschaft, ein Zahlmeister samt seinem Stab und einige Richter. Es gab insgesamt 2477 Kanonen, deren Größe nicht näher bestimmt war. Es war eine eindrucksvolle Streitmacht von rund 70 größeren Kauffahrern und Kriegsschiffen – die Galeeren und Galeassen nicht eingerechnet – sowie einem Geschwader von 23 Vorrats- und 33 kleinen Kundschafter- und Depeschenschiffen.[1] Außerdem war bekannt, daß die Armada auch einen Belagerungszug für militärische Operationen auf dem Land mit sich führte.

Außer dieser Bedrohung gab es noch Parmas Armee, die man auf 30 000 Mann schätzte. Er verfügte über 200 kleine Fahrzeuge aller Art, viele davon waren neu gebaut, darunter auch solche mit Rampen an Bord, über die man Pferde ein- und ausladen konnte; er hatte Tausende von Arbeitern dazu eingesetzt, von Antwerpen und Gent nach Brügge und weiter zur Meeresküste einen Kanal zu graben, um auf diese Weise dem Würgegriff der Seegeusen an der Mündung der Schelde auszuweichen. Er habe 20 000 Fässer gesammelt, hieß es, die er miteinander verbinden lassen und dann als Grundlage für eine schwimmende Brücke verwenden wollte. Es war anzunehmen, daß er seine Streitmacht zur Themsemündung übersetzen wollte, oder vielleicht nach Harwich oder vielleicht sogar noch weiter nach Norden, an die Küste von East Anglia, bis nach Yarmouth. Genaues war nicht bekannt. Dann durfte man auch nicht die französischen Katholiken unter dem Herzog von Guise aus den Augen lassen, die von Philipp Hilfsgelder bekamen – Medina Sidonia könnte ja vielleicht beabsichtigen, sie in einem französischen Hafen aufzunehmen und nach England zu bringen. Oder er könnte sich für Irland oder Schottland oder die Insel Wight entscheiden. Walsingham und Burghley nahmen an – ganz richtig übrigens –, daß er versuchen würde, sich mit Parma zusammenzutun, sodann ihre vereinigte Streitmacht unter dem Schutz seiner Kriegsschiffe übersetzen und irgendwo an der Themsemündung an Land bringen würde. Elisabeth, vom Alter gezeichnet, streitbar und rachsüchtig sogar gegenüber

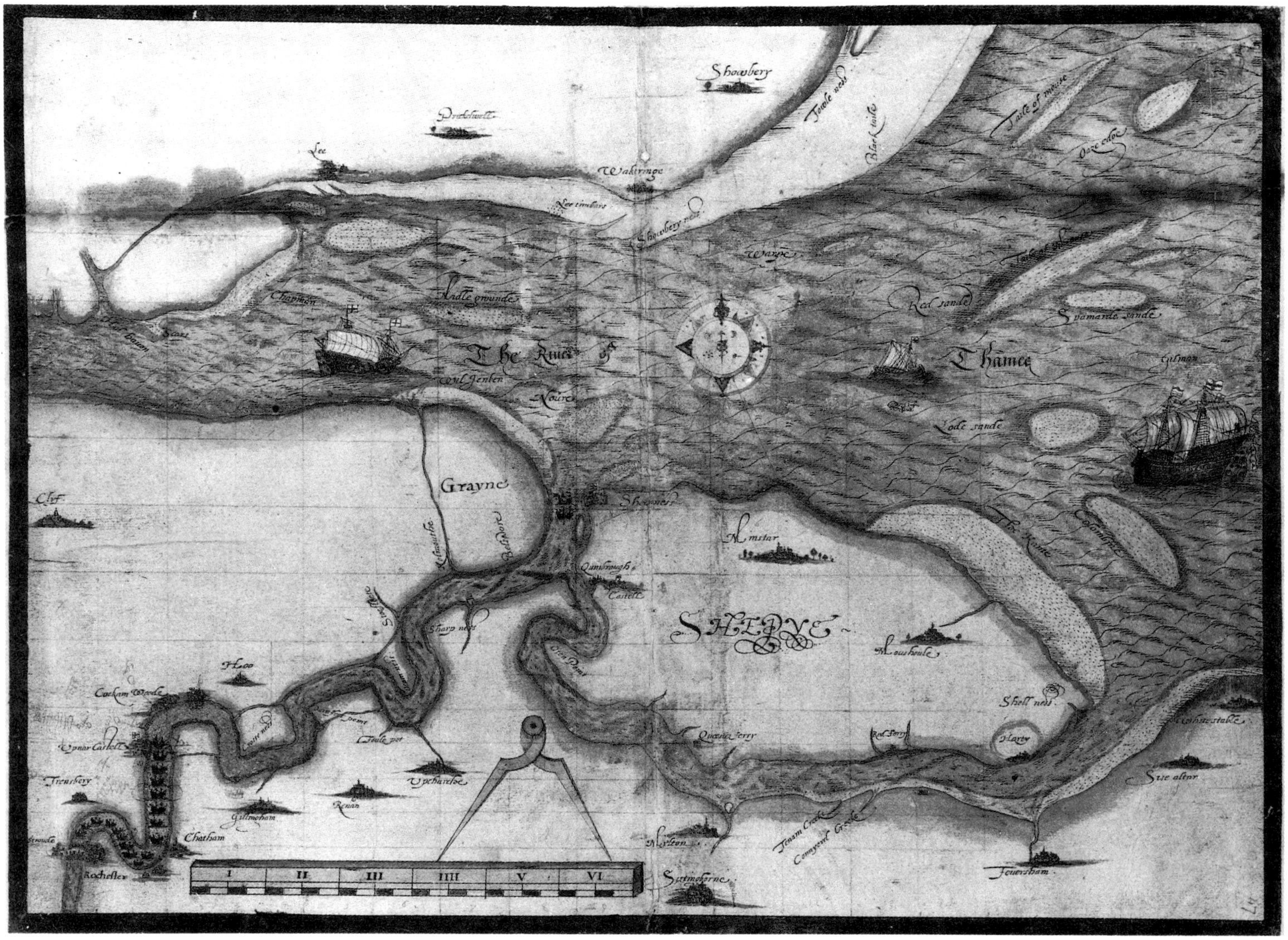

Karte der Insel Sheppey und des Mündungsbeckens der Themse aus dem 16. Jahrhundert. Schiffe der englischen Flotte liegen im Fluß Medway vor Anker.

ihren treuesten Beratern, glaubte in ihrer Verzweiflung, der Schlag könne überallhin fallen.

Den Schlag auf See zu parieren und dafür zu sorgen, daß er nicht das Land traf, war Sache des Oberbefehlshabers der Marine, ihres Lord High Admiral Charles Howard of Effingham. Er war, wie Medina Sidonia, eher aus politischen, administrativen und persönlichen Gründen berufen worden, nicht wegen seiner Erfahrungen in der Seekriegführung oder als Befehlshaber von Flottenverbänden. Seine Familie hatte einst dem niederen Adel von Norfolk angehört und es durch ihre Auszeichnung auf dem Schlachtfeld bei Hofe zu größtem Ansehen gebracht, sie hatten mehreren englischen Monarchen treue Dienste geleistet. Die Howards hatten es verstanden, gute Verbindungen einzugehen und die Kinder aus ihren Ehen geschickt zu verheiraten. Mit den meisten derjenigen, die in Elisabeths England etwas zählten, war Howard verwandt oder verschwägert.

In Aussehen und Auftreten war er geradezu das Muster eines volkstümlichen englischen Aristokraten: ein großgewachsener Mann mit ernstem Gesicht und einer mächtigen Nase. Er war stolz auf seine sportlichen Leistungen; beim Turnierreiten hatte er mehrere Preise gewonnen, er ging auf die Jagd und bewahrte sich zeit seines Lebens seine athletische Figur. Er hatte auch etwas von einem Stutzer an sich, der Schnitt von Weste und Umhang war ihm von großer Bedeutung, er achtete auf die Beinkleider und auf das Federwerk und die Juwelen, die er bei Hofe auf seinem prächtigen Kopfputz trug.[2] Für Gelehrte und Advokaten hatte er nur Verachtung übrig, was sich vielleicht aus seiner mangelhaften Bildung erklären läßt. Dennoch besaß er eine überaus praktische, nüchterne, umsichtige und, ja, sehr englische Form von Intelligenz, wie sein Verhalten im Kampf gegen die Armada zeigen sollte. Er hatte Verantwortungsbewußtsein, und er war ergeben – oder, wie ein Zeitgenosse über ihn schrieb: *„Die Königin erkannte, . . . daß er das geeignete Werkzeug für ihren Dienst war, denn sie konnte in einem Menschen lesen wie in einem Buch.“*[3]

Zunächst trat er nur dann und wann in die Dienste der Regierung, und er mußte fast bis zu seinem fünfzigsten Lebensjahr warten, ehe ihn Elisabeth 1585 zu ihrem Lord Admiral ernannte. In diesem bedeutsamen Amt, das vielleicht am reichsten mit persönlichen Vorrechten ausgestattet war, hatte er zum einen die Aufsicht über die Königliche Marine, zum andern über die Gerichtshöfe der Admiralität, die über Prisengut und andere maritime Streitfälle zu entscheiden hatten. In dieser Eigenschaft gab er an Reeder Freibeuterbriefe aus, die ihnen erlaubten, spanische Schiffe anzugreifen und auszuplündern, vorausgesetzt, sie konnten eine Bürgschaft von 3000 Pfund beibringen und nachweisen, daß die Spanier ihnen einen Schaden zugefügt hatten. Als Howard diesen Posten bekam, war der Krieg mit Spanien schon ausgebrochen, obschon noch nicht erklärtermaßen, und es war jetzt nicht mehr nötig, den Schaden im einzelnen nachzuweisen – jeder, der die Bürgschaft aufbringen konnte, erhielt seinen Kaperbrief. Dafür bekam der Lord Admiral den zehnten Teil des gesamten Beuteguts. Er hatte auch einen Anspruch auf beschlagnahmtes Seeräubergut und auf die Hälfte des Werts an *„Königlichem Fisch“*, also an Walen, Stören und Tümmlern. Er scheint diese kleineren Einkünfte nicht weniger aufmerksam beobachtet zu haben als den bedeutend größeren Anteil aus dem Prisengut. In einem Jahr, als es nur wenige Fische gab, ließ er gleich nachforschen, ob irgend jemand seinen Fang nicht abgeliefert hatte. *„Ich werde dafür sorgen, daß sie bestraft werden.“*[4] Außerdem schickte er auch noch auf eigene Faust Freibeuter aus und bezog seinen Anteil an ihrer Beute; sein Anteil an der *San Felipe*, die Drake erbeutet hatte, betrug 4338 Pfund. Er war also auch persönlich am Kampf gegen die spanische Schatzflotte interessiert – aber da unterschied er sich nicht von den anderen Ministern an Elisabeths Hof; so unterstützte er Burghley entschieden, als dieser 1585 verlangte, die Flotte zu vergrößern.[5]

Im Herbst 1587 ging das Gerücht um, vor der Küste von Cornwall seien einige Schiffe der Armada gesichtet worden – sofort wurde die Flotte in Bewegung gesetzt. Was Burghley im Laufe der Jahre eingeführt hatte, zahlte sich jetzt aus. Seit langem hatte man englische Kauffahrer im Hafen zurückgehalten, die man mit einfachen Mitteln zu Kriegsschiffen umrüsten konnte. Die Vizeadmiräle in den Grafschaften an der Küste hatten eine Anzahl von Seeleuten zwangsverpflichtet, die man aufgrund der Befragung von 1584 ermittelte, und sie zur Flotte geschickt. Der Aufseher über die Vorratshaltung der Marine bekam die Erlaubnis, vom Schatzamt 24 500 Pfund abzurufen und *„für die Versorgung der Marine für die Dauer von drei Monaten und für 10 000 Mann“*[6] einzukaufen, und zwar die nötigen Vorräte an Rindfleisch, Mehl, Butter, Käse, Fisch, Erbsen, Zwieback und Bier; der Proviant wurde dann zu den Docks geschafft und auf die Schiffe gebracht. Ende November, als soweit alles vorbereitet war, begab sich Howard an den Hof, um mit der Königin und ihrem Rat die verschiedenen Probleme zu erörtern. Gegen Ende Dezember ernannte ihn Elisabeth zu *„unserem obersten Stellvertreter, Oberkommandierenden und Befehlshaber unserer gesamten Flotte und Armee auf See“* und erteilte ihm weitreichende

Brief von Sir William Winter, Elisabeths altem Marinekommandeur und Verwalter, an den Earl of Lincoln, Howards Vorgänger als Lord High Admiral, vom 21. Oktober 1578. Dieser Brief geht auf die Probleme ein, die Ballast und faulendes Holz mit sich brachten, und wie man sie beseitigen könnte. Er lautet in deutscher Übersetzung:

Die unerwartet eingetretenen Schäden, die man kürzlich bei Durchsuchung der Schiffe vorfand (welche unlängst in den Trockendocks von Woolwich und Deptford repariert wurden), sind Eurer Lordschaft nicht unbekannt geblieben, denn Ihr habt sie teils selbst gesehen, teils wurden sie Eurer Lordschaft von mir und meinen Mitarbeitern gezeigt. Ich habe inzwischen darüber nachgedacht, was davon die Ursache sein könnte, und stelle fest: es liegt daran, daß der Ballast aus Kiesel besteht, der nicht genügend getrocknet werden kann, denn er liegt gerade unter der Kombüse, und da tropft Bier herunter und auch Wasser dringt herein, so daß Feuchtigkeit entsteht, die sowohl dem Holz, den Holzdübeln und den Eisenteilen in der Umgebung von Schaden sind. Um dies fortan zu vermeiden, wird es für zweckmäßig erachtet, die darüber befindliche Kombüse so anzulegen, daß dies mit Sicherheit gewährleistet ist, und das Schiff mit Steinen als Ballast zu beladen, welcher die Luft hindurchstreichen läßt. Die Menge an Steinen, die man für die Marine braucht, könnte man mit einer guten Ladung von den Steinbrüchen bei Maidstone herbeiholen, wenn es Eurer Lordschaft gefällt, sich mit dem Lord Schatzhüter ins Einvernehmen zu setzen, daß ein Brief an den Burgherrn der Burg zu Rochester geht, der diesem befiehlt, zu gestatten, daß wir die Steine ausheben und mitnehmen, die in den alten Grundmauern besagter Burg

Vollmachten, *„Königreiche, Herrschaftsgebiete, Ländereien, Inseln und weitere Örtlichkeiten im Besitze der Spanier zu betreten und zu erobern, zu berauben und sie sich untertan zu machen ...“*[7]

Seine Vollmachten, dies alles zu tun, wurden binnen eines Monats widerrufen. Walsinghams Berichte und der gesunde Menschenverstand legten nahe, daß die Armada nicht mitten im Winter in See stechen würde, daher wurden nun – um die Löhne der Seeleute und die Kosten für Verpflegung möglichst klein zu halten – viele Seeleute wieder entlassen und nur eine begrenzte Mannschaft für den Notfall zurückbehalten. Dies war ein Beispiel von Elisabeths „Knausrigkeit“ – und bestimmt rettete sie damit Hunderten von Menschen das Leben, denn gleichgültig wie gut die Lebensmittelversorgung klappte, die Speisen wurden an Bord stets unter wenig bekömmlichen Bedingungen aufbewahrt, so daß bestimmte Krankheiten zwangsläufig durch verdorbene Lebensmittel begünstigt wurden; die überfüllten und unhygienischen Räumlichkeiten zwischen den Decks eines vollbesetzten Kriegsschiffes taten ein übriges. Statistisch gesehen waren die Gefahren, die dem Seemann nach einigen Wochen auf See von dieser Seite drohten, weitaus größer als die Möglichkeit, im Kampf verletzt zu werden.

Die Schiffszimmerleute, die Kalfaterer, Segelmacher und die Leute auf Deck rüsteten weiterhin unter John Hawkins' Aufsicht die Schiffe aus. Anfang März war ein großer Teil der Flotte einsatzbereit. Howards begeisterte Berichte stehen in auffälligem Gegensatz zu der Liste von Klagen, die Medina Sidonia an Philipp sandte; so schrieb Howard etwa am 2. März:

„... soviel darf ich Eurer Lordschaft sagen: Ich war an Bord eines jeden Schiffes, das mit mir ausfährt, und in jedem Winkel, in den einer kriechen kann, und ich danke Gott aus ganzem Herzen, daß sie in dem Zustand sind, in dem sie sind; und da ist keins dabei, das ein Leck hat ... da ist keins dabei, mit dem ich mich nicht zum Rio de la Plata wagen würde ...“[8]

Während vier der größten Schiffe noch umgerüstet wurden, führte er mit der *Ark Raleigh* ein paar Tage später ein Geschwader vom großen Mündungsbekken der Themse zu den Downs, den Sandbänken vor der Küste von Kent. Diese kurze Kreuzfahrt überzeugte ihn endgültig, daß Hawkins ganze Arbeit geleistet hatte:

„Ich versichere vor Gott und bin bereit, mit meiner Seele dafür zu bezahlen, daß es niemals und an keinem Ort auf der Welt bessere Schiffe gab als diese, so viele es ihrer auch geben mag. Und so wenige wir auch sind, wenn die Schiffe des Königs von Spanien nicht gerade zu Hunderten kommen, werden wir unser Spiel mit ihnen treiben ...“[9]

Was die *Ark* anging, bat er Burghley, Elisabeth mitzuteilen, daß ihr Geld gut angelegt worden sei – *„denn ich halte sie für das richtige Schiff, und zwar in allen möglichen Lagen ... es gibt kein Segel, ob groß oder klein, wie weit es auch entfernt sein mag, wir holen es ein und reden mit seiner Mannschaft ein Wörtchen ...“*[10]

Elisabeth hatte inzwischen Unterhändler nach Flandern gesandt, die dort mit Parma in Friedensverhandlungen eintreten sollten; wahrscheinlich versprach sie sich wenig davon. Howard erwartete sicher nichts, denn er führte sogar, wohl aus Trotz, ein Geschwader nach Frankreich und von dort bis nach Vlissingen, um den Aufständischen Mut zu machen. Er traf am 13. März ein *liegen, ohne etwas von dem zu berühren, was oberhalb der Erde steht. Dies würde der Marine zu einem neuen Ballast verhelfen, und die Hilfe, die wir dazu aus Maidstone bekommen könnten, nehme ich an, müßte nicht groß sein. Dies würde meines Erachtens genügen, und daher bitte ich Eure Lordschaft, mich wissen zu lassen, was Ihr hier zu tun gedenkt, damit ich den Befehl erteilen kann, noch bevor ich selbst dorthin reise. Ich würde auf Eure Lordschaft an diesem Hofe gewartet haben, aber ich konnte nicht, ohne anderswo Anstoß zu erregen. Und so verabschiede ich mich untertänigst und wünsche, Gott möge Euch gesund erhalten.*

Upnore, am 20. Oktober 1578. Eurer Ehrenwerten Lordschaft stets zu Befehl W. Winter

Ich habe einen Brief entworfen für Eure Lordschaft und sende diesen Entwurf als Anlage mit. Wenn es Eurer Lordschaft gefällt, kann er in dieser Form ausgefertigt werden:

[Anschrift]

An den Höchst Ehrenwerten Herrn, Lord Earl of Lincoln, Lord Admiral von England

[Betreffend]
21. Oktob. 1578 Sir William Winter an meinen Lord. Ballast der Schiffe mit Steinen.

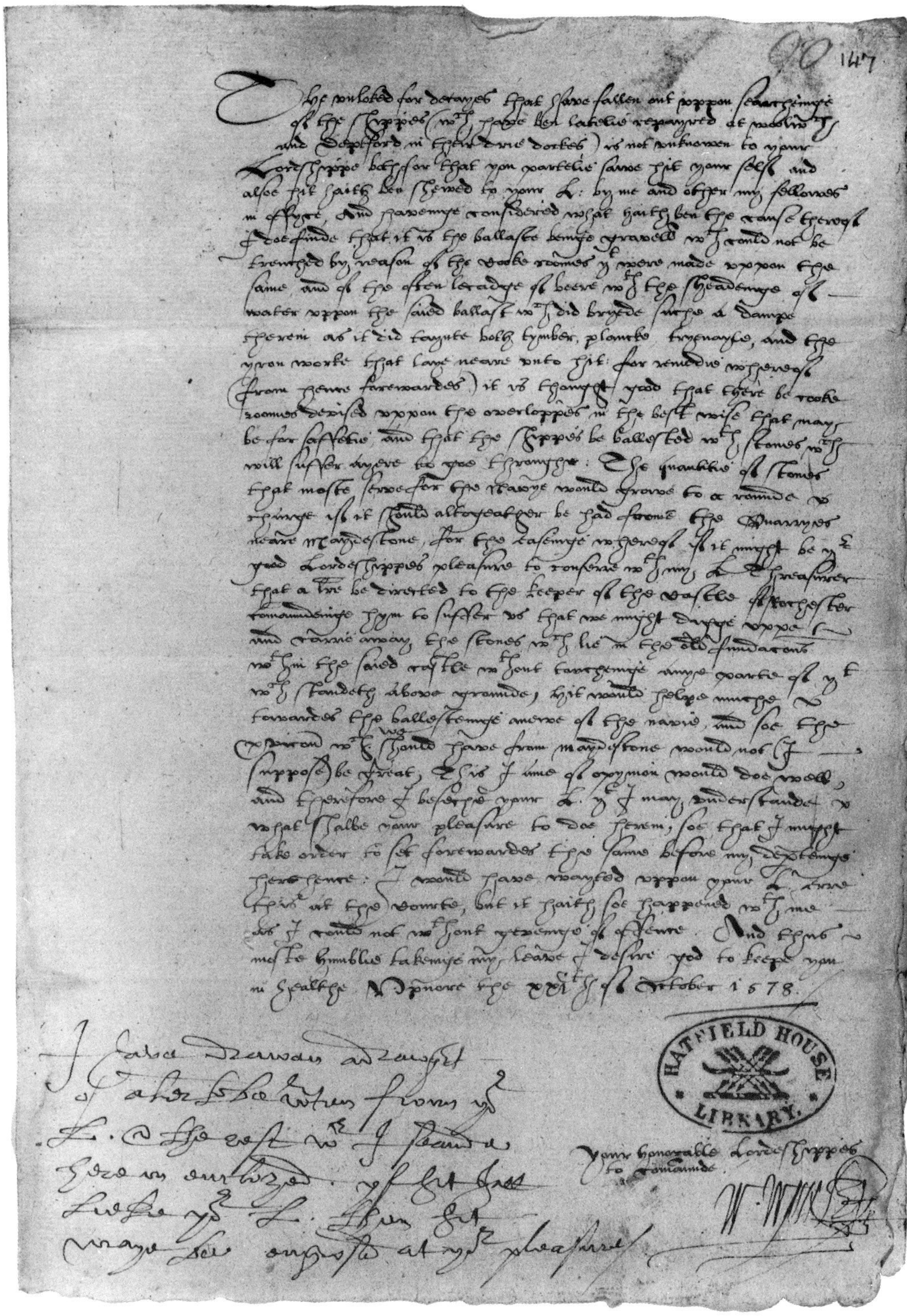

und wurde begeistert empfangen. Mit ihren leuchtenden Farben und Fahnen sahen seine Schiffe – in Sir William Winters Worten – aus *„wie Galane ... Ich versichere Euch, es ist für jedermann ein Augenschmaus, sie anzusehen!"*[11] Die Kapitäne und Seeleute der Geusen kamen und boten Königin Elisabeth ihre Dienste an, wann immer sie nach ihnen rief. Howard berichtete Burghley, Elisabeth könne sich aller Städte auf Walcheren, Vlissingen nicht ausgenommen, so sicher sein wie der Insel Sheppey.

Auch Drake setzte auf die Friedensverhandlungen keinerlei Hoffnung. Er befehligte ein kleines Geschwader, an dessen Spitze sein Flaggschiff, die *Revenge*, die *Hope*, und die *Nonpareil* fuhren, alles königliche Schiffe mit 500 und mehr Tonnen, daneben noch ein kleineres Schiff, die *Swiftsure*. Zusammen mit den Gebrüdern Fenner – Thomas, Edward und William – saß er in Plymouth und wartete ungeduldig darauf, in See zu stechen, der Armada entgegenzufahren und am besten gleich an der spanischen Küste einen Schlag gegen sie zu führen. Davor fürchtete sich Elisabeth, und Drake mußte abwarten, diesen Monat und den nächsten. Er schrieb fordernde Briefe und erinnerte an die großen Vorbereitungen in Lissabon und an seinen Beutezug im Jahr davor, mit dem er die Spanier abgehalten hatte, in See zu stechen; falls die Königin ihm vier weitere ihrer Schiffe sowie die 16 Kauffahrer schicken würde, die gerade an der Themse segelfertig gemacht wurden, würde er augenblicklich in See stechen, mit Kurs auf Spanien:

„... und sobald ihre Flotte Lissabon verläßt ... werden wir mit ihnen kämpfen, und ich hoffe, dank der Güte und der Barmherzigkeit Gottes wird dies so verlaufen, daß wir ihre Überfahrt nach England stören; denn ich versichere Eurer Majestät, ich habe zeit meines Lebens keine besseren und kühneren Männer kennengelernt als die, die hier versammelt sind, wenigstens zum größeren Teil sind sie so, denn sie sind mit Herz und Verstand bereit, dieses große Werk zu vollenden. Daher sind wir überzeugt, daß Gott, in dessen Händen alle Siege ruhen, gnädig herabblicken wird auf Eure Majestät sowie auf uns, Eure armen Untertanen, die wild entschlossen sind, ihr Leben für die Verteidigung Eurer Majestät, unseres Glaubens und unseres Vaterlandes einzusetzen.

Zeit und Ort richtig gewählt zu haben, bedeutet bei allen Kampfhandlungen den halben Sieg – läßt man sie außer acht, ist er unwiderbringlich verloren. Wenn daher Eure Majestät mir befehlen, mit den hier bereitliegenden Schiffen auszulaufen und die anderen Schiffe in aller Eile nachzusenden, dann wäre das meiner Meinung nach der sicherste und beste Kurs ..., denn ich bin der festen Überzeugung, daß nie zuvor eine stärkere Streitmacht gegen Eure Majestät und unsere heilige Religion auszog, daß aber der Herr stärker ist und er um seines eigenen Namens willen die Wahrheit seines Wortes verteidigen wird.“ [12]

Howard, der sich auf den Straßen von Margate bewegte, im Westen von Kent, wollte endlich aufbrechen. *„Ich bezweifle, daß es je eine Gruppe von Menschen gab, die mit größerer Freude ihr Leben für Eure Majestät hinzugeben bereit war, als diese hier“* [13], schrieb er. Schon zuvor, in der ersten Aprilwoche, hatte Burghley ihn mit dem größten Teil der Flotte nach Portsmouth losschicken wollen, in Plymouth sollte sich dann Drake anschließen; aber die Umrüstung der vier größten Schiffe und der Kauffahrer verzögerte sich, und so war es Ende April, als Elisabeth schließlich das Zeichen zum Aufbruch gab. Nun mußte er auf weitere Verpflegung warten. Es wurde Ende Mai, bis er in See stechen konnte, westwärts durch den Ärmelkanal. Einer seiner Verwandten, Lord Henry Seymour, blieb mit einem Geschwader kleinerer Schiffe zurück; er sollte die Küste gegen Parma beschützen und sich eventuell mit den Seegeusen zusammentun.

Nach seiner Ankunft in Plymouth am 2. Juni machte Howard Drake zu seinem Vizeadmiral. Vielleicht war er erstaunt, mit welcher Bescheidenheit der große Seefahrer sich ihm unterordnete; zumindest schrieb er später an Walsingham darüber, *„wie freundlich, ja liebevoll Sir Francis Drake sich benimmt, voller Pflichtbewußtsein Ihrer Majestät und auch mir gegenüber, der ich an diesem Orte stehe ...“* Er bat, man möge Drake in einem privaten Brief dafür danken. [14]

Visschers Stiche der englischen Kriegsschiffe Ark Royal, Howards Flaggschiff, etwa 800 Tonnen, Tiger, 200 Tonnen, und Golden Lion, ungefähr 500 Tonnen. Sie gehörten alle drei zur englischen Flotte.

Die Ratschläge von Drake, Thomas Fenner und den erfahrenen Kommandeuren zur See, John Hawkins und Martin Frobisher, waren unzweideutig und drängend: *„Der sicherste Ort, mit der spanischen Flotte zusammenzustoßen, ist vor ihrer eigenen Küste oder in einem ihrer Häfen, und sie dort zu schlagen."*[13]

Stürmische westliche Winde hielten sie zurück – wären sie ausgelaufen, sie wären in den Kanal zurückgetrieben worden; aus demselben Grund konnten auch die Vorratsschiffe mit Proviant nicht zu ihnen vordringen. Er schrieb an Burghley:

„Nie wieder werde ich ohne meine Vorräte diesen Ankerplatz aufsuchen und mich sorglosen Menschen daheim anvertrauen. Wir haben kaum noch für einen Monat zu essen ... Man kann nur erstaunt sein, wie wir es geschafft haben, daß uns die Männer nicht davonlaufen, wissen doch selbst die allerübelsten Kerle, wie lange die Vorräte noch reichen. Gottlob sind wir bislang noch nicht von Meuterei bedroht, und hoffentlich wird's soweit nicht kommen. Wenn man die Männer freundlich behandelt, nehmen sie auch Entbehrungen auf sich und gehen für einen durchs Feuer."[16]

Trotz allen Ärgers war er jedoch begeistert von seinen Männern und seinen Schiffen; hätten sie günstige Winde gehabt, schrieb er an Burghley, wären sie schon längst an der feindlichen Küste:

„Ehe sie sich versähen, wären wir ihnen im Genick gesessen ... Wir waren und wir sind entschlossen loszusegeln, sobald der Wind es erlaubt, damit wir möglichst früh auf die Flotte des Königs stoßen, was, bei Gott, geschehen möge – denn seit diese Welt besteht, Sir, gab es niemals eine Gruppe von Menschen, die ihrem Fürsten bereitwilliger diente als diese hier."

Er schrieb diese Zeilen am 23. Juni, zu dieser Zeit hegte Medina Sidonia in La Coruña am Ausgang seines Unternehmens die größten Zweifel und nahm sich ein Herz, sie seinem König mitzuteilen.

Howards leidenschaftlicher Brief schreckte Elisabeth auf. Sie hatte einen Monat zuvor erfahren, daß die Armada in See gestochen war; der Gedanke, ihre Flotte könne zur spanischen Küste segeln, Medina Sidonia auf See verfehlen und ihm damit freie Hand gegen die Küsten Englands, Irlands und Schottlands bieten, war für sie zuviel. Sie unterwies Howard augenblicklich, nur in dem Gebiet zwischen England und Spanien zu kreuzen. Howard antwortete mit sichtlichem Widerwillen: *„Ich muß und werde gehorchen ... und bitte untertänigst, Eure Majestät möge nicht glauben, wir hätten dies überstürzt beschlossen ..."*[17] Bislang wußte er nicht genau, wo die spanische Flotte sich aufhielt; es habe, schrieb er, *„hier an der Küste noch niemals einen solchen Sommer gegeben"*[18]. Die kleinen Erkundungsschiffe, die er ausgesandt hatte, waren allesamt zurückgeworfen worden, ohne etwas zu erfahren. Dann, am 1. Juli, geriet eine kleine Bark, von Irland kommend, zwischen die spanischen Schiffe, die der Sturm vor La Coruña nach Norden zu den Scilly Inseln getrieben hatte. Sie wurde aufgebracht, aber es gelang, das Tau zu kappen und zu entkommen. Sie brachte die Botschaft, daß dort 18 große Schiffe mit roten Kreuzen auf den Segeln waren – vollgepackt mit Spaniern. Etwa zur selben Zeit berichtete einer der Kundschafter, die Howard ausgesandt hatte, vor der französischen Insel Ouessant – vor dem westlichen Zipfel der bretonischen Küste – weitere Schiffe der Armada gesichtet zu haben. Demnach mußte die Armada sich aufgeteilt haben. Trotzdem wartete Howard ab, für den Fall, daß er von

Visschers Stich der White Bear, ungefähr 900 Tonnen; sie war ursprünglich Howards Flaggschiff.

Siegel von Lord Howard of Effingham als Lord High Admiral. Es zeigt ein Kriegsschiff des Elisabethanischen Zeitalters, auf dem Streifen des Großsegels ist das Wappen von Howard angebracht.

Teil einer Liste von 123 Schiffen, die im Sold der englischen Königin gegen die spanische Flotte segelten, 1588.

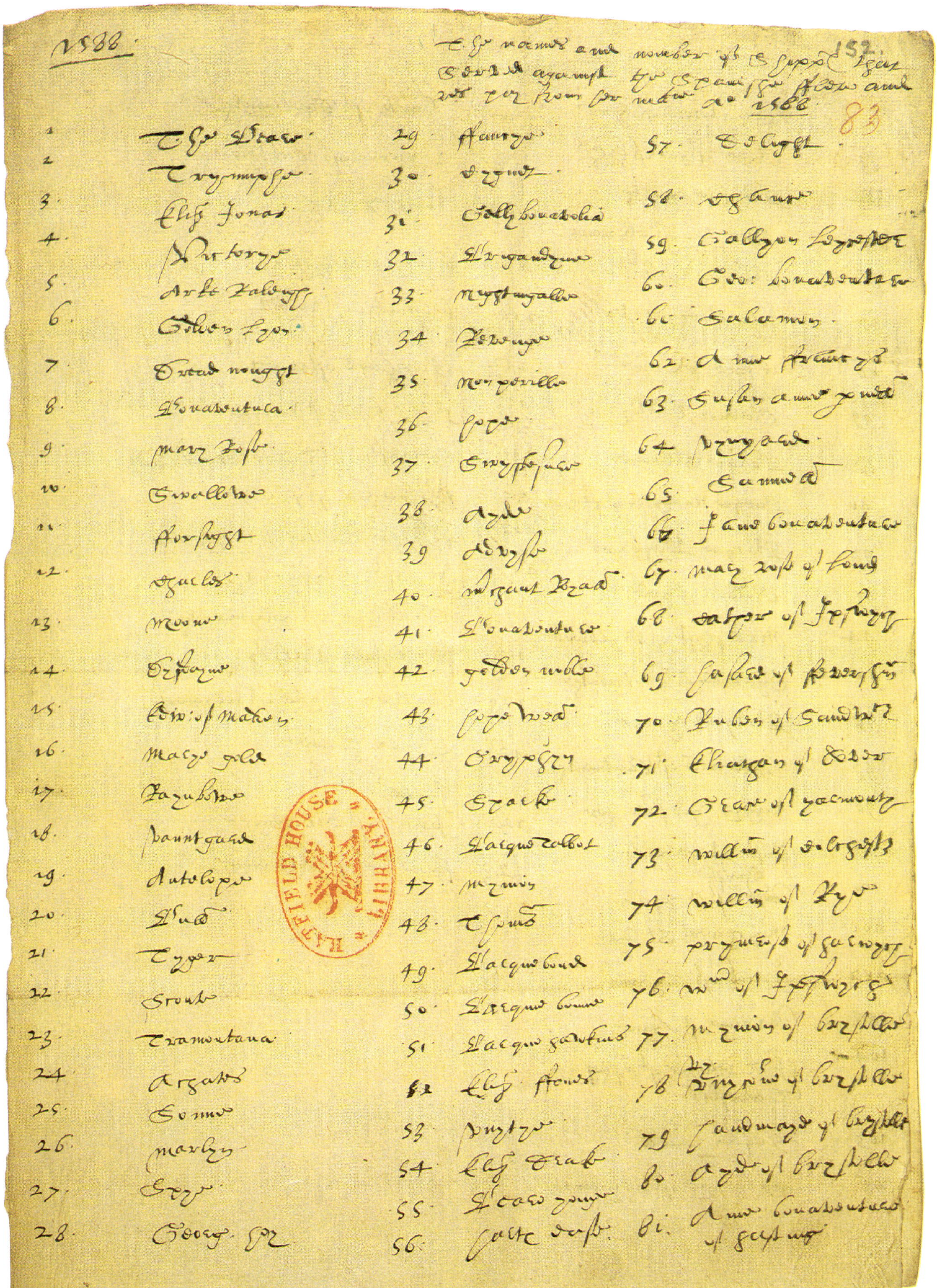

1588

The names and number of Shippes that served against the Spanishe flete and [illegible] Ao 1588

152

83

1	The Beare	29	Fancye	57	Delyght
2	Tryumphe	30	Sygnet	58	[illegible]
3	Eliz Jonas	31	Gally bonavolia	59	Gallyon Leycester
4	Victorye	32	Brigandyne	60	Edw: Bonaventure
5	Arke Raleygh	33	Nyghtyngalle	61	Salamon
6	Golden Lyon	34	Revenge	62	[illegible]
7	Dread nought	35	Nonpareille	63	[illegible]
8	Bonaventura	36	Hope	64	[illegible]
9	Mary Rose	37	Swyftsure	65	Samuell
10	Swallowe	38	Ayde	66	Jane Bonaventure
11	Foresyght	39	Advyse	67	Mary Rose of Lond
12	[illegible]	40	[illegible]	68	[illegible] of Ipswyche
13	Moone	41	Bonaventure	69	[illegible]
14	[illegible]	42	Golden noble	70	[illegible] of Sandwich
15	Edw: of Malden	43	Hopewell	71	[illegible] of Dover
16	Marygold	44	Gryffen	72	[illegible] of Yarmouth
17	Raynbowe	45	Sparke	73	William of [illegible]
18	Vauntguard	46	Barque Talbot	74	William of Rye
19	Antelope	47	Mynion	75	[illegible]
20	Bull	48	Thomas	76	Wm of Ipswyche
21	Tyger	49	Barque Bond	77	Mynion of Brystowe
22	Scoute	50	Barque Bonner	78	[illegible] of Brystowe
23	Tramontana	51	Barque Hawkins	79	[illegible] of Brystowe
24	Achates	52	Eliz Founes	80	Ayde of Brystowe
25	Sonne	53	[illegible]	81	Anne Bonaventure of [illegible]
26	Merlyn	54	Eliz Drake		
27	Spye	55	Beare yonge		
28	George hoy	56	[illegible]		

einem Landeunternehmen erführe; erst am 15. Juli ließ er neue Vorräte bunkern, und da er nichts Neues hörte, fuhr er aus und ging eingangs des Ärmelkanals, zwischen den Scilly Islands und der Insel Ouessant, vor Anker, seine Flotte in drei Geschwadern ausbreitend:

„... damit, wenn einer von uns die spanische Flotte bemerkt, wir uns gegenseitig verständigen und uns daraufhin vereinigen können. Ich selbst (Howard) liege mit dem größten Teil der Streitmacht in der Mitte des Kanals. Sir Francis Drake hat zwanzig Schiffe und vier oder fünf Pinassen, die mehr auf Ouessant zu liegen, und Hawkins, mit ebenso vielen, liegt vor den Scilly Islands.“ [19]

Sie waren nicht viel länger als einen Tag in dieser Position, als der Wind sich nach Norden drehte und sie den Entschluß faßten, auf die spanische Küste zuzuhalten. Aber kaum näherten sie sich der Biscaya, schlug der Wind erneut um und zwang sie zur Umkehr. Da ihre Vorräte knapp waren und einige Männer sich krank meldeten, segelten sie nach Plymouth zurück. Man sieht, welche Zwänge die Lagerung und Zubereitung der Nahrungsmittel an Bord ihnen auferlegten: Nach einer Kreuzfahrt im Sommer von weniger als einer Woche Dauer hatten sie bereits *„viele Männer dem Meer übergeben“* [20], und jetzt brachten sie so viele Kranke an Land, daß es nötig wurde, *„einige Schiffe aufzugeben und die Besatzung auf andere zu verteilen“* [21]. Howard, Drake und Hawkins blieben zuversichtlich, daß der größte Teil der Flotte, von dem alles abhing, in gutem Zustand war. Sie wollten sofort wieder auslaufen, sobald sie frisches Wasser an Bord hatten.

Jetzt war es allerdings zu spät, Medina Sidonia vor seiner eigenen Küste zu treffen. Er war am 22. Juli in La Coruña in See gestochen, und dieselben Winde, die Howard zurückgetrieben hatten nach Plymouth, brachten ihn nordwärts über den Golf von Biscaya. Er hatte etwa vierzig Schiffe verloren, darunter die Galeeren. Am 27. Juli kam ein Sturm auf, und zwei Tage später stieß Medina Sidonia wieder auf seine Schiffe. An diesem Tag erblickte er im Nordosten eine Landspitze, und die Lotsen erklärten, dies sei die südlichste Spitze von Cornwall, der Lizard Point.

Was Zahl und Größe der einsatzfähigen Schiffe angeht, war Medina Sidonia klar im Vorteil. Er besaß zwei wichtige Geschwader, ein portugiesisches und ein kastilisches. Ersteres hatte sieben große Galeonen von 800 bis 1000 Tonnen und drei von 350 bis 500 Tonnen; das kastilische besaß sieben Galeonen von 530 Tonnen – das waren die Schiffe aus dem Geleitschutz aus Amerika –, zwei ziemlich große Galeonen als Flagg- und als Vizeflaggschiff, eine kleinere Galeone sowie vier große bewaffnete Kauffahrer von 650 bis 950 Tonnen – insgesamt verfügte er also über zwanzig zweckdienlich ausgerüstete Kriegsschiffe und vier bewaffnete Kauffahrer von ernstzunehmender Größe. Darüber hinaus hatte er noch ein Geschwader mit vier schwerbewaffneten Galeassen, die bei leichten Winden und Windstille, so war geplant, ihre ganze Feuerkraft in konzentrierter Form zum Tragen bringen sollten. Galeeren hatte er keine mehr, er hatte die vier in den Stürmen aus den Augen verloren; sie waren in Not geraten und hatten einen schützenden Hafen aufsuchen müssen.

In Plymouth hatte Howard vier große Schiffe von 800 bis 1000 Tonnen. Die *Ark Raleigh* wurde manchmal unter die 800-Tonner gezählt, manchmal auch unter die kleineren, ferner sieben mittelgroße Schiffe von 400 bis 600 Tonnen, drei von 300 bis 400 Tonnen – insgesamt also fünfzehn Kriegsschiffe, die eine gute Breitseite abfeuern konnten. Lord Henry Seymour verfügte über ein mittelgroßes und zwei kleinere Kriegsschiffe von etwa 300 Tonnen, aber er lag im Mündungsbecken der Themse, und da Howard weder die Möglichkeit hatte, ihn schnell herbeizurufen, noch er selbst – bei den meist vorherrschenden westlichen Winden – durch den Kanal zu ihm gelangen konnte, nützte diese kleine Flotte wenig – es sei denn, die spanische Armada stieß im Kanal bis zu dessen engster Stelle auf der Höhe von Dover vor.

Neben seinen Kriegsschiffen hatte Medina Sidonia noch vier Geschwader mit zehn bewaffneten Kauffahrern – ohne das Flaggschiff des Biscaya-Geschwaders, das der Sturm verschlagen hatte –, die allesamt groß genug waren, schwere Geschütze und eine beträchtliche Zahl von Soldaten aufzunehmen, insgesamt 17 000 Soldaten.[22] Die acht größeren Vorratsschiffe, die Hulks, trugen gleichfalls einige schwere Geschütze, leichte Waffen zu ihrer Verteidigung sowie je 150 bis 200 Soldaten. Gegen sie konnte Howard vielleicht seine vier großen bewaffneten Kauffahrer einsetzen; die Mehrzahl seiner fünfundzwanzig Hilfsschiffe war unter 200 Tonnen – wenngleich natürlich die englischen Schiffe wendiger waren als die rundlichen Frachtschiffe der Spanier aus dem Mittelmeer. Stellt man also die großen Schiffe der beiden Seiten gegenüber, so war Medina Sidonia in einem Vorteil von etwa 3 : 2 in puncto Kriegsschiffen (die Galeassen ausgenommen) und von etwa 10 : 1 hinsichtlich der einsatzfähigen bewaffneten Kauffahrer. Da seine Schiffe mit Soldaten vollgepackt waren, hätte Howard beim Nahkampf mit Entermanöver keine Aussicht auf Sieg gehabt.

Natürlich wußten alle, daß die Engländer sich auf einen solchen Kampf nicht einlassen würden, daher war die relative Stärke der Geschütze an den Breitseiten so wichtig. Sie ist nicht im einzelnen bekannt, aber es gibt Schätzungen, die vermutlich ziemlich genau sind. I. A. A. Thompson hat für die spanische Seite spanische Aufstellungen herangezogen, die fast drei Viertel der Geschütze – 1770 von insgesamt 2411 – nach Größe und Typ aufführen; sie waren auf den Schiffen, die in den Ärmelkanal einfuhren.[23] Nach diesen Angaben versuchte er hochzurechnen, welche Kanonen – Größe und Typ – die einzelnen Geschwader mit sich führten. Zuvor schon hat Michael A. Lewis die gleiche Art Berechnung für die englischen Schiffe vorgenommen.[24] Vereinfacht man die Ergebnisse und beschränkt sie auf die Geschütze, die Geschosse von mehr als 7 Pfund abfeuern und damit ernsthaften Schaden anrichten konnten, ergibt sich folgendes Bild:

	span.		*engl.*	
Kanonentyp: 30 Pfund und mehr	26	95	55	55
Kanonentyp: 12–29 Pfund	69		–	
Feldschlangen: 16 Pfund und mehr	16	172	130	330
Feldschlangen: 8–15 Pfund	156		200	
Periertyp: 22 Pfund und mehr	5	197	38	38
Periertyp u. versch. 12–21 Pfd.	113		–	
Periertyp u. versch. 8–11 Pfd.	79		–	
	464		423	

(Alle Gewichtsangaben beziehen sich auf das englische Pfund, das um rund ein Zehntel leichter ist als das deutsche Pfund.)

Zählt man zu diesen Gesamtmengen noch die Kanonen hinzu, deren Geschosse zwischen 4 und 7,5 Pfund wogen – mit ihnen vermochte man die Takelage und die Besatzung auf den Kastellen zu treffen –, dann steigt die Zahl der spanischen Kanonen (4 Pfund und darüber) auf 735, die der englischen auf

SIC
PARVIS

Sir Francis Drake (um 1540–1596). Unbekannter Künstler, um 1580/85.

683 – es bleibt also ziemlich genau bei den gleichen Proportionen wie bei einer ausschließlichen Zählung der schwereren Geschütze.

Bedenkt man die Reichweite von schiffsgestützten Kanonen des 16. Jahrhunderts, dann erscheint die Konzentration der Feuerkraft des einzelnen Schiffes wichtiger als die gesamte Feuerkraft einer Flotte.[25] Es ist nicht bekannt, wie die spanischen Geschütze auf die einzelnen Schiffe verteilt waren; aber eine Liste Medina Sidonias, die er für Philipp in Lissabon aufstellte, zeigt die Anzahl der Kanonen, ihre Kugeln und die Menge des Pulvers, die jedes Schiff mit sich führte.[26] Die kleineren Schiffe, die nur kleinere Geschütze aufstellen konnten, bekamen nur einen Zentner Pulver je Kanone oder noch weniger zugeteilt; das Flaggschiff seines kampftüchtigsten Geschwaders hingegen hatte zwischen zwei und drei Zentner Schießpulver je Kanone an Bord, im Durchschnitt 2,25 Zentner. Medina Sidonias Flaggschiff *San Martin* führte 2,9 Zentner je Kanone mit sich, die Galeonen 2 Zentner. Daraus darf man folgern, daß alle Schiffe, die zwei Zentner Schießpulver oder mehr je Geschütz mit sich führten, auch über die entsprechende Menge an Geschossen verfügten. Medina Sidonia hatte 42 Schiffe, für die dies zutraf; auf der englischen Seite waren es nur 20 Schiffe, die so schlagkräftige Waffen hatten. Daraus ist zu schließen, daß die Engländer – bei annähernd gleicher Zahl von Geschützen insgesamt – einen Vorteil von ziemlich genau 2 : 1 besaßen, wenn man nach der Feuerkraft der einzelnen Schiffe geht – und genau das war es, was zählte. Zeitgenossen meinten, daß die Engländer außerdem die bei weitem besseren Kanoniere hatten und wahrscheinlich alle ihre Kanonen an Bord der Schiffe auf Lafetten befestigt waren, was für die spanischen Schiffe nicht zutraf, so daß dieser Vorteil mindestens doppelt wog.

Es war dennoch unsicher, ob ihnen das den Sieg eintragen würde, denn die gegossenen Kanonen schossen seinerzeit langsam und nur sehr ungenau, außerdem waren es nur wenige und eher kleine, und solange Medina Sidonia die Ruhe bewahrte und seine defensive Position beibehielt, konnten sie die spanische Flotte unmöglich ernsthaft beschädigen. Howard und Drake hätten gut daran getan, bei ihrer Einfahrt in den Kanal wie die spanischen Kommandeure zu beten, daß der Wind sich dreht oder das Wetter sich überhaupt verschlechtert und die Armada, wie bereits geschehen, zerstreut wird. Oder daß der spanische Oberkommandierende seine fünf Sinne verliert und seine Geschwader aufteilt oder seine Vorratsschiffe schutzlos preisgibt, oder daß ahnungslose Lotsen ihn in die Irre führen. Oder daß er, auch das konnte geschehen, völlig unrealistische Befehle bekam, von denen er nicht abweichen durfte. Jedenfalls empfahl ein Augenzeuge, der später seine Beobachtungen zu Papier brachte, um andere aufzuklären, die einmal einer ähnlichen Bedrohung durch eine spanische Invasion ausgesetzt sein sollten, dringend das Gebet. Nachdem er zuerst die *„riesenhaften Ausmaße ihrer (spanischen) Schiffe und die Vielzahl an Soldaten und Seeleuten“* hervorgehoben hatte, zählte er die Vorteile der englischen Flotte auf, und kam zu dem Schluß:

„Ich behaupte, wenn wir einander in einem Seekampf gegenüberstehen, wird es uns leichter gelingen, sie zu ärgern und unsere Küsten zu beschützen, als es ihnen gelingt, uns zu schaden und unser Land zu besetzen – wir müssen dazu nur die Vorteile unserer Schiffe richtig einsetzen, und Gott um diese Fähigkeit bitten ... Denn ohne seine Gnade nützen einem diese Gaben in allen irdischen Dingen wenig ...“[27]

6

Die Schiffe und die Geheimnisse der See

Die Schiffe, die dann bald in der Schlacht aufeinandertrafen, zählten zu den kompliziertesten Wunderwerken. Sie waren nicht das Produkt wissenschaftlicher Überlegungen, sondern das Ergebnis eines jahrhundertelangen Probierens, Verbesserns, und – während der letzten hundert Jahre – der Herausforderung des immer größer werdenden Meeres. Einige Schiffsbaumeister rühmten sich gern ihrer mathematischen Kenntnisse; aber im großen und ganzen geschah fast alles in ihrem Handwerk nach einfachen Faustregeln, die eine Generation der andern als Zunftgeheimnis überliefert hatte. Nur wenige Jahre zuvor hatten einige wenige unter ihnen, wie Elisabeths erster Schiffbaumeister Matthew Baker, damit begonnen, zuerst einen Entwurf anzufertigen, bevor mit dem Bau begonnen wurde. Aber die Mehrheit baute weiterhin die wichtigsten Teile nach festen Regeln, wobei die einzelnen Teile in bestimmten Proportionen zueinander standen, und setzte dann den Rest nach Gefühl ein. 1604 schrieb ein Kapitän, er habe niemals zwei Schiffe gesehen, die einander aufs Haar glichen, obschon sie doch von erfahrenen und tüchtigen Schiffsbaumeistern angefertigt wurden – *„weil diese eher ihrem Eindruck als ihren Handwerksregeln vertrauen, ihrem Augenmaß mehr als Winkel und Zirkel“*[1].

In Europa gab es traditionell zwei Arten von Schiffsbau: eine nördliche und eine südliche, mediterrane. Im Norden baute man die Schiffe seit alters her so, daß die Planken an den Außenseiten an der ganzen Länge nach Art der Ziegelsteine auf einem Dach übereinandergriffen, das war die Klinkerbauweise, wobei man einen verhältnismäßig leichten Rahmen verwendete und ihn der Quere nach verstärkte. Im Mittelmeerraum kannte man die Kraweelbauweise, wobei der Rahmen der Schiffe fester und die Planken an den Schiffsaußenseiten eng aneinandergesetzt waren, so daß sie nach außen hin eine glatte Oberfläche bildeten.

Diese beiden Traditionen bestanden bis ins 16. Jahrhundert nebeneinander. Viele englische Kauffahrer dieser Zeit, wahrscheinlich die meisten kleineren, waren nach der Klinkermethode gebaut. Aber die größeren Kriegsschiffe im Norden sowie die Kauffahrer für lange Reisen hatten inzwischen die „nördliche“ Bauweise aufgegeben und die im Mittelmeer übliche Form des Rahmens und der Außenbeplankung übernommen; das machte man sicher deshalb, weil die Klinkerbauweise weniger gut dem großen Druck standhalten konnte, der beim Beladen und Abschießen der schweren Artillerie auf den Schiffsrumpf wirkte. Vielleicht war aber die Klinkerbauweise angesichts der immer größer werdenden Schiffe auch zu schwierig und zeitraubend geworden und damit zu teuer. Die Überreste eines großen englischen Schiffes des frühen 15. Jahrhunderts, der *Grâce Dieu,* zeigen einen überaus komplizierten Aufbau: die gesamte Außenplanke besteht aus drei Schichten, die beiden äußeren sind je 12 Zoll hoch und verjüngen sich etwas nach oben, die innere ist 8 Zoll hoch und stützt sich auf die beiden äußeren Planken, die nach unten folgen, so daß sie mit 4 Zoll überlappen.[2] Die Planken waren bei allen Klinkerkonstruktionen innen mit Kerben versehen, die mit den Überlappungen zusammenpaßten. Das war bei der Karweelbeplankung nicht nötig.

Wie immer auch der Übergang von der Klinker- zur Kraweelbauweise im einzelnen vor sich gegangen sein mag, in England fällt er mit der Regierungszeit Heinrichs VIII. zusammen, also mit dem frühen 16. Jahrhundert. Heinrich war von der Artillerie begeistert, er bestückte seine Kriegsschiffe mit soviel Geschützen wie nur möglich. Um dieses Gewicht unter Deck verstauen und mächtige Breitseiten abfeuern zu können, setzten seine Schiffszimmerleute in die Planken zwischen den größeren Verstrebungen des Rahmens Stückpforten, die mit Klappen zu verschließen waren. Zur selben Zeit begannen auch die für den gefährlichen Handel mit dem Orient gebauten englischen Kauffahrer solche Geschützblenden aufzuweisen. In der zweiten Hälfte des 16. Jahrhunderts waren die englischen Kriegsschiffe und die größeren Kauffahrer in der Regel nach der Kraweelbauweise gefertigt und hatten auf beiden Seiten und im Heck verschließbare Stückpforten.

Beim Bau einen solchen Schiffes wurde zuerst der Kiel gelegt – das war ein massiver Balken aus Eiche oder Ulme, der bei mittleren und großen Schiffen aus zwei oder mehr Stämmen bestand, die an einer längeren Nahtstelle schräg miteinander verbunden und mit Schrauben verstärkt wurden. Aus dem Jahr 1583 ist ein Vertrag erhalten, der den Bau eines 200-Tonnen-Schiffes regelt: dessen Kiel sollte 58 Fuß lang sein, also knapp 18 Meter, 14 Zoll im Quadrat – rund 36 Quadratzentimeter – und aus zwei Stämmen bestehen, die an einem 6 Fuß langen Verbindungsstück zusammenkamen.[3] Bei einem sehr großen Kriegsschiff war der Kiel bis zu 33 Meter lang. Er wurde in einem Trockendock, oder häufiger auf einer Helling, die sich leicht flußwärts neigte, auf Balken aufgelegt. An Bug und Heck wurden dann ähnlich massive Holzpfosten eingesetzt, der vordere, der Vorsteven, war keilförmig zugeschnitten, um besser das Wasser zu durchschneiden. Er war mit dem vorderen Ende des Kiels fest verbunden, der Achtersteven mit den hinteren Ende des Kiels verzapft; und beide waren mit dem Kiel fast rechtwinklig durch ein hölzernes „Knie“ verbunden, wobei man dazu die Stelle eines Baumes verwendete, an der ein starker Ast aus dem Stamm kam; auch die Maserung des Holzes wurde berücksichtigt, so daß sie mit dem Winkel übereinstimmte, der unterstützt werden sollte.

Der Pfosten des Vorstevens war – von außen betrachtet – leicht konvex; der heckwärts gelegene war deutlich weniger konvex vorspringend, beide zusammen entsprachen in ihrer Länge der breitesten Stelle des Schiffes, dem „Balken“, bisweilen waren sie auch länger. An der Wasserlinie war das Schiff in seiner gesamten Länge also beträchtlich länger als der Kiel für sich genommen. Bei einem typisch mediterranen oder bei einem portugiesischen Frachtschiff konnte der Balken beinahe die halbe Länge des Kiels ausmachen beziehungsweise ein Drittel der Gesamtlänge.[4] Bei einem typischen Kriegsschiff aus Elisabeths Flotte entsprach der Balken eher einem Drittel der Kiellänge beziehungsweise einem Viertel der Gesamtlänge. Sie waren also ungefähr dreimal so lang wie breit. Die *Ark,* die Howard für ein Muster an Segeltüchtigkeit hielt, soll bei einem Balken von 37 Fuß Länge einen Kiel von 100 Fuß gehabt haben. Die *Rainbow* und die *Vanguard,* die zur selben Zeit gebaut wurden, waren bedeutend schlanker: der Balken der *Vanguard* betrug 32 Fuß, die Gesamtlänge 108 Fuß.[5] Neben dem Kiel und den Vor- und Achtersteven waren die niedrigsten Teile des massiven Holzskeletts die „Bodenwrangen“, sie wurden rechtwinklig über den Kiel gelegt und mit eisernen Schrauben oder Hartholzdübeln befestigt. In dem schon genannten Schiffsbauvertrag von 1583 sind die

Bodenwrangen mit 11 mal 8 Zoll angegeben. Der abgeflachte untere Rand dieser Bodenwrangen war unterschiedlich groß, er konnte weniger als ein Zehntel, aber bis zu einem Drittel der größten Breite ausmachen, dann wölbten sich die Bodenwrangen nach oben und bildeten die Rundung des Kielraums, den Boden des Schiffes. Die nächsten Teile des hölzernen Skeletts wurden als Auflanger bezeichnet, das sind die sich nach oben wölbenden Teile des Spants. Sie waren mit den Bodenwrangen verbunden, entweder durch feste Verstrebungen oder lappten einfach über und waren an dieser Stelle verschraubt. Gerade diese Befestigungsart gab dem Kielraum eine zweifache Rahmung, diese Gerüstteile verliefen dann so nahe beieinander, daß die überlappenden Auflanger und die Bodenwrangen ein solides Spantenwerk an dieser wichtigen Stelle bildeten.

Ein Entwurf von Matthew Baker läßt die Stromlinienform eines Schiffes deutlich erkennen. Es war so entworfen, daß der Balken an seiner breitesten Stelle gerade über der Wasserlinie zu liegen kam, wenn das Schiff ganz vollbeladen war, so daß, wenn es sich in den Wind lehnte, ein größerer Teil der Leeseite eintauchte, was wiederum dazu führte, daß das Schiff sich weiterem Krängen widersetzte.[6] Trotz alledem, wissenschaftliche Prinzipien über Wahrung der Stabilität waren noch unbekannt, und viele Schiffe hatten zu viele oder zu schwere Maste und Besegelung oder waren für ihre Breite zu tief gebaut – oder einfach schlecht beladen – und daher überaus empfindlich; wenn starker Wind aufkam, konnten sie nicht all ihre Segel setzen, ohne Gefahr zu laufen, daß sie stark krängten oder einfach kenterten. Sir William Gorgas zufolge waren englische Kriegsschiffe den spanischen in dieser Hinsicht weit überlegen. Das Skelett des Schiffes wurde in seiner Querachse noch durch gewölbte Balken verstärkt, die sich von einer Seite zur andern erstreckten, und diese wurden durch längliche Spanten unterstützt. Auf diese Balken kamen die Planken des Decks zu liegen.

Bei englischen Schiffen waren die Planken, die stets unter Wasser waren, aus Ulme oder aus Buche, die über der Wasserlinie aus Eiche. Die Wölbung dieser Planken wurde mit Hilfe von Dampf erzeugt: bevor sie eingepaßt wurden, hielt man sie über glühende Kohlen, rieb sie mit heißem Wasser ab und brachte sie dabei in die gewünschte Form. Die Enden der seitlichen Beplankung waren vorne am Vorsteven in der Kienfuge eingebracht; das Randsomholz am Heck hatte ähnliche Fugen, um die hinteren Teile dieser Planken aufzunehmen. Wo die eine Planke an die andere stieß, war sie im allgemeinen durch eiserne Schrauben mit dem Skelettrahmen verbunden, dazwischen wurden hölzerne Dübel verwendet, weil das Eisen das Holz ringsumher rosten ließ. Die spanischen Schiffbauer verwendeten mehr Eisenbolzen als die englischen; die Folge war, daß die spanischen Schiffe stärker von dieser „Eisenkrankheit" befallen waren.

Eine weitere Verstärkung im Längsaufbau bekam das Schiff durch die schweren Hölzer, Rippen oder Spanten, die das Gerüst von außen zusammenhielten. In der mediterranen Tradition folgten sie den Linien des Decks, da zunächst die Balken des Decks durch die äußere Verplankung vorragten und auf den Rippen ruhten. Als die Schiffe größer wurden, wendete man eine andere Methode an: jetzt wurden die Balken des Gerüsts mit innen angebrachten Klammern und „Knien" verstärkt, die beiden wichtigsten Rippen verliefen weiterhin ungefähr in der Höhe des Decks um den Schiffsrumpf.

Wie diese Form der Galeone sich allmählich entwickelte, ist nicht genau bekannt. Angeblich hat der alte Stadtstaat Ragusa, das heutige Dubrovnik, im 15. und 16. Jahrhundert ein Zentrum des Schiffbaus, in dem mehrere Schiffe der Armada hergestellt wurden, diesen Typ eingeführt. Aber er könnte ursprünglich auch aus dem noch bedeutenderen Handels- und Schiffahrtszentrum Venedig stammen. Es ist nicht auszuschließen, daß die lastentragende Karracke, die im Atlantik mit den neuen Bedingungen des Handels und des Kämpfens konfrontiert wurde, als Vorbild diente, oder, noch wahrscheinlicher, die schnellen portugiesischen Karavellen; wobei man hinzufügen muß, daß die Begriffe Galeone, Bark und Karavelle damals allem Anschein nach gleichbedeutend verwendet wurden.[7] Wo immer und wie immer sie auch entstand, die Galeone besaß auf jeden Fall schlankere Proportionen als die ältere Karracke und unterschied sich außerdem durch ihr flaches Heck, ein etwas nach hinten versetztes Vorderkastell und das spornartige Galion, das ursprünglich wohl als Rammsporn eingesetzt wurde. In der zweiten Hälfte des 16. Jahrhunderts war es nur noch ein Konstruktionsmerkmal, das gewöhnlich aus einem grotesken Kopf oder einer Figur bestand. Zweifellos diente dieser Teil einem sinnvollen Zweck, denn wenn das Schiff bei schlechtem Wetter zu stampfen begann, half er, die Kraft des Wassers am Bug zu brechen. Der dreieckige Raum zu beiden Seiten der Galionsfigur diente der Mannschaft für gewöhnlich als Ruheraum; viel später wurde in diesem Teil die Toilette untergebracht.

Die rückwärtige Verlängerung des Bugs stieß mit der Vorderwand des vorderen Kastells zusammen. Bei den schnellen englischen Galeonen war dieses Kastell nur ein Deck hoch; zuvor war es auf den Schiffen des Königs eine Kampfplattform gewesen, und bei den spanischen Schiffen war es das noch immer. Es war vergleichsweise kurz und endete am Mitteldeck, das sich nach hinten bis zum Großmast erstreckte, also etwa bis zur Mitte des Schiffes. Noch weiter heckwärts, vom Großmast gesehen, erhob sich das Mitteldeck, das sich bis zum Heck fortsetzte. Bei den spanischen Galeonen war dies nur das unterste Deck eines hohen Achterkastells; auf den englischen Schiffen hingegen erhob sich darüber kein weiterer Aufbau mehr, allenfalls ein vergleichsweise niedriges Achterdeck am hintersten Heck. Die größten Galeonen hatten um das Heck eine offene Galerie, das von der Kajüte im hinteren Teil des Mitteldecks her betreten wurde.

Zwischen dem Vorderkastell und dem Großmast befand sich eine große Luke, eine längliche Öffnung, durch die man den Ballast, die Fracht, Geschütze und Vorräte ins Innere des Schiffes brachte. Diese Öffnung war von einer erhöhten Einfassung umgeben, und wenn sie nicht benutzt wurde, verschloß man sie mit tragbaren Querbalken oder einem Gitter, so daß Licht und Luft in diesen Teil des Schiffes gelangen konnten. Auf diesen Gittern befanden sich die Beiboote, und in einigen Schiffen gab es auch noch einen Gang darüber, der das Mitteldeck im Heck mit dem Vorderkastell verband. Das Orlopdeck darunter hatte eine ähnliche Luke, sie war der Zugang zu den ganz unten gelegenen Lagerräumen.

War das Schiff beladen, dann befand sich das Orlopdeck mittschiffs, gerade auf oder etwas über der Wasserlinie, mithin an seiner breitesten Stelle, es könnte etwa 6 Fuß hoch gewesen sein. Hier war die Hauptbatterie der Schiffsgeschütze untergebracht. War man auf hoher See, wurden sie mit eigenen Sicherungstauen an Ringen vertäut, die am Schiffsrumpf befestigt waren. Im Kampf wurden die Stückpforten geöffnet und die Geschütze „ausgerannt", so daß die Mündungen der Kanonen herausschauten; dann wurden sie festgemacht. In diesem kleinen Raum mit seinen gekrümmten Wänden und den schweren Balken am Kopfende muß die Luft zum Ersticken gewesen sein, wenn erst einmal der Kampf begonnen hatte. Mittschiffs war die große Luke von einem geteerten Segeltuch gesichert, das über das Gitter gelegt wurde;

davor waren die mächtigen Halterungen für die Ankertaue. Von dieser Ladeluke aus heckwärts befand sich der gewaltige Stamm des Großmasts, zu seinen beiden Seiten die Pumpenschwengel der Lenzpumpen und achtern die Ankerwinde, die Spill, deren Spindel im darüberliegenden Deck verschwand. Im seitwärtigen Teil des Lagerraums wurde Ballast geladen, um dem Schiff zu einer stabileren Lage zu verhelfen. Das konnten Kiesel oder Steine sein oder sogar Sand. Die spanischen Wracks, die man fand, führten Steine als Ballast mit sich.

Gekocht wurde in einer aus Ziegelsteinen und Mörtel gemauerten Kombüse, die etwa in der Mitte des Lagerraumes untergebracht war und einen mehr oder weniger dauerhaften Ballast bedeutete. In größeren Schiffen wurde dieser Teil wahrscheinlich von einem „falschen" Orlopdeck unterstützt – Balken, die ohne Planken darüber zwischen den Auflangern verliefen. Über der gemauerten Feuerstätte mit den Kesseln aus Bronze oder Eisen befanden sich Aufhängevorrichtungen für den Bratspieß und dergleichen; Teile aus einem englischen Wrack, dem Kriegsschiff *Mary Rose,* lassen auf einen mit Blei ausgeschlagenen Rauchfang schließen, der den Rauch durch das Orlopdeck und das obere Deck ableitete. Wahrscheinlich waren auch die Balken des Orlopdecks über der Kombüse mit Blei verkleidet, um sie gegen Hitze zu schützen. Der Lagerraum wurde zwar als der sicherste und ruhigste Ort für die Kombüse angesehen, aber er hatte auch seine Nachteile: von hier aus drangen der Rauch und der Geruch der Speisen zu den Decks und den Vorräten und vermischten sich mit den ekelerregenden Gerüchen von brackigem Wasser und Rattenkot – Gestank und Dunkelheit gesellten sich zu dem sowieso herrschenden Luftmangel dort unten und machten die für die Speisezubereitung eigentlich erforderliche Sauberkeit unmöglich. Nicht von ungefähr war der Seemann, wie gesagt, durch die Ernährung an Bord körperlich mehr gefährdet als im Kampf. Die Kauffahrer verwendeten diesen Raum lieber als Frachtraum, bei ihnen war die Kombüse häufiger im Vorderkastell untergebracht.

Bei den Kriegsschiffen war bugwärts vor der Kombüse das Ankertau aufgewunden, nach achtern zu lagerten dort Vorräte oder Munition, die in Fässern oder Flaschen verpackt waren. Später gab es in den englischen Schiffen daneben ein überdachtes – „falsches" – Orlopdeck mit kleinen Kabinen für Bootsmann, Wundarzt, Kanonier und Zimmermann[8]; in einem Flaggschiff, wo die oberen Kajüten von einer ganzen Reihe von Offizieren bewohnt wurden, war hier meist auch der Segelmeister untergebracht.

Abgesehen von den Luken gab es kaum einen rechten Winkel in diesen Schiffen. Kiel und Binnenkiel, Bodenwrangen und Stützen, Maste und Planken und einige Einzelteile des Skeletts, vor allem die oberen Teile, die sich, zur Reling hin nach innen neigten, bildeten gerade Linien; ansonsten begegneten sich nur sanfte, natürliche Krümmungen, die sich jeder Berechnung – und damit auch der Massenproduktion – widersetzten. Das Spantenwerk und die wichtigen Gelenkverbindungen wurden mit dem Auge ausgesucht, nur mit Hilfe von Säge, Axt, Stemmeisen und Holzhammer bearbeitet; mit einer Ahle, einem Marlspieker, bohrte man die Löcher für die eisernen oder hölzernen Dübel. Die wichtigen Einzelteile miteinander zu verbinden und zu fugen, damit sie die Kanten der äußeren Planken aufnehmen konnten, Teile verschiedener Größe mit unterschiedlichen Funktionen so zusammenzufügen, daß sie gut zusammenpaßten: das war handwerkliche Kunst. Schließlich war dies nicht ein Haus auf festem Grund und Boden, sondern ein freibewegliches Gefährt, das einem Druck aus von einem Augenblick zum anderen wechselnden Richtungen ausgesetzt war. In einem Moment konnte der Rumpf mittschiffs auf einer Welle liegen, indessen Bug und Heck buchstäblich in der Luft schwebten; dann wanderte die Welle zum Bug, während eine andere das Heck in die Höhe hob, so daß die Mitte des Rumpfes – mit Ballast, Fracht, Geschützen und Vorräten – zeitweilig jeden Halt unter sich verlor. Wellen stießen das Schiff an und brachten es zum Krängen, drückten seitwärts gegen Planken und Balken; die Maste übertrugen den Druck des Windes in den Segeln auf die Decks und auf den Binnenkiel. Man muß die knarrenden Geräusche eines hölzernen Schiffes gehört haben, wenn es bei schwerer See schlingert, wie seine Maste zittern und die Planken unter den Füßen wie Espenlaub zittern, wenn der Sturm hineinfährt, wie es schlingert und stampft und nach der Seite sich neigt, um dann zur andern zu kippen – wer ein solches Schiff im Sturm erlebt hat, wird dem Baumeister seine Achtung nicht versagen.

Die schmalen Spalten zwischen den äußeren Planken am Rumpf wurden durch Kalfatern wasserdicht gemacht. Dazu verwendete man geteerte Fasern von ungelesenem Werg, aus altem Hanf oder aufgedrehte alte Schiffstaue; diese Fasern wurden mit dem stumpfen Ende eines Kalfatereisens zwischen die Rillen gepreßt und mit einem Hammer geschlagen, sodann heißes Pech daraufgegossen. Um das unter Wasser befindliche Holz zu glätten, wurde es mehrmals präpariert. Portugiesen und Spanier verwendeten dazu Unschlitt, das sie mit Kalk, Schwefel oder Fischöl vermischten, um damit den gefürchteten Schiffswurm abzutöten, der außerhalb der Ostsee anzutreffen war – ein vergeblicher Versuch. Die Engländer und die Niederländer nahmen einen Anstrich aus Pech oder Teer, der mit Ziegenhaar durchmischt war, aber auch das vermochte die verschiedenen Arten von Ungeziefer nicht abzuhalten. Schon zu Beginn des 16. Jahrhunderts versuchten die großen Entdecker, ihre Schiffe mit einem dünnen Blech aus Blei zu schützen; interessanterweise hat der belgische Marinearchäologe Robert Sténuit beim Wrack einer Armadagaleasse, der *Girona,* solche Teile aus Blei gefunden.[9] Seit 1580 benutzten die Engländer für ihre Überseeschiffe einen Anstrich aus Pech oder Teer, eine Neuerung, die John Hawkins zugeschrieben wird. Wahrscheinlich verzögerte dies – aber vermied nicht gänzlich – den Holzfraß der Würmer. Ebensowenig wurde damit der Bewuchs auf der Unterseite der Schiffe verhindert. So mußten die Schiffe also alle paar Monate ins Trockendock gebracht oder, was häufiger geschah, einfach gestrandet werden, damit ihre Unterseiten gereinigt und mit einem neuen Überzug versehen werden konnten; dazu neigte man das Schiff, sobald man nahe genug an Land war, an den Mastspitzen mit Hilfe von Tauen zur Seite. Bisweilen wurden seitwärts unter dem Schiff auch Feuer angezündet, um den Bewuchs abzubrennen – nicht selten mit schlimmen Folgen.

Vermutlich hatten Howards Schiffe keine Blechverkleidung. Im April 1588 suchte seine *Ark* das Dock zur Überholung auf, außerdem wurde

„ein Leck ausgebessert, das durch ein Loch für einen Dübel, den man versehentlich nicht hineingesteckt hatte, entstanden war; da ihre Außenseite mit Pech überzogen wurde, konnte man es nicht mehr sehen, und es brach auf, sobald das Wasser diese Schicht abgewaschen hatte. Sie war nirgends gut kalfatert, aber jetzt ist sie wieder voll einsatzfähig.“[10]

Oberhalb der Wasserlinie war das Holz dieser Schiffe zur besseren Haltbarkeit mit einer Mischung aus Öl, Terpentin und Harz beschmiert. Die oberen Teile des Rumpfes waren in herrlichen Farben bemalt, die Engländer verwendeten bei ihren königlichen Schiffen die Farben des Hauses Tudor, Weiß und Grün; dazwischen setzten sie, meist in geometrischer Anordnung, Rot, Gelb und Purpur, um einen Kontrast herzustellen. Auf der Flachseite des Hecks waren

Ausschnitt aus dem Titelblatt des ersten englischen Handbuchs der Navigation. Das Titelblatt wird auf S. 78 gezeigt.

gleichfalls die königlichen Farben zu sehen, wahrscheinlich auch Schnitzereien, die rote Rose des Hauses Tudor oder die Lilie. Die Galionsfiguren waren meistens ein geschnitzter oder gemalter Kopf oder ein Tierkörper, ein Löwe oder ein Drache; die kleinen Pforten entlang der Seiten und die überwölbten Eingänge zum Mitteldeck und zum Vorderkastell waren mit einfachen Schnitzereien verziert. Sonst gab es wenig Zierwerk. Selbst die spanischen und portugiesischen Galeonen, deren Heckpartien etwas mehr ausgeschmückt und vergoldet wurden, waren, gemessen an den Vorstellungen des Barockzeitalters, bemerkenswert einfach gehalten. Die zu Kriegsschiffen verwandelten Frachtschiffe, aus denen die spanische Flotte zum größten Teil bestand, waren sogar noch weniger geschmückt.

Das schmückende Beiwerk wurde erst angefügt, nachdem das neue Schiff bereits vom Stapel gelaufen war. Jetzt wurden auch die Maste samt der Takelage angebracht und die letzten Arbeiten vorgenommen. Die größeren Frachtschiffe und die Kriegsschiffe waren Dreimaster, nur die allergrößten hatten vier Maste. Von diesen gab es zehn in Howards Flotte; wie viele die Spanier davon besaßen, läßt sich nicht genau sagen, aber wahrscheinlich waren es mehr als zehn. Zu Beginn des 16. Jahrhunderts kamen die Viermaster auf; die großen Schiffe Heinrichs VIII. führten am Fockmast, am Großmast und am Besanmast stolz noch ein Bramsegel obendrauf, und selbst der verlängerte Besanmast trug jetzt noch ein Kreuzbramsegel an seiner Spitze. Topsegel und Bramsegel, die auf diesen hohen Spieren saßen, waren schmal und verjüngten sich, sie wurden nur bei gutem Wetter gesetzt. Gewöhnliche Kauffahrer und die Schiffe nach Übersee trugen nicht soviel Segel, wahrscheinlich kamen sie auch in der englischen Marine bald außer Gebrauch.

Zu Elisabeths Zeit fuhren der gewöhnliche Kauffahrer und das mittelgroße, dreimastige Kriegsschiff unter einem quadratischen Sprietsegel am Bugspriet, ein quadratisches Focksegel am Fockmast und ein Vorbramsegel darüber, ein Topsegel am Großmast und ein Lateinersegel am Besanmast. Elisabeths größere Viermaster setzten auch Bramsegel am Fock- und am Großmast, und einige, wie die *Ark,* scheinen am Besanmast ein kleines dreieckiges Segel gehabt zu haben.[11] Auch der sogenannte Bonaventuramast trug ein Lateinersegel. John Hawkins soll eine Erfindung gemacht haben, die es beträchtlich sicherer machte, unter diesen hohen Spieren zu fahren: Er soll einen Mechanismus entwickelt haben, mit dem man Topsegel und Bramsegel herablassen – oder „streichen" – konnte, während man auf hoher See war. Da alle segelbestückten Rahen heruntergelassen werden konnten, konnte man das Schiff, wenn ein schwerer Sturm aufkam, bis auf die untersten Masten entblößen. Man konnte die Fläche der großen Segel durch sogenannte Bonnets verändern, Segelstreifen am unteren Ende der großen Segel, die man abnehmen konnte. Bei leichtem Wind wurden diese Bonnets angeschlagen, wenn er stärker wurde, wurden sie Stück für Stück wieder abgeschlagen, das heißt man holte sie herunter, um dem Wind weniger Fläche zu bieten.

Die beiden großen Maste, Fockmast und Großmast, standen in einem quadratischen Holzgestell auf dem Binnenkiel; der Besanmast, der Bonaventuramast sowie der Bugspriet waren auf dem Balkenwerk des Decks gut befestigt. Die Spitzen der Maste waren durch Taue, Stage genannt, miteinander verbunden gesichert; sie führten von der Spitze eines Mastes zum unteren Ende des davorstehenden Mastes – die Stage des Fockmasts zu einem Punkt am Bugspriet – und durch mehrere Haltungen nach hinten. Kurze geteerte Taue, Webeleinen genannt, wurden quer zu den Wanten, den Trossen, die den Mast seitlich stützten, festgemacht, so daß man an ihnen wie an einer Strickleiter

Globus von Gerhard Mercator aus Duisburg, 1541.

hochklettern konnte. Die Wanten des Großmasts verliefen seitwärts und breiteten sich dabei zu einer Art spitzwinkeligem Dreieck aus; oberhalb der Reling waren die Wanten mit Querhölzern verbunden, und von hier aus wurde beim Entermanöver auch gekämpft.

Die Rahen, an denen die Segel angeschlagen waren, wurden mit einem Gaffelschuh oder einem Tonnenrack am Mast befestigt, ferner mit einem dreifachen Püttingsband, das an einer hölzernen Rolle hing; vertikal verlaufende Holzrippen trennten die drei Lagen voneinander und hielten sie an Ort und Stelle. Die Gaffel war eine verhältnismäßig lockere Art der Befestigung; sie erlaubte es, die Rahe zu heißen oder zu fieren, das heißt hoch- und runterzulassen, beziehungsweise sie nach den Seiten zu kippen. Aufgeheißt wurde die Rahe durch eine Befestigung an ihrem seitlichen Ende, dem Rahnock, von dort führten Leinen über Rollen am oberen Ende des Mastes hinab zum Deck; mittels der Brassen ließ sich die Rahe drehen. Die verschiedenen Wanten begrenzten zugleich den Winkel, in dem eine Rahe gedreht – „gebrasst" – werden konnte, damit das Segel den Wind aufnehmen konnte, denn beim Drehen der Rahe kamen die Halterungen in den Weg. Je weiter die Rahe vor dem Mast festgemacht werden konnte, desto größer war der Raum zum Brassen, bevor sie an die Takelung schlug; aber es ist nicht sicher, ob die Engländer diese Techniken kannten, die ihnen geholfen hätten, härter am Wind zu segeln als die Spanier.

Vielerlei Halterungen und Takel waren vonnöten, die kreuz und quer verlaufend die Takelage bildeten, mit der man die Segel genau so stellte, wie man sie haben wollte – Schoten und Haltetaue, die von den unteren Enden eines großen Segels, den Schothörnern, nach unten führten, damit das Segel sich aufblähen konnte. Da gab es Bulinen, die an den Seiten festgemacht waren, oder Lieken, Schothörner, Bauchgordings und Geitaue, die man zum Reffen der Segel benötigte, sowie eine Reihe von Tauen, deren Namen und Verwendungszweck einst jedem Seemann vertraut war und die heute vergessen sind. Diese Taue führten hinab zu hölzernen Verankerungen an der Reling, den Spillen, wo sie an der Höhe des Masts festgemacht waren. Jeder Seemann wußte aus langer Erfahrung, welche Leine zu welcher Spille gehörte.

Galeonen waren weder besonders schnell noch besonders manövrierfähig – es sei denn, man vergleicht sie mit den älteren bauchigen Schiffstypen, von denen einige, wie die Karracke, seinerzeit noch immer gern eingesetzt wurden. Bei einer frischen Brise machten sie, wenn ihr Boden frei von Bewuchs war, vier Knoten, bei stärkerem Wind wohl sechs Knoten[12], und zwar mit nassen Segeln, das trieb sie besser an. Wenn der Wind noch stärker wurde, mußte man die Segelfläche verkleinern – dies und das Stampfen, dem das Schiff aufgrund seines kurzen Kiels unterworfen war, ließ es dann langsamer werden. Bei schwerem Sturm holte man gemeinhin alle Segel bis auf das Focksegel ein, fierte die Rahen auf das Deck herunter und strich die Top-, Vor- und Großbramsegel, soweit man sie hatte; dann fuhr man allein mit dem Focksegel oder einem Teil davon, dessen Rah auf halbmast gesenkt war. Es war ratsam, am Fockmast ein bißchen Segel zu lassen, denn die hohen Aufbauten am Heck wirkten gleichfalls wie Segel, und wenn diese Aufbauten allein standen, lief das Schiff Gefahr, zu kentern. Es scheint aber, daß Schiffe bisweilen tatsächlich ohne jedes Segel fuhren. Wenn die Weiterfahrt nicht möglich war, weil man durch den Wind auf Land oder auf Felsen zutrieb, oder wenn ein heraufkommender Sturm die Fahrt gefährlich machte, ließ man die Schiffe beidrehen, das heißt, die Ruderpinne wurde leewärts festgemacht und man blieb mit nackten Masten liegen, so daß die Gewalt des Sturmes auf den heckwärtigen Aufbau zu wirken kam; dieser Druck wurde von der Kraft der Wellen am Bug ausgeglichen. Das konnte man nicht mit allen Schiffen machen, bei einigen mußte man etwas Segel hissen, um diesen Ausgleich zu finden.

1957 beschloß Alan Villiers, diese alte Methode des Beidrehens in einem Sturm auszuprobieren. Dazu verwendete er die Nachahmung eines Schiffes aus dem frühen 17. Jahrhundert, der *Mayflower II*, deren Grundriß einer Galeone des Elisabethanischen Zeitalters ähnelte. Alle Segel wurden gestrichen; der Wind war auf der Steuerbordseite am Balken, und das Steuerrad wurde hart am Wind beigedreht, das Ruder ging also hart nach Steuerbord.

„Ein paar Minuten blieben wir so liegen, und der Wind im heckwärtigen Aufbau trieb den Bug in die Wellen, so daß wir etwas vorankamen. Dann bekam ich den Befehl, das Rad hart beizudrehen – und so blieben wir nun die ganze Nacht liegen, sehr angenehm und sicher, indes der Wind durch die Takelage fuhr und gegen unser festes Holz schlug.“ [13]

Die Schiffe des 16. Jahrhunderts hatten kein Steuerrad, sie wurden mit Hilfe eines langen Hebebaumes aus Eschenholz gesteuert. Er erstreckte sich vom inneren Ende der Ruderpinne, mit der er durch einen Eisenring verbunden war, senkrecht nach oben, bis unter das Mitteldeck, wo der Rudergänger, das ist der Steuermann, stand. Der konnte die Segel durch ein Gitter erspähen oder vielleicht durch eine eigens für diesen Zweck angebrachte Öffnung. Die Drehung wurde mit einer eisernen Spindel erreicht, die durch das Deck kam – drehte man die Pinne nach Backbord, dann drehte das Schiff nach Steuerbord und umgekehrt. Der Kompaß des Rudergängers war in einem vertäfelten Podest untergebracht, gerade vor dem Ruder. Er war beleuchtet und somit auch nachts zu benutzen.

Bei spanischen Schiffen scheint die Ruderpinne mit Hilfe von Taljen bewegt worden zu sein, die seitwärts am Heck verliefen, was sich vielleicht daraus erklärt, daß ihre Schiffe achtern gleich mehrere Decks hatten, so daß dem Steuermann der Ausblick versperrt war. Fahrzeuge aus dem Norden setzten solche Hilfstakel bei schlechtem Wetter ein. In diesem Falle mußte der Offizier, der auf dem Deck Wache schob, auf den Wind in den Segeln achtgeben. Denn obwohl die Segel so geschnitten waren, daß ein wohlaustariertes Gleichgewicht ermöglichte, den anliegenden Kurs auch beizubehalten, ohne dauernd nach dem Ruder greifen zu müssen, so gab es doch viele Umstände – wenn man hart am Wind segelte oder unter Backstagswind fuhr oder bei sehr wechselhaften Windverhältnissen –, bei denen man ständig korrigieren mußte.

Die gewölbte Gestalt der leinenen Segel blähte sich bei starken Windstößen noch mehr auf und erlaubte kaum, gegen den Wind voranzukommen. Da ein Schiff selbst bei sauberer Außenwand nicht mehr als 5 Knoten machte, wurde es bei Flut oder bei gegenläufiger Strömung zurückgetrieben.[14] Aus diesem Grund waren die Gezeiten bei der Küstenschiffahrt von größter Wichtigkeit; ihren zeitlichen Verlauf, also Mondstand und Tidenhub zu kennen, gehörte zum Grundwissen eines Kapitäns. Bedenkt man Gegenwind und Spiel der Gezeiten, die im Verlauf einer längeren Reise zwangsläufig auftraten, dann bedeutet das, daß ein Schiff zwar an guten Tagen 5 oder 6 Knoten machen konnte – beispielsweise mit den Passatwinden von achtern oder mit den westlichen Winden südlich des Kaps der Guten Hoffnung –, während einer Ozeanfahrt durchschnittlich aber nicht viel mehr als 2 oder 3 Knoten und bei Mittelmeerreisen häufig nur einen Knoten.[15]

Das Kreuzen war ein außerordentlich langsames und ermüdendes Geschäft. Es gibt keine Aufzeichnungen darüber, wie lange es wohl dauerte,

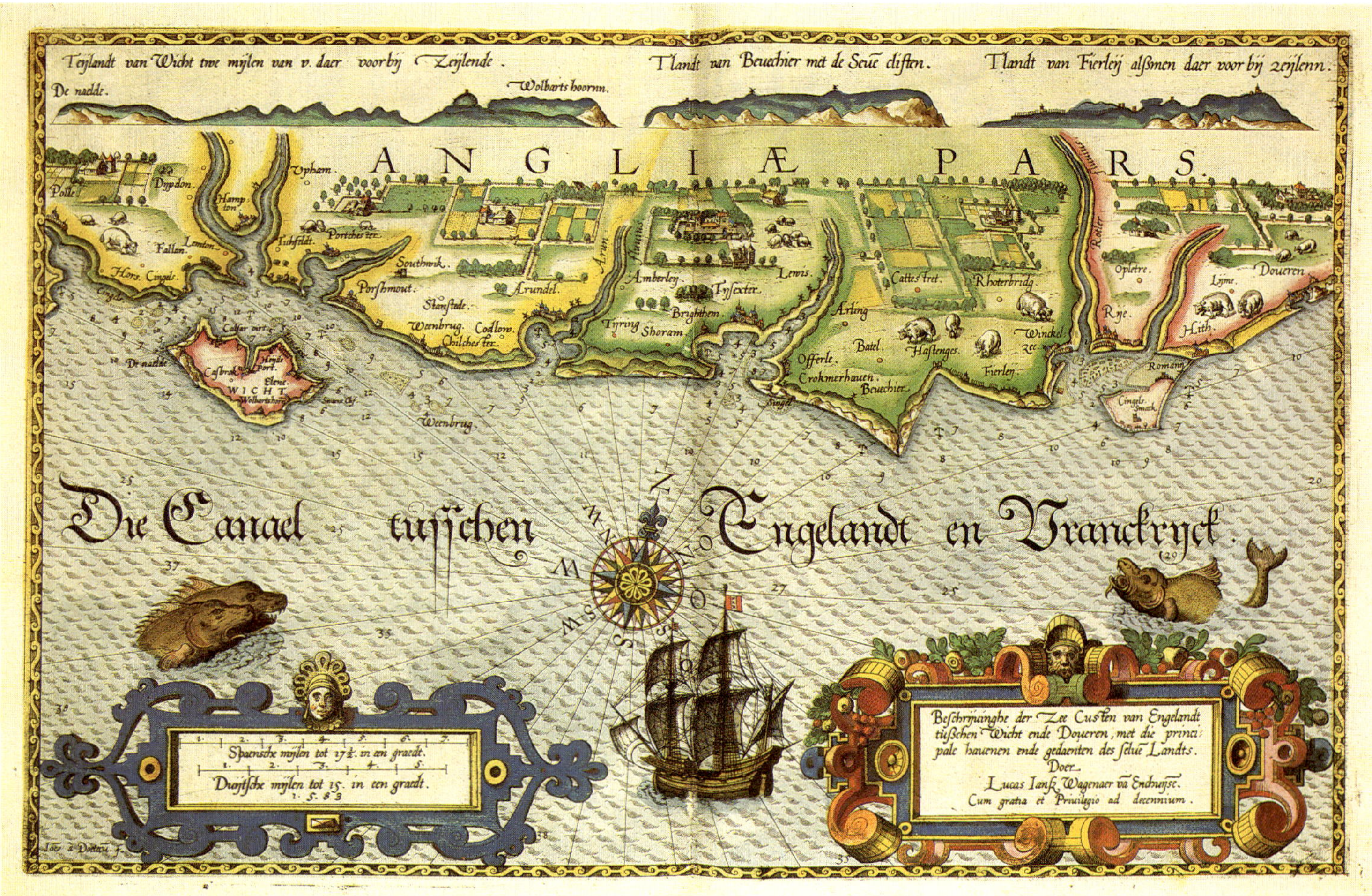

Der holländische Lotse Lucas Janszoon Wagenaer veröffentlichte den ersten Atlas mit Segelkarten und Angaben für die Küsten Nordwesteuropas in den Jahren 1584 und 1585; eine englische Übersetzung erschien 1588, kurz nach der Armada, unter dem Titel „The Mariner's Mirrour". Dieser Ausschnitt zeigt die Umrisse der englischen Südküste und der Isle of Wight.

ein größeres Schiff im Wind zu wenden, vielleicht eine Viertelstunde, aber das ist nur geraten; in späterer Zeit brauchten Schiffe von anderer Größe so lange. Sir William Gorgas' Bericht zufolge hat wahrscheinlich ein spanisches Schiff wenigstens eine halbe Stunde gebraucht, ein englisches Kriegsschiff nur halb so lange. Ein englischer Schiffsführer schrieb in den Jahren gleich nach 1600 von dem *„Zeitverlust, den das Kreuzen gegen den Wind verursachte"*[16]. An einem bestimmten Punkt bei diesem Manöver trieb das Schiff nach achtern, während die Ruderpinne gedreht war, um den Bug zu wenden. Natürlich kam es vor, daß ein Schiff die Wende nicht schaffte; das Wort *„tot im Wind liegen"* war lange Zeit im Gebrauch und beschrieb ein mißglücktes Wendemanöver.[17]

Es ließe sich noch viel mehr über die bescheidene Leistung und die primitive Ausrüstung eines Schiffes sagen, mochten die Handwerker noch soviel Kunstfertigkeit und Geist bei seiner Herstellung aufwenden. An Wohlgefälligkeit wurden diese Schiffe vermutlich zu keiner Zeit übertroffen: Die gewölbte Gestalt ihrer Segel, in denen sich der Wind fing, die Rundung der Außenwand, die sich zum Heckaufbau hin verjüngte, die Biegung der Masten, die von schwungvoller Takelage eingerahmt wurden, das alles machte sie zu lebendigen Kunstwerken. Dabei waren sie zerbrechliche Werke aus Menschenhand, ausgesetzt den Fährnissen und Widrigkeiten der Elemente, in denen sie sich bewegten und von denen sie selbst ein Teil wurden. Bedenkt man, wie empfindlich alle Schiffe damals waren, dann ist kaum verwunderlich, daß englische Schiffe höchstes Ansehen genossen. Wenn William Harrison, geradeso wie Sir

William Gorgas, davon berichtete, *„daß es, was Haltbarkeit, Sicherheit, Geschmeidigkeit und Segelgeschwindigkeit anbetrifft, kein Schiff auf der Welt gibt, das den unseren ebenbürtig ist“,*[18] dann ist das keineswegs nur dem Stolz des Engländers zuzurechnen – vieles deutet darauf hin, daß er recht hatte.

Die Kunst, ein Schiff an der Küste entlangzusegeln, war eine andere als die, es über den Ozean zu führen. Man brauchte viel Erfahrung, um ein Schiff mit Hilfe eines komplizierten Systems aus verschiedenen Hinweisen an der Küste entlang zu steuern. Dieses System bestand aus Markierungen an der Küste über Untiefen, der Beobachtung der Wellenrichtung, Angaben über die Wassertiefe in bestimmten Tiden und Informationen über die Beschaffenheit des Grundes, die das Lot mit heraufbrachte. Konnte ein Kapitän lesen und schreiben, dann hielt er sich ein eigenes Notizbuch, ein Logbuch, in das er seine eigenen und die Beobachtungen anderer eintrug, auch die Kurszahl, die sein Kompaß anzeigte, während er auf seiner Route zwischen den Landzungen hindurchsteuerte. Die Niederländer waren damals führend im Druck solcher Logbücher. 1584 erschien unter dem Titel „The Safeguard of Sailors“ die englische Übersetzung von zwei niederländischen Logbüchern über die nördlichen Gewässer. Neben Angaben über *„Kurse, Entfernungen, Tiefen, Lotungen sowie Ebbe und Flut“* enthielt es Holzschnitte, die den Küstenverlauf und die Berge in der Silhouette zeigten, wie man sie von der See her wahrnahm. Gewidmet war es, mit einigem Weitblick, Lord Howard of Effingham.

Man bewegte sich von Landzunge zu Landzunge; kam ein Sturm auf, versuchte man, irgendwo Unterschlupf zu finden, vermied das Land, sofern es dort keinen schützenden Ankerplatz gab. Die einzigen Hilfsmittel eines solchen Schiffes waren der Kompaß, das Lot, eine Sanduhr und vielleicht ein ungefährer Bericht über den Kurs, den man zu halten versuchte, sowie eine hölzerne Tafel, die neben dem Holzklotz hing, an der die Logleine befestigt war, mit der man die Geschwindigkeit messen konnte. Dazu wurde der Holzblock über das Heck gehievt und die Logschnur spulte sich eine bestimmte Zeitlang frei ab; dann wurde diese Länge gemessen und in Beziehung zur Zeitspanne gesetzt – daraus ergab sich die Geschwindigkeit.

Seit den 1540er Jahren wurden mit Kupferplatten Karten gedruckt; sie wurden allerdings hauptsächlich im Mittelmeer verwendet, spanische und portugiesische Lotsen benutzten sie vor allem für die Ozeanschiffahrt. Für die Fahrt entlang der Küste waren Karten nicht notwendig, und die Seefahrer im Norden besaßen daher, wenn überhaupt, kleine Karten, die die Küste im Umriß zeigten; die Häfen und Angaben über Kompaßzahlen sowie die Richtung waren darin mit Hand eingetragen.

Wie exakt sie waren, kann man einer Bemerkung Howards entnehmen; sie fiel im selben Juli, in dem er seine Flotte aussandte, die Zufahrt zum Ärmelkanal zu beobachten: *„Wie sie den Ärmel dargestellt haben und wie er wirklich ist, das ist zweierlei; wir wissen aus täglicher Erfahrung und Beobachtung, daß er mehr als hundert Meilen ist.“*[19] Zwei Jahre zuvor hatte Howard den Kronrat überzeugt, daß die Sammlung von Karten und Segelanleitungen, die der niederländische Lotse Lucas Janszoon Wagenaer 1584/85 veröffentlicht hatte, ins Englische übersetzt und gedruckt werden sollte; dieses Werk wurde allerdings erste einige Monate nach der Ausfahrt der Armada fertiggestellt.

Mancher Kapitän hielt es für nützlich, die Entfernung von einer Landzunge zur andern festzuhalten, und zwar vor allem dann, wenn das Land nicht mehr in Sichtweite lag oder die Witterungsverhältnisse die Sicht verhinderten. Um unter diesen Umständen seine eigene Position zu bestimmen, verwendete man gewöhnlich eine Grad- und Strichtafel, auf der vom Mittelpunkt zu den

A Regiment for the Sea, containing
verie neceſſarie matters for all ſorts of men and ſeamen.
trauailers, wher vnto is added an Hidrographicall diſcourſe
touching the fiue ſeuerall paſſages into Cattay, written by
william Borne
Newly corrected and amended by Thomas Hood, D. in Phiſicke, who hath added a new Regiment, and Table of declination.
Whereunto is alſo adioyned the Mariners guide, with a perfect
Sea Carde by the ſaid Thomas Hood.
¶ Imprinted at London by T. Eſte, for Thomas Wight. 1596.

Titelseite des Buches „A Regiment for the Sea", einer Segelanleitung von William Bourne aus Gravesend, erstmals 1574 in London veröffentlicht.

vier Ecken – sie stellten die Himmelsrichtungen dar – Linien verliefen. Entlang dieser Linien waren in regelmäßigen Abständen Löcher angebracht, und immer wenn ein Halbstundenglas abgelaufen war, steckte der Steuermann entsprechend dem Kurs, den er gesteuert hatte, einen kleinen Stöpsel in das jeweilige Loch. War die Uhr am Ende, schrieb er mit Kreide den Kurs auf eine Tafel, desgleichen die Entfernung, die sie schätzungsweise zurückgelegt hatten. Diese Information gewann er mit dem Lot oder, wohl häufiger, schätzte er einfach mit dem Auge ab, wobei er Windstärke und Gezeitenströmung entsprechend berücksichtigte. Geschätzte Entfernung und Kurs hielt er sodann in seinem Tage- oder Logbuch fest. Die Navigatoren im Mittelmeer, auch die von der iberischen Halbinsel, besaßen bereits fortschrittlichere Kenntnisse; wo es um die Berechnung von Kurs und Weg mit Hilfe solcher Tafeln ging, waren sie den meisten englischen Schiffsführern überlegen.[20]

Etwas anderes war es, das Meer zu befahren – den Längengrad mußte man auch hier schätzen, der Breitengrad wurde nach wissenschaftlichen Maßstäben ermittelt. Die Portugiesen hatten diese Methode schon im ausgehenden 15. Jahrhundert erstmals erprobt, und zwar bei ihren vielen Entdeckungsreisen entlang der afrikanischen Küste bis in den Indischen Ozean. Zu Beginn dieser Reisen nach Afrika hatten die portugiesischen Lotsen den Breitengrad bestimmt, indem sie, wie üblich, Winkel und Höhe des Polarsterns über dem Horizont ermittelten, wobei sie die Entfernung vom Himmelspol nach einer bestimmten Regel berücksichtigten. Als sie weiter gen Süden vorstießen, konnten sie den Polarstern nicht mehr sehen, so daß sie jetzt den Stand der Sonne beobachteten und festhielten – daraus wurde ein ganzes Buch mit Tabellen, auch Ephemeriden genannt, dessen englische Ausgabe unter dem Titel „The Regiment of the Sun" bekannt wurde. Diese Tabellen listen für jeden Tag des Jahres die Abweichungen der Sonne auf.

Um den Breitengrad zu finden, benutzte der Navigator das Astrolabium, damit stellte er den höchsten Stand der Sonne zur Mittagszeit fest. Das Astrolabium, eine vereinfachte Form der Armillasphäre, bestand aus einem Messingring, der mit einem Gradnetz unterteilt war, und einem Zeiger, der sich um den Mittelpunkt drehte. An dem Zeiger waren zwei Spurkränze angebracht, jeder mit einem Loch zum Durchschauen. Wenn der Navigator es benutzen wollte, hängte er es an einem Ring an einem Taljereep etwa in Bauchhöhe auf und drehte den Zeiger so lange, bis der Strahl der Sonne, der durch das Loch im oberen Spurkranz kam, auf das Loch im unteren fiel – dann las er die Höhe ab, an der der Zeiger die Skala durchschnitt. Dazu brauchte man eine Menge Erfahrung und viel Geschick, zumal dann, wenn der Wind die Justierung des Instruments störte; bei diesigem Wetter, wenn er den Stand der Sonne selber ausmachen mußte, indem er durch die Löcher schaute, brauchte er kräftige Helfer und zu allen Zeiten eigentlich viel Geduld, denn ohne die Möglichkeit, die Zeit exakt zu bestimmen, mußte er mit seinen Beobachtungen lange vor Mittag beginnen. Hatte der Navigator den höchsten Sonnenstand ermittelt, dann schlug er im „Regiment" nach, um die Abweichung für diesen Tag zu finden, fügte diese Angabe seiner eigenen Beobachtung hinzu – oder zog sie ab, je nachdem – und errechnete so den Breitengrad.

Es gab keine Möglichkeit, den Längengrad festzustellen, denn die Zeit konnte man nur mit Hilfe eines Stundenglases oder einer Sonnenuhr bestimmen, die wiederum der Jahreszeit und dem Längengrad angepaßt war, aber die Angaben darüber waren nicht einmal annähernd genau. Die Einschätzung des Kurses und der zurückgelegten Entfernung erlaubten es, die eigene Position in etwa zu bestimmen; aber nach mehreren Tagen mit unterschiedlichem Kurs

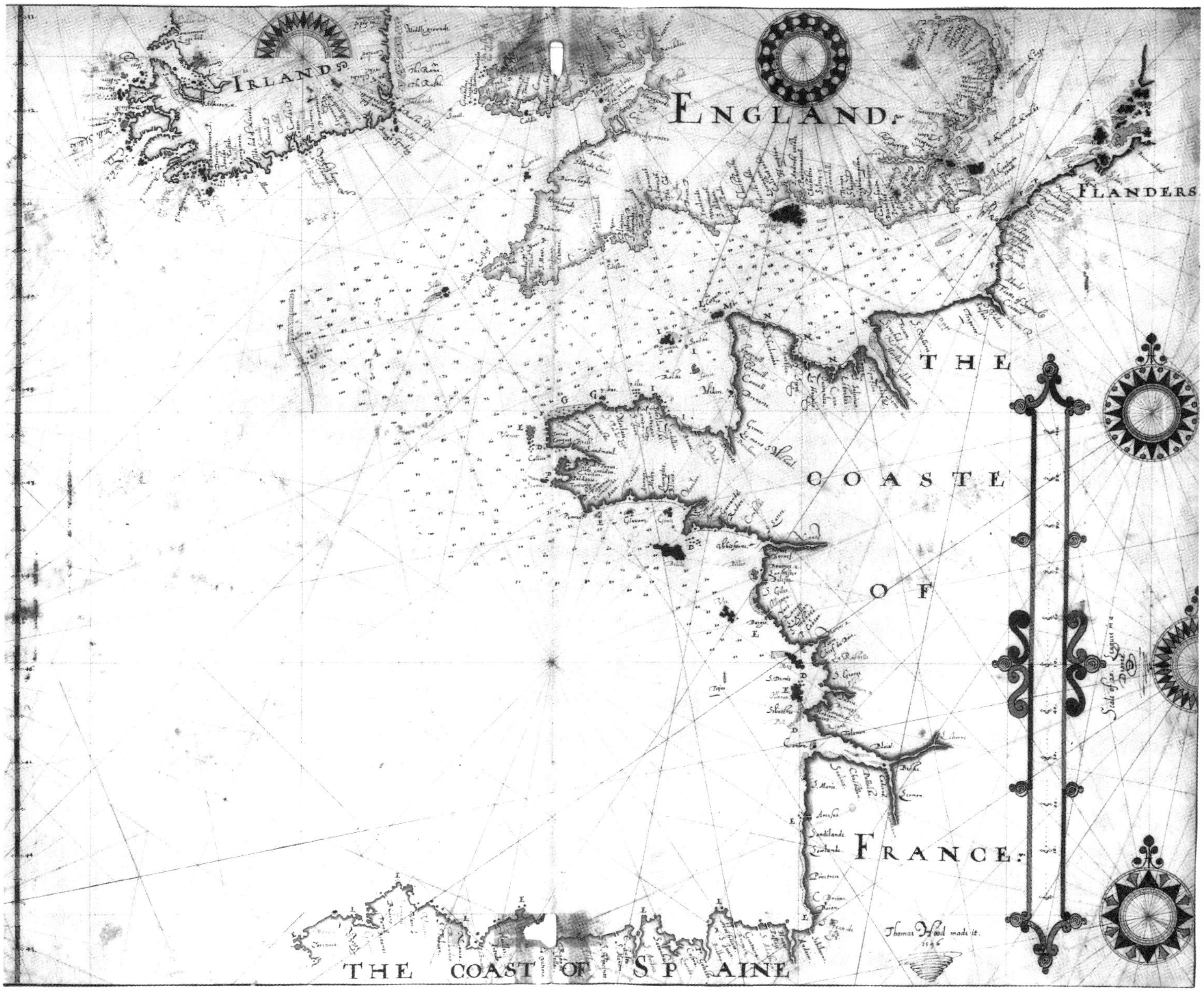

Karte des Golfs von Biscaya und des Ärmelkanals, gezeichnet von dem Mathematiker Thomas Hood, 1596. Die Karte zeigt, daß die Engländer damals die Navigation bereits zu einer Wissenschaft erhoben hatten.

und Geschwindigkeit vermochte niemand sie mit Gewißheit zu sagen, folglich wurde die Fahrt über den Ozean häufig mit Hilfe eines sehr grobschlächtigen Verfahrens beendet: Man fuhr bis auf die Breite des betreffenden Bestimmungsortes, steuerte von da an entlang dieser Breite nach Osten oder Westen, bis sich schließlich Land zeigte. Wenn dies infolge der vorherrschenden Winde nicht gut ging, suchte man sich Land ober- oder unterhalb davon und führte die Reise an der Küste zu Ende.

Medina Sidonias Lotsen hatten keinerlei Schwierigkeiten, den Zugang zum Ärmelkanal zu finden; an der Südwestspitze von England wollten sie eine Landkennung vornehmen.

7

Geschütze, Kanoniere und Mannschaften

Ebenso wie die Entwicklung der Schiffe war auch die der Geschütze noch längst nicht ausgereift. Die Geschütze waren entweder gegossen oder geschmiedet; doch abgesehen von diesem Hauptmerkmal gab es eine verwirrende Vielfalt von Typen und Größen. Die mächtigsten Geschütze wurden aus Eisen oder Bronze gegossen, einer Mischung aus Kupfer und Zinn, die man fälschlich auch als Messing bezeichnete. Hinsichtlich der Größe wurde sowohl nach dem Umfang der Kugeln als auch nach dem Kaliber, dem Verhältnis von Geschützlänge und Durchmesser des Rohrs, unterschieden. Die längsten Geschütze waren die Feldschlangen, englisch *culverin,* spanisch *culebrina.* Eine schwere Feldschlange konnte von knapp 10 Fuß bis mehr als 13 Fuß lang sein, im Durchschnitt vielleicht 11 Fuß, das Rohr hatte einen Durchmesser von 5 bis 5½ Zoll; die eisernen Kanonenkugeln wogen 17½ bis 18 englische Pfund, also rund 8 Kilogramm. Die nächste in dieser Kategorie war die mittlere Feldschlange mit einer Länge von 8 bis 12 Fuß und Geschossen von ungefähr 9 Pfund. Etwas kleiner waren die *sakers,* sie schossen Kugeln von 5 Pfund ab, die *minions* waren 7½ bis 8 Fuß lang und hatten Kugeln von 3 bis 4 Pfund.

Bei den Kanonen betrug das Verhältnis von Länge zu Kaliber 16 : 22 – die spanischen Kanonen waren allerdings im Verhältnis zu ihrem Kaliber kürzer. Eine schwere Kanone war ungefähr 11 Fuß lang, nicht kürzer als eine normale Feldschlange; aber ihr Rohr hatte eine lichte Weite von 8 Zoll, statt der 5 bis 5½ Zoll einer Feldschlange. Sie konnte Kugeln von über 40 Pfund abschießen. Die Kanonen wogen 3 Tonnen und mehr, die Feldschlangen nur 2 Tonnen. Sowohl Engländer als auch Spanier hatten nur wenige richtige Kanonen an Bord. Eine mittlere Kanone war bereits 10 Fuß lang, mit einer Mündung von 6 bis 7½ Zoll und Kugeln von 30 Pfund. Diese Kanone kommt dem Typ am nächsten, der im 18. Jahrhundert, dem Zeitalter der größten Seeschlachten, in den großen Batterien der Linienschiffe stand; sie wurde damals schon in Massenproduktion hergestellt. Die Spanier besaßen noch eine kleinere Kanone, die *cuarto de cañón;* im Flaggschiff von Medina Sidonias Vorratsschiffen, der *Gran Grifón,* die an der Fair Isle havarierte, fand Colin Martin zwei davon. Sie waren 8 Fuß lang, mit einer Mündung von 4 Zoll lichter Weite und Kugeln in derselben Größe wie die der mittleren Feldschlange; aber das Verhältnis von Länge zu Kaliber – 22 : 1 – brachte dieses Geschütz in die Kategorie der Kanonen.[1]

Keines dieser Maße oder dieser Relationen war absolut – es gab größere Unterschiede innerhalb jeder Kategorie, denn, wie ein Zeitgenosse schrieb, *„der Gießer macht sie niemals so genau, da ist oft das eine Stück mehrere Zentner schwerer als das andere“.*

Neben diesen beiden Hauptgeschütztypen für Artillerieduelle auf größere Entfernung gab es noch leichtere, kürzere und breitere Geschütze, die unter dem Namen *Perier* bekannt wurden, mit ihnen schoß man im allgemeinen Steine ab; dann gab es noch die Mörser, deren Länge dem Anderthalbfachen ihrer Mündung entsprach. Die Periers wurden für den Beschuß auf kurze Reichweiten mitgeführt und versprühten einen wahren Hagel von Projektilen, so daß sie vor allem gegen Menschen und die Takelage eingesetzt wurden.

Alle diese Kanonen waren aus einem Stück gegossen, sie waren hinten geschlossen und mußten also von vorne geladen werden. Man füllte zuerst das Schießpulver in die Mündung und preßte es mit einem langstieligen Rammholz ganz nach hinten. Auf See bereitete man die Pulverladung unter Deck vor, möglichst bevor der Kampf begann. Das Pulver wurde für diesen Zweck in zylinderförmige Leinwandbeutel gegeben. Es war schwierig, ja gefährlich, Pulver auf einem schlingernden Schiff auf Deck in ein langes Rohr zu schaufeln, wenn womöglich noch der Wind blies. Für jede Kanone lag ein langstieliger Löffel zum Einfüllen bereit. Dem Pulver schob man einen Propfen aus Stoff nach und rollte dann die Kugel oder andere Projektile in den Lauf, rammte sie gleichfalls mit einem Stoffpropfen fest, damit sie sich nicht bewegen konnte. Nun nahm der Kanonier das Pulverhorn und schüttete von dem feinen Pulver etwas ins Zündloch, einer Aufbohrung im Schwanzstück der Kanone. Nun war das Geschütz abschußbereit.

Diese Geschütze waren auf hölzernen Wagen montiert, die Engländer verwendeten dazu seit langem Ulmenholz. Die Schildzapfen der Geschütze – Zapfen, die an beiden Seiten des Laufs herausragten, etwas oberhalb der Mitte – ruhten in Vertiefungen, die in die senkrechten seitlichen Teile der Lafette eingekerbt waren, Eisenbänder verhinderten an dieser Stelle, daß die Kanone heraussprang. Diese Seitenteile – hölzerne „Wangen“ –, die nach hinten zu stufenartig abfielen, waren in ein flaches, rechteckiges Bett eingelassen; am vorderen Ende der Lafette waren hölzerne Räder oder einfache Rollen angebracht – diese waren in der Regel größer als die hinteren Räder, so ließ sich die Krümmung am seitwärtigen Deck leichter überwinden.

Mitunter lag der Lauf eines Geschützes hinten auf einem hölzernen Querbalken, der über die Stufen solcher Wangen gelegt war, damit konnte die Lage der Kanone verändert werden. Man verwendete dazu gerade Hölzer oder Keile, die man unter dem Geschütz an der Lafette anbrachte. Diese Teile wurden eingeschoben, während das Schiff auf den Feind zuhielt. Drehte das Schiff bei, um eine Breitseite abzufeuern, veränderte sich der erforderliche Neigungswinkel. Man mußte zum Zielen dann die Räder der Lafette mit Stangen in die gewünschte Schußrichtung bringen – ein zeitraubendes und im Ergebnis nur ungenaues Verfahren. Zeitgenössische englische Schilderungen erlauben aber keinen Zweifel, daß es tatsächlich so gemacht wurde. Die höchste Kunst des Zielens bestand also darin, das Schiff so zu lenken, daß man mit dem Geschütz in die Zielrichtung kam; das ging so weit, daß die Kanoniere dem Steuermann die gewünschte Richtung zuriefen, wie es der Seeoffizier William Monson in dieser Zeit beschreibt:

„Für einen Kanonier auf See ist es ganz wichtig, ein guter Steuermann zu sein und dem am Steuer zuzurufen, nach der einen oder anderen Seite zu steuern und dabei die Wellen der See zu beobachten, damit man gut auf den Feind zielen kann.“[3]

Bei der Ausbildung an Handfeuerwaffen gab es seinerzeit das Kommando: *„Level your piece!“;* den Imperativ *level!* verwendete auch Monson, aber es ist nicht klar, ob er damit das Anheben des Geschützlaufs oder das Zielen selbst meint. Das Verfahren ist jedoch verständlich; diese Methode war lange im Gebrauch. Noch gegen Ende des darauffolgenden Jahrhunderts unterwies ein Lehrbuch den Seekanonier, zur Linken des Geschützes zu stehen, mit dem

Feldschlangen (links) waren 25- bis 30mal länger als der Durchmesser ihrer Mündung; Kanonen (Mitte) zwischen 18- und 22mal und Kanonen vom Typ Perier (rechts) höchstens 10mal länger.

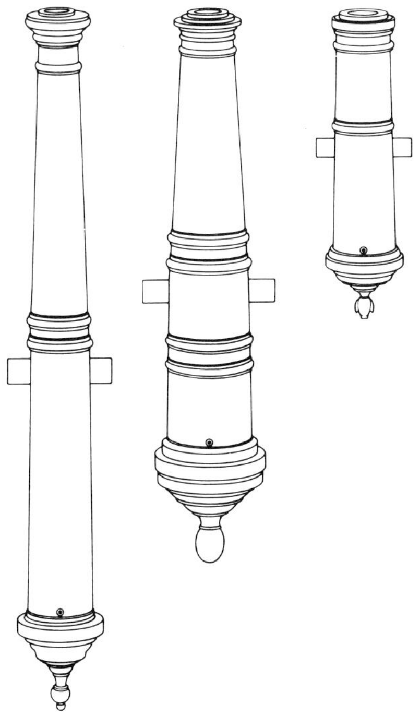

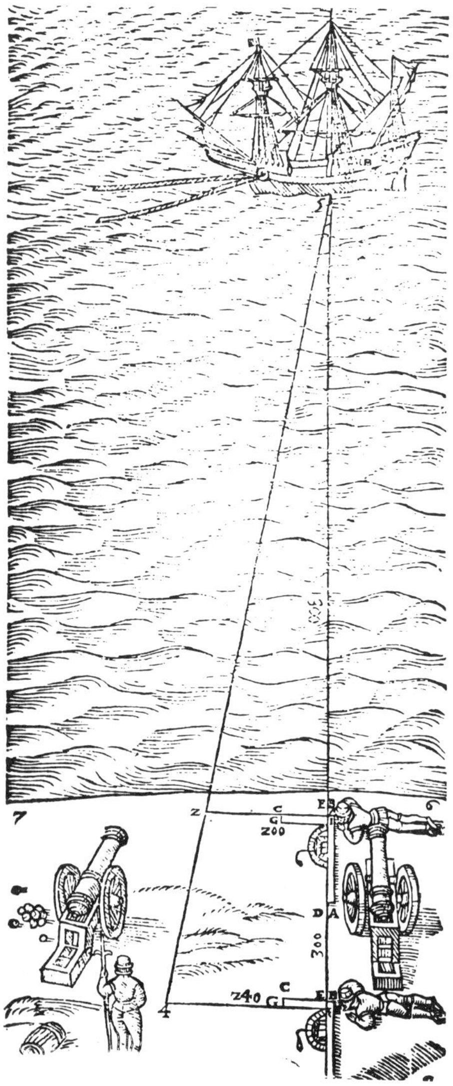

Illustration aus Lucars Anhang zu dem Lehrbuch für Kanoniere „Colloquies of Tartaglia", 1588. Sie zeigt den Typ der Feldlaffette aus dem 16. Jahrhundert, der in der Armada wahrscheinlich für die schweren Kanonen verwendet wurde.

rechten Fuß auf die Lafette zu treten und dann *„mit dem Blick über das Geschütz ... gib Feuer ..., wenn Du vom Hinterende des Geschützes zur Mündung blickst, also zum Korn"*[4]. Der Schuß wurde mittels der Lunte ausgelöst, einem Stück Schnur, das mit brennbarem Material getränkt war. Die Lunten wurden schon vor dem Kampf angezündet und im sogenannten Luntenstock aufbewahrt. Sie endeten unten mit einer Spitze, so daß man sie ohne Stütze aufstellen konnte. Wenn der Kanonier sah, daß sein Geschütz auf das Ziel ausgerichtet war, blies er das glimmende Ende der Lunte bis zu einem hellroten Glühen an und hielt es in das Zündloch; es dauerte eine beträchtliche Weile, bis das Feuer entlang des Pulvergangs zur Pulverladung hinabgewandert war – dann kam das dröhnende Geräusch der Explosion, ein Zischen von Feuer und Rauch stieg aus dem Rohr, und die Kugel schoß heraus, von grauweißen Rauchschwaden umgeben.

Hatten diese großen, gegossenen Kanonen einen erheblichen Rückstoß, wie in Admiral Nelsons Tagen? Das läßt sich nicht mit Gewißheit sagen, aber wahrscheinlich – oder sogar höchstwahrscheinlich – lautet die Antwort nein.[5] Zum einen war wenig Platz vorhanden. Zum anderen wissen wir von John Montgomery, der die Lektionen aus dem Kampf gegen die Armada in einer kleinen Schrift zusammenfaßte, daß im Seekampf die Seeleute den Kanonieren helfen sollten, *„die Kanonen zu schwenken, sie auszufahren und einzuholen"*.[6] Dies läßt vermuten, daß die Geschütze nach dem Abfeuern zum Laden hereingezogen werden mußten. Im 18. Jahrhundert, als man die Kanonen durch ihren eigenen Rückstoß zurückkommen ließ, brachte man sie dann mit starken Seilen an die gewünschte Stelle; diese Seile waren am hinteren Ende des Geschützes angebracht und mit Ringen an den Schiffswänden verzurrt. Das erste englische Marinewörterbuch, von Henry Mainwaring im frühen 17. Jahrhundert veröffentlicht, sagt von solchen Sicherungstauen, man habe sie dazu verwendet, *„die Geschütze an der Schiffsseite zu vertäuen"*, und fährt fort: *„Im Kampf verwenden wir sie nicht."* Wenn diese schweren Seile nicht dazu verwendet wurden, die Kanonen gegen den Rückstoß zu sichern, wozu dienten sie dann? Die Geschütze wogen zwei Tonnen. Dasselbe Wörterbuch schreibt über Kanonierstakel, man habe sie dazu eingesetzt, *„die Geschütze ein- und auszufahren"*[7].

Es gibt drei Möglichkeiten: entweder ließ man die Kanonen nach dem Abschuß bis kurz vor die Verstrebungen in der Schiffsmitte zurückstoßen; oder man zurrte sie an ihren seitlichen Zapfen mit Takeln fest und zog sie an denselben Takeln nach dem Abschuß zurück, um sie vom Deck aus nachzuladen; oder sie blieben während des gesamten Kampfes in ihrer Schußposition und wurden von außen nachgeladen – das hieße, daß man den außen befindlichen Männern durch die Stückpforten die erforderlichen Dinge wie den Wischer zum Reinigen des Laufs, Kartusche, Rammholz, Kugel und Ladepfropfen hinausreichte. Schriftliche Quellen sprechen davon, daß die Kanonen in der dänischen und portugiesischen Marine des 17. Jahrhunderts von außen geladen wurden, und es gibt eine Zeichnung von Willem van de Velde, die zeigt, wie dies bei einem holländischen Schiff im Hafen gerade geschieht: Ein Mann sitzt, die beiden Beine seitwärts baumelnd, auf einem Kanonenrohr, ein weiterer hockt auf dem Dollbord, beide scheinen mit Hilfe von Rammstöcken das Geschütz zu laden. Major J. G. D. Elvon hat allerdings unlängst in einem Versuch gezeigt, daß es unmöglich ist, eine Kanone zu laden, während man auf ihrem Lauf sitzt – das Gewicht der langen Wischstangen und der Rammhölzer erwies sich als zu schwer. Elvin folgerte: *„Es ist absolut unmöglich, eine Kanone in der Art, die van de Velde abgebildet hat, zu reinigen und zu laden."*[8]

Diese Skizzen von Willem van de Velde erwecken deutlich den Eindruck, daß die Kanonen von außenbords geladen wurden.

Aber die Quellen lassen keinen Zweifel, daß tatsächlich auch von außen her geladen wurde. Vielleicht mußte dafür einer über die Reling krabbeln, eine Buline um den Leib geschlungen, und sich unterhalb des vorspringenden Laufs hinkauern; vielleicht waren der Wischer und der Rammstock an Schnüren befestigt und man half ihm vom Deck aus.

Auf beiden Seiten war es eine beschwerliche und langwierige Prozedur, diese großen, gegossenen Geschütze nachzuladen, ob dies nun von außerhalb geschah oder nach dem Hereinholen – außerdem dauerte es lange, bis das Geschütz abgekühlt war. Aus diesem Grund gewann eine andere Art von Kanone, die geschmiedete oder zusammengesetzte, Bedeutung. Diese Geschütze wurden nach einem völlig anderen Prinzip gebaut: ihr Lauf war einfach eine Röhre mit einem Loch an beiden Enden, geformt aus Stangen oder Bändern von Schmiedeeisen, die normalerweise 1½ bis 3½ Zoll breit und ¼ bis ½ Zoll dick waren; sie wurden der Länge nach aneinandergereiht wie die Bretter eines Fasses und über einer Welle mit dem Hammer zusammengeschweißt und geschmiedet. Glühend heiße Eisenringe wurden oft gleich in Dreiergruppen um das so geformte Rohr gelegt, gewöhnlich in engen Abständen von 3 bis 6 Zoll, und an den Rändern umgewendet, während sie noch heiß waren. Beim Abkühlen schrumpften sie etwas zusammen, umschlossen das Rohr ganz fest und verstärkten es gegen den Druck, der im Inneren beim Abschuß entstand. Die Enden der darunterliegenden Bänder wurden dann über der Mündung und den Ringen am hinteren Ende aufgehämmert. Dies war die altbewährte Weise, einen geschmiedeten Kanonenlauf herzustellen. Doch war die Technik inzwischen so weit entwickelt, daß man auch aus einem einzelnen Eisenblech ein Rohr schmieden konnte, das dann mit Ringen als Verstärkung umschlungen wurde, ähnlich wie oben beschrieben.[9]

Die Kammer für die Pulverladung wurde für sich geschmiedet oder gegossen; ihre Form glich einem seitwärts angesetzten Bierkrug mit Deckel. Das offene Ende wurde paßgerecht für das hintere Ende des Laufes geformt. Ursprünglich waren sowohl der Lauf als auch diese Pulverkammer in ein hölzernes Bett oder Lager eingepaßt, das aus einem Eichen- oder Ulmenstamm geschnitten war. Ringsherum war ein massives Teil, so daß die Pulverkammer fest eingekeilt war, wenn das Geschütz abgefeuert wurde. Breite Eisenbänder, die durch rechteckige Zapfen am Holz befestigt waren, hielten den Lauf im Lager fest.

Die Wand dieser Pulverkammer war bei einer zusammengesetzten Kanone dünn im Vergleich mit der dicken Metallwand am hinteren Ende einer gegossenen Kanone. Da an der Verbindungsstelle zwischen Kammer und Lauf immer etwas Gas entwich, und es mit dem Keil, der die Kammer an Ort und Stelle hielt, beim Abschuß häufiger Schwierigkeiten gab, war die Feuerkraft der Hinterlader nicht mit der von gegossenen Kanonen zu vergleichen. Deren Vorteil bestand darin, daß sie sehr schnell wieder geladen werden konnten, da sie wenigstens zwei Kammern hatten, so daß die eine unter Deck geladen und in das Geschütz eingesetzt werden konnte, wenn die andere nach dem Abfeuern entfernt und der Ladepfropf samt Kugel im hinteren Ende des Laufs plaziert wurde. Mochten diese Hinterlader auch veraltet sein, so konnte man mit ihnen doch ein feindliches Deck leerfegen, ehe man es zu entern begann, oder das eigene Deck verteidigen. Sie wurden mit eisernen Splittern geladen, die wie Schrotkugeln versprühten. John Hawkins' Sohn Richard, der in diesem Seekrieg gegen die Spanier mitkämpfte, lobte diese Geschütze, *„denn daß man sie abfeuern, schnell nachladen und gleich wieder schießen kann, ist von größter Bedeutung“*[10].

Aus Schmiedeeisen hergestellte, schwenkbare Kanone aus der ersten Hälfte des 16. Jahrhunderts; der Hinterlader war auf einem hölzernen Aufsatz montiert. Die Pulverkammer und das Schloß, das sie festhielt, sind nicht mehr vorhanden.

Einige dieser kleineren Geschütze waren noch immer in hölzernen Gestellen befestigt, aber die große Mehrzahl bestand ganz aus Metall, ihre Pulverkammer war in einer Erweiterung aus Schmiedeeisen untergebracht, die nach oben geöffnet und am unteren Ende des Laufs angebracht war. Diese Halterung hatte am äußeren Ende einen langen waagerechten Schlitz, in den ein Splint eingeschoben werden konnte, und damit wurde die Pulverkammer verkeilt. Man machte dies im allgemeinen von der rechten Seite her, das Zündloch befand sich gewöhnlich an der linken Seite der Kammer; der Kanonier war also außerhalb der Gefahrenzone, falls sie beim Feuern des Geschützes mit tödlicher Wirkung herausfliegen sollte – gegen die Gefahr durch eine benachbarte Kanone war er damit natürlich nicht gefeit.

Für den Kampfeinsatz waren diese Kanonen auf einem schwenkbaren Gestell montiert, bestehend aus einem eisernen Zapfen, der an der Schiffsseite oder der Einfassung des Vorder- oder Achterkastells in einem senkrechten Loch steckte. Das obere Ende dieses Zapfens verzweigte sich zu einer steigbügelförmigen Gabel, deren Zinken zu beiden Seiten des Laufs heraufkamen, um den Schildzapfen zu umfassen. Die drehbare Kanone auf einer solchen Vorrichtung konnte mit nur einer Hand in einem weiten Winkel gedreht und der Lauf angehoben werden. Viele dieser schwenkbaren Kanonen trugen Zielmarkierungen auf ihrem Lauf nahe der Mündung. Der schwenkbare Hinterlader, der schnell nachgeladen werden konnte, war für den Nahkampfeinsatz fraglos eine wirkungsvolle Waffe, und viele der rund zweitausend kleinen spanischen Kanonen müssen von dieser Art gewesen sein.[11]

Natürlich wollten die Engländer sie gar nicht so nahe herankommen lassen; sie vertrauten auf ihre schweren gegossenen Geschütze, Kanonen und Feldschlangen, mit denen sie wahrscheinlich überlegen waren, auf einzelne Schiffe bezogen sogar deutlich überlegen. Viele wesentliche Dinge aber sind heute einfach nicht genau bekannt, etwa die Beschaffenheit des Pulvers oder der Drall des Geschosses; und wie groß waren erst die Ungenauigkeiten beim Zielen, die von dem Neigungswinkel des Geschützes und dem Schlingern des Schiffes herrührten? Schwierig war es außerdem, die zeitliche Verzögerung zwischen dem Hinhalten der glimmenden Lunte an das Pulver und der tatsächlichen Explosion zu berücksichtigen – da braucht man gar nicht die Schußweite zu erörtern, die bei Seeschlachten zwischen 300 und knapp 500 Metern lag. Da Kanonen wie Feldschlangen an die 2000 Meter weit schießen konnten, ist der einzige Streitpunkt: Hatte die Feldschlange innerhalb einer Effektivreichweite von bis zu ungefähr 500 Metern einen Vorteil?

Die Geschwindigkeit, mit der das Geschoß die Mündung verließ, ist durchaus von Bedeutung, denn je höher die Geschwindigkeit war, desto flacher verlief der Flug der Kugel und desto größer war die Möglichkeit, die Kanone gerade auf ihr Ziel zu richten, ohne den Lauf anzuheben. In den Glanztagen der Seekriege mit Segelschiffen war diese horizontale Reichweite von größter Wichtigkeit, denn wenn die gegnerischen Kanoniermannschaften aus ebenbürtigen Schützen bestanden, hatten die Schiffe mit der weiterreichenden horizontalen Feuerkraft den Vorteil und schlugen fast zwangsläufig ihre Gegner, die nur kürzere Reichweiten besaßen. Dies zeigte sich vor allem in einigen Fällen, als Fregatten, die mit glatten Haubitzen ausgerüstet waren – das waren die Periers der späteren Zeit – von Schiffen versenkt wurden, die zwar mit leichteren Kugeln, aber flacher schossen.

Sicher glaubten englische Kanoniere damals, daß die Feldschlangen weniger weit schießen konnten, aber eine bessere Effektivreichweite hatten als die verschiedenen Kanonen. Für Feldschlangen und Kanonen wird sie meist mit zwischen 300 und 360 Metern angegeben, also für die Kanone um 60 Meter mehr.[12] Das ist aber keine präzise Festlegung, damals waren nicht zwei Kanonen gleich; der Spielraum einer Kugel im Rohr war unterschiedlich groß, desgleichen auch die Menge der Pulverladungen. Jedoch wußten die Kanoniere damals aus Erfahrung, ob Kanonen weiter schossen oder nicht, beziehungsweise ob sie mit so viel Pulver geladen werden konnten, daß sie weiter schossen. Die englischen Kanoniere waren sicher praxisnahe Leute und keine Theoretiker. Man kann davon ausgehen, daß sie sich die höhere Mündungsgeschwindigkeit und die größere Effektivreichweite der Feldschlange zunutze machten.

Berücksichtigt man die schwerfällige Prozedur des Anhebens der Geschütze, die wechselnden Luftströmungen und das Schlingern des Schiffes unmittelbar vor dem Abschuß, dann ist fraglich, ob dieser Unterschied zwischen Kanonen und Feldschlangen wirklich von Bedeutung gewesen sein konnte. Die Feldschlange besaß mit ihrer größeren Effektivreichweite einen kleinen Vorteil – je näher aber die Schiffe aneinander herankamen, vor allem wenn sie sich womöglich bis auf weniger als 200 Meter näherten, und man erwarten konnte, daß der Schuß tatsächlich traf und nicht übers Ziel hinausflog oder vor dem feindlichen Schiff ins Wasser klatschte, desto geringer wurde der Vorteil der Feldschlangen. Bei dieser geringen Entfernung bedeutete die Ungenauigkeit der Kanonen und ihres Neigungswinkels keinen Nachteil mehr.[13]

Die tatsächliche Fortentwicklung der Marinebewaffnung gibt diesen theoretischen Folgerungen recht: In der Zeit unmittelbar nach der Armada erfreute sich die Feldschlange großer Beliebtheit, doch schon zu Beginn des 17. Jahrhunderts bevorzugte man die Kanone. Bis zum Ende der mit Segelschiffen geführten Kriege blieb sie das wichtigste Artilleriegeschütz. Richard Hawkins faßte die Gründe dafür wie folgt zusammen:

„Im Kampf auf See weit schießen zu können, bringt wenig, denn wer seinem Feind schaden will, darf weder einfach drauflosfeuern noch aus großer Entfernung direkt auf ihn schießen ... er darf weder seine Kugeln noch sein Pulver vergeuden – nur dort, wo er seinen Widersacher wirklich erreichen kann, darf er schießen. Je näher er ist, desto besser.“[14]

Bei Schußweiten von bis zu 100 Metern hatte die Feldschlange hinsichtlich

Darstellung eines schnellen englischen Kriegsschiffes von 1586/88 von Lionel Willis. Zur besseren Übersichtlichkeit sind einige Teile nicht eingezeichnet: z. B. die Boote über den Gittern auf dem Halbdeck oder die sogenannten Knechte, das sind Poller, an denen die Taue der Maste festgezurrt wurden.
Die Geschütze auf dem oberen Deck waren wahrscheinlich Minions oder Saker; auf dem Orlopdeck, dem Hauptgeschützdeck, waren die Feldschlangen, halben Feldschlangen und leichten Kanonen, manchmal auch die Bug- und Heckgeschütze. Das Orlopdeck befand sich ungefähr einen Meter, die unteren Leisten der Stückpforten etwa anderthalb Meter über der Wasserlinie. Bei stürmischer See konnte es daher gefährlich sein, die Hauptgeschütze zu benutzen, da Wasser hereindringen konnte.
Unter dem Orlopdeck war der Schiffsraum; in den großen Fässern – nach der theoretischen Frachtkapazität wurde die Schiffsgröße berechnet – befand sich der Frischwasservorrat, direkt unter der Hauptluke und auf dem Ballast aus Steinen. Gleich daneben die Kombüse, die sich hier auf einem „falschen" Orlopdeck befindet.

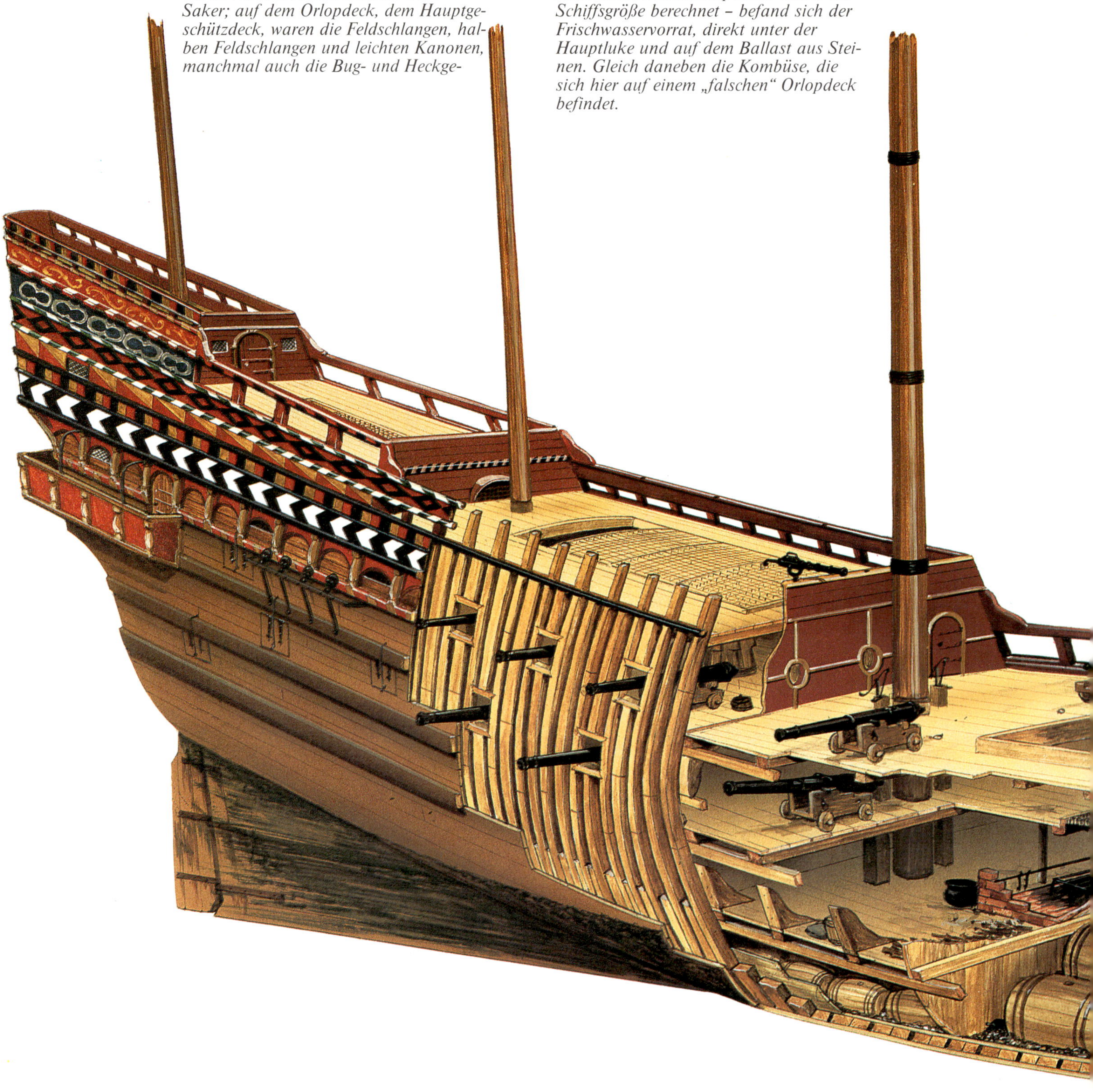

Gleich hinter dem Hauptmast ist ein Schott, eine Trennwand, zum Raum unter dem Halbdeck. Es gab keine ungeschützten Niedergänge zum Halbdeck, da man das Schiff buchstäblich wie eine Burg verteidigte, wenn es geentert wurde.
Das Halbdeck wurde über ein Paar Niedergänge direkt vor dem Kreuzmast erreicht; ein anderes Paar führte zum Orlopdeck hinunter. Ebenso gab es Niedergänge vom Vordeck zum Mitteldeck. Die Lagerräume der Zimmerleute und Bootsmänner wurden über Leitern durch viereckige Kleinluken erreicht; genauso ging es mit dem sogenannten Zwiebacklager und den Lagern der Offiziere und des Kapitäns.
Es gibt einige Unklarheiten über die genaue Beschaffenheit des Hecks, aber die wesentlichen Eigenschaften sind auf den Seiten 90 und 91 illustriert. Die Abbildung auf Seite 114 zeigt Segel und Takelage.

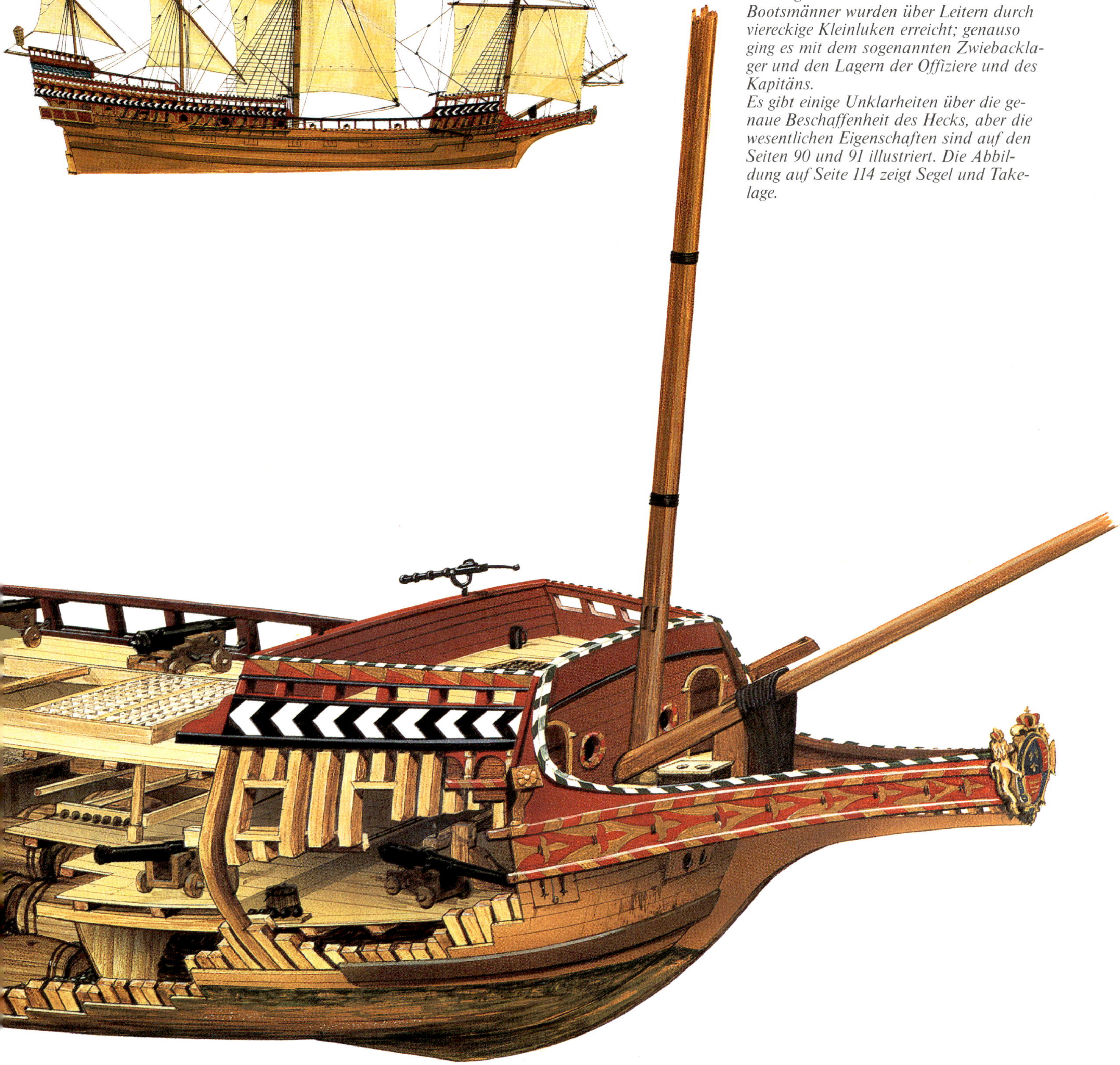

Leichte eiserne Feldschlange von 11 Fuß, um 1570/80.

Genauigkeit keinen Vorteil; ihre kleineren Geschosse und die höhere Mündungsgeschwindigkeit waren da eher von Nachteil. Richard Hawkins hat seine Erfahrungen, die er 1594 mit der *Danty* im Kampf gegen zwei größere Schiffe machte, beschrieben – er kämpfte drei Tage lang, ehe er sich mit den 16 Überlebenden seiner Mannschaft geschlagen gab, alle anderen waren tot oder verwundet:

„... obschon ihre Artilleriegeschütze länger waren und schwerer als die unsrigen, und obgleich sie viel mehr hatten als wir und diese ihr Ziel wahrlich mit größerer Gewalt durchbohrten als unsere, hatten unsere Geschütze doch größere Mündungen, und man konnte mit ihnen also schwerere und größere Kugeln feuern; sie vermochten die feindlichen Schiffe wirkungsvoll zu beschädigen und zu versenken, denn der kleinere Schuß geht einfach durch, er hinterläßt nur ein Loch und beschädigt nur, was sich ihm in den Weg stellt; doch der größere läßt alles, was er nur berührt, erzittern, und selbst die Splitter richten noch viel mehr Schaden an als man von der Kugel allein aufgrund ihrer Größe erwarten dürfte ...“[15]

Dennoch bevorzugten in jenen Jahren die protestantischen Seeleute die Feldschlange. Howards Flotte führte schätzungsweise 130 Feldschlangen, 200 leichte Feldschlangen und 220 Sakers mit sich, dagegen nur 54 leichte Kanonen, eine große Kanone und 38 Periers. In absoluten wie in relativen Zahlen scheinen auf englischer Seite mehr Feldschlangen vorhanden gewesen zu sein als in Medina Sidonias Flotte.[16]

Die meisten englischen Kanonen waren aus Eisen, denn England besaß einige große und gute Gießereien. Heinrich VIII. hatte sie errichten lassen und Fachleute aus den Niederlanden geholt; die nötigen Rohstoffe gab es in Sussex und Kent – Erzvorkommen von guter Qualität, außerdem Wälder, die den Brennstoff zum Schmelzen des Metalls lieferten. Elisabeths England war in der Eisenwaffenindustrie mit acht Gießereien führend, deren Kanonen wegen ihres niedrigen Preises und ihrer Zuverlässigkeit berühmt waren: Sie kosteten 10 bis 12 Pfund je Tonne und damit nur ein Viertel bis ein Fünftel des Preises von Bronze- oder Messinggeschützen. Obwohl sie dicker und folglich auch schwerer waren – sie mußten so gegossen werden, denn das Eisen war spröder und barst leichter –, wurde dies doch durch den niedrigen Preis ausgeglichen; für ein armes Land wie England, das nun auch eine Rolle in Europa spielen wollte, waren diese günstigen Bedingungen sehr wichtig. Sir Walter Raleigh nannte die englischen Kanonen *„ein Kleinod von hohem Wert"*, und das waren sie in der Tat. Produktion und Vertrieb waren von viel Geheimniskrämerei umgeben, es gab bestimmte Regelungen für die Erprobung. Die Gießereien mußten ihre jährlichen Produktionszahlen vorlegen; Privatpersonen, die Kanonen kauften, mußten gewährleisten, daß sie sie nicht ins Ausland weiterverkauften. Natürlich geschah das trotzdem; es gibt Hinweise, daß Spanien etliche erwarb.[17]

Die Kugeln für diese Kanonen wurden von denselben Gießereien hergestellt und kosteten ungefähr 8 Pfund je Tonne. Außerdem verwendete die Marine stets auch Geschosse mit Querschlägerwirkung, die die Takelage und die Segel zerstören sollten; sie waren aufgrund der erforderlichen Mehrarbeit fünfmal so teuer. Ein solches Geschoß kostete für eine Feldschlange 5 Schilling, für eine leichte Kanone 6 Schilling und 8 Pence.[18] Freibeuter verwendeten für den gleichen Zweck ein Geschoß, das das Schrapnell-Prinzip vorwegnahm: Hohlgeschosse, die mit kleinen scharfzackigen Eisenstücken gefüllt waren und deren Mantelung so dünn war, daß sie beim Aufprall leicht zerplatzten und ihr Inneres freigaben. Sie zerfetzten brutal Mensch und Materie. Die kleineren Geschütze der Marine setzten eine Munition mit ähnlicher Wirkung ein.

Um die Kanonen an der Breitseite eines Schiffes taktisch klug einzusetzen, mußte man zuerst einmal auf die Windseite des Feindes gelangen, dann geradewegs auf ihn zuhalten, einzeln oder gruppenweise, bis man ihn schließlich innerhalb der Schußweite hatte. Dann drehte sich das Schiff an der Spitze gegen den Wind und schoß die Kanonen ab, danach seine Breitseite, sobald es sich soweit gedreht hatte, daß es das feindliche Schiff im Visier hatte. Dann drehte es ab, indes das nächste Schiff in der Linie eine Breitseite abfeuerte, und so ging das weiter, bis alle je eine Breitseite abgeschossen hatten. Dann kehrte das erste Schiff zurück und gab dem Feind seine andere Breitseite, worauf die anderen wieder das gleiche taten, so daß sie, wie Raleigh schrieb, *„den Feind unter fortdauerndem Beschuß hatten"*. So konnte man die Manövrierfähigkeit der schnellen englischen Schiffe gut einsetzen und das langsame Laden der gegossenen Kanonen ausgleichen; außerdem konnte man so auch die Feuerkraft konzentrieren, denn all die angreifenden Schiffe feuerten auf eines oder zwei der windabgewandten feindlichen Schiffe, die, wie Raleigh in seinen Kampfanweisungen schrieb, *„... man entweder in Stücke fetzen sollte oder sie zwingen, abzusegeln und sie dabei so gegeneinander zu treiben, daß sie in äußerste Verwirrung geraten"*[19]. Diese Instruktionen stammen von 1617, aber es ist anzunehmen, daß er damit nur eine altbewährte Taktik beschrieb, die von Seefahrern des Nordens entwickelt und auch von Howards Flotte im Kampf gegen die Armada angewendet wurde. Mit dieser Taktik konnte eine nach Anzahl kleinere, aber mobilere Gruppe von Schiffen über eine größere, schwerfällige den Sieg erringen.

Richard Hawkins zufolge besaßen die Spanier keine eigenen Kanoniere, da die Hidalgos auf dieses Handwerk herabblickten. Die Kanoniere in Medina Sidonias Flotte sollen Deutsche, Flamen oder andere Nichtspanier gewesen

Darstellung einer Galeone der spanischen Flotte von Lionel Willis. Ihre Vorder- und Heckkastelle sind etwas höher als die der englischen Schiffe, daher war sie auch schwerfälliger. Der aufgeschnittene Teil der Illustration zeigt das Batteriedeck, auf dem Orlopdeck ein kleines Heckgeschütz auf einer Lafette. Am vorderen Ende der Ruderpinne ist ein Flaggenstock, ein kleiner Mast ohne Segel sozusagen, zu sehen, der durch eine Kleinluke auf das obere Deck geht. Dort, im Steuerraum, steht der Rudergänger, das ist der Steuermann, wahrscheinlich auf einer erhöhten Plattform. Das hölzerne Kompaßhäuschen ist direkt vor dem Flaggenstock zu erkennen, darüber eine vergitterte Luke, durch die der Rudergänger die Segel beobachten konnte; wahrscheinlich aber verließ er sich eher auf die Angaben des Wachoffiziers. Es ist unwahrscheinlich, daß die spanischen Schiffe mit ihren hohen Kastellen wirklich den Flaggenstock benutzten; die englischen und holländischen taten das zu dieser Zeit bereits, aber die Mehrheit der spanischen Schiffe wurde weiterhin mittels Taljen gesteuert, die von einem Ende der Ruderpinne zu den seitlichen Spanten liefen und von den Männern nach Anweisung gezogen wurden. Unter dem Ende der Ruderpinne befindet sich eine kleine Luke zum Pulvermagazin. Direkt über dem Batteriedeck war die Kajüte des Kapitäns oder, wenn es sich um ein Flaggschiff handelte, des Admirals. Die Kajüte war prächtig ausgestattet und geschmückt, außerdem mit einem Vorbau, einer Art Balkon, versehen. Über der Kapitänskajüte und unter dem Vierteldeck befanden sich die Kajüten der Offiziere.

Vor dem ausgeschnittenen Teil sind die sogenannten Rüste über den Stückpforten zu sehen, das sind Hölzer, die die Wanten spreizen sollen.
Auf Seite 115 ist das Schiff getakelt dargestellt.

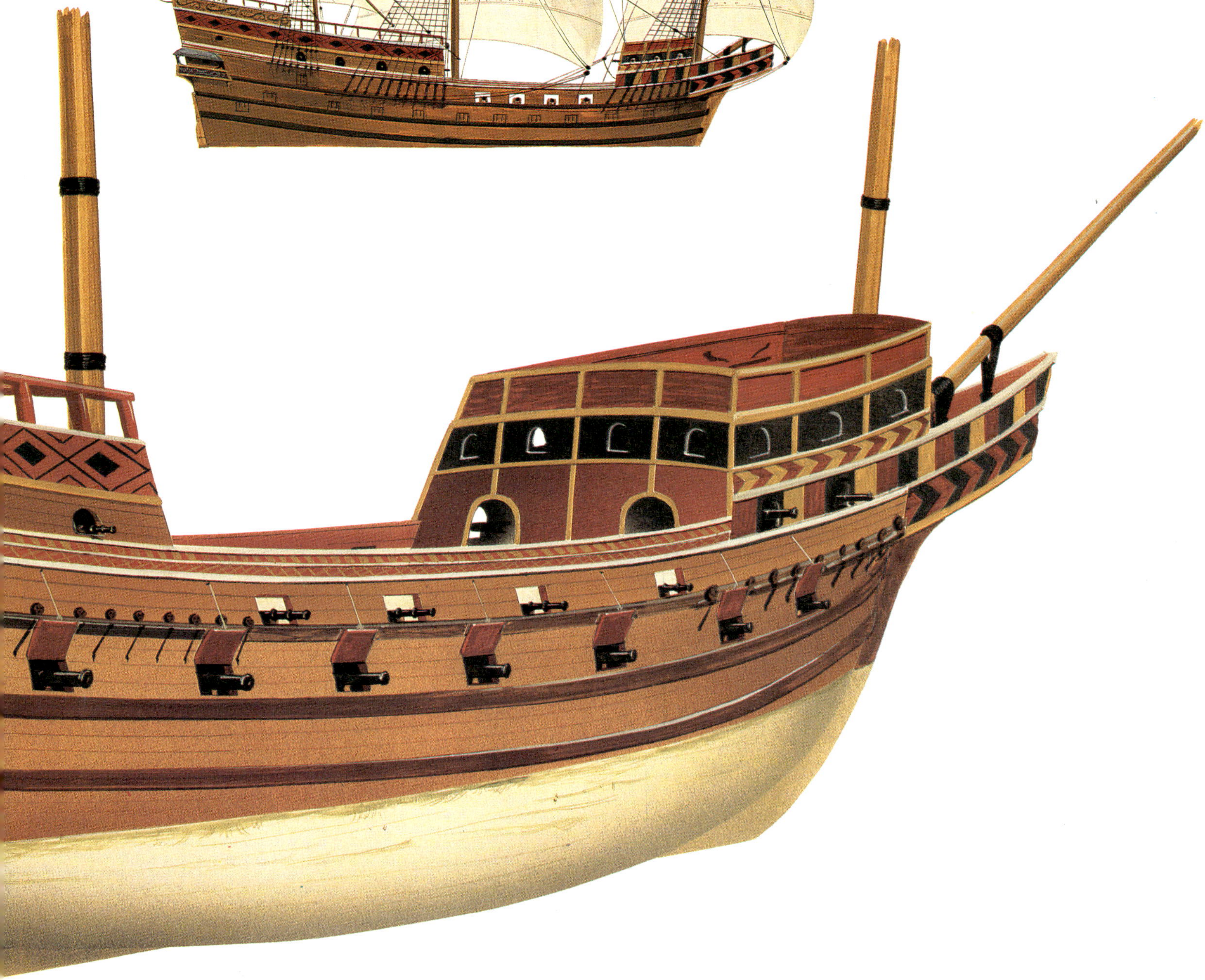

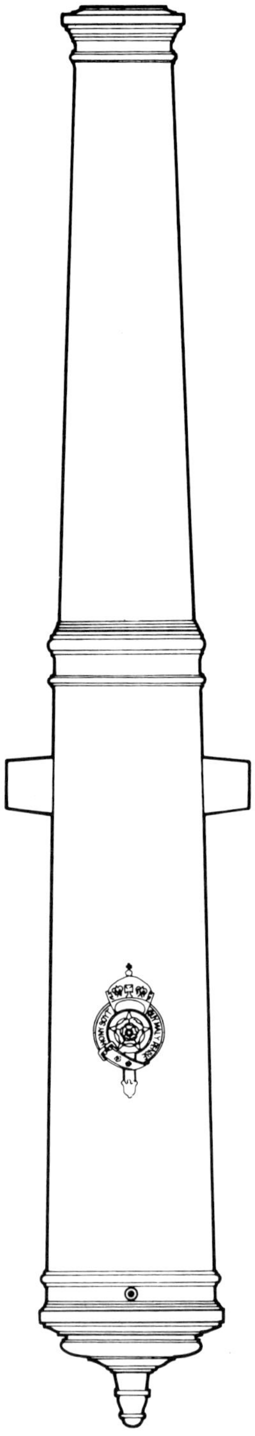

sein. Die Engländer hatten wirkliche Fachleute von Kanonieren, die sich darauf verlegten, tief und mitten in den feindlichen Schiffsrumpf hineinzufeuern. Elisabeths Kronrat ließ eine Aufstellung anfertigen, in der alle Kanoniere auf königlichen Festungen oder Schiffen oder im Dienst der Handelsmarine genannt wurden; danach zu urteilen waren Kanoniere nicht weniger hochgeschätzt als die Kanonen. Diese Liste wurde alljährlich einer Durchsicht unterzogen, *„damit keiner das Königreich verläßt"*[20]. Ihre Bezahlung entsprach dem allerdings nicht: auf See waren ihre Löhne niedriger als die anderer hoher Mannschaftsgrade; sie verdienten weniger als der Bootsmaat, der erste Zimmermann und der Proviantmeister – auf großen königlichen Schiffen bekamen sie sogar weniger als der Gehilfe des Bootsmaats, weniger als Steuermannsmaat, Trompeter, Koch und Steward.

Wie Schiffszimmerleute, Steuermänner und Lotsen waren auch die Kanoniere kein theoretisch geschultes Personal; ihre Kunst beruhte auf Erfahrung und Wissen, das sie von anderen übernommen hatten. Wer lesen konnte, mochte aus einer kurz vorher ins Englische übersetzten italienischen Abhandlung erfahren haben, daß ein Kanonier vor dem Kampf etwas getrunken und ein bißchen Fleisch gegessen haben sollte, sonst würden die Pulverdämpfe *„schädlich sein für sein Hirn";* doch sei es *„für ihn sehr ungesund, ein Geschütz mit vollem Magen zu bedienen"*[21]. Er mußte unbedingt beständig, zuverlässig und gewissenhaft sein, denn die ihm anvertrauten Waffen waren höchst gefährlich und konnten für das Bedienungspersonal ebenso tödlich sein wie für den Feind. Bei Durchführung seiner schwierigen Pflicht unterstützten den Kanonier so viele Maate, Geschützführer und deren Helfer – auf den verschiedenen Decks –, wie die Größe des Schiffes eben zuließ. Sie verdienten wenig mehr als der gewöhnliche Matrose.

Bedenkt man dies alles, dann wird klar, daß England zwar an Vermögen neben Spanien ein Zwerg, aber im vernünftigen Einsatz seiner Finanzmittel und seiner Marine Spanien voraus war; die Überlegenheit im Bau von Kriegsschiffen, in der Waffentechnik sowie ganz allgemein in den Techniken des Seekriegs kam noch dazu. Spanien war hier unterlegen, was sich zum Teil aus den speziellen Problemen des Reichs erklären läßt, mehr wohl aber aus dem militärischen und geistigen Hintergrund der kastilischen Gesellschaft. Selbst spanische Marinekommandeure hatten ihre Ausbildung zum größten Teil auf der Galeerenflotte absolviert, wo Kriege zur See genauso geführt wurden wie Landkriege, mit einem Nahkampf dann und wann. Nur wenige unter ihnen scheinen imstande gewesen zu sein, sich von dieser Tradition zu lösen und die völlig andersartigen Probleme der Marinekriegsführung mit moderner Artillerie zu erkennen; wer dies verstand, fand allerdings kaum Unterstützung. So blieben also für die meisten Spanier Schiffe zum Zweck der Nachrichtenübermittlung innerhalb des Reiches ein notwendiges Übel, die Militärs betrachteten sie nur als Transportmittel ihrer Armeen.

Die Engländer hingegen, und zwar der Hof ebenso wie Gentry und einfaches Volk, sahen im Meer eine Straße zum Reichtum – gleichviel, ob man ihn nun mit Handel, Seeräuberei oder Schmuggel erwarb. Die Royal Navy war die logische und natürliche Verkörperung dieses Strebens. Das war der grundlegende Unterschied, alles andere waren nur zweitrangige Verschiedenheiten. Das zeigt auch die Bemannung der beiden Flotten: Während Howards große Schiffe mehr als 300 Matrosen und ungefähr 200 Soldaten an Bord hatten, gewöhnlich sogar noch weniger Soldaten, fuhren auf den Schiffen Medina Sidonias jeweils mehr als 300 Soldaten und meist weniger als 150 Matrosen. Das Verhältnis von Soldaten und Matrosen war also gerade umgekehrt.

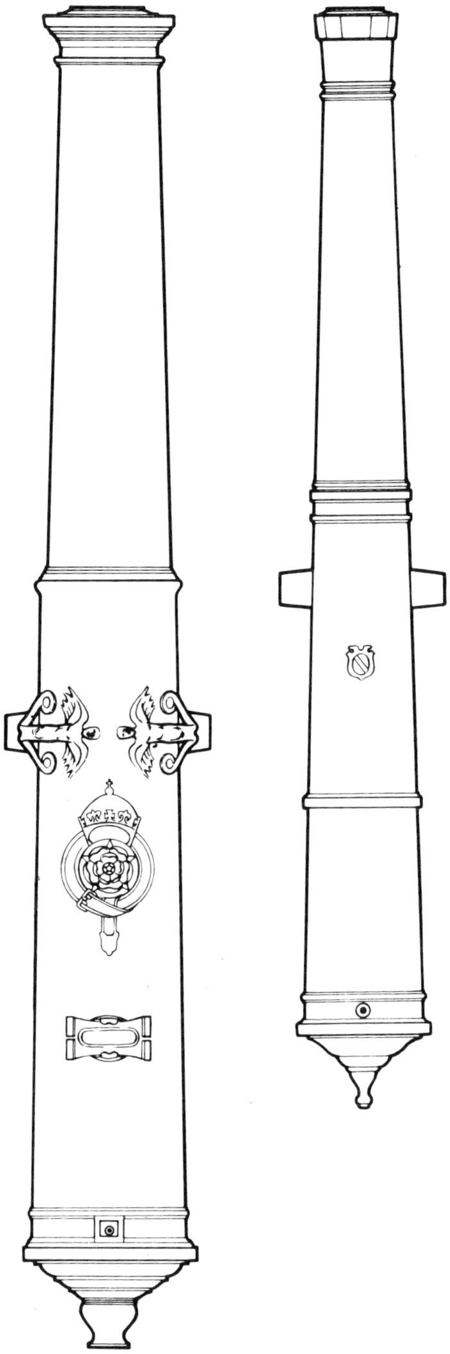

Gegossene Messingkanonen, die aus dem Wrack der Mary Rose geborgen wurden, und jetzt im Rotunda Museum, Woolwich, stehen. Auf der gegenüberliegenden Seite eine mittlere Kanone; oben eine Mischform aus Kanone und Feldschlange und ein Saker.

Unterschiede gab es an Bord auch hinsichtlich der Disziplin. Auf den spanischen Schiffen kommandierten Militäroffiziere – mit oder ohne See-Erfahrung. Sie verlangten strengen Gehorsam auch von den Seeleuten, deren tägliche Arbeit doch eigentlich mehr von unvermittelt auftretenden Zwangslagen bestimmt war und daher nach größerer Eigenverantwortlichkeit des einzelnen rief. Die Offiziere hatten für die Seeleute nur Verachtung übrig. Im Guipúzcoa-Geschwader der Armada mußten die Matrosen ihre Quartiere den Soldaten überlassen und schutzlos auf dem Deck hausen, anscheinend kein Einzelfall. Richard Hawkins, der als Gefangener reichlich Gelegenheit hatte, spanische Schiffe zu beobachten, schrieb:

„Die Matrosen sind für alle andern bloß die Sklaven; sie müssen sich Tag und Nacht abplagen, und es sind wenige und nicht die besten. Man erlaubt ihnen nicht einmal, unter Deck zu schlafen oder dort auszuruhen. Ob schönes oder schlechtes Wetter herrscht, bei Sturm, Sonnenschein oder Regen – sie hausen ohne Dach über dem Kopf.“[22]

Es besteht kaum ein Zweifel, daß der Dienst auf einer spanischen Galeere, wo Sklaven und Häftlinge rudern mußten, eine demoralisierende Wirkung hatte. Galeeren waren Brutstätten für Meutereien, folglich unterwarf man ihre Mannschaften der allerschärfsten Aufsicht – und deren Aufbegehren war die Folge. Bis in unser Jahrhundert wurden immer wieder die schrecklichen Auswirkungen dieser Situation auf den Charakter der Aufseher und anderer Unterdrücker beschrieben. Dies alles ist so gut bekannt, daß man es kaum hervorzuheben braucht. Aber diese Unterdrückung muß wohl auch – über die Galeeren hinaus – Folgen für die spanische Marine ganz allgemein gehabt haben. Spanische Seeleute verabscheuten den Dienst auf den Schiffen ihres Königs; sie klagten, das Militär behandle sie wie Hunde, und so war es tatsächlich. Sie bekamen weniger Lohn als die Soldaten, falls man ihnen überhaupt etwas bezahlte – bedeutend weniger, als sie bei der Handelsmarine hätten verdienen können. Medina Sidonia befahl, daß man sie im Vorder- und Hinterkastell unterbringen solle, *„damit sie den Soldaten nicht im Weg sind“*[23]. Wen nimmt es da wunder, daß sie sich nicht freiwillig meldeten und daher gepreßt oder von fremden Schiffen geholt werden mußten?

Auch englische Seeleute zogen die Handelsmarine vor, bei der sie mehr verdienen konnten als in der Royal Navy, oder die Schiffe von Freibeutern, auf denen die Disziplin lockerer war, sofern nicht sogar ganz darauf verzichtet wurde. Auch englische Seeleute mußten in den Dienst für die Königin gepreßt werden. Im Jahr der Armada war das nicht schwierig, denn gerade für einen solchen Notfall hatte man ein paar Jahre zuvor eine Aufstellung aller zur See fahrenden Männer angelegt. Sie mußten in ihrem Heimathafen vor einem königlichen Musterungskomitee erscheinen, dann wurde die nötige Zahl ausgewählt und zu einem bestimmten Datum nach Deptford oder Gillingham einberufen. Als Handgeld, oder Vorschuß, erhielten sie eine Summe Geldes, außerdem noch etwas für die Reise. Sobald die Männer am Flottenstützpunkt eintrafen, mußten sie sich bei den zuständigen Offizieren melden und wurden dann den Schiffen zugeteilt – *„und wer dies nicht tut von euch, der riskiert, an Leib und Leben bestraft zu werden“*[24].

Waren sie einmal an Bord, wurden eventuelle Vergehen mit den marineüblichen Strafen geahndet; diese waren auf einem Pergament aufgelistet, das am Großmast angenagelt war. Ein Seemann, der den Kapitän, oder vielleicht bloß seinen Stellvertreter, mit einer Waffe bedrohte, sollte seine rechte Hand verlieren; ein Mörder sollte mit der Leiche seines Opfers zusammengebunden und über Bord geworfen werden; wer zum vierten Mal auf Wache schlafend angetroffen wurde, sollte unter dem Bugspriet aufgewunden werden und ein Messer sowie einen Krug Bier bekommen – er hatte dann die Wahl, langsam zu verhungern oder an den Unbilden der Witterung zu verenden oder sich abzuschneiden und in der See den schnellen Tod zu finden, denn wahrscheinlich konnten nur wenige Seeleute schwimmen. Ein Dieb wurde zwei Lot tief getaucht, dann hinter einem Boot an Land geschleppt und zurückgelassen.[25] Gotteslästerer wurden mit einem Marlpfriem geknebelt und eine Stunde so belassen – *„bis ihnen das Maul blutig ist“*[26]. Prügel und Kielholen waren seit alters her gebräuchliche Strafen. Beim Kielholen zog man einen an einem Seil unter dem Wasser von der einen auf die andere Seite des Schiffes – und zerrte ihn dabei über all die harten Schalentiere, die das Äußere des Schiffsrumpfes besiedelten. Wie oft diese Strafen angewendet wurden, läßt sich unmöglich sagen; es muß, wie auch in späteren Zeiten, von einzelnen Kapitänen abgehangen haben.

Brutale Abschreckungsmittel waren nötig, denn es war zum einen ein wildes Zeitalter, zum anderen waren unter denen, die die See anzog, viele gewalttätige Kerle – und Nachsicht, Disziplinlosigkeit und Ungehorsam konnten ein Kriegsschiff leicht in Seenot bringen, wie dies im Falle der *Mary Rose* – einige Jahre früher, unter Heinrich VIII. – der Fall gewesen zu sein scheint. Trotz alledem wurde der englische Seemann, anders als der spanische, wie ein Mensch behandelt, wenn auch nicht gerade wie ein freier Mann, denn für die Dauer der ihm auferlegten Frist mußte er dienen, wiewohl dies in einem Geiste geschah, wie er unter freien Menschen üblich ist. Dies erhellt aus den Bittschreiben, in denen Seeleute ihre Beschwerden vortrugen – hauptsächlich über das Essen –, in der Korrespondanz eines Hawkins oder eines Howard wird es deutlich. *„Ich weiß nicht, was ich mit den Seeleuten noch machen soll“,* schrieb Howard einmal, *„daß sie sich nicht über das saure Bier beklagen, nichts stört sie mehr als das.“*[27]

Anders ging es auf den Schiffen der Freibeuter zu. Deren Offiziere hatten meist viel Erfahrung, und wenn sie erfolgreich waren, bekam jeder einen schönen Gewinn, und zwar nicht nur den Anteil an der Beute, der dem einzelnen kraft seines Ranges zukam, nein, schon bei der Verteilung des Prisenguts, die stattfand, ehe ein Beamter der Admiralität dieses überhaupt zu Gesicht bekam. Auf diesen Schiffen herrschte zwangsläufig weniger Disziplin, dagegen größere gegenseitige Achtung zwischen Offizieren und Mannschaften als etwa auf den spanischen Schiffen, wo die Militärs das Sagen hatten.

Allzu leicht artete jedoch die geringe Disziplin in Anarchie aus; die gegenseitige Achtung schlug in Meuterei um. Ein Kenner dieses Zeitalters hat angedeutet, daß die hohe Sterblichkeit auf den Schiffen zu Rücksichtslosigkeit und Aufsässigkeit führte. Ein weiterer Grund für Ungehorsam konnte auch in der Aussicht auf Beute liegen. Ein Kapitän erzählte Burghley, daß einmal die Mannschaft störrisch wurde, als er kurz vor Ende des Krieges gegen Spanien auf einen Kauffahrer traf und dieser sich nicht als Spanier, sondern als Franzose herausstellte – *„aus Angst, ich könnte ihn nicht ausrauben lassen“*[28]. William Monson, ein zeitgenössischer Seeoffizier, weist auf die unterschiedliche Disziplin hin, die auf Schiffen der Royal Navy und auf denen der Freibeuter herrschte:

„Nichts fördert bei unseren Seeleuten die Unruhe mehr als Freiheit und allzuviel Nachsicht. Das ist das eine, was die Freibeuter auf ihren Schiffen haben, wo es weder Disziplin noch Gehorsam gibt; das andere, daß sie dort den Strafen entge-

hen, die sie verdient haben ... Seltsam, was solche Männer von sich aus an Entbehrung auf sich nehmen, indem sie auf einem Freibeuterschiff dienen, wo sie nicht auf viel Gewinn hoffen dürfen und warum sie nicht lieber Ihrer Majestät dienen, wo sichere Entlöhnung auf sie wartet, wo es genügend zu essen gibt und wo sie weniger arbeiten müssen. Das rührt nur her von der Freiheit, die sie auf dem einen Schiff vorfinden, und von den Strafen, die sie auf den anderen Schiffen fürchten.“[29]

Englische Seeleute waren zwischen den Decks untergebracht. Sie schliefen vermutlich auf Strohmatratzen, manche bereits in Hängematten, die sie an den Deckenbalken aufhängten, ein Brauch, der einige Jahre später zur Regel wurde, denn damit kam mehr Reinlichkeit in die Quartiere. Bei Tisch saßen sie zu viert, und wenn nach einigen Tagen auf See das Essen und das Wasser oder das sauer gewordene Bier mehr dazu angetan war, einen zu vergiften als zu ernähren, dann war dies weder die Schuld der Offiziere noch die des Proviantmeisters und seiner Leute – es war einfach der allgemeinen Unwissenheit zuzuschreiben. Selbst für gute Esser waren die Rationen reichlich bemessen. An den vier Fleischtagen der Woche – Sonntag, Montag, Dienstag und Donnerstag – gab es für jeden pro Mahlzeit ein Pfund Rindfleisch, insgesamt also fast ein Kilo Rindfleisch an jedem dieser Tage pro Person, ferner ein Pfund Schiffszwieback und einen großen Krug Bier; bisweilen wurde montags statt des Rindfleisches ein Pfund Speck und ein knapper Liter Erbsen ausgegeben; das Rindfleisch war – auf See – natürlich immer gepökelt. An den drei Fischtagen – Mittwoch, Freitag und Samstag – bekam jeder Tisch einen großen Stockfisch oder einen halben Hechtdorsch zugeteilt, dazu jeder ein dreiviertel Pfund Butter und ebensoviel Käse für die Abendmahlzeit sowie die gleiche Menge an Zwieback und Bier wie an den Fleischtagen. Mußte man die Rationen kürzen, was nach 1588 oft der Fall war, setzte man einfach sechs Personen an einen Tisch, an dem sonst vier saßen.

Die Rationen der Spanier waren ähnlich, allerdings etwas weniger reichlich bemessen und ohne Rindfleisch. Sie hatten nur zwei Fleischtage in der Woche, Sonntag und Donnerstag, dann bekam jeder knapp 200 Gramm Speck und gut 50 Gramm Reis. Montags und donnerstags gab es knapp 200 Gramm Käse und 100 Gramm Bohnen oder Kichererbsen und an den drei Fischtagen 200 Gramm Thunfisch oder Kabeljau oder, falls dies nicht vorhanden war, die gleiche Menge Tintenfisch oder fünf Sardinen, dazu knapp 100 Gramm Bohnen oder Kichererbsen, ein paar Eßlöffel Öl und einen Viertelliter Essig. Jeder bekam täglich anderthalb Pfund Schiffszwieback und beinahe täglich eine Flasche Wein.[30] Die Angelgeräte und die verschiedenen Fischskelette, die in mehreren spanischen Wracks und in dem der englischen *Mary Rose* gefunden wurden, zeigen, daß die Matrosen die stark gesalzenen Rationen aus der Schiffsküche durch frischen Fisch zu ergänzen versuchten, soweit sich dazu Gelegenheit bot. Auch Spuren von Gewürzen und Kräutern, die man zwischen der persönlichen Habe von Matrosen der *Mary Rose* fand, weisen darauf hin, daß sie ihre eintönig salzigen Rationen schmackhafter machen wollten. Die Überreste von verschiedenen exotischen Früchten, Nüssen und Lorbeerblättern im Wrack der *Trinidad Valencera* stammen wahrscheinlich eher aus den privaten Vorräten der Offiziere und adligen Abenteurer als von den gewöhnlichen Seeleuten oder Soldaten.[31]

Jeweils einer holte in der Kombüse für seinen Tisch die gesamte Ration sowie die vier Teller und Becher; die spanischen Soldaten saßen zu acht am Tisch. Nur diejenigen, die für diesen Dienst ernannt waren, durften die Rationen holen, so wollte es der Befehl Medina Sidonias. Ein Sergeant oder Offizier

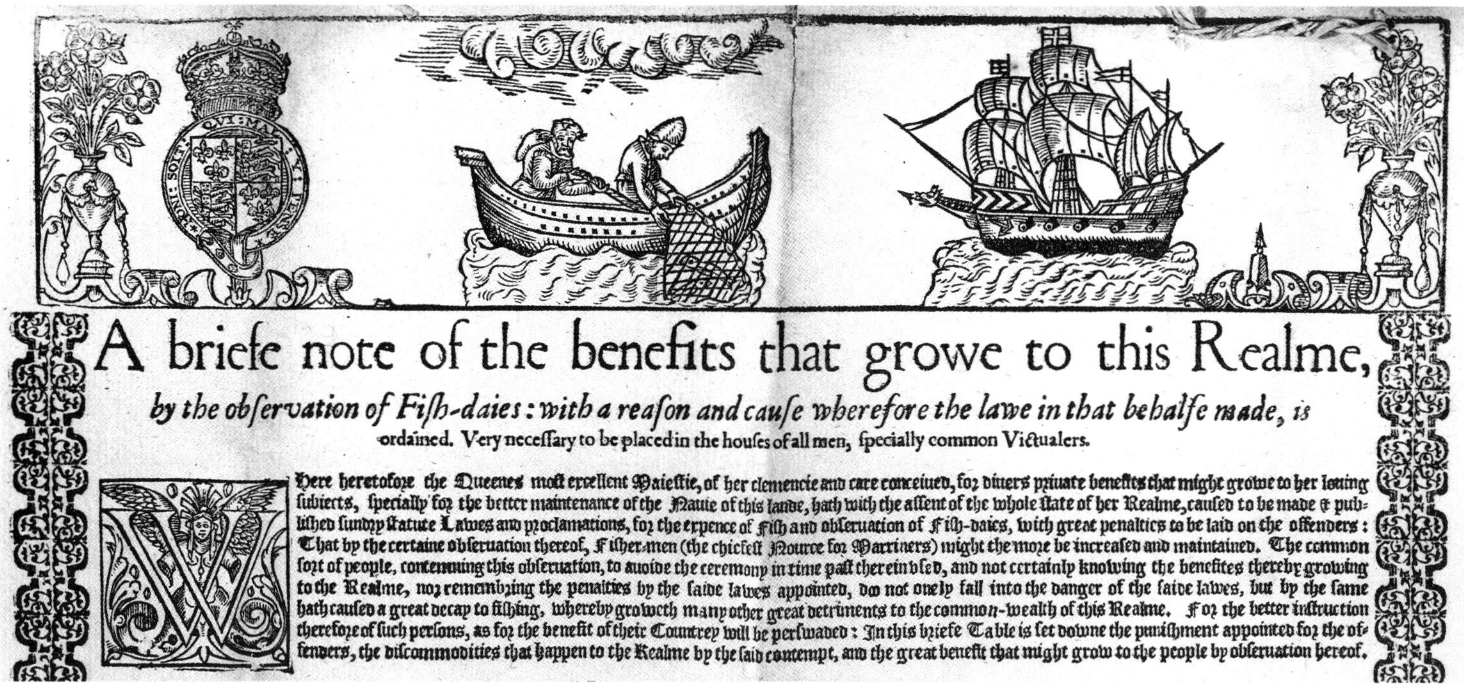

A briefe note of the benefits that growe to this Realme, by the obſervation of Fiſh-daies: with a reaſon and cauſe wherefore the lawe in that behalfe made, is ordained. Very neceſſary to be placed in the houſes of all men, ſpecially common Victualers.

Where heretofore the Queenes moſt excellent Maieſtie, of her clemencie and care conceiued, for diuers priuate benefits that might growe to her louing ſubiects, ſpecially for the better maintenance of the Nauie of this lande, hath with the aſſent of the whole ſtate of her Realme, cauſed to be made & publiſhed ſundry ſtatute Lawes and proclamations, for the expence of Fiſh and obſeruation of Fiſh-daies, with great penalties to be laid on the offenders: That by the certaine obſeruation thereof, Fiſher-men (the chiefeſt Nource for Marriners) might the more be increaſed and maintained. The common ſort of people, contemning this obſeruation, to auoide the ceremony in time paſt therein vſed, and not certainly knowing the benefites thereby growing to the Realme, nor remembring the penalties by the ſaide lawes appointed, do not onely fall into the danger of the ſaide lawes, but by the ſame hath cauſed a great decay to fiſhing, whereby groweth many other great detriments to the common-wealth of this Realme. For the better inſtruction therefore of ſuch perſons, as for the benefit of their Countrey will be perſwaded: In this briefe Table is ſet downe the puniſhment appointed for the offenders, the diſcommodities that happen to the Realme by the ſaid contempt, and the great benefit that might grow to the people by obſeruation hereof.

Ausschnitt aus einer Flugschrift von 1595, die zur Einhaltung der Fischtage aufruft, damit die englische Fischerei unterstützt und gleichzeitig sichergestellt wird, daß der englischen Marine genügend erfahrene Seeleute zur Verfügung stehen.

sollte beim Abwägen und Zuteilen anwesend sein, damit kein Streit entbrennen konnte. In der *Mary Rose* ebenso wie auch in der *Trinidad Valencera* und in anderen Wracks der Armada fand man Schüsseln verschiedener Größen: die eine für die Ration eines Tisches, die andere für den einzelnen Seemann.[32] In einem Vorratsraum der *Mary Rose,* auf dem Orlopdeck, gleich oberhalb der Kombüse, fand man Anrichten und Haltevorrichtungen, in den sich schöne hölzerne Teller befanden.[33] Das meiste aufgefundene spanische Geschirr war Steingut aus Sevilla oder Lissabon.[34] Sobald die Speisen auf die verschiedenen Teller oder Schüsseln verteilt waren, griffen die Männer mit den Händen zu; zum Schneiden bedienten sie sich der Messer, die sie auch für ihre tägliche Arbeit benutzten. Ganz anders ging es achtern in der Offiziersmesse zu, wo die Herren an einem gedeckten Tisch saßen, vom eigenen Personal bedient, und vielleicht sorgten sogar Musikanten für Tischmusik. Die Herren Offiziere aßen mit Messer und Gabel von Porzellantellern und tranken aus Krügen, silbernen Kelchen oder mit Schliff versehenen Gläsern. Im Wrack der Galeasse *Girona* fand Robert Sténuit Überreste von 48 Gabeln.[35]

Weder die Offiziere noch die Mannschaften trugen Uniform, die Krone stellte nicht einmal Überröcke zur Verfügung, wie dies früher einmal Brauch gewesen war. Eine Kleidersendung, die in diesen Jahren englischen Schiffen an der irischen Küste überbracht werden sollte, gibt uns eine Vorstellung, was man im Dienst der Königin gemeinhin trug. Da fand sich Tuch für Kniehosen und Wämser, Baumwollzeug für Futter und Kragen sowie für Hemden, Strümpfe, Schuhwerk und Mützen.[36] Der Fund der Schuhe ist überraschend, denn spätere Generationen von Seeleuten waren der Ansicht, daß man mit nackten Füßen auf dem nassen Deck, in den Takelage und den Rahen besser Halt fand; doch aus schriftlichen Quellen und aus Resten, die man in der *Mary Rose* fand, ist zu ersehen, daß Seeleute seinerzeit Schuhe aus Leder oder Leinwand trugen. Außerdem hatten sie weite Kniehosen und Wämser aus festem Kammgarn an, Calicohemden und Strümpfe aus Wolle oder Kammgarn, über dem Hemd wahrscheinlich einfache, ärmellose Lederkoller, wie man sie schon vierzig Jahre früher trug.

Überhaupt hatten die Seeleute auf beiden Seiten mehr miteinander gemein, als die Propaganda, der sie unterworfen waren, zugeben wollte. Sie kamen aus vieler Herren Länder, waren zum größten Teil sehr jung und sprachen ein seltsames Kauderwelsch, das die Menschen auf dem Land nicht verstanden; sie sangen wunderliche Lieder und waren an nasse, kalte, ungemütliche Stunden gewöhnt, an kurze Spannen Schlaf, von Wachen unterbrochen, an plötzliche Notfälle und Gefahren, die ihr ganzes Durchhaltevermögen erforderten, an heftige Anfälle von Zahnschmerzen und an die betäubende Dumpfheit des Rausches. Sie hatten nur wenig freie Zeit, die meisten von ihnen leisteten ein paar Stunden Dienst, hatten dann ein paar Stunden frei – auf vier Stunden Dienst folgten vier Stunden unter Deck, wo man sich die Zeit mit Würfeln oder Kartenspiel vertrieb oder sich von einem bewährten Geschichtenerzähler unterhalten ließ, der in angenehmem Tonfall sein endloses Seemannsgarn abspulte. War das Wetter schön, sangen sie am Abend alle zusammen Seemannslieder, die von einer Generation auf die andere kamen und heute als *fore-bitters* bekannt sind, benannt nach dem an den Pollern vor dem Fockmast befindlichen Stand, den der Sänger bestieg, wenn er seine Balladen vortrug. Diese Gesänge waren gewöhnlich sehr lang und wurden frei vorgetragen. Dabei saßen die Zuhörer ringsumher auf dem Deck und stimmten in den Chor ein oder wiederholten den Refrain der Verse. Bestimmt waren damals wie später die ein wenig traurigen und sehnsüchtigen Lieder am beliebtesten:

Da ich sinnend in meiner Koje lag,
Ganz warm und auch kommod,
Gedacht' ich oft der harten Plag'
Des Seemanns in der Not.

Sie hungerten und sie froren,
Durchlitten die schwerste Last,
Und viele Male sie schworen,
Niederzuschlagen den Mast …

Unser Schiff, das uns vormals so gut getragen,
Ist jetzt von wilder See leck geschlagen;
war einst so beweglich und fein
Und jetzt strömt von allen Seiten der Tod herein.[37]

Und so ging es weiter – diese Zeilen sollen aus einem Seemannslied dieser Zeit stammen. Vielleicht gab es Abende, an denen die Männer miteinander tanzten, wenn ein paar mit Lauten und Tamburinen ihnen aufspielten, wie dies in späteren Jahrhunderten Brauch war; Überreste von Musikinstrumenten wurden sowohl auf der *Mary Rose* als auch in spanischen Wracks gefunden.[38]

Wie ihr Leben im einzelnen verlief, muß man der Phantasie überlassen. Jeder Seemann hat seine Geschichte – aufgezeichnet hat sie keiner. Jeder von ihnen wußte, was Todesangst bedeutet; und jeder von ihnen, ob Katholik oder Protestant, empfand Freude über einen neuen Morgen.

8

Der Kampf im Kanal

In den frühen Morgenstunden des 29. Juli, einem Freitag, sichtete der Pirat Thomas Fleming, der als Kommandeur eines kleinen Schiffes, der *Golden Hinde,* Howard als Kundschafter diente, einen Teil der Armada, der gerade vor den Scilly Inseln im Wasser dümpelte, als warte er auf den Rest der Flotte. Es war diesig, so daß Fleming nur an die fünfzig Segel schätzen konnte; er machte sich augenblicklich auf, um diese Kunde nach Plymouth zu bringen. Was er gesehen hatte, waren vierzig andalusische Schiffe und Vorratsschiffe sowie ein paar kleine Depeschenboote, die der Sturm zwei Tage zuvor vom Rest der Flotte abgetrennt hatte; sie warteten nun am vereinbarten Ort auf Medina Sidonia.[1]

Fleming mußte an die 80 Meilen segeln, vielleicht auch mehr, je nachdem, ob die Spanier luvwärts von den Scilly Inseln warteten, wie es Medina Sidonias Befehl vorsah, oder näher dem Lizard. Auf jeden Fall kann Fleming nur wenig vor dem Abend eingetroffen sein, wahrscheinlich erst spät. Einer Legende zufolge fand er Drake Bowls spielend am Plymouth Hoe, einem grünen Flekken über dem Sund. Die Geschichte geht auf eine Schrift aus dem Jahr 1624 zurück, als man sich, wie es so schön heißt, die lebendige Erinnerung an dieses Ereignis noch bewahrt hatte. *„Wir haben genug Zeit, das Spiel zu beenden und danach die Spanier zu schlagen!"* soll Drake nun gesagt haben; aber diese Antwort wurde erst 100 Jahre später hinzugefügt.[2] Da keiner der zeitgenössischen Berichte Drakes Spiel oder seine Antwort erwähnt, auch nicht William Monson, der an der Schlacht teilnahm und seine Schilderungen gerne mit Klatsch oder Skandalgeschichten würzte, ist dies vermutlich nur ein patriotisches Märchen.

Er hätte nämlich wirklich keine Zeit gehabt, das Spiel zu Ende zu bringen, und Drake – bei all seinem Sinn für Frechheit und Angeberei – wäre auch der letzte gewesen, der das geglaubt hätte. Er hatte schließlich in diesem Frühjahr an Elisabeth geschrieben: *„Zeit und Ort richtig gewählt zu haben, bedeutet bei allen Kampfhandlungen den halben Sieg."*[3] Nun mußte er es beweisen. Einige der englischen Schiffe lagen im Sund vor Anker, aber der größere Teil hielt sich vermutlich in einem Meeresarm auf, den man als Catwater bezeichnet und in den der Wind kräftig hineinblies. Viele weitere Schiffe lagen sicherlich an den Kais oder waren gestrandet worden, um sie vom Belag zu befreien oder zu reparieren. Sie alle mußten erst seeklar gemacht, und die Schiffe im Catwater und an den Kais mußten erst mühsam verholt werden. Das kostete Zeit, also mußte man damit augenblicklich beginnen. Keiner wußte, wie dicht die Spanier Fleming auf den Fersen waren, der Wind stand im Westen. Und nichts, das kann man sich denken, hätte Medina Sidonia besser gefallen, als die englische Flotte in einer ausweglosen Situation zu überraschen. Hätte er diese Gelegenheit genutzt, wäre der Kampf zu Ende gewesen – und das hätte zugleich das Ende von Elisabeth und von England als protestantischer Nation bedeutet. – Es war also keine Zeit zu verlieren.

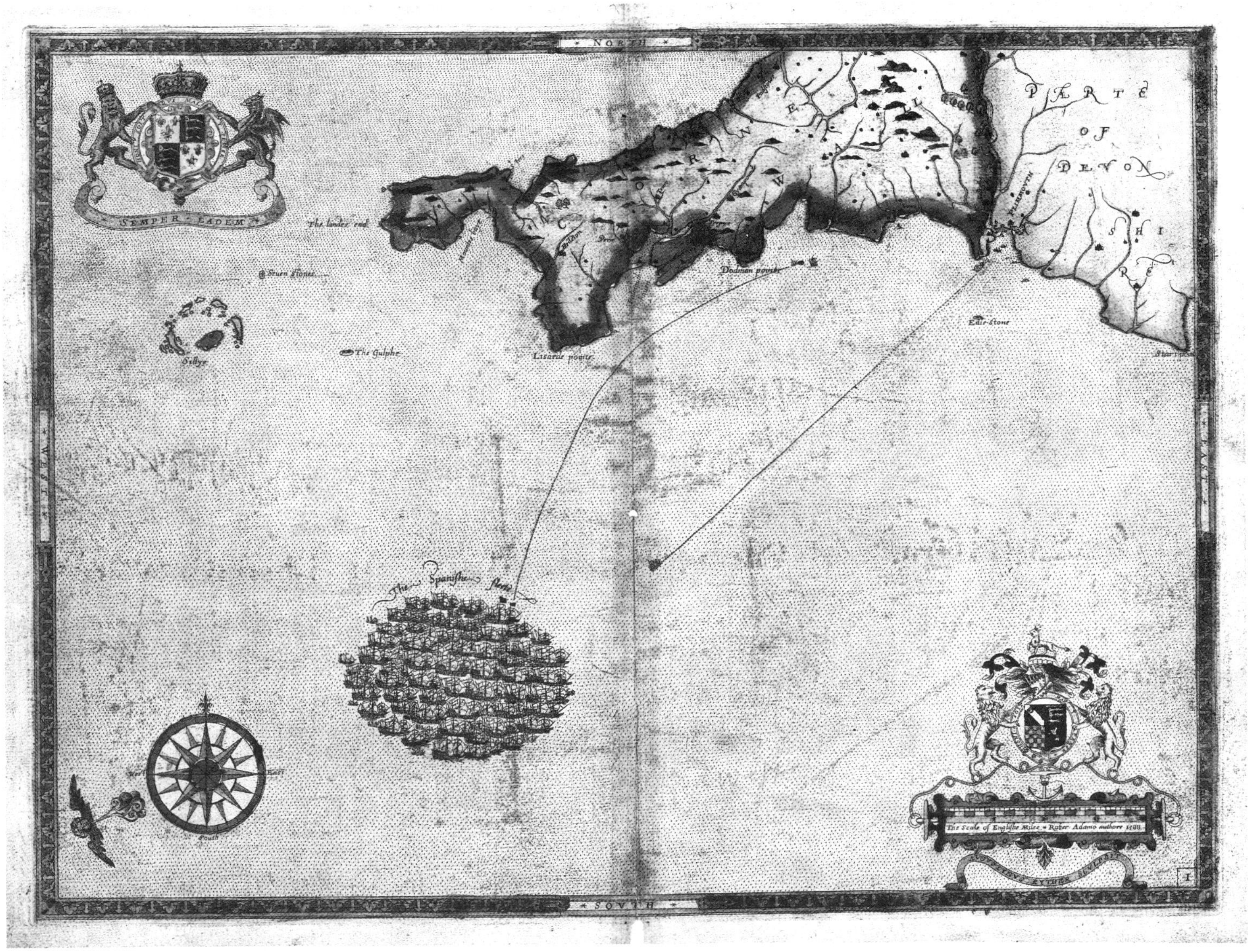

Dies ist das erste aus einer Reihe von Bildern, die die Fahrt der Armada durch den Ärmelkanal zeigen sowie das Gefecht mit der englischen Flotte; gestochen von Augustin Ryther 1590, nach Zeichnungen von Robert Adam. Sie sind Illustrationen zu der Erzählung von Petruccio Ubaldino über die Armada. Hier wird das Eintreffen der spanischen Flotte vor dem Lizard gezeigt, dem südlichsten Zipfel im Südwesten Englands, und ihre Entdeckung durch Kapitän Thomas Fleming, der die Nachricht nach Plymouth brachte.

Howard und seine Kapitäne machten sich auf, die Schiffe wurden noch in dieser Nacht aus dem Catwater herausbugsiert. Am frühen Sonntagmorgen ließen die Kapitäne an der Spitze bei leichtem Südwestwind Segel setzen und glitten langsam aus dem Sund auf die hohe See hinaus – *„gerade noch“*, wie Howard schrieb, und nur *„dank der Mühen, die unsere Männer aufgewandt haben“*, denn der Wind war *„ganz flau“* und die Flut kam gerade herein.[4]

Inzwischen war ganz England aufgewacht. An jeder Landzunge und auch im Inland standen Feuerzeichen; in alle Grafschaften um London und hinauf nach Norden, auf die schottische Grenze zu, drang die Kunde mit der Geschwindigkeit eines Lauffeuers vor. Die Vertreter der Krone in den Grafschaften, ihre Musterungsoffiziere, die Militärpolizei, die Sheriffs, Constables und ein ganzes Heer von Amtsträgern bereitete sich auf die Möglichkeit einer Invasion vor; daß man seit zwei Jahren damit gerechnet hatte, beschleunigte die Maßnahmen. Der Klerus erinnerte sich, teilweise auch widerwillig, seiner Verpflichtung, Truppen leichter Reiterei aufzustellen. Freibauern und Farmer, Diener und Knechte der Landwehr, die an vielen Abenden und Feiertagen mit Musketen, Arkebusen, Piken und einfachen Hellebarden geübt hatten, die Ringkämpfe und Rennen veranstaltet hatten, um ihren Körper zu stählen, sie alle schulterten jetzt ihre Waffen und brachen auf zu den Treffpunkten an

Stadtplätzen und Dorfangern, und zwar in guter Laune, da jetzt endlich die Stunde der Bewährung gekommen sei. Überall im Land schlugen die Herzen höher. Ein Küstenbewohner erzählte später:

„Ich kann mich erinnern, wie nach dem Anzünden der Leuchttürme das Landvolk sofort zur Seeküste gerannt kam, mit Knüppeln, einige auch mit zugespitzten Brettern oder Mistgabeln, alle ohne Waffen, und selbst die am besten ausgestatteten hatten bloß eine Hellebarde, einen Bogen samt Köcher und Pfeilen; es stand kein Hauptmann und kein Kommandeur bereit, sie anzuführen oder zu befehligen."[5]

Gerüchte schwirrten umher. Niederländische Drucker hatten Listen mit der Anzahl der Marinerichter aus Medina Sidonias Musterungsliste herausgebracht, ebenso mit Greuelmärchen über Folterinstrumente auf den spanischen Schiffen. Man munkelte von einer ganzen *„Schiffsladung von Stricken"*, mit denen man die Engländer hängen wollte:

„... und eine weitere Schiffsladung mit Geißeln, um die englischen Frauen auszupeitschen; außerdem drei- bis viertausend Ammen, um die Kleinkinder zu stillen, aus denen nun Waisenkinder wurden. Es war davon die Rede, daß alle Kinder im Alter von sieben bis zwölf Jahren im Gesicht gebrandmarkt werden sollten, damit sie für immer zu erkennen seien ..."[6]

Katholische Engländer in führenden Stellungen waren bereits zusammengefaßt worden. Sie wurden in Wisbech Castle, Norfolk, und in einigen anderen Festungen und Gefängnissen unter dem Vorwand festgesetzt, daß sie sich um ihrer eigenen Sicherheit willen nicht frei bewegen sollten – falls die Spanier wirklich landeten, könnte die Bevölkerung an ihnen ihre Wut auslassen. Die Jagd nach Spionen und subversiven Elementen in Diensten des Papstes und der spanischen Krone wurde angeheizt, indem man den Zuträgern die Hälfte des Eigentums derer versprach, die sie anschwärzten. Mit der Toleranz war es nun vorbei. Angesichts der Gefahr regten sich allenthalben auch die niedrigen Gefühle.

Die Armada war an diesem Samstagmorgen weniger als fünfzig englische Meilen von Plymouth entfernt, als die ersten von Howards Schiffen den Sund verließen. Am Nachmittag des vergangenen Tages hatten die Kundschafter den Lizard gesehen. Aber Medina Sidonia hatte die Segel gestrichen, um auf Nachzügler zu warten und den im Sturm beschädigten Schiffen Gelegenheit für Ausbesserungen zu geben, vor allem dem Flaggschiff der Galeassen, dessen Ruder zerschmettert war. Er hatte unterdessen einen Kriegsrat einberufen. Dessen Protokoll wurde nicht gefunden, aber wahrscheinlich nahmen dieselben Personen wie sonst auch teil: der erfahrene Vizeadmiral der Flotte und Kommandeur des Biscaya-Geschwaders, Juan Martínez de Recalde; der Oberkommandierende der Armee, Don Francisco de Bobadillo; der Generalinspekteur der Flotte, der hauptsächlich mit Verwaltungsaufgaben betraut war, Don Jorge Manrique; der Kommandeur des kastilischen Geschwaders, Diego Flores de Valdés, des Herzogs wichtigster Marineberater, sein Stabschef, wie man heute sagen würde; dann Don Pedro de Valdés, der Kommandeur des andalusischen Geschwaders; Miguel de Oquendo; Don Hugo de Moncada; Martin de Bertendona sowie der Kapitän des Flaggschiffs, Alonso Vanegas; außerdem ein junger Kavalleriegeneral, Don Alonso de Leyva, ein schneidiger Caballero, der mit seinem Geist und Charme selbst Philipps altes Herz noch für sich gewonnen hatte, ein ernsthafter Konkurrent um das Oberkommando

Karte von Falmouth (1592), mit Schiffen im Hafen. Philipp II. wollte hier 1597 unter Don Martin de Padilla Truppen an Land bringen lassen – dieses Unternehmen hätte bessere Erfolgsaussichten gehabt als das, welches er Medina Sidonia aufgebürdet hatte. Schwere Stürme trieben jedoch Padillas Flotte auseinander und beschädigten einige seiner Schiffe, so daß er nicht bis in den Kanal gelangte.

der Armada. Er führte den geheimen Auftrag des Königs mit sich, das Kommando zu übernehmen, falls dem Herzog etwas zustoßen sollte – bis dahin oblag ihm keine besondere Verantwortung; er segelte als Freiwilliger auf seinem eigenen Schiff, der *La Rata Santa Maria Encoranada,* die zum levantinischen Geschwader gehörte.

Im Rat schlug er vor, Plymouth anzugreifen. Doch Philipps Anweisungen an Medina Sidonia waren eindeutig: er sollte nicht landen oder irgend etwas an Land unternehmen ohne den Herzog von Parma. Seine Aufgabe war es, sich Parma anzuschließen, ihm seine 6000 Soldaten und den Belagerungszug sowie die Munition, die er mit sich führte, zur Verfügung zu stellen, und das Kommando auf der Überfahrt vom Festland zur englischen Insel zu übernehmen –

Färöer
Norwegische Überlieferung über ein Wrack
Recalde u. Levante-Geschwader
Shetland-Inseln
Zuniga
18. Aug.
20. Aug.
15. Aug.
27. Aug.
24. Aug.
3. Sept.
Aramburu
21. Sept.
14. Aug.
3. Sept.
6. Sept.
Newcastle
Howard
12. Aug.
9. Sept.
11. Aug.
10. Sept.
London
9. Aug.
Ankerplätze von Recalde u. Aramburu
14. Sept.
15. Sept.
8. Aug.
Dünkirchen
Gravelines
Calais
5. Aug.
2. Aug.
4. Aug.
31. Juli
Medina Sidonia
27. Juli
25. Juli
18. Sept.
18. Sept.
23. Juli
14. Juni
13. Juni
22. Juli
Vivero
Gijón
Bilbao
Laredo
Santander
21. Sept.
La Coruña
19. Juni
Madrid
10. Juni
9. Juni
1. Juni
Lissabon
30. Mai
31. Mai

Diese Karte wurde vom Verfasser entworfen und von Lionel Willis gezeichnet; sie zeigt die Route der Armada und die Gefechtsorte. Über weite Teile ist der Fahrtverlauf nur geschätzt. Da man seinerzeit die Längengrade noch nicht sicher bestimmen konnte, muß man sich auf Angaben über Windrichtung, Wetterbedingungen, Breitengradangaben und Landsichtungen verlassen. Insgesamt jedoch stimmt der Verlauf der Route.

Bekannte Strecke der Armada
Vermutete Strecke der Armada
Andere Schiffe
Windrichtung
Zerstreuung durch Stürme
Vermutetes Zentrum eines Tiefs

„Eure einzige Aufgabe, für die Ihr verantwortlich seid, besteht darin – und das ist überhaupt die wichtigste – auf See zu kämpfen“[7]. Führe man mit den langsamen Schiffen in die Enge des Sunds ein, dann riskierte man auf jeden Fall ein beträchtliches Durcheinander, denn die Küstenkanonen herrschten über die Zufahrtswege zum Sund. Dem einzigen verläßlichen Bericht dieses Kriegsrats zufolge, den Flaggenkapitän Vanegas verfaßte, wurde einstimmig entschieden, Plymouth nicht anzugreifen.[8]

Doch ein Brief, den der Herzog am Tag darauf, am Samstag, an Philipp schrieb, beweist, daß der Rat in anderer Hinsicht eine Entscheidung gegen Philipps Weisungen traf. Bislang hatten sie von Parma nichts gehört und wußten nicht, ob seine Armee einsatzbereit sein würde, wenn sie bei ihm einträfen. Medina Sidonia hatte vier Tage zuvor ein Nachrichtenschiff nach Flandern geschickt, um ihm seine Position und seinen Kurs mitzuteilen und von ihm zu erfahren, wo sie sich treffen und wie sie ihre Operationen koordinieren sollten. Solange sie keine Antwort hatten, *„tappten sie im dunkeln“*, wie Medina Sidonia sagte. Folglich entschieden sie sich, im krassen Widerspruch zu Philipps Anweisungen, vor der Isle of Wight einen Ankerplatz zu suchen und dort zu bleiben, bis sie mit Parma Verbindung und sich auf einen Plan geeinigt hätten. Medina Sidonia vertrat ihre Entscheidung in einem Schreiben an Philipp mit folgender Begründung:

„Da es an der ganzen flandrischen Küste für unsere Schiffe keinen Hafen oder Zufluchtsort gibt, könnten sie sich dort in den Untiefen verirren und wären dann sicherlich verloren, wenn ich mit der Armada von der Insel Wight dorthin segeln würde. Um diese augenscheinliche Gefahr zu vermeiden, habe ich mich entschlossen, vor Wight liegenzubleiben, bis ich erfahre, was der Herzog zu tun gedenkt, denn unser Plan sieht ja vor, daß er im Augenblick meines Eintreffens mit der Flotte herausfahren soll, ohne mich eine Minute warten zu lassen. Der ganze Erfolg des Unternehmens hängt davon ab ...“[9]

Er wartete noch immer darauf, daß die Reparaturen an Hugo de Moncadas Schiff abgeschlossen wurden, als er diese Zeilen schrieb. Es herrschte trübes Wetter, nur ganz leichte Brisen kamen vom Atlantik herüber und kräuselten die See. Die Schiffe waren nahe genug an der Küste, um die Lichter und den Rauch der nächsten Leuchtfeuer zu sehen; auf der anderen Seite staunte die Landbevölkerung über die großen Schiffe mit den hohen Masten, die dort draußen im Nebel dümpelten. Aber gegen Plymouth zu, wo sich Drake mit seinem kleinen Geschwader aufhalten sollte, war die Sicht von Regenwolken stark behindert.

Im Laufe des Morgens führten die schwachen Gezeitenströmung und der Wind von Westen sie langsam an der Küste entlang; in den frühen Nachmittagsstunden erhaschte Howard, der an der Spitze einer Gruppe englischer Schiffe etwa auf der Höhe der Felsen von Eddystone war, einen kurzen Blick auf sie, demnach erstreckten sie sich *„westwärts bis Fowey“*[10]. Es muß ein kurzer, neblig trüber Anblick gewesen sein, denn spanischen Berichten zufolge sah man die englischen Schiffe erstmals am Abend – da wurden, wie Medina Sidonia berichtete, *„viele Schiffe gesehen, aber des Nebels und Regens wegen waren wir nicht imstande, sie zu zählen“*. Einem anderen spanischen Bericht zufolge steuerten die Engländer *„gegen Osten, der Wind kam von Südwesten“*[11]. Offenbar fuhren die Spanier nach Südwesten und versuchten, seewärts eine günstige Position vor dem Wind zu bekommen.

Die Instandsetzungen waren inzwischen beendet, und die Armada hatte wieder Segel gesetzt. Als man die feindlichen Schiffe gewahrte, ließ Medina Sidonia jedoch die Segel reffen und sandte unter einem Offizier, der Englisch sprach, eine Pinasse aus, um Plymouth zu erkunden. Er brachte vier Fischer aus Falmouth mit zurück, die berichteten, Howard und Drake seien an eben diesem Nachmittag mit der gesamten englischen Flotte abgesegelt. Medina Sidonia sandte den Kommandeuren der verschiedenen Geschwader eine Nachricht, sie sollten am folgenden Tag die Schlachtformation einnehmen. In der Nacht wurde er gegen zwei Uhr mit der Nachricht geweckt, der Feind sei in Sicht. Ein halber Mond schimmerte durch einen Wolkenspalt, und in seinem gespenstischen Licht waren, im Süden und Südwesten, eine Vielzahl von dunklen Schiffsleibern und Segeln schwach zu erkennen. Es war Howard gelungen, die windwärtige Position einzunehmen.

Die halbmondförmige Formation der Armada bei ihrer Fahrt durch den Kanal hat zu vielen Mutmaßungen Anlaß gegeben. Die Engländer sahen sie erstmals bei Sonnenaufgang an diesem Morgen, dem 31. Juli. Eine mögliche Erklärung gründet sich auf die spanische Marinetradition, die wiederum aus der Kriegführung mit Galeeren hervorging. Militärische Ordnung und Disziplin waren die Schlüsselworte. Keiner der Kommandeure hätte sich vorstellen können, daß man die langsame, schwerfällige Masse der Armada anders fortbewegen könnte als in einer geordneten Formation, wo man sich gegenseitig beistehen konnte. Eine der meistgelesenen spanischen Abhandlungen über Seekriegführung aus der ersten Hälfte des Jahrhunderts drückte es so aus: *„Schiffe sind auf See wie Pferde auf dem Land, und man kann sie bekanntlich nicht sehr leicht manövrieren; trotzdem verstärkt eine reguläre Formation ihre Schlagkraft.“* [12] Dieses Werk von Alonso de Chaves empfahl, die Flotte in Geschwadern so aufzustellen, daß alle in einer Linie sich nebeneinander befänden, und mit dem Wind im Rücken sollten sie dann geschlossen auf den Feind zuhalten:

„... man stelle immer die größeren Schiffe geschlossen als Vorhut auf, damit sie als erste in den Kampf kommen und den ersten Schlag abfangen. Der Generalkapitän sollte im mittleren Geschwader sein, damit er die Vorhut und zugleich die Schiffe hinter sich im Auge behalten kann.“ [13]

Das entsprach ganz den Erfahrungen beim Kampf mit Galeeren, wo die Flotten sich in drei Abteilungen aufstellten, in jeder die Schiffe Seite an Seite, und der Oberbefehlshaber in der Mitte der mittleren Division. Häufig wurden die Flügelformationen in Staffeln vorgeschoben, um die feindliche Flanke anzugreifen, oder zurückgenommen, um die feindliche Attacke abzuwehren; dabei bildeten sie einen Halbmond. Die größten Schiffe flankierten das Flaggschiff in der Mitte, dahinter gab es gewöhnlich eine zweite Linie, hinter der andere Flottenteile die Formation verstärken konnten.

Der Gesandte des Großherzogs der Toskana in Lissabon hatte seinem Herrn den Schlachtbefehl für die Armada zugesandt, während Medina Sidonias Schiffe gerade auf die Mündung des Tejo zufuhren; der Befehl entsprach genau den Anweisungen von Alonso de Chaves und zugleich den alten Erfahrungen im Krieg mit Galeeren. Er ordnete die Bildung von drei Divisionen an, Seite an Seite nebeneinander. Die mittlere Abteilung bestand aus den wichtigsten Kampfgeschwadern Kastiliens und Portugals, den linken Flügel bildeten die Geschwader der Levante und aus Guipúzcoa. Der rechte Flügel bestand aus den Geschwadern von Andalusien und Biscaya; beide Flügel stießen in gekrümmter Staffelung vor, so daß sich eine halbmondförmige Gestalt bildete. In der Mitte dieses Halbmonds, vor dem Zentrum der stärksten Kampfdivi-

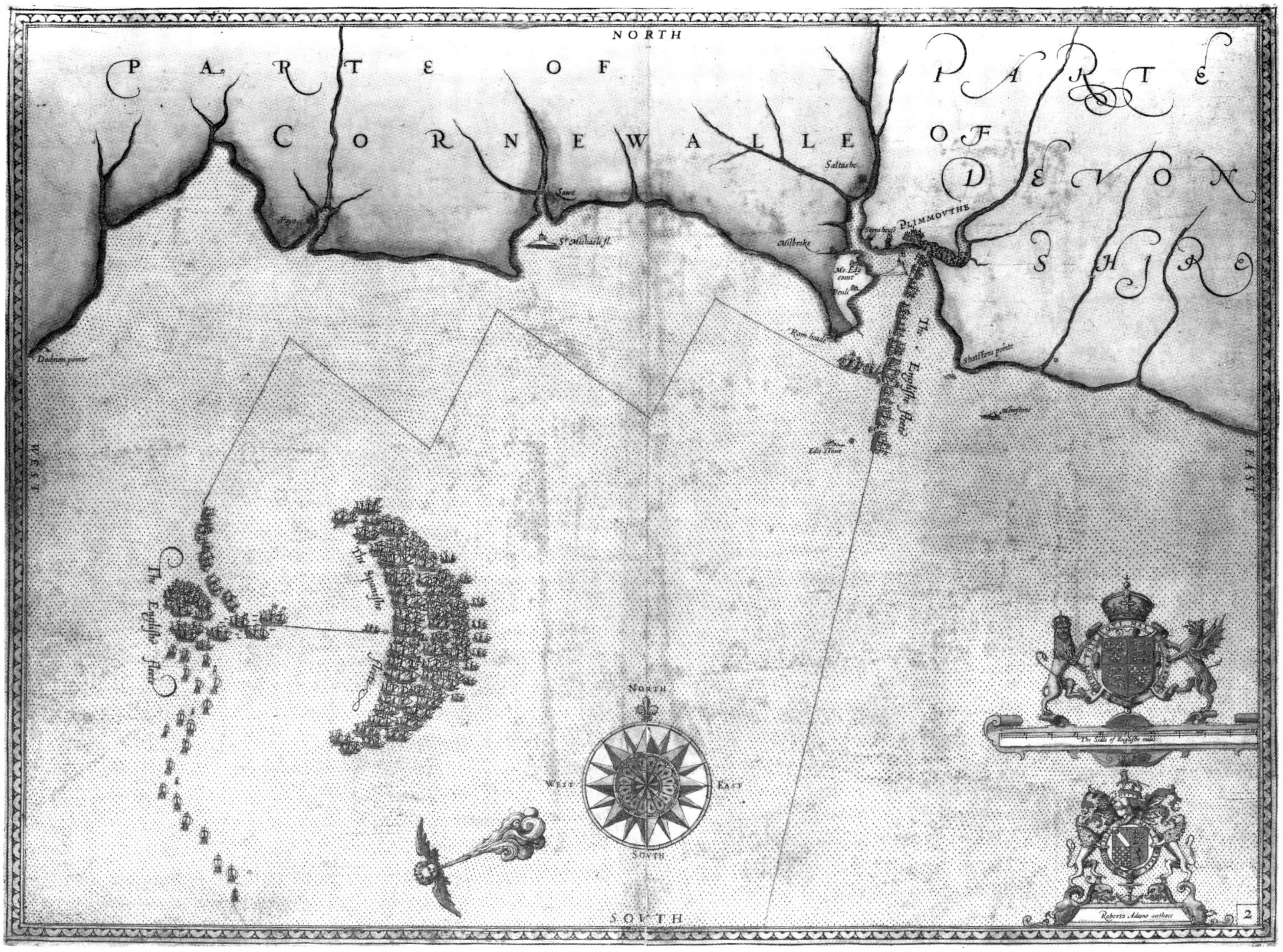

Das zweite von Rythers Bildern zeigt rechts die englische Flotte, wie sie gerade Plymouth verläßt. Der größere Teil der Schiffe kreuzt nach Süden; ein Geschwader, das mehr in Küstennähe bleibt, kreuzt westwärts, um den Wind in die Segel zu bekommen. Links die spanische Flotte, zwischen der Küste von Fowey und Looe; sie hat den berühmten Halbmond gebildet. Howard auf seiner Ark Royal hat die Pinasse Disdain (übersetzt: Verachtung, Geringschätzung) ausgesandt, um Medina Sidonia herauszufordern.

sion, fuhren zwölf Schiffe, und zwar jeweils vier nebeneinander, also drei Reihen hintereinander bildend. An der Spitze fuhren die *„vier Schiffe der Vorhut"*, die Don Alonso de Leyva mit seiner *Rata* anführte. Unmittelbar dahinter kamen vier Galeassen unter Hugo de Moncada und wiederum gleich hinter ihnen die Flaggschiffe der Biscaya-, Guipúzcoa- und Kastilien-Geschwader, an der Seite das Flottenflaggschiff *San Martin,* das zweite von Steuerbordseite in der Linie. Dies entspricht der Vorstellung: *„die größeren Schiffe geschlossen als Vorhut, damit sie als erste in den Kampf kommen und den ersten Schlag abfangen",* mit dem Flottenkommandeur *„im mittleren Geschwader, damit er die Vorhut und zugleich die Schiffe hinter sich im Auge behalten kann".* Die kleinen Depeschen- und Kundschafterschiffe fuhren nebeneinander hinter den drei Divisionen her, und hinter ihnen fuhren die Vorratsschiffe, auch sie in drei Abteilungen unterteilt, eine neben der anderen, mit weiteren kleinen Schiffen dahinter.

An dieser Schlachtordnung fällt auf, daß sie Recalde auf der äußersten Spitze des rechten Flügels zeigt – hier stand er, als die Armada sich an diesem Sonntagmorgen zur Schlacht formierte, während de Leyva in der Vorhut sein sollte. Das Bild der Armada erscheint nicht ganz klar, denn es gibt Berichte, die den linken Flügel als die Vorhut bezeichnen (den rechten als Nachhut), so daß

Planskizze des Verfassers, gezeichnet von Lionel Willis; sie zeigt den Beginn der Feindseligkeiten vor Plymouth, nahe den Eddystone Rocks. Es ist nicht bekannt, in welcher Position die Spanier tatsächlich segelten; die Skizze stützt sich auf englische Beschreibungen und Darstellungen sowie den Schlachtplan, den der Herzog der Toskana aus Lissabon zugesandt bekam. Nur schwer vorstellbar ist der Keil aus vier Schiffen und vier Galeassen, die als „Vorhut" bezeichnet wurden und luvwärts von Medina Sidonias Flaggschiff segelten; englische Darstellungen sind in diesem Punkt undeutlich. Wenn de Leyva nicht irgendwo in der Mitte war, sondern bei seinem eigenen Levante-Geschwader im südlichen Horn, ebenfalls „Vorhut" genannt, dann ist kaum zu verstehen, wie er später zur Unterstützung des nördlichen Flügels, der Nachhut, herbeieilen konnte.

die Formation nach der obigen Darstellung eigentlich zwei Stellen hatte, die man als Vorhut bezeichnete: den linken Flügel und die vorderste Reihe der mittleren Abteilung. Obschon sich aus den verschiedenen Berichten von den Kämpfen an diesem Tag kein genaues taktisches Bild abzeichnet, muß man doch davon ausgehen, daß es in der Tat zwei „Vorhuten" gab, deren mittlere, wie auch zeitgenössische Bilder zeigen, von Howard angegriffen wurde.

Bei Tagesanbruch blies der Wind aus Westsüdwest – Medina Sidonia zufolge soll er sich nach Westnordwest gedreht haben –, und die meisten englischen Schiffe waren klar in Sicht, vielleicht achtzig große und kleine Segel; einige von ihnen, darunter drei große Galeonen – wahrscheinlich Frobisher in seiner hochkastelligen *Triumph* sowie ein paar weitere königliche Schiffe, die noch ihre hohen Aufbauten trugen –, suchten den Wind mehr in Küstennähe, also nördlich bis nordnordwestlich.

An Bord der spanischen Schiffe waren die Vorbereitungen für den Kampf schon weit gediehen: an der Reling hingen Leinwandschurze, um die Kanoniere unter Deck zu verbergen, ähnliche Sichtblenden waren aufgezogen, um die schwenkbaren Kanonen sowie die Musketiere auf den oberen Decks samt all der Munition, den Steinhaufen, Granaten, Brandsätzen, Stinkgeschossen und anderen zu verstecken. Schwere Netze wurden aufgezogen, darin sollten sich die feindlichen Soldaten beim Entern verfangen; Zimmerleute hatten von den Orlopdecks die Kabinen und andere zeitweilige Aufbauten entfernt, die bislang entgegen dem Befehl Medina Sidonias bei der Abfahrt aus La Coruña hier gestanden hatten. Betten der Offiziere, Kommoden und andere Möbelstücke, die den freien Lauf auf den Decks behinderten – auch sie im Widerspruch zu dem genannten Befehl – wurden jetzt nach unten gebracht; Putzgeräte, Rammhölzer, Pulverschaufeln und Kratzeisen lagen einsatzbereit neben den großen Kanonen, die Luntenstöcke waren mit langen Luntenschnüren gefüllt. Neben den Geschützen lagen Kugeln in unterschiedlichen Größen, Patronen und Pulverhörner wurden auf die schwenkbaren Kanonen achtern, oberhalb des Magazins, verteilt, Wannen und Eimer mit Salzwasser und Essig zwischen den Kanonen aufgestellt, desgleichen Gefäße mit Trinkwasser, damit die Männer in der Hitze der Schlacht ihren Durst löschen konnten. Alte Segeltücher und angefeuchtete Decken wurden in den verschiedenen Quartieren verteilt, sie waren zum Feuerlöschen gedacht. Die Offiziere hatten ihre glänzenden Harnische angelegt.

Inzwischen kümmerten sich die Matrosen um die Segel und Brassen, denn die Kapitäne wollten ihre Schiffe näher an das jeweilige Flaggschiff ihres Geschwaders heranbringen. Allmählich bildete sich aus der geschlängelten Formierung der Nacht eine halbmondförmige Gestalt, deren Flügel oder Hörner nach Westen schauten; im nördlichen Flügel, der Nachhut, befand sich Vizeadmiral Recalde auf seiner 1000-Tonnen-Galeere aus Portugal, der *San Juan,* so hart im Wind, wie es eben ging. Medina Sidonia, auf seinem Flaggschiff *San Martin* in der Mitte, wandte sich vermutlich, unter leichtem Segel, nach Süden oder Südsüdost, indem er die Engländer erwartete. Da er leewärts fuhr, konnte er nichts tun, einen Kampf herbeizuführen; die Initiative dazu lag einzig und allein bei Howard.

Die aufmerksam beobachtenden Engländern erschreckte schon allein die Masse dieser spanischen Schiffe und ihre gute Ordnung. Der zeitgenössische Chronist Camden zeigte keineswegs ein Übermaß an Phantasie, als er von der spanischen Flotte schrieb, sie trage *„erhabene turmähnliche Aufbauten vorne"* und sei angeordnet *„wie ein Halbmond, der seine Flügel über eine Entfernung von sieben Meilen ausbreitet und mit vollen Segeln langsam dahinfährt, als*

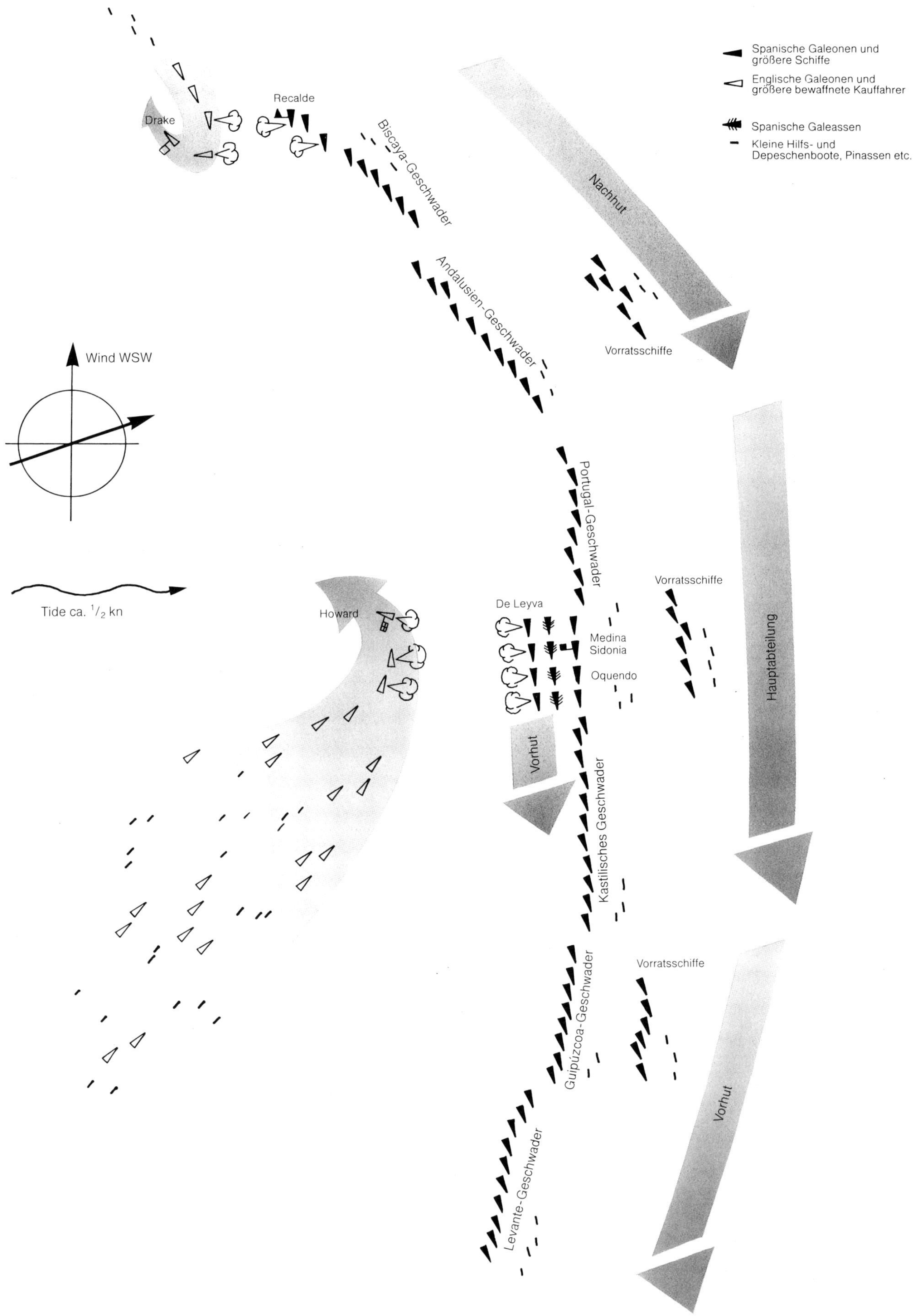

Spanische Galeonen und größere Schiffe
Englische Galeonen und größere bewaffnete Kauffahrer
Spanische Galeassen
Kleine Hilfs- und Depeschenboote, Pinassen etc.
Drake
Recalde
Biscaya-Geschwader
Nachhut
Andalusien-Geschwader
Vorratsschiffe
Wind WSW
Portugal-Geschwader
Tide ca. 1/2 kn
Howard
De Leyva
Medina Sidonia
Oquendo
Vorratsschiffe
Hauptabteilung
Vorhut
Kastilisches Geschwader
Vorratsschiffe
Guipúzcoa-Geschwader
Levante-Geschwader
Vorhut

Howard gab Cornelius Vroom und Francis Spiring den Auftrag, zehn Gobelins herzustellen, die die Kämpfe mit der Armada zeigen. Seit 1616 hingen sie im House of Lords, wo sie 1834 von einem großen Brand zerstört wurden. Glücklicherweise hatte John Pine Stiche von ihnen angefertigt und veröffentlicht. Dies sind die Tafeln III und IV aus dieser Reihe. Sie zeigen das erste Gefecht vor Plymouth sowie die spanische Flotte auf ihrer Fahrt, verfolgt von der englischen. Am folgenden Morgen bringen Sir Francis Drake und seine Männer die Galeone Rosario des Pedro de Valdés auf (unten). Die spanische Flotte hat ihre Verteidigungsposition – den Halbmond – wieder eingenommen und erwartet den Angriff.

wolle sie dem Wind seine Kraft rauben, und die See stöhnte bereits schwer unter ihrer Last“ [14].

Der Anblick war entmutigend. Die englischen Kapitäne brauchten einige Zeit, sich gruppenweise zusammenzuschließen, und erst gegen neun Uhr fuhr Howard mit seiner *Ark* auf die Mitte dieses Halbmonds zu, wo er die königliche Standarte über dem Focksegel der *San Martin* flattern sah. Er sandte seine Pinasse *Disdain* aus, *„um dem Herzog zu trotzen“* [15]. Sie feuerte eine kleine Kanone ab und die Mannschaft ließ wohl dazu wie üblich den Ruf erschallen: *„Sankt Georg für England!“* Dann segelte sie davon, und Howard machte hinter ihr im Wind eine Drehung, um gegen das feindliche Flaggschiff eine Breitseite abzufeuern. Es läßt sich unmöglich sagen, wie nahe Howard herankam, allen Berichten zufolge aber sehr nahe, vielleicht bis auf 500 Meter, vielleicht noch näher. Ein englischer Freiwilliger, der dabei war, schreibt: *„Die Majestät der feindlichen Schiffe, ihre gute Ordnung und geheime Bedenken unsererseits bewirkten meines Erachtens, daß unser erstes Zusammentreffen weniger hitzig verlief, als dem Ansehen unserer Nation und unserer Marine schicklich gewesen wäre.“* [16] Nach der *Ark* feuerten auch die anderen Schiffe aus Howards Gruppe ihre Breitseiten auf die *San Martin* und die größeren Schiffe in ihrer Nähe, eine davon war de Leyvas *Rata*. Die meisten Kugeln verfehlten ihr Ziel, den spanischen Kugeln erging es nicht anders, so daß auf beiden Seiten nur wenig Schaden entstand. Howard segelte davon und machte eine Wendung, um seine andere Breitseite abzufeuern, sobald das Schußfeld wieder klar war. Für die Spanier sah es so aus, als streckten die Engländer sich in einer Reihe aus, während sie sie angriffen.

Einige englische Schiffe, die sich etwas entfernt in Küstennähe befanden, hatten sich inzwischen dem größeren Teil ihrer Flotte genähert und schlossen sich nun Drakes *Revenge* an. Er führte eine kleine Abteilung von vielleicht acht Schiffen, zu denen auch Frobishers *Triumph* und John Hawkins' *Victory* zählten, die nun auf Recaldes *San Juan* zuhielten. Recalde behielt das Luven bei, während die englischen Schiffe näherkamen und, eins nach dem anderen, eine Breitseite abfeuerten und wieder davonfuhren. Nach dem ersten Feuer seiner eigenen schweren Geschütze – sicher auf die *Revenge* – konnte er wenig mehr tun als zuschauen, wie die mächtigen Kugeln durch die Takelage fuhren und die schwenkbaren Geschütze sinnlos donnerten, da die Schiffe nicht nahe genug herankamen. Der zweite Befehlshaber seines Geschwaders, Don Pedro de Mendoza, unterstützte ihn mit seiner *Gran Grin,* einem der größten Schiffe der Flotte.

Es läßt sich nicht sagen, wie der nun anhebende Kampf im einzelnen verlief. Medina Sidonias Bericht legt nahe, daß Recaldes andere Schiffe auf die Mitte zufuhren, so daß sein Flaggschiff, die *San Juan,* und die *Gran Grin* ungeschützt dem Angriff von Drakes ganzem Geschwader ausgesetzt waren. An diesem Tag erlitt die *San Juan* den größten Schaden: Zuerst ging ihre Takelage in Fetzen, zwei Schüsse trafen ihren Fockmast, der Kapitän wurde verletzt und etwa fünfzehn Männer getötet, berichtete später ein portugiesischer Mannschaftsangehöriger.[17] Es scheint sicher, daß der Herzog seiner Flotte befahl, anzugreifen, und mit seiner Vorhut und dem Zentrum Recalde zu Hilfe eilte.[18] De Leyva, der von seiner *Rata* aus die Vorhut befehligte, scheint sich in die Kämpfe weiter hinten eingemischt zu haben, wie es auch die *San Mateo* in der mittleren Abteilung machte, die möglicherweise zu seinen Schiffen gehörte. Einem Bericht zufolge soll de Leyva versucht haben, nahe an Drake heranzukommen, aber Drake wehrte diesen Versuch ab, denn sonst wäre die *San Mateo* in eine günstige Angriffsposition gekommen. Statt dessen richtete

C. Lempriere delin.
Publish'd by John Pine, June 24. 1739. according to Act of Parliament
J. Pine Sculp.

DIEU ET MON DROIT

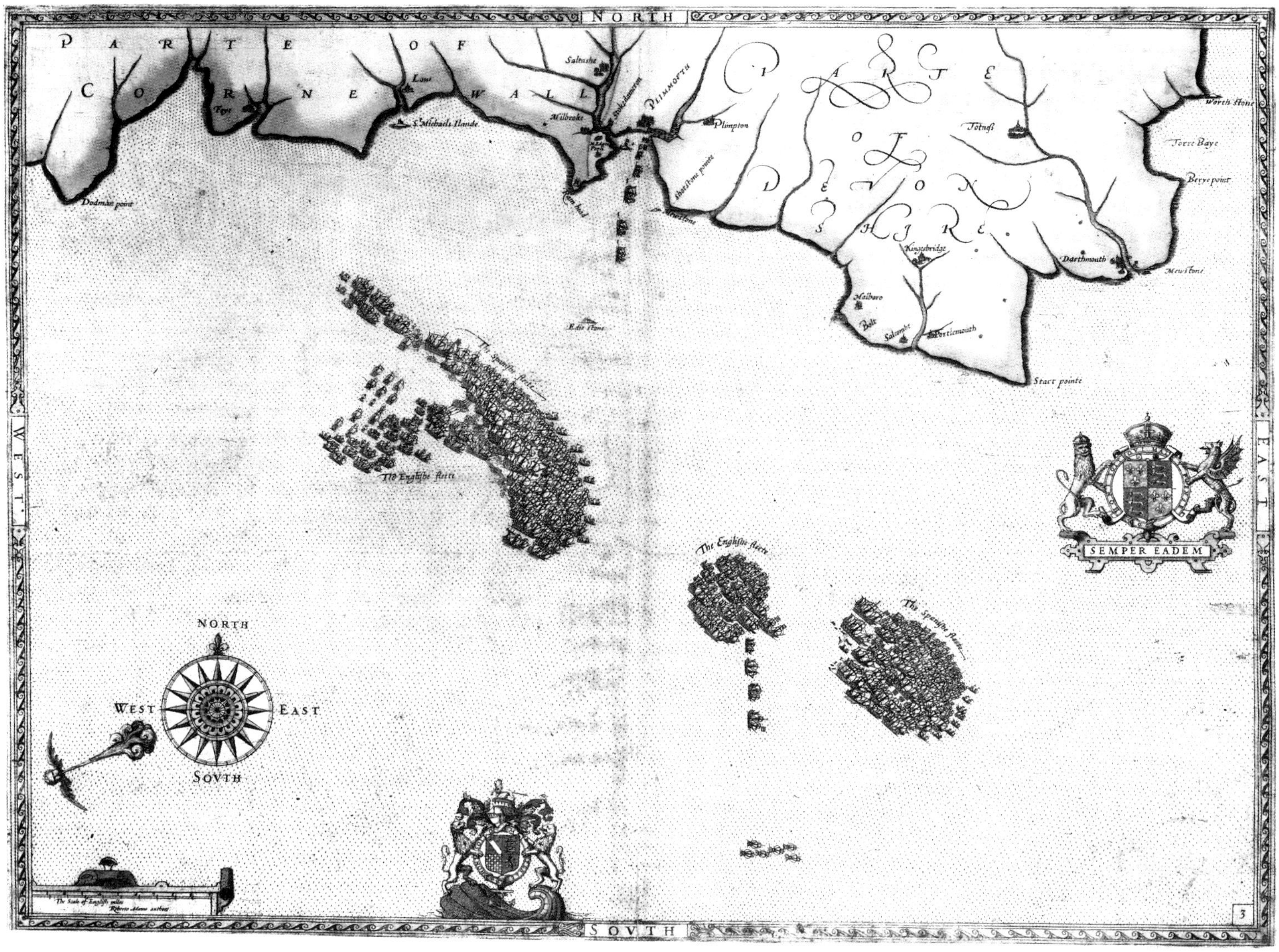

Das dritte in der Reihe von Rythers Bildern zeigt das erste Gefecht vor Plymouth, links Drakes Geschwader, wie es Recalde am nördlichsten (luvwärtigen) Flügel der Armada angreift. Howard und der größere Teil der englischen Flotte rükken stärker gegen die spanische Mitte vor, als die zeitgenössischen Beschreibungen erkennen lassen. Eine der Galeassen ist bei Recalde, zwei weitere im südlichen Flügel, der Vorhut des spanischen Halbmonds. Rechts sieht man die Spanier, wie sie ihren Kurs durch den Ärmelkanal „in einem Rondell" weiterverfolgen, die Engländer auf ihren Fersen.

Drake nun seine Kanonen auf sie.[19] Einem anderen Bericht zufolge sollen auch die Galeassen im nördlichen Teil des Halbmonds an den Kämpfen beteiligt gewesen sein;[20] daß sie an dieser Stelle waren, zeigt ein zeitgenössischer Stich.

Wie immer auch die Ereignisse abliefen, die kein einzelner Augenzeuge in ihrer Gänze hätte überblicken können, so riesengroß war diese Szenerie: spanische Berichte betonen, wie gut die englische Artillerie und wie schnell und beweglich die englischen Schiffe waren. Medina Sidonia sagte es so: *„Ihre Schiffe waren sehr gewandt und gut zu steuern, sie machten mit ihnen, was sie nur wollten."*[21] Da weder Howard noch einer seiner Kommandeure zu tief in das nördliche Horn des Halbmonds hineingeraten wollte, drehten sie nun ab und näherten sich dann erneut, auf weite Entfernung, mit ihrer anderen Breitseite. Das einzige ernsthaft beschädigte Schiff scheint Recaldes *San Juan* an der äußersten Spitze des Horns gewesen zu sein. Gegen Mittag war ihre Takelage in einem so schlechten Zustand, daß Recalde dem Kommandeur der andalusischen Schiffe, Don Pedro de Valdés, die Botschaft sandte, er werde einem weiteren Angriff nicht standhalten können und bitte Don Pedro, ihn abzulösen. Don Pedro versuchte es, aber durch die beengten Umstände stieß sein Flaggschiff, die *Nuestra Señora del Rosario,* dabei gegen ein Schiff des Biscaya-Geschwaders. Der Wind war stärker geworden und die See begann zu steigen, so daß er sie rammte. Das kostete ihn den Bugspriet, das Sprietsegel und die vordere Rahe – weitgehend steuerlos stieß sie nun auf ein Schiff seines eigenen Geschwaders, die *Santa Catalina,* und erlitt weiteren Schaden.

Medina Sidonia ließ daraufhin das Focksegel einholen und die Segel lokkern – dies war ein Signal an die Flotte, nicht weiterzufahren, so daß die *San Juan* und die *Nuestra Señora del Rosario* leewärts in die mittlere Abteilung segeln konnten, um dort ihre Schäden zu beheben. Howard war verärgert, daß die Spanier ihre Ordnung beibehielten, so konnte er nichts tun. An diesem Tag schrieb er in einer Note an Walsingham: *„Wir trieben einige von ihnen in den Rückzug; und obwohl sie ihre Schäden ausbesserten, wagten wir uns nicht zwischen sie hinein, da ihre Flotte so stark war.“*[22] Als Medina Sidonia seine Schiffe in Sicherheit sah, machte er erneut eine Wendung, diesmal nach Südsüdosten, und versuchte, seinem eigenen Bericht nach, *„dem Feind den Wind zu nehmen“.* Howard machte das gleiche und blieb in gleicher Entfernung vor dem Wind.

Irgendwann an diesem Nachmittag, als die Kanonen schwiegen, hätte ein aufmerksamer Beobachter vielleicht eine dunkle Rauchwolke sehen können, die irgendwo in der spanischen Flotte aufstieg, nachdem zuvor ein ungeheurer Knall ertönt war, der die Fensterscheiben in den Kaufmannshäusern an der Küste erschütterte. Für diejenigen, die auf einem der dichtbepackten Schiffe auf dem linken Flügel beziehungsweise der Vorhut der Armada waren, muß es wie ein Fanfarenstoß des Jüngsten Gerichts geklungen haben. Im Flaggschiff des Zweiten Befehlshabers, Miguel de Oquendo, in der *San Salvador,* war ein Pulverfaß in die Luft geflogen; diese Explosion hatte das hintere Ende des Heckkastells heruntergesprengt, ein paar Dutzend Soldaten getötet und weitere schwer verletzt, außerdem einige Kanonen gezündet, so daß deren Geschosse in die nächsten Schiffe einschlugen und bei einem die Steueranlage beschädigten. Viele aus den Mannschaften sprangen in ihrem Entsetzen einfach ins Wasser.

Vermutlich war das explodierte Pulverfaß nach oben ins Zwischendeck gebracht worden, um damit weitere Kartuschen aufzufüllen. Unten blieben 128 Pulverfässer unbeschädigt, aber vielleicht verstärkten unbenützte Kartuschen die Explosion noch. Auf den spanischen Schiffen machte die Geschichte die Runde, ein deutscher Kanonier habe nach einer heftigen Schelte – oder sogar nach einem Hieb – seines Kapitäns, weil er nicht besser geschossen hatte, absichtlich eine gezündete Lunte in das Pulverfaß geworfen. Niederländer, die von spanischen Schiffen desertierten, erzählten dies im August in Holland, und der Zahlmeister Pedro Calderon, der mit dem Kapitän und mit Überlebenden der *San Salvador* gesprochen hatte, erzählte nach seiner Rückkehr nach Spanien im September eine ähnliche Geschichte.[23]

Vermutlich hatte Medina Sidonia inzwischen den Versuch aufgegeben, auf die Luvseite der Engländer zu gelangen, und segelte einfach ostwärts durch den Kanal. Als er sah, daß das beschädigte Schiff allmählich aus der Linie kam und achtern zu rollen begann, feuerte er eine Kanone ab und gab Zeichen, daß seine Flotte das gleiche tun sollte. Die Engländer, die hier eine leichte Beute witterten und schon nähergekommen waren, ließen von dem Schiff ab und blieben auf Distanz, während die spanischen Schiffe der *San Salvador* zu Hilfe kamen.

Auf Don Pedros *Nuestra Señora del Rosario* waren die neuen Stage noch nicht angebracht oder nicht straff genug, auf jeden Fall brach der Fockmast kurz über dem Deck ab, fiel nach achtern auf die Großrahe und schlug sie weg. Medina Sidonia ließ eine Galeasse zurück, um die *San Salvador* ins Schlepptau zu nehmen, und kam mit zwei anderen Galeassen Don Pedro zu Hilfe. Seinem

Visschers Stich der Armada vor Portland. Es ist schwierig, den Verlauf des Scharmützels – der hier nach zeitgenössischen Beschreibungen oder Skizzen dargestellt wurde – zu verfolgen; vielleicht kommen die beiden Galeassen im Vordergrund näher, um das Flottenflaggschiff zu unterstützen, das von den Bugkanonen des bedeutend kleineren englischen Geschwaders angegriffen wird (Mitte). Die Windrichtung (Nordost) jedoch stimmt nicht überein mit den zeitgenössischen Beschreibungen über dieses Stadium des Gefechts. Die Galeassen scheinen äußere Haltevorrichtungen für die Riemen zu haben und darunter Stückpforten für die Kanonen entlang der Breitseiten – das bedeutet, daß die Galeassen selbst mit Hilfe von Ruderern nicht besonders schnell vorangetrieben werden konnten und ihre Artillerie aus größerer Entfernung keine hohe Feuerkraft besaß. Hugo de Moncada scheint auf dem Heckdeck ein Zelt errichtet zu haben, der Besanmast allerdings fehlt. Spanische Soldaten stehen bereits in den Wanten und warten auf das Entern; im Hintergrund sieht man die Leuchtfeuer auf der Küste.

Poortlant

Die Segel eines englischen Kriegsschiffes, von vorn: auf dem Bugspriet das Sprietsegel, das an der Rah aufgerollt ist; am Vormast die Fock, das Vormarssegel und Vorbramsegel; am Großmast das Groß-, Großmars- und Großbramsegel. An der Fock und am Großsegel sind die angeschlagenen Bonnets gut zu erkennen. Der Kreuzmast hat ein Lateinersegel, ebenso der Bonaventuramast. Die Stage führen von einem Mast zum Fuß des nächststehenden, beim Vormast hinunter zum Bugspriet. Die Backstage und Wanten sind auf sogenannten Rüsten angesetzt, das sind Hölzer, die die Wanten spreizen sollen. Die Wanten sind mit Webeleinen gekreuzt, auf denen die Seeleute wie auf Strickleitern auf die Marsen oder noch höher klettern konnten; die Marsen sind die korbartigen Plattformen in Höhe der Mitte der Masten. Von hier aus feuerte man Granaten oder Brandgeschosse auf das feindliche Deck. Mit der Entwicklung der weiterreichenden Gewehre verloren die Marsen an Bedeutung. Die Brassen, mit denen die Rahen heruntergeholt wurden, laufen, wie hier zum Beispiel, von der Fockrahe zu einem Tau am Groß-, Vormars- und Vorbramstag; ähnlich von den oberen Rahen zu den Kreuzmaststagen. Die unteren Ecken oder Schothörner eines Segels werden durch Wenden, das sind Geitaue, und Schoten gehalten; am „Wetter"-Schothorn, das ist die Luvseite, wurde das Geitau über Betinge, das sind besonders starke vertikale Hölzer, gezogen und belegt. Das leewärtige Schothorn wurde durch einen Ring, achtern außenbords zurück zu einem Block am Ring geführt, dann innenbords unter den Wanten belegt. Ein Block ist ein Holzgehäuse, in dem sich eine oder mehrere Scheiben befinden, über die das Tau geleitet wird. Die luvwärtige Ecke eines Segels wird mit einer Buline nach vorne geholt, hier läuft eine vom Schothorn des Großsegels zu einem Block am Großmaststag.
Das sogenannte laufende Gut, das ist sämtliches Takelwerk, das geholt und gefiert wird, also Brassen, Schoten usw., wird auf der gegenüberliegenden Seite am Beispiel eines spanischen Schiffes gezeigt.

Dies ist die Illustration der Takelage eines spanischen Kriegsschiffes. Hier sind keine hängenden „Fußpferde" zu sehen, so heißen die Taue, die unter der Rah verlaufen und auf denen die Seeleute beim Reffen oder Segelfestmachen stehen. Die zeitgenössischen Beschreibungen erwähnen diese Fußpferde nicht, denn die Seeleute mußten ohne Zweifel nur sehr selten auf die Rahen, da diese üblicherweise auf das Deck heruntergelassen wurden.
Man mußte an drei verschiedenen Tauen ziehen, um die Segel zu reffen: mit den Geitauen wurden die Schothörner zur Mitte der Rah gezogen; mit den Buggordings, die hier nicht eingezeichnet sind, wurde der Bug, also der Bauch, des Segels hochgezogen; mit den krähenfüßig eingezeichneten „Martnets" wurden die „Lieken", die Kanten, der Focks und des Großsegels eingeholt.
Man mußte beim Steuern sehr sorgfältig darauf achten, daß das Schiff nicht krängte; so dienten das Sprietsegel, das Lateiner- und das Bonaventurasegel weniger dazu, mehr Fahrt zu machen, als das Steuern zu erleichtern.

Bericht zufolge gelang es nicht, dort eine Trosse an Bord zu bringen, weil Wind und See so stark angestiegen waren. Sicher war die *Rosario* ohne die Segel am Fockmast nicht steuerbar, denn es fehlte das Gegengewicht für das schwere Heckkastell; sie abzuschleppen wäre auch unter allergünstigsten Umständen eine seemännische Leistung gewesen. Da die Engländer gerade etwas außer Schußweite waren, der Wind auffrischte und der Abend langsam hereinbrach, berücksichtigte Medina Sidonia die Bedenken seines Beraters Diego Florés, die Flotte könne sich im Laufe der Nacht allzuweit ausbreiten. Er beschloß, die Mannschaft des schwerbeschädigten Schiffes abzuziehen und das Fahrzeug den Engländern zu überlassen. Wenn es möglich war, die Männer herunterzuholen, hätte es eigentlich auch möglich sein müssen, Taue auf das Schiff zu bringen – die Erzählung wird an dieser Stelle etwas unglaubwürdig. Aber Don Pedro weigerte sich, sein Schiff zu verlassen, und schließlich feuerte Medina Sidonia eine Kanone ab, um die anderen Schiffe ringsumher zu sammeln und fuhr westwärts davon.

An diesem Abend hielt Howard einen Kriegsrat ab. Drake, Hawkins und ein paar weitere erfahrene Kommandeure hatten sich auf der *Ark* eingefunden. Welche Vorschläge hier zur Sprache kamen, ist nicht bekannt. Sie hatten kaum eine Wahl: sich einer Flotte zu nähern, die in so tadelloser Ordnung fuhr und so viele Soldaten mit sich führte, mußte dem Feind in die Hände spielen. Wie wendig die englischen Schiffe auch sein mochten, so waren sie doch nicht gegen die Havarie durch einen Schuß gefeit; die zu Hilfe Eilenden würden mit den Spaniern in einen Kampf verstrickt werden, was bestimmt höchst unglücklich ausgehen würde. Die einzige vorsichtige Strategie bestand darin, ihnen mit dem Wind im Rücken zu folgen, damit sie nicht vor Anker gehen konnten – und falls sie tatsächlich zu landen versuchten, sie mit Hilfe der kleineren Boote, die die englischen Soldaten zwischen der Küste und den Schiffen hin und her beförderten, anzugreifen. Howard beschrieb die Taktik tags darauf in einem Brief so: *„Wir wollen dem Feind so dicht folgen, daß sich für ihn zur Landung keine Gelegenheit ergibt.“*[24] Schließlich *„entließ Seine Lordschaft sie wieder auf ihre eigenen Schiffe und ernannte Sir Francis Drake, diese Nacht die Wachen zu übernehmen“*[25].

Was Sir Francis in dieser Nacht tatsächlich machte, wird nie zu erfahren sein. Frobisher und die anderen vermuteten, er habe die Galeone von Don Pedro bewacht, da der Rest der Armada sie aufgegeben hatte. Sicher löschte er seine Lichter, und Howard, der offenbar die spanischen Lichter mit denen der *Revenge* verwechselte, fand sich am nächsten Morgen in gefährlicher Nähe zum Feind, die meisten seiner eigenen Schiffe weit hinter sich. Drakes Geschichte klang ganz anders: er habe seine Lichter gelöscht, weil er argwöhnte, spanische Schiffe könnten des Nachts umkehren, um in ihrem Rücken vor den Wind zu gelangen. Dies war kaum zu befürchten, denn die *Nuestra Señora* fiel an diesem Abend weit zurück, wie die ganze englische Flotte beobachten konnte. Als es dunkel wurde, fuhr der 200-Tonnen-Kauffahrer *Margaret and John* nahe an sie heran, zögerte aber anzulegen, weil sie so stark im Wasser rollte. So gab man nur eine Ladung Musketenschüsse auf das hohe Heckkastell ab, um zu sehen, ob noch jemand an Bord war. Als Antwort kamen zwei Kanonenschüsse. Nun feuerten die Engländer eine Breitseite ab, blieben in ihrer Nähe, bis sie – *„den Ärger Seiner Lordschaft fürchtend, falls wir hinter die Flotte zurückfallen“*[26] – gegen Mitternacht alle Segel setzten, um nicht hinter Howard zurückzubleiben. Drake kam beim ersten Licht des nächsten Tages zurück, in Begleitung des 300-Tonnen-Kauffahrers *Roebuck,* der Sir Walter Raleigh gehörte, und mit ein, zwei weiteren kleinen Schiffen.

Pedro de Valdés war allein, ohne jede Hilfe. Er war außer sich vor Wut über Medina Sidonia, der ihn verlassen hatte, so daß er sich jetzt keinem Geringeren als „El Draque“ und dessen *Revenge* gegenübersah, der ihn mit glimmender Lunte an den geladenen Geschützen aufforderte, sich zu ergeben. Er schickte Emissäre, die mit ihm verhandeln sollten. *„Ihr Leben und gebührende Bewirtung“* war alles, was sie herausholen konnten. Er nahm ohne große Umstände an. Drake nahm Don Pedro und seine Offiziere sowie die adligen Abenteurer an Bord seines Flaggschiffes. Howard empfing den Spanier höflich und drückte sein Bedauern über die Behandlung aus, die er von Medina Sidonia erfahren hatte.[27] Was Howard wirklich von Drakes Vorgehensweise hielt, ist nicht bekannt. Inzwischen war die *Roebuck,* deren Kapitän im Auftrag Drakes die Galeone zum nächsten Hafen bringen sollte, auf Weymouth zugesegelt, nachdem das spanische Schiff zuvor vermutlich einen provisorischen Fockmast erhalten hatte.

An diesem Montag, dem 1. August, fiel den Engländern eine weitere Beute zu, die *San Salvador.* Es hatte sich als zu schwierig erwiesen, sie im dunkeln ins Schlepptau zu nehmen. Einige der Verletzten und die Gelder, die sie mit sich führte, wurden auf andere Schiffe abgegeben; als gegen 11 Uhr bekannt wurde, daß sie stark leckte, befahl Medina Sidonia, die restliche Besatzung abzuziehen und das Schiff zu versenken. Sie war bereits zurückgefallen, die Engländer folgten ihr dicht auf, und es war nicht leicht, die von Brandwunden gezeichneten Männer wegzuschaffen. Als die meisten von einigen Depeschenbooten übernommen worden waren, gab man die *San Salvador* einfach auf. Spät am Nachmittag schlichen John Hawkins' *Victory* und die *Golden Lion* sich an sie heran. Die beiden Kommandeure fanden das Schiff in einem jämmerlichen Zustand:

„... das Deck des Schiffes war eingesunken, die Steuerung zerbrochen, das Heck herausgesprengt, und ungefähr fünfzig arme Kerle lagen da, von Schießpulver verbrannt, in kläglichstem Zustand. Der Gestank war unausstehlich, und was man sah so häßlich, daß Lord Thomas Howard und Sir John Hawkins wieder gingen und den Lord Admiral aufsuchten, um ihn über alles in Kenntnis zu setzen.“[28]

Wahrscheinlich kam es an diesem Tag zu keinem Kampf, weil Howard den größten Teil des Morgens damit zubrachte, seine verstreuten Schiffe zu sammeln, und im Lauf des Nachmittags der Wind so abflaute, daß beide Flotten in der Windstille ruhten.

Medina Sidonia war offensichtlich unzufrieden über die Schlachtformation des Vortags und das Verhalten einiger Kapitäne. Er ließ eine neue Schlachtordnung bilden, die nur zwei Abteilungen hatte, Vorhut und Nachhut. Da Recaldes Schiff noch nicht völlig instandgesetzt war, ernannte er de Leyva zum Oberkommandierenden der Nachhut, gab ihm *„43 der besten Schiffe der Armada“,* darunter drei Galeassen und die Galeonen des portugiesischen Geschwaders, die *San Mateo,* die *San Luis,* die *Florencia* und die *Santiago.* Seine Aufgabe war es, *„dem Feind standzuhalten und zu verhindern, daß er sich unserer Vereinigung mit Parma in den Weg stellt“*[29]. Er selber wollte die Vorhut befehligen. Nachdem er jedem Schiff in der Flotte im Plan einen genauen Platz zugewiesen hatte, ließ er die neue Formation von seinen Sekretären sechsmal abschreiben und sandte sechs Depeschenboote aus, mit je einem Hauptfeldwebel an Bord, um sicherzustellen, daß jeder Kapitän seinen Platz erfuhr. Sie hatten schriftliche Anweisungen, die sie zusammen mit der Schlachtordnung vorzeigen sollten, daß jeder Kapitän gehängt werden würde, dessen Schiff die ihm zugeteilte Position verließ. Marineprofosse und Scharfrichtergehilfen begleiteten diese Depeschenboote, um die Warnung zu unterstreichen. Ob dies nun Medina Sidonias Idee war oder die von Diego Florés – sie war unsinnig und zugleich charakteristisch für das Denken der Militärs, was auch die Kämpfe am nächsten Tag zeigen sollten. Vielleicht sollte es auch nur eine Warnung sein, vor dem Feind nicht zurückzuweichen.

Am selben Tag sandte Medina Sidonia einen englischsprachigen Offizier in einem Depeschenboot zu Parma nach Flandern. Dieser Offizier, Juan Gil, führte einen Brief des Herzogs mit sich, in dem dieser Parma anflehte, er möge einige Punkte seines früheren Briefes beantworten; gleichzeitig bat er um Lotsen, die die flandrische Küste kannten, *„denn ohne sie weiß ich nicht, wo ich mit so großen Schiffen wie diesen Schutz finden kann, falls wir von einem Sturm überrascht werden“*. Die englische Flotte habe sich mit ihnen ein Artilleriegefecht geliefert, schrieb er, und sie sei ihm mit der Absicht gefolgt, *„unsere Reise offenbar zu verzögern und ganz aufzuhalten. Wäre es ihr Ziel, gegen uns zu kämpfen, so hätten sie heute eine gute Gelegenheit gehabt.“* In einem Nachsatz fügte er noch hinzu, der Feind bedränge weiterhin seine Nachhut; er unterzeichnete *„vor Portland, 20 Meilen von Plymouth entfernt“*[30].

Als der nächste Morgen heraufdämmerte, es war Dienstag, der 2. August, kam von Nordosten ein Lüftchen auf und bot erstmals Medina Sidonia, seit Howard ihm den Wind vor Plymouth aus den Segeln genommen hatte, einen Vorteil. Jetzt, im frühen Licht dieses schönen Tages, sah er die englischen Schiffe nach Nordwesten drehen; die Brassen leewärts im Wind festhaltend, wollten sie nun ihren Vorteil stärker landwärts suchen. In welcher Ordnung sich seine Flotte nach dieser windstillen Nacht befand, läßt sich unmöglich sagen; seinem eigenen Bericht zufolge sieht es so aus, als sei er zusammen mit den Galeassen vorausgefahren, *„der Rest der Flotte hinter ihnen her“*. Wahrscheinlich war keine Ordnung festgelegt, so daß die Kapitäne ihm einfach zu folgen versuchten. Es ist gleichfalls unmöglich, den genauen Standort der Flotte festzustellen. Tags zuvor hatte er seine Notiz an Parma *„vor Portland“* unterzeichnet; jetzt wollte er unbedingt Flandern anlaufen. Die Winde von Westen hatten am Nachmittag beträchtlich nachgelassen. Bestimmt war er inzwischen ein gutes Stück weiter als Portland, zumal seit Mitternacht die Gezeitenströmung nach Osten ging.

In dem kurzen Tagebuch der Ereignisse, das Howard zwei Wochen später an Walsingham sandte, berichtete er, die Kampfhandlungen hätten *„ungefähr gegen fünf Uhr morgens auf St. Albans zu begonnen“*[31]. Medina Sidonia ließ alle Segel setzen und steuerte noch mehr westwärts auf die Engländer zu. Sicher hielt er das für seine Gelegenheit. Das legt auch der Bericht des spanischen Zahlmeisters Calderon nahe: *„Der Herzog steuerte auf sie zu in der Absicht, sie anzugreifen; aber der Feind setzte alle Segel und floh.“*[32]

Howard bemerkte bald, daß er sich unmöglich windwärts auf das Land zubewegen konnte. Er *„fuhr ostwärts“*, weil er vorhatte, die Armada auf der südlichen Flanke zu umrunden, und Calderon deutete das als Flucht. Medina Sidonia fuhr hinter ihm her und versuchte erneut, es auf ein Entermanöver ankommen zu lassen. Bis dahin besteht zwischen den Berichten von beiden Seiten kein Widerspruch. Dem spanischen Bericht zufolge fuhren die Engländer davon, als sie sahen, daß die anderen sich nähern wollten; nach dem englischen Bericht aber *„lagen sie still und erwarteten deren Kommen“*[33].

Offenbar verharrten die Engländer in dieser Stellung nicht lange; sie wollten Medina Sidonia zum Nahkampf herankommen lassen. Wahrscheinlich versuchten sie es nur mit einer Taktik, die sie ähnlich schon einmal angewandt hatten, nämlich abzuwarten und auf das erste spanische Schiff eine Breitseite abzugeben, dann nachzuladen, dem Feind einen kurzen Blick auf das Heck zu gewähren – und dann die andere Breitseite abzufeuern. Martin de Bertendona, der in dem großen, umgerüsteten venezianischen Kauffahrer *Regazona* fuhr, führte den Angriff gegen Howards *Ark* an; vermutlich folgte er dem Herzog, bevor die anderen nachkamen. Howard wich nicht aus, als Bertendona riesengroß auf die *Ark* zukam; er gab ihm vielmehr eine Breitseite, wendete und fuhr davon. Medina Sidonia schrieb, *„als er (Bertendona) sich ihr (der Ark) näherte, machte er Platz und fuhr auf die See hinaus“*[34]. Die anderen englischen Schiffe feuerten nun ihre Breitseiten ab und folgten ihrem Oberbefehlshaber. In amtlichen englischen Aufzeichnungen gibt man sogar zu, daß es so geschah: *„... als der Feind sah, daß wir blieben und einige unserer Schiffe auf sie warteten, ... gab er sich damit zufrieden, dem Heck der Nonpareil zu folgen, die das hinterste der Schiffe war.“*[35] Die Engländer zeigten in anderen Worten, den Spaniern ihre Heckseiten.

Inzwischen war eine kleine Abteilung um Frobisher und seiner *Triumph* vom größeren Teil von Howards Flotte etwas abgekommen. Eines dieser Schiffe war ein größerer Kauffahrer, die *Merchant Royal,* die vier anderen waren kleinere Kauffahrer. Sie waren vermutlich in einiger Entfernung von Howard losgefahren, sicher wäre die hohe, schwerfällige *Triumph* nicht imstande gewesen, so elegant wie die *Ark* landwärts vor dem Wind zu kreuzen. Jetzt war die Gruppe ein beträchtliches Stück leewärts, und man faßte, dem englischen Bericht zufolge, auf den Galeassen Medina Sidonias neuen Mut und wollte zum Angriff übergehen. Der Herzog ließ ihnen durch ein Depeschenboot den Befehl überbringen, an den Feind heranzugehen und seine Schiffe zu entern; er selber versuchte mit seinem Flaggschiff das gleiche.

Was danach geschah, ist aus den Berichten nicht klar zu ersehen. Entweder ließ der Wind plötzlich nach und sprang dann von Süden her wieder auf, oder es wehten beständig leichte Brisen aus Südost bis Süd. Calderon schreibt, der Wind habe sich gegen 10 Uhr nach Süden gedreht. Um diese Zeit müssen die Flotten in der Nähe der Portland Bill gewesen sein. Die Gezeitenströmung zog seit 6 Uhr morgens nach Westen,[36] und obschon sie, nach dem Stand des Mondes zu urteilen, nicht sehr stark war, hätte sie doch die Schiffe etwa fünf Meilen weit treiben können. Ihr ursprünglicher Kurs nach Nordwesten, die Abdrift, der sie ausgesetzt waren und das stete Ausweichen der Engländer, die sich den Spaniern nicht stellten, erklärt vielleicht die noch fehlenden 14 Meilen zwischen St. Albans Head und Portland Bill. Die zeitgenössischen Stiche, die Howard anfertigen ließ, zeigen Frobishers versprengte Gruppe hart westlich der Bill, und es wurde oft gerätselt, ob er vielleicht den Feind in die berüchtigte Strömung Portland Race locken wollte. Der Stich zeigt die Galeassen genau dort, wo die Strömung bei westlichem Abfluß der Gezeiten lag. Keiner der Zeitgenossen erwähnt einen solchen Plan, und es gibt keine Quelle, die diese Vorstellung stützt. Die Strömung kann bei Ebbe nicht gar so schlimm gewesen sein, sie hätte ab etwa 9 Uhr nachgelassen und wäre schon vor 11 Uhr kaum mehr spürbar gewesen. Einer anderen Mutmaßung zufolge soll er versucht haben, sie in die Felsen östlich des Points zu locken; aber die Tatsache, daß die Strömung der Gezeiten von diesen Felsen weg in die Richtung jenseits des Points lief, macht diese Theorie hinfällig. Howard dachte, Frobisher sei *„in einer Notlage“.*

Die Galeassen kamen nahe genug an Frobishers kleine Gruppe heran, sie zu einem Artillerieduell herauszufordern. Auf dem Stich setzen sie ihre Ruder ein, aber wahrscheinlich sollen sie dadurch nur leichter für den Betrachter zu

Auf der folgenden Doppelseite: Tafel V aus John Pines Bilderreihe. Sie zeigt die beiden Flotten vor Portland und vermittelt einen anderen Eindruck als der Stich von Visscher und das Bild von Ryther. Vielleicht ist das Scharmützel rechts der Beginn des Gefechts, als der Wind im Osten stand, und die Spanier auf die eng nebeneinander fahrenden Engländer zuhielten. Die Rahs der englischen Schiffe sind im äußersten Winkel in den Wind gebrasst. Der linke Teil und die Bildmitte scheinen die Situation darzustellen, nachdem der Wind sich nach Süden beziehungsweise nach Westen gedreht hatte, zum Vorteil der Engländer; die Spanier hatten inzwischen erneut ihren Halbmond gebildet und die Fahrt kanalaufwärts wieder aufgenommen, verfolgt von den Engländern. Nirgends ist die Rede davon, daß ein Schiff seinen Fockmast verloren habe, wie dies in der linken Bildmitte gezeigt wird. Die Galeasse in der Mitte unterscheidet sich kaum von der auf Visschers Stich, abgesehen von einer Reihe – vermutlich – leichter Kanonen neben den Halterungen für die Riemen und dem fehlenden Heckaufbau.

HONI SOIT
DIEU ET

ON · DROIT
V

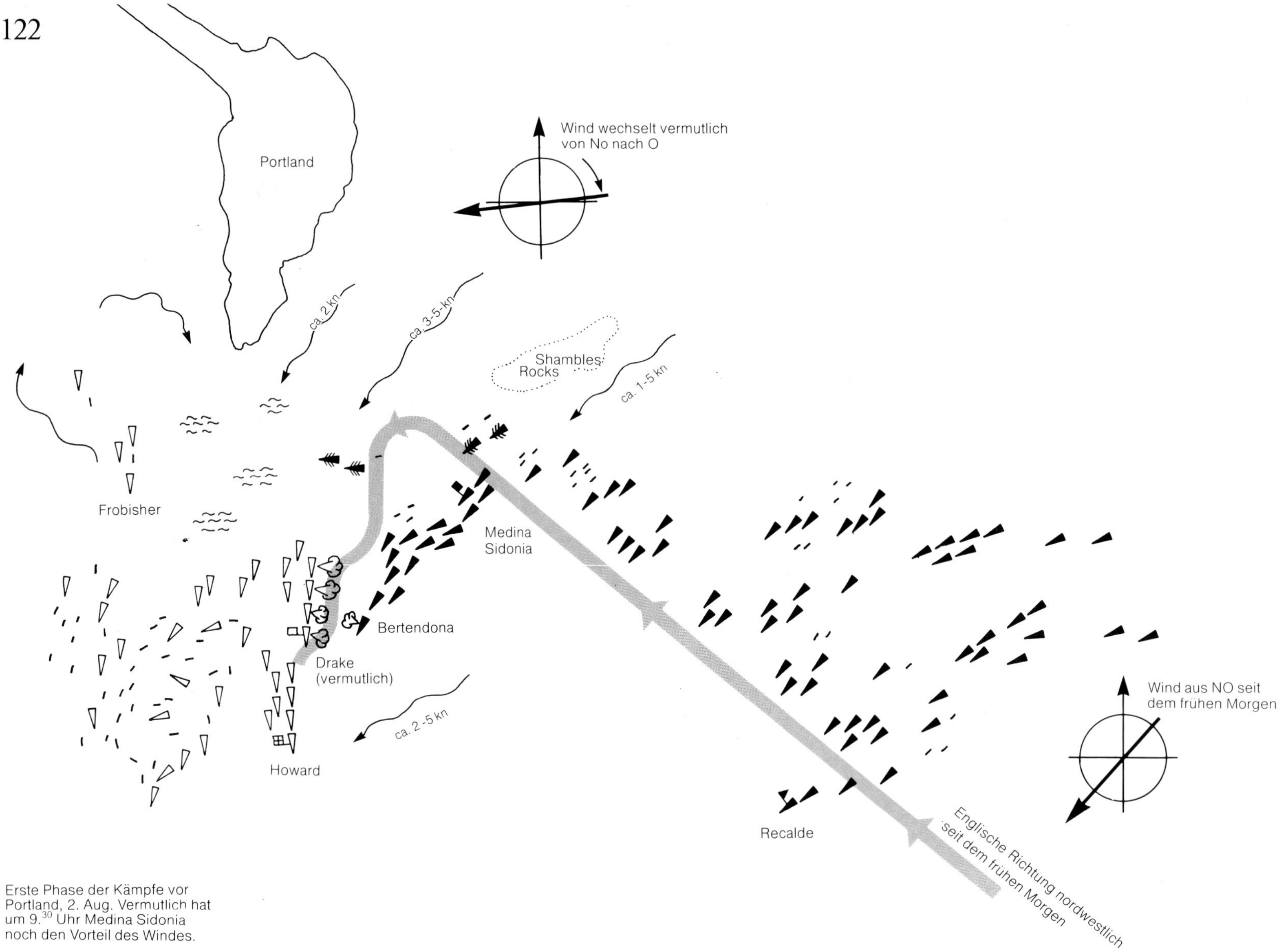

Erste Phase der Kämpfe vor Portland, 2. Aug. Vermutlich hat um 9.30 Uhr Medina Sidonia noch den Vorteil des Windes.

Skizze des Verfassers, gezeichnet von Lionel Willis. Sie zeigt den Beginn des Kampfes vor Portland am 2. August 1588 und beruht weitgehend auf Vermutungen. Der Wind steht noch immer zu Gunsten Medina Sidonias; er versucht, an Howard heranzufahren, der dies nicht zulassen will. Martin Frobisher ist weit nach leewärts abgedriftet und vor Portland, in seiner Begleitung bewaffnete Kauffahrer. Er kann die Hidalgos nicht ausmanövrieren, sondern ist selbst in Gefahr, von den anderen abgeschnitten zu werden – zwei Galeassen fahren bereits auf ihn zu.

erkennen sein. Frobishers Schiffe sind so dargestellt, als erwarteten sie einen Kampf aus einiger Entfernung – drei weisen auf den Feind und schießen gerade ihre Buggeschütze ab, eines steht mit der Breitseite zu den feindlichen Schiffen und feuert gerade, ein weiteres fährt davon und schießt dabei noch seine Heckgeschütze ab.

Da der Wind sich nach Süden oder Südsüdwest gedreht hatte, war Howard wieder im Vorteil; doch drohte nun Frobishers Gruppe im nördlichen Flügel von den spanischen Schiffen dazwischen abgeschnitten zu werden. Howard sammelte seine Schiffe und fuhr nach Norden, um Frobisher beizustehen. Seine Kapitäne sollten ihm folgen *„und erst dann ihre Geschütze abfeuern, wenn sie sich in Reichweite der feindlichen Musketen befinden“*[37]. Dies ist ein historischer Befehl, der erste in einer Reihe von Befehlen, die später zu den allgemeinen englischen Kampfanweisungen gehörten und in den großen Tagen der Seefahrt die Grundlage englischer Überlegenheit wurden – mit schweigenden Kanonen auf den Feind loszufahren, bis man so nahe war, daß die Breitseiten ihr Ziel nicht verfehlen konnten.

Medina Sidonia schrieb über diesen Vorstoß, daß der Feind jetzt *„die Strömung der Gezeiten und den Wind zu seinem Vorteil“* gehabt habe. Die Gezeiten wechselten gegen Mittag, es könnte also am frühen Nachmittag gewesen sein, als Howard, wie Medina Sidonia schreibt, von hinten auf ihn zufuhr.

Hier hielt Juan Martínez de Recalde in seinem reparierten Flaggschiff *San Juan* eine Position weit im Wind, geradeso wie bei ihrem ersten Scharmützel vor Plymouth; jetzt richteten die Engländer ihren ersten Angriff gegen ihn. Die zeitgenössischen Stiche zeigen, wie Drake und eine kleine Gruppe von Schiffen den südlichen Flügel der spanischen Flotte angreifen. Ein spanischer Soldat auf einem Schiff unweit der *San Juan* berichtete, daß Drakes Flaggschiff von zwei Kugeln getroffen wurde. Wahrscheinlich kamen die Engländer, wie am ersten Tag, in zwei Gruppen heran: die Hauptflotte unter dem Befehl von Howard, eine kleinere Formation unter Drake. Alonso de Leyva kam Recalde zu Hilfe, und Medina Sidonia sandte den Schiffen in seiner Nähe die Botschaft, das gleiche zu tun. Er folgte in seiner *San Martin*, als – seinem Bericht zufolge – die Engländer von Recalde abließen und statt dessen auf ihn losgingen. Da Howard die Führung hatte und die Gruppe weiter südlich im Rauch der Kanonen verborgen gewesen sein muß, könnte der Herzog die Lage falsch beurteilt haben – dies war der Hauptschlag eines englischen Doppelangriffs. Er feuerte auf jeden Fall eine Kanone ab und ließ dann seine Topsegel herunter als Einladung an Howard, zum Kampf heranzukommen. Statt dessen *„fuhren der feindliche Admiral samt der ganzen Flotte an ihr vorbei, und jedes ihrer Schiffe feuerte dabei eine Breitseite auf unser Flaggschiff, während sie passierten“*[38]. Medina Sidonia hatte keinerlei Unterstützung und bekam daher die Wucht der englischen Breitseiten zu spüren, eine nach der andern. Es erwiderte das Feuer entschlossen, vermutlich aus den leichteren Hinterladern, da man die schwereren Geschütze erst einige Zeit später nachladen konnte. Ein spanischer Soldat berichtete, das Flaggschiff habe *„mit seinen Kanonen mit der ganzen (englischen) Armee mehr als eine Stunde lang Katz und Maus gespielt, so daß wir sie gar nicht sehen konnten, von so viel Rauch waren sie umgeben“*. Calderon behauptet, der Herzog allein habe die feindliche Flotte anderthalb Stunden lang in Schach gehalten und 80 Schuß abgegeben, ehe andere Schiffe zu Hilfe kommen konnten – derweil der Feind wenigstens 500 Schuß feuerte *„von denen einige seinen (des Herzogs) Schiffsrumpf trafen und andere die Takelage, was ihn seine Flagge sowie die Stage seines Großmasts kostete“*[39]. Ein weiterer Augenzeuge an Bord eines spanischen Schiffes schrieb:

„Die Galeone San Martin segelte luvwärts von der Armada und in Nähe der feindlichen Schiffe, als diese sie mit all ihren Geschützen angriffen; sie erwiderte das Feuer mit soviel Heldenmut, daß sie auf einer Seite hundert Schüsse abgab und der Feind keine Lust verspürte, den Nahkampf aufzunehmen, obschon sie alleine war und die Begleitschiffe ihr anderthalb Stunden lang nicht beistehen konnten.“[40]

Dem Tagebuch des Herzogs zufolge schoß sein Flaggschiff *„seine Geschütze sehr gut und schnell ab, so daß die Hälfte der feindlichen Flotte nicht näherkam, sondern aus der Ferne schoß“*. Inzwischen war *„die heißeste Kampfeswut verraucht“*, und der Feind machte sich seewärts davon.[41] Der amtliche englische Bericht zeichnet ein ganz anderes Bild. Danach führte Howard mit seiner *Ark* eine Reihe an. Gegen sie kam Medina Sidonia *„mit 16 seiner besten Geleonen heran, um Seine Lordschaft zur Rechenschaft zu ziehen und ihn davon abzuhalten, der Triumph zu helfen. Bei diesem Angriff waren die Spanier nach großartigem Kampf gezwungen, abzulassen und sich wie Schafe in einer Herde zusammenzustellen.“*[42] Dem amtlichen englischen Dokument zufolge soll das Kampfgeschehen sich in Reichweite einer Muskete abgespielt haben, also innerhalb von knapp 100 Metern – *„und doch konnte man weder etwas sehen noch hören, so sehr war alles von Kanonenlärm und -dampf umgeben; man hätte meinen können, es sei ein heißer Kampf mit kleineren Geschützen“*[43].

Überall kann man lesen, daß die englischen Kanoniere die besseren waren und in der Zeit, in der die Spanier einen Schuß abfeuerten, dreimal schossen. Trotzdem, und obwohl doch auch aus nächster Nähe geschossen wurde, scheinen der materielle Schaden und die Zahl der Verletzten außerordentlich gering gewesen zu sein. Die *San Martin,* die der ersten englischen Linie mehr als anderthalb Stunden lang trotzte, verlor lediglich die Stage am Großmast und die Flaggenstange, ihr Rumpf bekam einige Löcher; es blieb bei einigen wenigen Verletzungen, die zweifellos von den Holzsplittern verursacht wurden, die wie Pfeile über das Deck schossen, als sich die Kugel durch die Schiffsseite bohrte. Die Spanier hatten insgesamt 50 Tote zu beklagen, die Engländer wahrscheinlich bedeutend weniger, ihre Verluste sind allerdings nicht genau bekannt. Spanischen Berichten und den Aussagen von Kriegsgefangenen zufolge waren die spanischen Schiffe nur geringfügig beschädigt. Der englische Meisterkanonier William Thomas konnte sich dieses Ergebnis nur so erklären, daß Gott die Engländer bestrafen wollte: *„Nur unsere Sünden können der Grund dafür sein, daß so viel Pulver und Kugeln verschossen und so lange gekämpft wurde und der Schaden im Vergleich dazu so gering war."*[44]

Medina Sidonias Beschreibung von Howards Hilfe für Frobisher wird von vielen unabhängigen Zeugenaussagen unterstützt, so daß sie verläßlicher erscheint als der englische Bericht, der erst später – und zu Ehren des Lord Admirals – verfaßt wurde. Jedenfalls gelang es Howard, die Bedrohung von Frobisher abzuwenden. Es gab ein paar Scharmützel am Nachmittag, aber gegen Abend schwiegen die Kanonen.

So sehr sich die Engländer auch anstrengten, fand doch keiner von ihnen das Werkzeug, mit dessen Hilfe man die Taktik des Feindes hätte aufbrechen und eine Entscheidung herbeiführen können. Howard hatte zwar mit viel Geschick verhindert, daß die Spanier seine Schiffe in einen Nahkampf verwikkelten; aber allen konzentrierten Angriffen auf das feindliche Flaggschiff war es nicht gelungen, dieses ernstlich zu beschädigen, geschweige denn es fahruntüchtig zu machen oder zu versenken. Die entstandenen Havarien waren selbstverschuldet. Es war Howard nicht einmal gelungen, die Ordnung, mit der die Armada durch den Kanal segelte, zu stören oder sie von ihrem Kurs abzubringen. Ja, schlimmer noch, seinen vordersten Schiffen in der Linie gingen allmählich Pulver und Geschosse aus. Er sandte drängende Botschaften, ihm weitere Vorräte zu bringen, und befahl, die Munition von den erbeuteten Schiffen auf seine Flotte zu verteilen, *„und zwar so schnell wie möglich, denn das Geschick des Königreiches hängt von der Befriedigung dieser Bedürfnisse ab"*[45].

Medina Sidonia hatte nicht weniger Probleme als Howard. Er wußte jetzt, daß die Spanier ihn niemals ganz nahe herankommen lassen würden, nicht einmal dann, wenn er den Wind im Rücken hatte. *„Es war alles vergebens"*, schrieb er über diesen Kampf, *„denn wenn der Feind unsere Absicht bemerkte, mit ihm handgemein zu werden, machte er sich auf und davon, zumal sein großer Vorteil in der Schnelligkeit seiner Schiffe bestand"*[46]. Vor allem die Galeassen hatten ihn enttäuscht; bei den leichten, wechselhaften Winden an diesem Tag, am frühen Morgen den Wind sogar im Rücken, hätten sie doch – zumal mit den Ruderern – imstande sein sollen, mit geballter Kraft auf den Feind loszugehen. *„Das war mir ein schöner Tag!"* schrieb er knapp an den Kommandeur der Galeassen, Moncada. *„Wären die Galeassen näher herangekommen, wie ich es erwartete, dann hätte der Feind ..."* Er hätte was? Er fuhr dann fort:

„Wichtig ist für uns, unsere Reise fortzusetzen, denn diese Leute (die Engländer) wollen nicht kämpfen, sondern nur unsere Weiterreise verhindern. Um der Armada zu erlauben, ihren Weg sicher zu verfolgen, ist es ratsam, daß wir in zwei Geschwa-

dern segeln, Vorhut und Nachhut. Die besten Schiffe der Flotte sollen die Nachhut verstärken, dann soll Juan Martínez (de Recalde) die eine Hälfte befehligen, Don Alonso de Leyva die andere.“[47]

Da nun Recaldes Flaggschiff sich wieder an seinem Platz in der Schlachtordnung befand, war der Herzog zur ursprünglichen Aufteilung in drei Divisionen zurückgekehrt. Allerdings – das war neu – konzentrierte sich jetzt die Hauptkampfstärke auf die beiden Divisionen der Nachhut unter Recalde und de Leyva, und er befahl Moncada, seine Flaggengaleasse und zwei weitere Schiffe Recalde zu unterstellen. *„Ihr haltet die drei Galeassen gut zusammen und seid bereit, ohne einen weiteren Befehl Euch an jeden Punkt zu begeben, wo man sie benötigt.“* Die vierte Galeasse nahm er mit in die Vorhut.

Wie diese neuen Divisionen sich im einzelnen zusammensetzten, ist nicht bekannt. Die Engländer erwähnten keine Veränderung im gesamten Erscheinungsbild, es blieb bei dem Halbmond. Die Stiche zeigen Medina Sidonias Flaggschiff in der Höhlung der hintersten Linie in der Mitte, Recaldes Vizeflaggschiff an der Spitze des nördlichen Flügels – also beide fast genau in der Position, in der sie sich während der Kämpfe am ersten Tag befunden hatten.

Ihre Formation bestand entweder in einer geschwungenen Linie, wie es die englischen Abbildungen zeigen, oder in Backstagslinien, daran ist nicht zu zweifeln, denn das war offenbar eine im wesentlichen taktische Formation, was häufig mißverstanden wurde. Wenn die Schiffe, den Wind im Rücken, in einer Reihe nebeneinander fuhren, wie dies der Fall war, dann segelten sie hintereinander, sobald sie sich gegen den Wind drehten, um einem feindlichen Angriff zu begegnen. Diese Formation war für Segelschiffe, die ihre schweren Geschütze an den Breitseiten führten, die einzige vernünftige Formation. Sie ermöglichte nicht nur den freien Einsatz ihrer Batterien, sondern auch, den Nachbarschiffen zu Hilfe zu kommen. Vor dem Wind in Reihen nebeneinander zu segeln, wäre verhängnisvoll gewesen, denn dabei wären die einzelnen hinteren Schiffe einer großen Bedrohung ausgesetzt gewesen und die Schiffe vor ihnen außerstande gewesen, ihnen zu helfen, hätten sich schon bei dem Versuch dazu heillos miteinander verknäult.

Die Worte des Herzogs zu Moncada – *„Wichtig ist es für uns, unsere Reise fortzusetzen“* – legen nahe, daß er nicht mehr bei der Isle of Wight warten wollte, wenngleich er von Parma noch immer nichts gehört hatte. Natürlich erkannte er mittlerweile, daß die Engländer ihm folgen wollten; er muß unterdessen gehört haben, wie schwierig es selbst unter günstigsten Umständen war, diese riesige Zahl von Schiffen durch die Untiefen und die schnellen Strömungen von Spithead zu führen, auch von der Gefahr, in den Solent zu geraten, zwischen Wight und England. Ein Landungsversuch, unter heftigem feindlichen Beschuß und dem Angriff Hunderter kleiner Fahrzeuge, die sich der englischen Flotte beigesellt hatten, mußte jetzt wie ein höchst gefährliches Vorhaben aussehen. Und selbst wenn es gelänge – wäre er dann nicht wie eine Katze im Sack gefangen, ohne Hoffnung, von Parma Pulver, Kugeln oder Männer zu erhalten? Wahrscheinlich hatte er seine Absichten bezüglich der Isle of Wight schon aufgegeben. Vielleicht behielt er sich die Entscheidung vor – vielleicht erhoffte er sich von Gott ein Zeichen, was er tun solle. Die Quellen sagen uns nicht, was er dachte.

Als der nächste Morgen heraufdämmerte, Mittwoch, der 3. August, befand er sich auf der Höhe der Isle of Wight, aber doch so weit südlich davon, wie die Vorsicht gebot. Er segelte, seine Flotte in guter Ordnung, vor einer westlichen Brise. Von seinem Achterdeck aus konnte er die englischen Segel

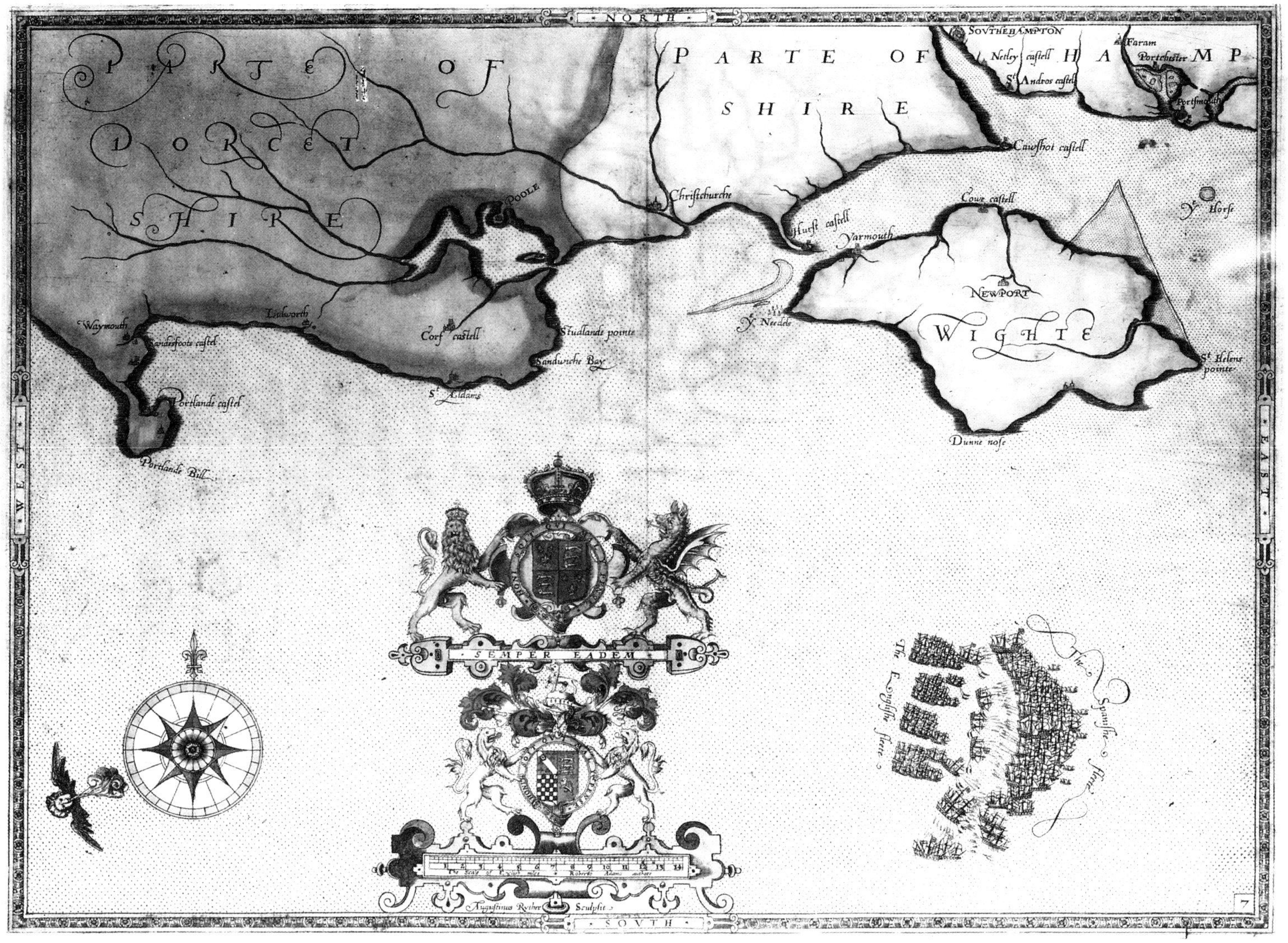

Das siebte aus der Bilderreihe von Ryther zeigt die Eröffnung der Feindseligkeiten südlich der Isle of Wight. Insgesamt acht Schiffe der vier englischen Geschwader werden von Booten zum Kampfort geschleppt und liefern sich mit den Spaniern ein Gefecht, die in ihrer Defensivposition – dem Halbmond – gezeigt werden, ausgenommen den südlichen Flügel, wo zwei Nachzügler aufzutauchen scheinen.

sehen, die sich vor dem Wind entlang des Horizonts dahinstreckten. Das ihm nächste feindliche Schiff war wohl fünf oder sechs Meilen entfernt. Nördlich davon begann eine der größten feindlichen Galeonen mit kleineren Geleitfahrzeugen die Lücke zwischen sich und Recalde sowie den Galeassen weiter hinten langsam zu schließen. Nach einigen Schüssen stiegen aus ihrem Vorderkastell Rauchwölkchen auf, wurden vor den großen Segeln dünner, indes das Donnern sich über die See ausbreitete. Die Galeassen antworteten mit ihren Heckgeschützen, und Recalde und de Leyva und die anderen weiter hinten stimmten ein, ohne von ihrem Kurs abzuweichen. Weiteres Donnern klang dazwischen, dann fegte ein Schuß von einer der Galeassen eine englische Großrah herunter, und das Schiff begann zurückzubleiben. Das Schießen hörte auf.

Jetzt ließ der Wind nach, und die beiden Flotten ruhten in der Flaute, fünf Meilen flache, sanft gekräuselte See zwischen ihnen. Howard ließ eine Fahne entrollen, als Signal für eine Beratung. Es wurde beschlossen, die Taktik, der sie bislang wie von selbst gefolgt waren, weiter auszubauen. Die Flotte wurde in vier Geschwader aufgeteilt; Howard, Drake, Hawkins und Frobisher waren die jeweiligen Befehlshaber. Sicher mahnte Howard wie am Vortag, das Pulver nicht zu verschwenden und keine ungezielten Schüsse abzugeben, sondern die Spanier auf Musketenschußweite oder näher herankommen zu lassen, ehe man das Feuer eröffnete. Um den Feind nervös zu machen und ihn während der Nacht in Aktion zu halten, befahl er seinen Geschwaderkommandeuren, sechs Kauffahrer auszuwählen und *„sie an verschiedenen Stellen auf die spanische Flotte anzusetzen"*. Die Engländer fürchteten nämlich einen Angriff auf die Isle of Wight.

Die Schiffe ließen sich von der Gezeitenströmung tragen, die Segel hingen für den Rest des Tages und während der Nacht schlaff herab, so daß man die Gruppe der Kauffahrer nicht aussenden konnte, um die Nerven des Feindes zu strapazieren. Aber beim ersten Licht des nächsten Morgen, Donnerstag, der 4. August, bliesen sanfte Winde und kräuselten die See. Die Flotten segelten genau südlich der Isle of Wight, noch immer in einiger Entfernung von 10 bis 15 Meilen. Zwei Schiffe aus der spanischen Nachhut waren etwas zurückgeblieben und eines, ein großer umgerüsteter Kauffahrer des andalusischen Geschwaders, die *Duquesa Santa Ana* war einem spanischen Bericht zufolge nicht weit vom Feind entfernt.

Die Stiche zeigen die englische Flotte fein säuberlich in vier Geschwader aufgeteilt, wie man es tags zuvor beschlossen hatte. Frobishers Gruppe fuhr am weitesten nördlich, zu seiner Rechten kam Hawkins, dann Howard, dessen *Ark* mit der königlichen Standarte über dem Fockmast gezeigt wird, das St. Georg-Kreuz über dem Großmast. Drakes Geschwader, so ist anzunehmen, war am weitesten südlich. Es ist nicht klar, wie sie sich während der Windstille des Vortags so aufgestellt hatten; wahrscheinlich waren sie schon zuvor in ähnlicher Formation gefahren.

John Hawkins war der nachzüglerischen *Santa Ana* am nächsten, und er ließ sofort seine Langboote herab, um sie mit der *Victory* zu vertäuen. Als sie sich näherten, wurden sie von den Spaniern mit heftigem Musketenfeuer empfangen. Inzwischen hatten sich auch die *Ark* sowie die *Golden Lion* von Thomas Howard herbeischleppen lassen, um Hawkins zu helfen. Von der spanischen Nachhut ließen sich Recaldes Flaggschiff sowie de Leyvas *Rata* von Moncadas Galeassen herbeiziehen, um die *Santa Ana* zu unterstützen. Zweifellos wurde auch Frobishers Schiff in den Kampf gegen die Nachhut der Spanier geschleppt; die Stiche zeigen insgesamt acht englische Schiffe im Schlepptau. Da die Galeassen und die Galeonen Recaldes und de Leyvas näherkamen, konnten sich die Engländer nicht auf die *Santa Ana* stürzen; es folgte ein heftiges Artillerieduell, in dem – nach dem englischen amtlichen Bericht – die *Ark* und die *Golden Lion* die Galeassen beschädigten und zum Rückzug zwangen, eine von ihnen mit Schlagseite. Die Spanier schilderten, es sei den Galeassen gelungen, die Nachzügler ins Schlepptau zu nehmen und zur Flotte zurückzubringen.

Inzwischen war von Süden her eine Brise aufgekommen, die Medina Sidonia erlaubte, sein Flaggschiff und eine Galeasse zum Kampfort zu bringen. Als Howard sah, daß diese beiden Schiffe ohne fremde Hilfe fuhren, sammelte er seine Schiffe und führte einen Angriff gegen die *San Martin;* nach dem Bericht des Herzogs *„kamen sie näher heran als am ersten Tag und feuerten ihre schwersten Geschütze vom unteren Deck ab; sie kappten am Flaggschiff die Stage des Großmasts und töteten einige unserer Soldaten"*[48]. Das bedeutet entweder, daß während der Kämpfe tags zuvor der Wellengang für die Engländer zu hoch war, um die untere Reihe der Stückpforten zu öffnen; oder der Herzog meinte einfach, daß die beiden schwersten Geschütze unten im Heck vorher nicht verwendet wurden. Oquendos *Santa Ana* und weitere Schiffe aus der Nachhut bewahrten ihn vor einem einsamen Verteidigungskampf, der schwerlich zu seinen Gunsten ausgegangen wäre; sie kamen nahe heran und deckten ihn, und die ganze Gewalt des heftigen englischen Angriffs nächster Nähe traf nun sie.

Während die letzte englische Linie abdrehte, um neu zu laden und sich einzuordnen, sah Medina Sidonia Frobishers großes Schiff, die *Triumph,* leewärts von ihm und fuhr auf sie zu, um sie von den anderen zu trennen. Frobisher war offenbar stark im nördlichen Flügel beschäftigt, und jetzt, da eine Brise aufgekommen war, in der gleichen verzweifelten Lage wie schon einmal vor Portland. Die leichten Lüfte trieben sein schwerfälliges Schiff nur langsam voran, und sowie er die Gefahr erkannte, befahl er, ihn ins Schlepptau zu nehmen. Schiffe in seiner Nähe sandten ihre Boote, bis schließlich elf sich abmühten, ihn aus der Gefahrenzone zu bringen. Noch immer kamen die Spanier näher, mit Kreuzen auf ihren aufgeblähten Segeln. Medina Sidonia spürte, daß sein Augenblick gekommen war. Englische Schiffe, die weiter luvwärts fuhren, kamen näher, um Frobisher beizustehen, und als Medina Sidonias Schiffe nahe genug heran waren, sich an die *Triumph* anzulegen, mußten die Engländer ganz dicht herankommen, um sie zu retten. *„Wir versicherten uns, daß wir schließlich nahe genug waren, sie zu entern, denn nur so konnten wir siegen“,* schrieb er hinterher.[49] *„In diesem Augenblick frischte der Wind auf, was dem feindlichen Flaggschiff (der Triumph) half, und wir sahen, daß sie wegtrieb von uns und ihre Boote nicht mehr brauchte.“* Mit dieser Brise konnte sogar die *Triumph* den besten Seglern der Spanier entkommen. Calderon, der Zahlmeister, schrieb: *„Sie segelte so schnell davon, daß die Galeone San Juan sowie ein weiteres Schiff – das schnellste in der Armada – stehenzubleiben schienen.“*[50]

Inzwischen war es ungefähr 11 Uhr. Als Medina Sidonia einsah, daß die Engländer sich nicht in einem Kampf verwickeln ließen, feuerte er eine Kanone ab, um seine Flotte zu sammeln, und ging auf seinen alten Kurs ostwärts. Die Schiffe bildeten aufs neue den engen Halbmond um ihn. Howard und seine Geschwaderkommandeure gruppierten sich ebenfalls und folgten ihnen schnell.

Sir George Carey, der Gouverneur der Isle of Wight, sah die Segel hinter dem Horizont in südöstlicher Richtung verschwinden; um 15 Uhr waren sie nicht mehr zu sehen. Er hatte Howard mehrere Pinassen mit Verstärkung geschickt, und eine, die zurückkehrte, brachte ihm Nachricht, daß *„dank Gottes Hilfe nicht zwei unserer Männer verletzt wurden“*[51]. Da es außerdem weitere Hinweise auf nur geringe englische Verluste gibt, kann man wohl annehmen, daß die spanische Artillerie nur wenig taugte.

An diesem Nachmittag übersandte Medina Sidonia Parma eine weitere Botschaft. Seit er zuletzt von ihm gehört habe, schrieb er, sei er nur langsam vorangekommen; er begründete dies mit der Windstille und den feindlichen Nachstellungen:

„... aber der Feind hat entschieden zu vermeiden gewußt, sich mit unseren Schiffen auf einen Nahkampf einzulassen, wiewohl ich ihn mit allen Mitteln dazu drängte. Ich habe ihm viele Möglichkeiten dazu gegeben, ja mitunter befanden sich einige unserer Fahrzeuge mitten in der feindlichen Flotte, um den Feind zu einem Kampf zu verlocken; aber es nützte alles nichts, denn meine Schiffe sind schwer, seine leicht, und er hat eine Menge Leute und Vorräte. Wegen dieser häufigen Scharmützel beginnen meine Vorräte knapp zu werden, und falls das Wetter nicht besser wird und der Feind bei seiner Taktik bleibt, was er bestimmt tun wird, dürfte es für Eure Exzellenz ratsam sein, schnell einige Schiffe mit Pulver und mit Kugeln der Größe zu beladen, die Ihr aus der beigefügten Liste entnehmen könnt, und sie unverzüglich an mich zu senden. Es dürfte gleichfalls ratsam sein, daß Eure Exzellenz sich

Tafel VIII aus der Bilderfolge von John Pine zeigt die Armada, wie sie von der englischen Flotte – in vier Geschwadern – durch den Kanal „gejagt“ wird; rechts das Geschwader von Lord Henry Seymour, das aus den Downs heraussegelt, um Howard vor Calais zu begleiten.

sofort bereitmachen, mich zu treffen, denn mit der Gnade Gottes, und wenn der Wind behilflich ist, erwarte ich, sehr bald an der flandrischen Küste zu sein.“[52]

Er nahm an, daß die kleinen Fahrzeuge, die buchstäblich aus jedem englischen Hafen zu Howard stießen, diesen mit Nachschub und Munition versorgten; aber nach drei Seeschlachten und mehreren Scharmützeln hatten die Engländer ihr Pulver und ihre Munition praktisch aufgebraucht, und Howard war entschlossen, nichts weiter zu unternehmen, bis Lord Henry Seymour mit seinen Schiffen aus Dover zu ihnen stieß und ihm neue Vorräte brachte. Er konnte nichts weiter tun, als die Armada zu verfolgen, indes sie ostnordostwärts auf die Straße von Dover zusegelte. Es war ihm zwar nicht gelungen, die Spanier an der Weiterfahrt zu hindern, aber er scheint trotzdem mit seinen Kommandeuren sehr zufrieden gewesen zu sein. Vielleicht ahnte er, daß seine dauernden Angriffe die Spanier daran gehindert hatten, einen Ankerplatz oder Häfen aufzusuchen, wie gerade die Kämpfe dieses Tages Medina Sidonia gehindert hatten, die Isle of Wight zu nehmen, die in den Augen der Engländer am meisten gefährdet war.

Schon am nächsten Morgen, Freitag, dem 5. August, legte sich die leichte Brise wieder, und die beiden Flotten lagen, einige Meilen voneinander getrennt, in der Flaute und schaukelten leicht vor den Sussex Downs dahin, die sich am nördlichen Horizont abzeichneten. Howard rief seine Geschwaderkommandeure und ein paar weitere Kapitäne, die sich ausgezeichnet hatten, auf sein Flaggschiff und schlug sie auf dem Quarterdeck zu Rittern. Drake war bereits von Elisabeth zum Ritter erhoben worden. Sicher verdienten sie diese Ehrung für ihre kühnen Taten – aber ganz bestimmt war es auch eine Zeremonie von hoher Bühnenwirksamkeit, deren Kunde sich eiligst über alle Schiffe verbreitete und die Kampfmoral stärken mußte.

Medina Sidonias Verzweiflung wuchs; da er von Parma keine Antwort bekam, sandte er erneut ein Depeschenboot mit einer Botschaft an ihn. Wieder bat er um Pulver und Geschosse, desgleichen um vierzig Flieboote, kleine und schnelle Schiffe, die leicht und geschwind genug waren, die feindlichen Schiffe abzufangen und zum Kampf zu zwingen; und er wiederholte seine Bitte, die Armee solle einsatzbereit sein, sobald seine Armada vor Dünkirchen auftauchte.

An diesem Abend kam wieder ein Südwestwind auf und trug ihn näher an die Meeresengen; die englische Flotte folgte dem Halbmond in ihrer bekannten Aufteilung. Im Lauf der Nacht frischte der Wind auf, und am Samstag war der Himmel schwer bedeckt, Regenwolken minderten die Sicht. Durch das graue Licht sahen sie gegen 10 Uhr die Straße von Dover; sie fuhren nun etwas mehr nach Norden, um das Kap Gris-Nez zu umrunden. Die Gezeitenströmung lief nach Norden gegen Mittag, mit einer Geschwindigkeit von mehr als zwei Knoten, so daß sie gut vorankamen, am frühen Nachmittag das Kap hinter sich gelassen hatten und ostwärts auf Calais zusegelten. Als die Gezeitenströmung sich drehte, erörterte der Herzog mit seinem Stab, ob sie Anker auswerfen oder bis Dünkirchen weiterfahren sollten. Sein Tagebuch berichtet von einer Meinungsverschiedenheit, wobei *„die Mehrheit"* – wahrscheinlich sein Generalstab und die anderen Offiziere – *„für die Weiterfahrt war"*. Seine Lotsen sagten ihm allerdings, daß die Gezeiten ihn in die Nordsee tragen würden und es dann schwierig sei, in die Meeresenge zurückzukehren.[53] Er hörte auf ihren Rat und entschied, nicht weiterzusegeln, sondern abzuwarten, bis Parma sich ihnen anschließen würde. Eine Signalkanone wurde abgeschossen, das Flaggschiff wandte sich der Küste zu, und während die Strömung leewärts gegen den Bug immer stärker wurde, warfen sie gerade vor der Straße nach Dover Anker aus. Howard tat das gleiche, etwa zwei Meilen hinter der spanischen Nachhut, *„die Schußweite einer Feldschlange von ihnen entfernt"*.

Lord Henry Seymour lag an diesem Morgen mit seinem kleinen Geschwader in den Downs vor Anker. Er hatte Anweisungen, nach Dünkirchen zu segeln und Parmas Einschiffen zu verhindern; dies gefiel ihm aber gar nicht, denn der Feind könne den Kanal nicht überqueren, erklärte er dem Kronrat, solange der Wind von Westsüdwest blies. Außerdem würden seine Kauffahrer nicht imstande sein, eine Blockade aufrechtzuerhalten, wenn der Wind sich drehte und ablandig wehte. Er hatte am zweiten Tag dieses Monats eine Pinasse nach Vlissingen gesandt und bald erfahren, daß die Armada im Kanal war. Nun bat er die Geusen, mit ihren Schiffen zu ihm zu stoßen. Aber es ging ihm wie Medina Sidonia: er bekam weder Antwort noch Schiffe. Er argwöhnte, daß sie ihr Augenmerk lieber auf ihre eigenen Küste richteten als darauf, ihm zu Hilfe zu kommen.

Seine Flagge wehte über der *Rainbow,* einer der kleineren Kriegsgaleonen der Königin. Sein wichtigster Marineberater, der erfahrene Sir William Winter, befehligte die *Vanguard* und Sir Henry Palmer die *Antelope,* beides königliche Schiffe, die der *Rainbow* ähnelten. Darüber hinaus verfügte er aber nur noch über zwei königliche 150-Tonnen-Schiffe, deren größte Kanone ein *saker* war; ferner eine Galeere, die *Bonaventure,* die man nur bei gutem Wetter richtig einsetzen konnte. Die übrigen waren überwiegend kleine Schiffe von der Küste und aus den Flüssen East Anglias, deren Kampfwert begrenzt war; ihrer geringen Segeltüchtigkeit wegen waren sie sogar eher eine Belastung.

Am frühen Nachmittag brachte einer der Späher die aufregende Meldung, daß sowohl Medina Sidonia als auch Howard sich der Straße von Dover näherten. Seymour hätte gern schon an den früheren Kämpfen teilgenommen. Jetzt befahl er seinem Geschwader, die Instruktionen des Kronrats außer acht lassend, sich seeklar zu machen, und setzte Segel in Richtung französische Küste. In späteren Briefen an die Königin scheute er keine Mühe, ausführlich darzulegen, er habe *„von meinem Lord Admiral Kunde und Wort erhalten, mit all* *meinen Streitkräften zu ihm zu kommen, was ich sogleich tat"*[54]. Vielleicht war das tatsächlich der Grund. Howard war knapp an Munition, er brauchte alles, was er nur bekommen konnte. Die Galeere *Bonaventure* folgte dem Geschwader aus den Downs seewärts, vermochte es aber mit Wind und Meer nicht aufzunehmen und kehrte nach dem Wechsel der Flut zu ihrem Ankerplatz zurück. Seymour und der Rest des Geschwaders warfen an diesem Abend zusammen mit Howard die Anker aus.

Die Spanier sahen sie näherkommen; dank der Verstärkung, die sich den Engländern auf ihrem Weg durch den Kanal angeschlossen hatte, verfügten sie inzwischen über 150 oder mehr Segel. Sie machten kaum den Eindruck einer mächtigen Flotte – ihre Anzahl war zwar riesig, aber die meisten der Schiffe waren klein, nur 18 oder 20 sahen wie große Galeonen aus.[55] Doch für Medina Sidonia waren dies alles verhängnisvolle Vorzeichen – ihm fehlten noch 20 Meilen bis Dünkirchen, er hatte bislang von Parma nichts gehört und begann nun zu zweifeln, ob dieser wirklich an Ort und Stelle wartete; er hatte keinen Lotsen an Bord, der über die Untiefen an der flandrischen Küste gut Bescheid wußte, und er kannte keinen Hafen, wo seine Flotte sicher vor Anker gehen konnte. Jenseits der Küste Flanderns lagen die Inseln von Seeland und die Mündung der Schelde, dort hatten die Seegeusen das Sagen. Falls aber jetzt ein Sturm aufkäme, wäre er an seinem gegenwärtigen Standort in größter Gefahr. Inzwischen erneuerten die Engländer wahrscheinlich ihre Vorräte an Pulver und Geschossen. Sie konnten Wind und Gezeiten ausnützen und sich heranschleichen und ihn beschießen, ganz wie es ihnen paßte, während er ihnen nichts Wirksames entgegenzusetzen vermochte. Mit der wenigen Munition, die er noch übrig hatte, mußte er haushalten, bis Parma ihm Nachschub sandte. Jetzt schickte er einen seiner Sekretäre mit einer weiteren Botschaft an Parma zur Küste; er gab seiner großen Sorge endlich Ausdruck:

„Ich habe mehrmals an Eure Exzellenz geschrieben und Euch in Kenntnis gesetzt, wo ich mich mit der Flotte befinde. Bislang habe ich auf meine Briefe keine Antwort erhalten, nicht einmal eine Bestätigung ihres Eingangs. Ich mache mir darüber größte Sorgen, und um mich von den Zweifeln zu befreien, ob meine Botschaften sicher bei Euch eingetroffen sind, sende ich jetzt dieses Flieboot mit der Nachricht, daß ich hier vor Anker liege, zwei Meilen vor Calais, mit der ganzen Armada, die feindliche Flotte an meiner Flanke, ihren Schüssen ausgesetzt, indessen ich ihr wenig Schaden zufügen kann. Ich fühle mich verpflichtet, Eure Exzellenz davon in Kenntnis zu setzen und Euch zu bitten, mir die 40 oder 50 Flieboote zu senden, um die ich gestern gebeten habe, wenn Ihr nicht sofort mit Eurer ganzen Flotte kommen könnt. Mit dieser Hilfe werde ich in der Lage sein, der feindlichen Flotte zu widerstehen, bis Eure Exzellenz mit den anderen Schiffen kommen, und wir können dann gemeinsam einen Hafen anlaufen, in dem die Armada Sicherheit findet …"[56]

9

Die Schlacht von Gravelines

Es war Sonntag, der 7. August. Parma hielt sich in seinem Hauptquartier in Brügge auf, als er Medina Sidonias letzte, sorgenerfüllte Nachricht bekam. Ein paar Tage zuvor hatte er die erste aus einer ganzen Reihe von Botschaften erhalten und sie gleich am folgenden Tag, dem 3. August, beantwortet. Was er schrieb, ist nicht bekannt, und wir wissen auch nicht, warum der Überbringer, Kapitän Don Rodrigo Tello, so lange brauchte, bis er Medina Sidonia erreichte. Der Herzog erhielt sie an eben diesem Sonntagmorgen vor Calais. Inzwischen bereitete Parma, seinem eigenen Bericht zufolge, seine Schiffe und Truppen auf die Einschiffung vor.[1] Allerdings überwachte er nicht persönlich diese Maßnahmen; und als die Offiziere der Armada diese kleinen Schiffe sahen, waren sie über deren Zustand entsetzt. Einer fand *„die Fahrzeuge noch immer nicht bereit, keine einzige Kanone an Bord und nichts zu essen“*[2], und ein Kundschafter schrieb am 11. August: *„Die flandrischen Schiffe sind in schlechtem Zustand, allenfalls in zwei Wochen einsatzbereit . . .“*[3]

Aus Parmas Briefen geht zwar hervor, warum er unvorbereitet war, obwohl er von Philipp und zuletzt auch noch von Medina Sidonia über die Fahrt der Armada auf dem laufenden gehalten worden war. Ein anderes Rätsel aber wird nie zufriedenstellend gelöst werden können: Wieso erwartete Medina Sidonia, daß Parma die Armada mit Fliebooten unterstützen könnte, wo es doch gerade *seine* Aufgabe war, Parmas Boote zu beschützen? Keiner der beiden war ein Dummkopf, und keiner von beiden war untätig. Parma war einer der fähigsten und erfolgreichsten Kommandeure der spanischen Armee. Medina Sidonia war gleichermaßen fähig und entschlossen, er hatte die erfahrensten Ratgeber an seiner Seite. Eine Zeitlang war es üblich, ihm eine gewisse Beschränktheit vorzuwerfen; in letzter Zeit hält man eher Philipp für verantwortlich, da er ihm nichts von Parmas Schwäche auf See gesagt hatte, und zwar nicht nur mit Blick auf die Engländer, sondern auch auf die seeländischen und holländischen Geusen.

Philipp und sein Rat wußten aus vielerlei Schriftstücken, wie stark die Flotte der Seegeusen war. Der spanische Gesandte zu Paris, Bernardino de Mendoza, der über ein großes Spionagenetz verfügte, hatte Ende 1587 – während Santa Cruz gerade seine Vorbereitungen traf – berichtet, daß die Aufständischen *„in dem Fluß bei Antwerpen und an anderen Orten 80 Schiffe haben, um die Abfahrt der Schiffe des Herzogs von Parma zu verhindern“*. Diese und 20 weitere Schiffe seien Königin Elisabeth versprochen, falls die Armada England angreifen würde.[4] Die Königin verlasse sich aber nicht auf sie, denn den Aufständischen sei nicht zu trauen.

Die Bedeutung dieses Schriftstücks erkannten weder Philipp noch sein Rat. Die Instruktionen, die Santa Cruz im Januar 1588 erhielt, erwähnten die Seegeusen überhaupt nicht; als Feind betrachtete man lediglich die englische Flotte, von der man annahm, daß sie zwischen Drake und Howard aufgeteilt

Karte von Vlissingen (1585), dem Hauptstützpunkt der holländischen Rebellenflotte. Von hier aus beherrschten die Seegeusen die Küste Flanderns, blockierten jeglichen Seehandel und alle Verbindungen zu Antwerpen, der Metropole der spanischen Niederlande. Diese Karte zeigt, wie angeblich die Flotte des Earl of Leicester eintrifft, der zur Unterstützung der holländischen Rebellen die Stadt einnehmen soll.

sein würde. Doch nun zeigte sich der entscheidende Fehler, auf dem der ganze Armadagedanke beruhte: die militärische Denkgewohnheit, die Stärke des Feindes einfach nach dessen Menschenzahl einzuschätzen. Aber selbst bei Feldzügen waren die Beschaffenheit des Bodens und der Befestigungen, die Waffen, die Disziplin und die Kampfmoral ebenso wichtig wie die Zahl der Soldaten. Philipp und seine Berater dachten, hinsichtlich Ausbildung und Kampferfahrung seien ihre Männer überlegen, sie kamen überhaupt nicht auf den Gedanken, daß der Feind vielleicht die Kampfstätte, Meer und Wind, besser beherrschen würde. So beurteilte Philipp noch im Januar 1588 die englischen Möglichkeiten ganz unrealistisch:

„Da die günstigsten Einschätzungen bezüglich der englischen Flotte zugeben, daß sie kaum 3000 Seeleute aufbringen und ebenso viele Soldaten in jeder ihrer beiden Flotten, so werden sie auch insgesamt, sowohl in Zahl wie auch in Qualität, unseren Streitkräften unterlegen sein ... Der Marqués de Santa Cruz kann dem Feind eine Schlacht liefern; wollen wir hoffen, daß der Herr uns den Sieg verleiht.“[5]

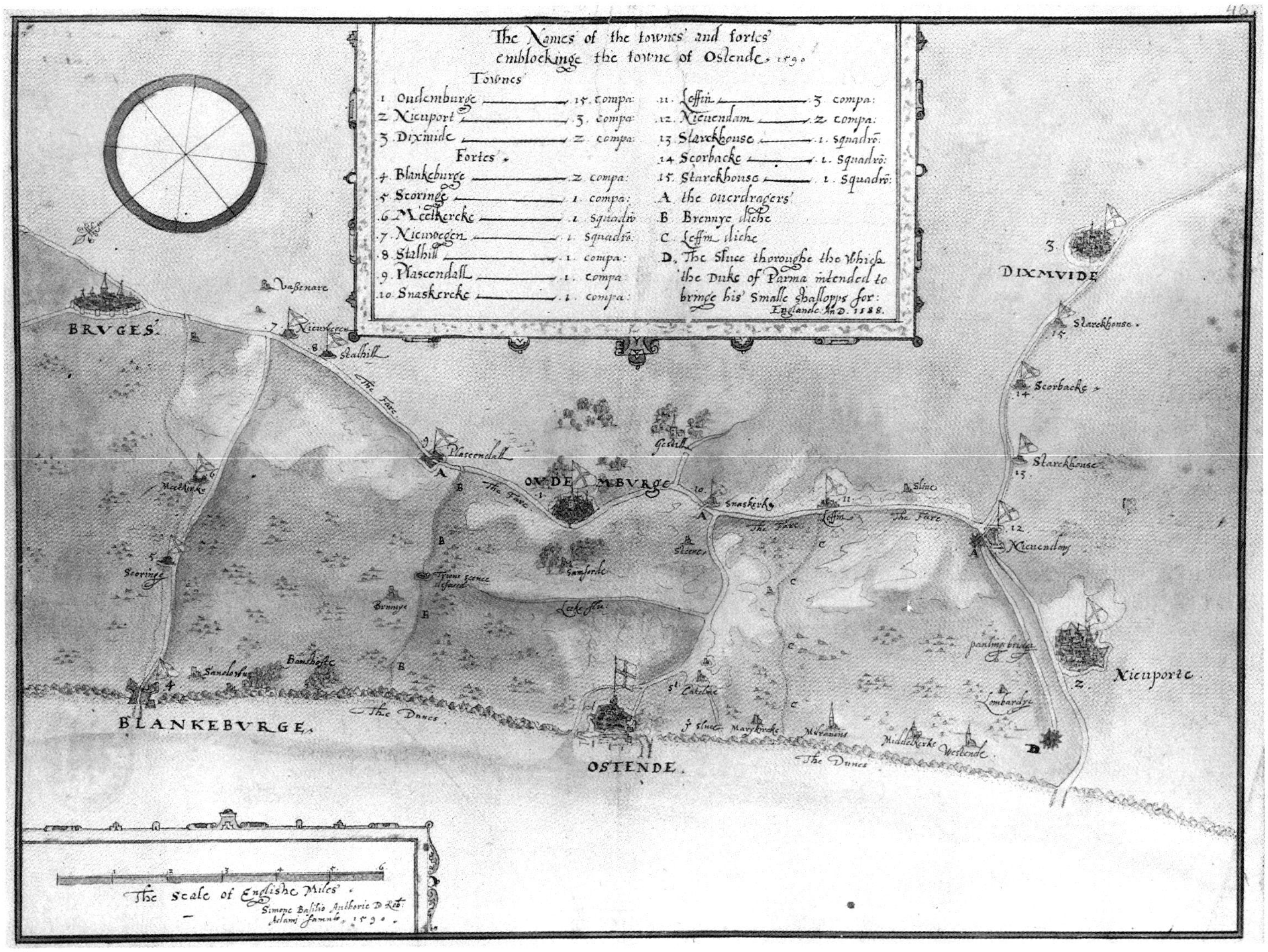

Karte der niederländischen Küste bei Ostende (1590). Sie zeigt die Kanäle, auf denen Parma seine Invasionsflotte zusammenzog.

Unterdessen war Parma in Flandern beunruhigt darüber, daß die Geheimhaltung – ein wichtiger Punkt in seinem Plan – nicht gewahrt blieb und Philipp die Fähigkeit seiner Flotte überschätzte, den Kanal unter den Augen des Feindes zu überschreiten. Ende Januar warnte er Philipp, wie wenig zuverlässig seine Flotte tatsächlich sei:

„Sie taugt allenfalls zur Überfahrt selbst, für den Kampf auf See ist sie zu klein, und die Schiffe sind so niedrig, daß vier unserer Beiboote sie allesamt auf den Meeresboden senden könnten. Sie können kaum einen gehörigen Regenguß überstehen, geschweige denn einen Sturm, man kann sie nur bei ruhigem Wetter einsetzen …“[6]

Trotzdem meinte er, im Jahr zuvor hätte er die Armee hinüberschaffen können, da seinerzeit weder die Engländer noch die Holländer und Seeländer darauf vorbereitet waren. Jetzt hätten die Holländer und die Seeländer ihre Flotten bewaffnet und über seine Kampfschiffe in Antwerpen eine Blockade verhängt, zugleich hätten die Engländer Verteidigungsmaßnahmen getroffen. Er bat Philipp, er möge Santa Cruz unterweisen, *„in großer Zahl (zu kommen), falls die Engländer sich mit den Aufständischen vereinen“.*

Am 22. Februar schrieb er erneut an Philipp und teilte ihm mit, seine Vorbereitungen seien abgeschlossen, die Transportschiffe lägen in Sluys und Dünkirchen bereit, die Munition befinde sich an Bord, die Männer seien versammelt. Wieder erinnerte er daran, daß Santa Cruz mit genügend starken Kräften kommen müsse, denn *„die Engländer und die Rebellen sind jetzt stark und ihre Flotten wohlvorbereitet"*[7].

Einen Monat später, am 20. März schrieb er, Elisabeths Friedensunterhändler seien in Flandern eingetroffen. Jetzt war er sehr pessimistisch; das wird zwischen den Zeilen deutlich, in denen er dem König empfahl, mit Elisabeth Frieden zu schließen:

„Damit würden wir der schrecklichen Not in den betroffenen Ländern ein Ende machen, die katholische Religion würde sich wieder ausbreiten und Euer einstiger Herrschaftsbereich wiederhergestellt werden. Außerdem würden wir nicht die Armada aufs Spiel setzen, die Eure Majestät vorbereitet hat; wir würden dräuendes Unheil abwenden, falls Euch die Eroberung Englands versagt bleibt, indes Ihr Euren Besitz auch hier verliert ..."[8]

Aus strategischen Gründen bestimmte er die Insel Walcheren im großen Mündungsbecken der Schelde zum ersten Angriffsziel – dort, bei Vlissingen, dem Hauptquartier der Seelandflotte, befand sich der wichtige Stützpunkt des gesamten Handels- und Kommunikationsnetzes, von dem die Rebellen abhingen. Wenn erst einmal *„diese Insel in Eurem Besitz ist"*, versicherte er dem König, *„könnt Ihr Eure Absicht (in Hinblick auf England) mit vollkommener Sicherheit ausführen, ohne daß jemand dabei stören könnte"*.

Durch Hauptmann Moresin, der ihm einen Brief von Parma überbrachte, erfuhr Medina Sidonia auf der *San Martin* am 11. Mai vom Stand der Vorbereitungen Parmas. Er setzte Philipp in Kenntnis: *„Er hat weniger Truppen, als ich dachte, denn dieser Mann sagt mir, sie überstiegen nicht die 17 000, alle zusammen, mit 1000 Mann leichter Reiterei und 300 Schiffen, aber keines davon mit Rudern oder einem Großmast."*[9]

Hier ist, aus seiner eigenen Feder, der Beweis, daß Medina Sidonia über Parmas sogenannte Flotte aus kleinen Schiffen Bescheid wußte. Es wäre erstaunlich, wenn Moresin ihn im unklaren gelassen hätte, daß die meisten einfache Kanalbarken waren und die größeren Kampfschiffe in der Schelde unter der Blockade der Seegeusen lagen. Dennoch, nicht alle waren einfache Barken, etwa 30 oder 40 waren Segelboote mit geringem Tiefgang, mit Kanonen bestückt, und bei Medina Sidonia könnte sich der Eindruck festgesetzt haben, man könne mit ihnen kämpfen. Moresin war Hauptmann in der Armee, in Marinedingen war er wohl unerfahren. Anlässe, aneinander vorbeizureden, gab es genug.

Am 22. März sandte Parma außerdem ein Schreiben an Mendoza, den spanischen Gesandten in Paris, und berichtete ihm von einer geplanten Verschwörung der Schotten. Die katholisch gebliebenen Adligen dieses Landes sollten dort eine Streitmacht versammeln und sich auf die englische Grenze zubewegen,

„um dort ein Ablenkungsmanöver zu veranstalten, sobald sie erfahren, daß England noch an anderer Stelle angegriffen wird, ... denn wenn ich den Befehl erhalte, etwas zu unternehmen, wäre die Hilfe dieser Katholiken wichtig, sie würde uns Kosten ersparen; außerdem könnten wir ihnen gut helfen, nachdem sie uns geholfen haben".[10]

George Clifford, der dritte Earl of Cumberland. Miniatur von Nicholas Hilliard, um 1590. Cumberland war ein Günstling Elisabeths und befehligte im Kampf gegen die Armada ihr Schiff „Elizabeth Bonaventure". Diese Miniatur soll vermutlich an die Ernennung Cumberlands zum Favoriten der Königin im Jahr 1590 erinnern.

Entweder war er – trotz seiner Zweifel bezüglich des Ausgangs – davon überzeugt, daß Philipp eine Invasion wollte, und beabsichtigte, mit dieser schottischen Armee und den Katholiken im Norden Englands gemeinsame Sache zu machen, so daß Elisabeth ihre Truppen aufteilen müßte; oder er hoffte noch immer, er könne gegen die Rebellen und ihre englischen Verbündeten vorgehen mit dem Ziel, ihnen Walcheren wegzunehmen – in diesem Fall wäre die schottische Armee eine zusätzliche Bedrohung, die verhindern würde, daß Elisabeth auf die andere Seite des Kanals Verstärkung entsenden würde. Es gab auch die Möglichkeit, die Armada gegen Irland einzusetzen. Zweifellos sicherte er sich gegen alle Eventualitäten ab.

Philipp nahm Parmas Rat, einen ehrenvollen Frieden zu schließen, nicht an. Statt dessen befahl er ihm, die englischen Unterhändler so lange wie möglich hinzuhalten:

„Nur Euch erkläre ich meine Absicht: Diese Verhandlungen sollen niemals zu einem Ergebnis führen, gleichgültig, welche Bedingungen die Engländer anbieten. Im Gegenteil, das einzige Ziel ist es, sie zu hintergehen, und ihre Verteidigungsanstrengungen zu bremsen ..."[11]

Er verkannte Elisabeth und ihre Ratgeber völlig. Auf jeden Fall ignorierten seine Anweisungen vom 1. April an Medina Sidonia, wie auch die früheren an Santa Cruz, die Seegeusen. Und – noch erstaunlicher, wenn man bedenkt, was ihm Parma über die Flotte der Aufständischen gesagt hatte – er schien es für möglich zu halten, die Armee aus Flandern ohne Widerstand über den Kanal zu setzen. Seinen Instruktionen für einen Kampf fügte er noch hinzu, daß sie nur dann gelten sollten, wenn Parmas Überfahrt nicht anders vollzogen werden konnte:

„... wenn es möglich ist, dem Herzog die Überfahrt ohne Kampf zu gewährleisten, indem wir den Feind ablenken oder andere Mittel anwenden, wird es gut sein, dies zu tun, so daß wir unsere ganze Streitmacht zusammenhalten"[12].

Neben den allgemeinen Anweisungen sandte Philipp an Medina Sidonia noch geheime Instruktionen für den Fall, daß Parmas Überfahrt scheiterte oder sie sich nicht zusammenschließen konnten:

„Bedenkt, ob Ihr nicht die Insel Wight einnehmen könnt, sie ist anscheinend nicht so gut befestigt, daß sie widerstehen könnte. Dies wird Euch einen schützenden Hafen geben und in die Lage versetzen, die Operationen zu unternehmen, die für Euch wichtig sind ... Wenn Ihr in den Besitz dieser Insel gelangt, werdet Ihr von dort aus zu einer Verständigung mit meinem Neffen, dem Herzog, kommen und Euch Mühe geben, Euch gegenseitig zu unterstützen ..."[13]

Unter keinen Umständen solle er aber versuchen, die Insel auf seinem Weg durch den Kanal anzugreifen, auch nicht, bevor er alles unternommen hatte, den Hauptplan auszuführen. Zusammen mit den geheimen Instruktionen sandte ihm Philipp eine versiegelte Botschaft, die er Parma aushändigen sollte, sobald *„er entweder in Britannien gelandet ist, oder er nicht gewiß ist, ob er es schaffen wird"*. Diese Instruktionen, die weder Medina Sidonia noch Parma jemals lasen, waren für den Fall eines unentschiedenen Ausgangs bestimmt, bei dem es noch eine Aussicht auf günstigen Frieden gab. Dann sollte Parma den Respekt vor der Armada dazu nutzen, Friedensverhandlungen aufzunehmen und dabei drei Grundsätze nicht aus den Augen verlieren: der erste und für Philipp wichtigste war, daß die englischen Katholiken ihren Glauben frei ausüben und katholische Glaubensflüchtlinge nach England zurückkehren durften; zweitens sollten die von den Engländern besetzten Festungen in den Niederlanden an Spanien zurückgegeben werden, vor allem Vlissingen; drittens sollte England Philipp und seine Untertanen schadlos halten für all die Unbill, die sie ihnen zugefügt hatten. Dieser letzte Punkt sollte allerdings mehr *„als ein Hebel (eingesetzt werden), um die beiden anderen durchzusetzen“*[14].

Hier zeigt sich, daß Philipp – was den Ausgang des Unternehmens betrifft – dem Pessimismus Parmas näher stand, als seine offenen Instruktionen an die beiden Kommandeure erkennen lassen, und die strategische Bedeutung von Vlissingen ebenso hoch einschätzte wie dieser. Vergleicht man diese versiegelten Weisungen, mit Elisabeth Friedensverhandlungen aufzunehmen – nach der Ankunft der Armada, sei es in der Themse, oder, falls man das englische Festland nicht nehmen könne, vor der Isle of Wight –, mit seinen Instruktionen bezüglich der laufenden Verhandlungen mit Elisabeths Unterhändlern, die *„niemals zu einem Ergebnis führen“* sollten, dann wird der Zweck der Armada klarer: Sie war der große Knüppel, den man vor Elisabeths Nase schwingen sollte, um möglichst günstige Bedingungen herauszuholen. So konnte aus einer Position der Stärke verhandelt und zugleich ein sichtbarer Beweis vor aller Welt – und ihren Bankiers – geführt werden, wie mächtig und einflußreich die spanische Krone war.

Aus dieser Warte erscheinen die Vorbereitungen und die Befehle an Medina Sidonia und Parma wie riesige Ablenkungsmanöver. I. A. A. Thompson hat darauf hingewiesen, daß Philipp

„England bestimmt nicht für sich erobern und es keineswegs persönlich regieren wollte ... Jeder Versuch, England zu annektieren, war offenbar unsinnig. In militärischer Hinsicht würde es wahrscheinlich für Spanien ein weiteres unheilbares Geschwür bedeuten, geradeso wie die Niederlande; und kein französischer König würde dies je als ein politisches Faktum hinnehmen.“[15]

Philipps wirkliches Ziel sei daher gewesen, England zu neutralisieren; der billigste, erfolgversprechendste Weg dorthin bestand darin, die englischen Katholiken zu unterstützen und einen Bürgerkrieg anzuzetteln. So erklärt sich das erste und wichtigste der drei Ziele, die Parma bei den Verhandlungen anstreben sollte, ebenso Philipps Unterstützung für ihn, sich mit den schottischen Katholiken zu verschwören. Das könnte auch der Grund sein, warum Philipp den Seegeusen so wenig Augenmerk schenkte. Vielleicht war es die eigentliche Aufgabe der Armada, Elisabeths Marine schwer zu verwunden und die eigene vor Englands Toren stolz zur Schau zu stellen, sofern es Parma gelingen würde, die englische Armee aus den Niederlanden zu vertreiben. In diesem Fall war es nicht nötig, seine Truppen auf Schiffen zu gefährden; er konnte sie und die Schiffe einfach nur dazu einsetzen, die Eroberung Seelands und Hollands abzuschließen. Kurzum, Philipp war mit Parma einer Meinung – doch um seine wahren Absichten vor dem Feind zu verbergen, hielt er es für nötig, seine Oberbefehlshaber irrezuführen.

Die andere Möglichkeit wäre, daß die versiegelten Instruktionen eine Art Ausweg darstellten und die Armada das war, was sie zu sein schien: eine Streitmacht, die Englands Widerstand zur See gegen eine Invasion brechen sollte. In diesem Fall wäre seine mangelnde nautische und geographische Kenntnis der Grund, daß er Parmas Warnungen vor den Seegeusen in den Wind schlug. Ein weiteres Dokument, das Medina Sidonia im April zusammen mit Philipps Instruktionen erhielt, zeigt, daß er in dieser Hinsicht tatsächlich nur wenig Bescheid wußte: Es war die Kopie eines Briefes vom 14. September 1587 an den Kardinal Erzherzog in Lissabon, mit Anweisungen für Santa Cruz. Dieser sollte den Ärmelkanal durchfahren und in den Downs, *„vor Margate Kap"* vor Anker gehen, nachdem er Parma über seine Landung in Kenntnis gesetzt hatte. Daraufhin sollte Parma

„mit seinem ganzen Heer in kleinen Fahrzeugen überwechseln, sobald seine Überfahrt gesichert sei durch die Anwesenheit der Armada vor Margate beziehungsweise in der Nähe der Themsemündung, falls der Wind auffrischen sollte"[16].

Die Worte *„falls der Wind auffrischen sollte"* zeigen, daß er Parmas Barken und die flandrische Küste nicht gut kannte: ein Wind, stark genug, die Armada aus den Downs fortzublasen, mußte es den Barken unmöglich machen, ihre Häfen zu verlassen – geschweige denn, sich draußen auf See zu halten. Dies trifft auch für die Galeeren der Armada zu, die einzigen Schiffe, die die Barken vor den Untiefen an der flandrischen Küste schützen konnten. Und die Vorstellung, daß die *„Überfahrt gesichert sei durch die Anwesenheit der Armada vor Margate"* beziehungsweise in der Themsemündung, offenbart die gleiche Unkenntnis der militärischen Umstände und örtlichen Gegebenheiten, vor allem aber der überlegenen Manövrierfähigkeit der englischen Kriegsschiffe. Es fällt daher schwer zu sagen, ob Philipps unrealistische Instruktionen an Medina Sidonia, die seinen früheren Anweisungen an Santa Cruz ähnelten, in erster Linie der Unkenntnis entsprangen oder einfach der Sorglosigkeit.

Auf jeden Fall erkannte Parma sofort die Gefahr des Unternehmens. Seine Besorgnis wuchs, als am 22. Juni Hauptmann Moresin mit einem Brief von Medina Sidonia zurückkam. Der Brief war vom 10. Juni, also bevor der Herzog in La Coruña eingefahren war und der Sturm seine Flotte zerstreut hatte. Er teilte mit, daß die Armada auf dem Weg sei, und er an der englischen Küste ausharren wolle, bis er mit Parma in Verbindung getreten sei.[17] Von Moresin erfuhr Parma auch, daß es zweifelhaft sei, ob man ihm die 6000 spanischen Soldaten der Armada überlassen könne, die ihm versprochen worden waren. Er schrieb sofort an Philipp und betonte, wie dringend er diese Männer benötigte, denn der Feind sei gut vorbereitet und erwarte sie schon. Seine Aussichten würden steigen, falls er sogar noch mehr bekommen könne. Er war gleichermaßen besorgt darüber, daß Medina Sidonia offenbar falsche Vorstellungen über seine aus kleineren Schiffen bestehende Flotte hatte und sie sich auf See treffen sollten.

„Das kann nicht geschehen, und im Interesse Eurer Majestät wäre ich sehr besorgt, müßte ich denken, der Herzog sei von ihnen (seinen Schiffen) abhängig ... Mit diesen kleinen, niedrigen Booten ohne Tiefgang, die für Flüsse, nicht für das Meer gebaut wurden, kann ich von der kurzen, direkten Route, auf die man sich geeinigt hat, nicht abweichen ... Sollte ich versuchen ... hinauszufahren, um den Herzog auf See zu treffen, und wir begegneten den bewaffneten Schiffen der Engländer oder der Aufständischen, so wäre es für sie ein leichtes, uns zu zerstören. Dies war einer der wichtigsten Gründe, die Eure Majestät veranlaßten, genaue und vorsichtige Befehle niederzuschreiben, daß Eure spanische Flotte unsere Überfahrt sichern muß, da es vollkommen klar war, daß diese Boote nicht gegen große Schiffe ankämpfen können, weniger noch als gegen die See, sie halten nicht einmal den kleinsten Sturm aus ..."[18]

Bevor er diesen Brief bekam, hatte Philipp von Medina Sidonia erfahren, daß ein Teil seiner Flotte vor La Coruña zerstreut worden war. Er hatte auch seinen nächsten Brief erhalten, in dem er ihm, Böses ahnend, nahezulegen versuchte, *„mit dem Feind gute, ehrenvolle Bedingungen auszuhandeln"*. Obwohl Philipp aus Parmas Briefen von der Seeuntüchtigkeit seiner Flotte wußte und dessen Sorge bezüglich der Geschwader der Seegeusen kannte, erwähnt er in seinem ausführlichen Antwortschreiben an Medina Sidonia keine dieser beiden Gefahren. Als Medina Sidonia am 22. Juli in La Coruña in See stach, wußte er von Parmas Ängsten nichts und glaubte noch immer, daß die Armee in ihren kleinen Schiffen auf See fahren und ihn dort treffen könne. Seine Vorstellungen entsprachen genau seinen Instruktionen. Recalde beschrieb sie, nach einem langen Gespräch mit dem Herzog über diese Expedition, in einem Brief an Philipp:

„... Ziel der Armada ist es, auf den Feind zu treffen und ihn dank überlegener Kampfkraft zu schlagen. Ich bete zu Gott, daß uns dies gelingen wird, falls der Feind sich auf einen Kampf einläßt, was er sicher tun wird. Falls nicht, müssen wir bis zu den Downs fahren und uns dort mit der Streitmacht des Herzogs von Parma bei Dünkirchen vereinen, denn wir sollen dessen Überfahrt an geeigneter Stelle, auf die man sich noch einigen wird, beschützen. Dieser Ort sollte möglichst nahe einem der beiden Themseufer sein. Das wird ein bißchen dauern, denn wenn sie Reiterei dabei haben, und so habe ich es verstanden, wird man sie nicht auf einmal übersetzen können, und wir können von Glück reden, wenn es auf zweimal gelingt."[19]

Dieses Schreiben macht die Strategie deutlich und hebt sich klar ab von der nicht minder klaren Aussage Parmas, daß er mit Verzweiflung an die Möglichkeit denke, aufs Meer hinauszusegeln, um den Herzog zu treffen. Philipp und sein Rat können kaum daran gezweifelt haben, daß man sich möglicherweise mißverstanden hatte. Doch seine nächsten Briefe an Medina Sidonia – sie trafen sowieso zu spät ein – enthielten lediglich Empfehlungen, er möge sich, da die Jahreszeit schon so weit fortgeschritten sei, eine sichere Ankerstätte suchen, wo man die Flotte auch ausbessern könne, und betonte, *„wie wichtig es ist, daß Ihr in die Themse einfahrt und Euch dort sicher niederlaßt"*. Dies würde die Engländer zwingen, zwei Armeen zu bilden, je eine zu beiden Seiten des Flusses, und verhindern, daß sie Hilfe erhalten – diese zarte Anspielung auf die Holländer oder Seeländer ist in seiner Korrespondenz der einzige Hinweis auf die Streitkräfte der Seegeusen – *„indessen Ihr die Route von Flandern her sichert, über die man die notwendige Verstärkung und Vorräte schicken kann"*[20].

Es scheint, als ob Philipp Parmas wiederholt vorgetragene und schließlich verzweifelte Warnungen bezüglich seiner Schwäche gegenüber der Flotte der Seegeusen wissentlich in den Wind schlug. Er notierte in Parmas Brief neben dessen Warnungen lediglich: *„Möge Gott, daß uns daraus keine schlimme Lage entsteht."*[21]

Aber Philipp wußte nicht, was wir heute wissen, und Medina Sidonia erkannte die Schlagkraft der englischen Flotte gerade erst in dem Augenblick, in dem dieser Brief geschrieben wurde. Philipp schickte seine Armada auf See, wie man seit alten Zeiten die Galeeren ins Mittelmeer geschickt hatte, wo die Größe einer Flotte und die Zahl der Männer zählten, wo die Flotten, die Armeen und Festungen an der Küste in enger Verbindung zueinander standen. Das aber war jetzt eine ganz andere Situation.

Unmöglich kann man von Philipp erwarten, daß er – angesichts seiner schier unendlichen Pflichten – die Seekriegführung studierte. Daraus hätte er die Lektion lernen können, daß unterlegene Flotten schon immer – und vermutlich auch in Zukunft – Taktiken entwickeln würden, um Nachteile gegenüber zahlenmäßig überlegenen Gegnern auszugleichen. Nun hatte er allerdings von den englischen Schiffen und ihrer Artillerietaktik gehört. Die Frage ist, ob er und seine Ratgeber sich gegenüber Parmas wiederholten Warnungen und Medina Sidonias Zweifeln einfach taub stellten oder in Wirklichkeit gar nicht erwarteten, daß Parma übersetzen könnte, und die beiden Oberbefehlshaber absichtlich an der Nase herumführten, um den Feind von der Ernsthaftigkeit der Bedrohung zu überzeugen. Philipp war nicht so intelligent wie Elisabeth, aber er war gerissen und lebenserfahren, verschlagen und mißtrauisch; daher kann man eher annehmen, daß die Armada doch nur Elisabeth das Fürchten lehren und nicht eine ernsthafte Invasion vornehmen sollte. Krankheit, Alter und seine niemals angefochtene Autorität mögen andererseits gewisse Abnutzungserscheinungen bei ihm hinterlassen haben. Vielleicht verschloß er sich den Vernunftgründen, war starr und dickköpfig, verzweifelt oder schlecht beraten und entschlossen, in der kurzen Zeit, die ihm in dieser Welt noch blieb, einen Schlag für den Glauben zu führen.

Und Parma, der größte Feldherr seiner Zeit, der Energie mit Organisationstalent verband, dazu einen kühlen, scharfen Verstand besaß und über genügend Erfahrung in den Niederlanden verfügte, um die Aussichten eines jeden Unternehmens genau einzuschätzen – dieser Mann hatte offenbar vor langem aufgehört, an den Erfolg dieses Unternehmens zu glauben. Hatte er je daran geglaubt? Man darf seine Briefe nicht immer wortwörtlich nehmen; möglicherweise hielt auch er die Invasion für einen Trick, dem Feind Sand in die Augen zu streuen, und vielleicht waren die Kanäle, die man unter großen Anstrengungen grub, sowie die Barken, die man für den Transport von Soldaten und Pferden umrüstete, schon immer für Walcheren bestimmt gewesen oder für einen anderen Stützpunkt der Rebellen an der Küste oder an einem Flußufer. Lord Henry Seymour, dessen Pflicht es war, diese Überfahrt zu verhindern, glaubte, daß Parmas Ziel in Wirklichkeit die Insel Walcheren war. Er schrieb in diesen Julitagen an Walsingham: *„Der Herzog zielt auf viele Scheiben; aber schießen wird er nur auf eine, auf Seeland, das, sobald es in seinem Besitz ist, ihm die Unternehmungen gegen England gewaltig erleichtern wird.“*[22]

In seinem Geschwader vor Dover war William Winter Seymours wichtigster Berater. Winter hatte mit amphibischen Operationen viel Erfahrung gesammelt und war ganz sicher, daß Parma niemals den Kanal zu überqueren wagte. Falls Parma erführe, daß holländische und seeländische Kriegsschiffe bereitlagen, um ihn unterwegs abzufangen, dann *„würde ich mir eher zutrauen, noch einmal jung zu werden, ehe der Fürst es wagen würde, in See zu stechen“*[23].

Die englischen Unterhändler, die in Flandern mit Parma verhandelten, teilten diese Auffassung. Einer berichtete, Seymour müsse nur

„ein waches Auge haben, sie zu zerstieben, sobald sie die Küste verlassen, was mit Gottes Hilfe sehr einfach ist (wenn sie sich nicht heimlich herausstehlen), weil sie mit Schiffen nicht gut genug ausgerüstet sind ... Parma hat ... nur 37 Schiffe mit Topsegel, die so wie einfache Schiffe gebaut sind und denen Eurer Majestät nicht widerstehen können ... Doch sie takeln sie mit aller nur möglichen Sorgfalt auf.“[24]

Offenbar zeigte Parma ihretwegen soviel Umtriebigkeit. Seine Kundschafter berichteten ihm, daß die Seegeusen zum Kampf bereit waren; er wußte, daß sie sich absichtlich vor der flandrischen Küste nicht zeigten, um ihn hinauszulokken. Genau darauf wollte er aber nicht eingehen. Doch mußte er natürlich seinem König gegenüber den Schein wahren. Als Medina Sidonias zuletzt abgesandte Emissäre mit der Botschaft kamen, die Armada sei in der Straße von Dover angelangt, schrieb er an Philipp:

„Gott sei dafür gelobt! Ich muß noch einmal darlegen, was ich schon so oft gesagt habe: Ich, für meinen Teil, will jede erdenkliche Anstrengung auf mich nehmen, meine Pflicht zu tun und werde demgemäß mit dem Herzog zusammenarbeiten und alles tun, was in meiner Macht steht. Aber es scheint, er wünscht noch immer, daß ich mit diesen unseren Schiffen mich aufs Meer hinausbegebe und sie begleite und wir dann zusammen die feindliche Flotte angreifen. Aber das ist offensichtlich ausgeschlossen, wir können nicht einmal hoffen, daß wir uns mit unseren Booten hinauswagen können auf die See, ohne große Gefahr zu laufen, dabei unsere Armee zu verlieren. Wenn der Herzog über all das voll ins Bild gesetzt wäre, würde er derselben Meinung sein und sich bemühen, die Befehle Eurer Majestät sofort auszuführen, ohne sich die geringste Ablenkung von diesem Kurs zu erlauben.“[25]

Er wollte, daß die Flotte nach Dünkirchen und Nieuwpoort segeln sollte, um seine kleinen Fahrzeuge zu beschützen. Um jeder Kritik an seinen Vorbereitungen zuvorzukommen, fuhr er fort:

„Die Männer, die vom Herzog hierherkamen, wollten aus dem Umstand, daß die Boote weder bewaffnet sind noch größere Geschütze an Bord haben, und die Männer noch nicht an Bord sind, schließen, daß wir nicht einsatzbereit sind. Das ist ein Irrtum. Die Schiffe sind seit Monaten für diese Aufgabe bereit ... Es ist unmöglich, die Truppen so lange an Bord zu halten. Da ist nicht einmal genügend Platz, sich umzudrehen; die Männer würden krank werden und sterben. Wir werden sie in kurzer Zeit an Bord dieser niederen, kleinen Schiffe bringen, das dauert nicht lange, und ich bin mir sicher, daß es in dieser Hinsicht an nichts fehlen wird ...“[26]

Er wußte seit Tagen von der unmittelbar bevorstehenden Ankunft der Armada und hatte sich trotzdem nicht zu den Einschiffungshäfen begeben, um dort bei den Vorbereitungen seine Autorität und seine Tatkraft geltend zu machen. Seine kleine Invasionsflotte war keineswegs einsatzbereit, es waren weder die Menschen noch die Vorräte an Bord gebracht worden.[27] Die Gründe lagen auf der Hand, er hatte sie Philipp gegenüber oft genug wiederholt: Weder er noch einer seiner Offiziere wollte die Armee dieser traurigen Flotte aus *„Jollen und Beibooten“,* wie Seymour sie nannte, den Rebellen in ihrem ureigensten Element, dem Wasser, ausliefern. Selbst wenn er je an eine Erfolgsmöglichkeit gedacht haben sollte, so war das Ganze kein Geheimnis mehr. Seine Kundschafterberichte aus Vlissingen und auch die jüngsten Briefe Medina Sidonias zeigten, daß die englische Flotte in tadellosem Zustand war, und dies bestärkte ihn in seiner Überzeugung, daß man die Armee sinnlos opferte und die spanische Position in den Niederlanden gefährdete, wenn man Philipps Instruktionen gehorchte.

Die Einstellung Medina Sidonias zeigt sich in seinen verschiedenen Botschaften gleichermaßen deutlich. Er hatte zunächst beabsichtigt, Philipps Weisungen zu folgen, durch den Kanal zu segeln und sich gegen die beiden Abteilungen der englischen Flotte zu wehren, wenn sie sich ihm in den Weg stellen würden; dann wollte er in den Downs ankern, von dort aus mit Parma Verbindung aufnehmen und dessen Überfahrt von Flandern zur Themse sichern. Mittlerweile hatte er Howards hinhaltende Angriffs- und Rückzugsmanöver selbst erfahren und sich daraufhin, irgendwann um den 1. August, entschlossen, statt dessen bei der Isle of Wight zu bleiben, bis er sich mit Parma auf ein gemeinsames Treffen einigen würde – und dies aus gutem Grund, da es an der flandrischen Küste für seine großen Schiffe keinen schützenden Hafen gab.

Der Plan sah vor, wie er Philipp schrieb, *„daß er im Moment meines Eintreffens mit seiner Flotte in See sticht, so daß ich keinen Augenblick verliere“*[28]. Und aus seinem Brief an Parma vom selben Tag wird klar, daß er von ihm erwartete, als dem Mann vor Ort, der sich in der Gegend auskannte und ortskundige Lotsen besaß, den bestgeeigneten Ort für ein Treffen festzulegen. Er erwartete *„Weisungen von Eurer Exzellenz (Parma), was ich zu tun habe und wo ich Euch erwarten soll, wo Ihr Euch mir anschließen wollt“*. Das war völlig richtig. Er wußte weder, wie Parma seine Streitkräfte auf die verschiedenen flandrischen Häfen verteilt hatte, noch wie lange es dauern würde, bis er mit ihnen auf See wäre, noch wo die Armada vor Anker gehen könnte, um sie zu beschützen. Falls er von der Bedrohung durch die Seegeusen überhaupt eine Ahnung hatte, nahm er an, daß Parma sie mit Hilfe der bewaffneten Schiffe, von denen ihm Moresin bestimmt erzählt hatte, abwehren konnte.

Nichts von dem, was Medina Sidonia schrieb, läßt erkennen, warum er die Idee wieder verwarf, an der Isle of Wight zu warten, bis er sich mit Parma auf einen Plan und einen Treffpunkt geeinigt hatte. Nach der Notiz, die er Moncada nach den Kämpfen vor Portland zusandte, scheint er sich zu diesem Zeitpunkt entschieden zu haben, da ihm klar geworden war, daß die Engländer ihn nur necken und hinhalten wollten und sich nicht auf einen Kampf einließen. Wahrscheinlich hielt er es für zu gefährlich, seine gesamte, aus so unterschiedlichen Elementen zusammengesetzte Flotte in die Untiefen vor Spithead zu bringen, dort zu ankern und dann zu versuchen, eine Stellung an Land zu gewinnen, während die englische Flotte ihm auf den Fersen saß und ihn von seinen Verbindungen zu Flandern abschneiden konnte. Andererseits mag er aber die Entscheidung, die Isle of Wight nicht anzugreifen, nach den Kämpfen südlich dieser Insel getroffen haben, als es ihm, trotz der für ihn günstigen Winde, nicht gelungen war, die Engländer in einen Nahkampf zu verwickeln.

Weder der ungünstige Wind noch die Gezeiten hielten ihn ab, Spithead anzulaufen. Er fuhr in Richtung Straße von Dover und setzte Parma in Kenntnis, daß er bald an der Küste Flanderns sein werde, und dieser sich zur sofortigen Abreise bereit halten solle. Vermutlich veranlaßte ihn die gleiche Überlegung, die einen Aufenthalt an der Isle of Wight ausschloß, seine ursprüngliche Absicht aufzugeben und gemäß den Befehlen seines Königs in den Downs vor Anker zu gehen. Daher war es Howards Strategie, ihn *„kreuzen zu lassen“* – dies und die Tatsache, daß keines seiner Schiffe den Engländern eine entscheidende Schlacht aufzuzwingen vermochte, trieb ihn zu der exponierten, gefährlichen Ankerstelle vor Calais.

Vor seiner Ankunft bat er Parma um *„40 Flieboote, die sich der Armada anschließen sollen“*[29]. Er nahm an, sie würden den englischen Schiffen an Geschwindigkeit und Manövrierfähigkeit ebenbürtig sein und vielleicht den erwünschten Nahkampf herbeiführen; Parmas Schiffe waren allerdings, wie die englischen Unterhändler schon bemerkt hatten, einfache Küstenschiffe für Kaufleute – *„außerstande, sich mit den Schiffen Ihrer Majestät zu messen“*[30]. Die einzige zuverlässige Nachricht, die der Herzog über Parmas Flotte hatte, stammte von Kapitän Moresin; es ist anzunehmen, daß das Mißverständnis bezüglich der Einsatzbereitschaft dieser Fahrzeuge im Kampf aus diesen Unterhaltungen stammte.

Als Medina Sidonia vor Calais ankam, fuhr er nicht weiter, teils, weil die Gezeiten ihm jetzt entgegenströmten, hauptsächlich aber wohl, weil seine Lotsen ihn vor der Gefahr warnten, bei einer Weiterfahrt in die Untiefen vor Dünkirchen zu geraten, die ihn von der Küste weg und in die Nordsee führen würden. Trotzdem fiel die Entscheidung nicht leichtfertig, und er hätte sie bestimmt nicht getroffen, wenn er gewußt hätte, daß die Bedrohung durch die Seegeusen Parma im Hafen zurückhielt. Die Leichtigkeit, mit der die Engländer vor dem Wind herankommen und ihn beschießen konnten, während er vor Anker lag, besorgte ihn, und er wiederholte seine verzweifelte Bitte nach *„40 oder 50 Fliebooten, mit deren Hilfe ich mich der feindlichen Flotte widersetzen kann, bis Eure Exzellenz mit den restlichen herauskommen und wir gemeinsam segeln und einen Hafen suchen, wo die Armada in Sicherheit ist“*[31]. Hätte er nur geahnt, daß die Seegeusen schon darauf lauerten, diese Schiffe anzuspringen, sobald sie in See stachen, dann hätte er weder Parma erwartet noch dessen bewaffnete Fahrzeuge, die sein einziger Schutz waren. Ließ ihn seine Phantasie im Stich? Er wußte, daß die Aufständischen eine Flotte hatten und ihre Stützpunkte gerade 40 Meilen weiter oben an der Küste lagen, jenseits von Nieuwpoort. Übersah er sie oder glaubte er, sie würden nicht dazwischenfahren, wenn ihr Todfeind auf England losging? Vielleicht verführte ihn die Erschöpfung ruheloser Tage und das beständige Unwohlsein, das er auf See verspürte, zu dieser Annahme. War es eher Philipps Schuld, weil er ihm nichts von Parmas Sorgen über seine kleinen Schiffe und die Flotte der Geusen gesagt hatte? Aber Philipp konnte kaum erraten, daß seine beiden Kommandeure bis zum Eintreffen der Armada vor Flandern nicht miteinander in Verbindung treten würden; er hatte Medina Sidonia sogar mehrmals ausdrücklich angewiesen, dies zu tun:

„Es ist wichtig, daß Ihr und der Herzog (von Parma) Euch über Eure Bewegungen ständig auf dem laufenden haltet, daher ist es ratsam, daß Ihr, bevor Ihr dort eintrefft, mit ihm so gut wie möglich in Kontakt bleibt, sei es, daß Ihr insgeheim eine vertrauenswürdige Person des Nachts an die Küste der Normandie oder der Bretagne bringen laßt, sei es, daß Ihr ihm auf dem Seeweg nach Gravelines, Dünkirchen oder Nieuwpoort Kunde sendet ...“[32]

Medina Sidonia hatte diese Order buchstabengetreu befolgt; Parma hatte nichts von sich hören lassen. Er hatte jedoch seine Zweifel geäußert und seine Ansicht hinsichtlich der Seegeusen Philipp erklärt. Dann war die Armada in La Coruña eingelaufen, und er muß, wie die meisten nachdenklichen Menschen, skeptisch gewesen sein, ob sie je den Kanal erreichen würde. Schließlich hatte er am 2. August Medina Sidonias erste Botschaft nach der Abfahrt aus La Coruña erhalten, als die Armada etwa auf der Höhe der Insel Ouessant war, an der westlichen Zufahrt zum Kanal. Er hatte am Tag darauf geantwortet, aber seine Botschaft war nicht zu Medina Sidonia gelangt. Man kann in diesem Punkt Parma kaum die Schuld geben. Wieviel Schuld Philipp zukommt, hängt weitgehend von seinen wirklichen Absichten ab, die man wahrscheinlich nie erfahren wird. Auf jeden Fall bestand sein Fehler nicht so sehr in seinen Befehlen, sondern darin, daß er die englische Flotte unterschätzte und, mehr noch, die natürlichen Risiken wie Gezeiten, Untiefen, Wind und Wetter, denen ja auch seine Schiffe ausgesetzt waren. Die ganze Fahrt entsprang dem Kopf eines Soldaten, nicht dem eines Seemannes – und das war das entscheidende Problem. Sowohl Medina Sidonia als auch Parma, so scheint es, konnten die Gefahren besser einschätzen als Philipp.

Was Medina Sidonia aber zu dem tödlichen Schritt veranlaßte, nach Calais zu segeln, war die Strategie der Engländer – die Armada nordwärts durch den Kanal *„kreuzen zu lassen"*, und ihm keine Gelegenheit zu einem Kampf zu geben, ihn nicht einen Tag lang verschnaufen zu lassen, um sich einen sicheren Ankerplatz zu suchen. Wäre Medina Sidonia ein paar Meilen weiter gefahren, nach Dünkirchen oder Nieuwpoort, er hätte riskiert, in die Untiefen zu geraten. Schließlich war es eine rasche englische Entscheidung, die günstige Situation, die die Engländer selbst herbeigeführt hatten, zu nutzen, ohne einen Augenblick zu verlieren – sie besiegelte das Schicksal der Armada. Drake hatte es ein paar Monate früher zusammengefaßt: *„Zeit und Ort richtig gewählt zu haben, bedeutet bei allen Kampfhandlungen den halben Sieg."*[33] Es ist fraglich, ob die Engländer unter diesen Umständen noch besiegt werden konnten; aber ihr rasches Handeln mochte jetzt darüber entscheiden, ob Medina Sidonia nur einen Mißerfolg erlebte oder ob er völlig vernichtet wurde.

Einer feindlichen Flotte, die irgendwo vor Anker liegt, brennende Schiffe entgegenzuschicken, war eine altbewährte Kriegslist. Als Medina Sidonia vor Calais erschien, hatten Elisabeths Berater befohlen, brennbares Material für solche Brander nach Dover zu senden, für den Fall, daß es Howard nicht gelingen würde, die Fahrt der Armada in das Mündungsbecken der Themse zu verhindern. Seymours Vizeadmiral, Sir William Winter, der an Bord der *Ark* eingeladen wurde, war an diesem Samstagabend bei der Flotte. Er behauptete, er sei es gewesen, der Howard den Vorschlag machte:

„Als ich die Größe dieser riesigen spanischen Armee gesehen hatte und es unmöglich schien, sie zu vertreiben, kam ich auf die List, daß uns dies mit Hilfe brennender Schiffe gelingen könnte, denn das müßte sie von ihrem einzigen Weg abbringen, und der hieß: sich mit den Streitkräften Parmas zusammenzuschließen."[34]

Während Howard am nächsten Morgen einen Kriegsrat einberief, erfuhr Medina Sidonia von Kapitän Don Rodrigo Tello, daß Parma noch nicht einmal damit begonnen hatte, Männer oder Troß einzuschiffen. Bei den Engländern fiel inzwischen die Entscheidung, Brander vorzubereiten und sie im Schutz der Dunkelheit loszusenden, da der Wind noch immer von Westen blies; überdies hatten die Gezeiten gewechselt und flossen diese Nacht ostwärts. Sir Henry Palmer wurde daraufhin in einer Pinasse nach Dover geschickt, um die dort gelagerten Brennstoffe zu holen, hauptsächlich Reisigbündel und Fässer mit Pech. Man beschloß, am folgenden Morgen den Feind in drei Sturmwellen anzugreifen – die erste sollte Howard anführen, die zweite Drake und Seymour die dritte.

Im Lauf des Tages erkannte man, daß Palmer nicht rechtzeitig zurück sein würde, und tatsächlich verließ er Dover erst gegen Mitternacht. Nun wurden von den kleineren Fahrzeugen der Flotte acht ausgesucht, jedes etwa 200 Tonnen groß. Sie wurden mit allem, was gerade vorhanden war, gefüllt, wahrscheinlich mit altem Hanf, Fässern mit Teer und Pech, Öl, das sonst in Laternen der Galeeren verbrannt wurde; ihre Kanonen wurden geladen, damit sie losgehen würden, sobald die Hitze oder die Flammen sie entzündeten.

In der Nacht zuvor war Vollmond gewesen. Die Gezeitenströmung bewegte sich rasch, vor Calais fast mit drei Knoten, der Wind hatte aufgefrischt, an diesem Tag erging auf den spanischen Schiffen der Befehl, einen zweiten Anker auszuwerfen. Sicher erkannten die alterfahrenen Admiräle, daß die Umstände für einen Angriff mit Brandern oder sogar mit einem explosiven Fahrzeug, wie es die Seegeusen drei Jahre zuvor gegen Parma bei der Belagerung von Antwerpen eingesetzt hatten, günstig waren. Es wäre tatsächlich erstaunlich gewesen, wenn man den Herzog nicht gewarnt hätte, daß die

Das Aussenden der englischen Brander vor Calais, in der Nacht vom 7. zum 8. August 1588 – für die Armada bedeutete dies den Wendepunkt.

Engländer in dieser Nacht eine Teufelei aushecken würden, zumal die Gezeiten nach 22 Uhr wechselten. Seinem eigenen Bericht zufolge erwartete er etwas in dieser Art, denn gegen Sonnenuntergang beobachtete er, wie sich 9 Schiffe der englischen Flotte hinzugesellten, während zugleich ein Geschwader von 26 Fahrzeugen seine Ankerstätte näher an die Küste verlegte. Er befahl dem Kapitän auf dem Vorderkastell des Flaggschiffes, Antonio Serrano, eine Pinasse mit einem schweren Anker und dem entsprechenden Tau luvwärts loszuschicken, um gegebenenfalls ein feindliches Feuerschiff küstenwärts abzuschleppen. Warum nur eins? Es waren 9 Fahrzeuge dazugestoßen – ein Geschwader von 26 Schiffen hatte sich etwas wegbewegt. Vielleicht dachten er und seine Berater wirklich an die Höllenmaschine von Antwerpen und bezweifelten, daß die Engländer die Zeit und das Pulver für mehr als ein solches Schiff hatten. Zugleich befahl er jedem Schiff, bemannte Boote bereitzuhalten, solche Feuerschiffe wegzuschleppen.

Gegen Mitternacht oder etwas später – anderen Zeugnissen zufolge war es bereits zwei Uhr morgens – lösten sich die acht präparierten Boote von der englischen Flotte. Jedes hatte Groß- und Focksegel gesetzt und einen Mann an Bord, der das Feuer entfachen und dann die Ruderpinne festzurren sollte, wenn er dem Feind nahe genug war. Sie fuhren nahe nebeneinander, ihre Rahnocks berührten sich fast. Mit der Strömung müssen sie eine Geschwindigkeit von 4½ bis über 6 Knoten gehabt haben; sie könnten die Strecke in 15 Minuten zurückgelegt haben, es wird aber wohl ungefähr 25 Minuten oder etwas länger gedauert haben, bis sie das erste spanische Schiff erreichten. Sicher standen sie schon lange vorher in hellen Flammen; die Feuerleger mußten sich schließlich in ihren Ruderbooten gegen die Gezeitenströmung und den Wind davonmachen, und sie wollten bestimmt nicht zu spät weg. Vielleicht gibt uns ein Augenzeuge einen Hinweis, wahrscheinlich ein Soldat der portugiesischen

Stich von John Pine. Der linke Teil zeigt, wie die englischen Brander von Wind und Strömung vorangetrieben werden; rechts die Formation der spanischen Flotte, die kurz danach durcheinander geriet.

Galeone *San Marcos,* er sah die *„acht brennenden Schiffe der Engländer, lichterloh in Flammen, in sehr guter Ordnung, von der Flut auf uns zugetrieben, und die war sehr schnell“*[35]. Wenn sie in *„sehr guter Ordnung“* waren, so könnte dies bedeuten, daß sie wohl eher am Anfang als am Ende ihrer kurzen Reise waren; aber das hieße wohl, in diese drei Worte allzuviel hineinzulegen. Der englische Kavalier Robert Carey, der von der *Elizabeth Bonaventure* aus zuschaute, erinnerte sich: *„Sie brachten sie sehr nahe an die spanische Flotte heran, so daß sie geradewegs in deren Mitte kommen mußten, dann legten sie Feuer und machten sich davon.“*[36] Ein ungenannter Kundschafter schrieb an Philipp: *„Während sie noch zwischen den beiden Flotten waren, fing das eine lichterloh zu brennen an, und es entstand ein fürchterlicher Lärm.“*[37] Calderon sah *„acht Schiffe mit künstlichen Maschinen an Bord, die lichterloh brannten, vor allem im Bug, während sie auf uns zukamen“*[38].

Antonio Serrano in seiner Pinasse konnte nicht gegen alle etwas unternehmen. Medina Sidonia teilte auf jeden Fall Calderons Auffassung, daß sie irgendwelche Teufeleien an Bord hatten. Ein Kapitän Marolin de Juan behauptete: *„Sie brannten so heftig, daß man sie für ‚künstliche Maschinen‘ hielt, und da die Armada so eng beisammen lag, gab der Herzog, der den Schaden fürchtete, den sie verursachen könnten, den Befehl, die Taue zu kappen und Segel zu setzen.“*[39]

Ruderpinnen wurden herumgeworfen, um den Bug in Richtung Meer zu lenken, mit Äxten hieb man auf Ankertaue ein oder ließ sie einfach fahren, Matrosen hetzten auf den Rahnocks umher, um die Segel zu lockern, rissen an Lifts und Falls, bedienten Segel und Brassen, bis die Leinwand sich erst aufplusterte und dann mit Wind füllte, die Takelage straffer wurde, der Mast zu zittern begann und die großen Schiffe, von den Tauen befreit, sich nun vom Wind treiben ließen. Einige müssen früher klar gewesen sein als andere, wieder andere müssen hinter die sie begleitenden Boote zurückgefallen sein, bevor sie frei steuern konnten. Es muß viel Lärm und große Verwirrung geherrscht haben. Aber nur ein ernster Zwischenfall wird berichtet: Er geschah in dem Teil der Flotte, der den englischen Schiffen und der Linie der brennenden Schiffe am nächsten lag. Die Flaggengaleasse *San Lorenzo,* die unweit der *San Martin* lag, versuchte, einen Zusammenstoß mit einer anderen Galeasse, der *Girona,* zu vermeiden und kam dabei über das Ankertau der *San Juan de Sicilia* aus dem Levante-Geschwader; und während die Flaggengaleasse nun von der Strömung herumgedreht wurde, riß ihr das Ruder ab. Die anderen kamen ohne ernsteren Schaden davon und segelten nordwärts aus den Untiefen, indessen die englischen Feuerschiffe, in Rauch gehüllt, mit züngelnden Flammen an den Masten und an den Rahen, röhrend und fauchend wie feuerspeiende Drachen, die verlassene Ankerstätte durchquerten und dann und wann einen Schuß abfeuerten.

Als sie vorbei waren, drehte der Herzog ab, segelte zurück und ging erneut vor Anker, weiter draußen als vorher, doch in der Absicht, am Morgen zurückzukommen und seine Anker mitzunehmen, die an Bojen befestigt waren. Ein paar weitere Schiffe waren in seiner Nähe, aber der größte Teil der Flotte war leewärts verstreut, von Wind und Flut weit über Calais hinausgetrieben. Wie verstreut sie waren, erkannte er im frühen Licht dieses Montagmorgens, des 8. August – und er sah Howard die Anker lichten und mit vollen Segeln auf sich zukommen. Seinem Bericht nach hatte sich der Wind nach Nordwest gedreht und blies jetzt auflandig; nach Howards Aufzeichnungen kam er aus Westsüdwest, für John Hawkins war es ein Westwind, *„ein frischer Sturmwind"* – er war also stärker geworden. Wahrscheinlich ließ Medina Sidonia eine Kanone abschießen, um seine Flotte zu sammeln, und steuerte nach Nordosten, um es den anderen einfacher zu machen, ihm zu folgen. Er überlegte, wie er schrieb, ob er *„die Armada zusammenbringen und sie wieder an ihren alten Standort führen sollte"*[40].

Inzwischen trieb die steuerlose Flaggengaleasse *San Lorenzo* langsam auf die Mündung des Hafens von Calais zu, vom Wind in den Focksegeln und von Ruderern getrieben. Ihr Anblick brachte Howard davon ab, seinen ersten Angriff gegen den Herzog zu richten. Die *San Lorenzo* lief auf einer Sandbank in Nähe der Hafeneinfahrt auf Grund, schwankte heftig und richtete bald ihre seewärtige Seite mit den Kanonen hilflos in den Himmel. Howard segelte so nahe wie nur möglich heran, ließ dann seine kleinen Fahrzeuge und Pinassen klarmachen, die sich der Galeasse von ihrer unbewaffneten Seite her näherten. Howard sandte seinen Leutnant, Amyas Preston, mit adligen Freiwilligen und Soldaten in seinem Langboot aus, den anderen zu helfen und seinen Anspruch anzumelden.

Bald umringten an die 25 kleineren englischen Fahrzeuge das gestrandete Schiff, von dessen Kastellen man mit schwenkbaren Kanonen und Musketen auf die Angreifer schoß, die das Feuer erwiderten. Einige Männer stürzten sich beim ersten Angriff ins Meer und schwammen oder wateten zum Strand, wo die Bevölkerung von Calais sich inzwischen versammelt hatte und zuschaute. Doch der größere Teil der Soldaten leistete heftigen Widerstand. Der Leutnant des Londoner Kauffahrers *Margaret and John* schrieb: *„Wir setzten mit unseren kleineren Schußwaffen das Scharmützel gegen sie fort, sie in ihrem Schiff hoch über uns, und wir in unseren offenen Pinassen weit unter ihnen, mit nichts darüber, was uns Schutz gab."* Die Wende kam, als Moncada fiel, eine Musketenkugel traf ihn ins Auge. Da verloren viele der Soldaten den Mut und *„sprangen in großen Sätzen auf der anderen Seite über Bord, ... einige entkamen, ziemlich durchnäßt; einige, ja ziemlich viele, ertranken"*[41]. Als die verbleibenden die überwältigende

Vormacht der feindlichen Segel um sich herum sahen, und ständig neue sich näherten, winkten sie mit weißen Tüchern, die sie an ihren Schwertspitzen befestigt hatten, und erlaubten den Engländern unter Führung von William Coxe, dem Schiffsführer der *Delight,* auf ihr Schiff zu kommen. Kaum an Bord, rannten die Eroberer wie wild umher, plünderten, was sie nur finden konnten, wie dies eben bei der Einnahme von Prisengut üblich war – dies war der Traum, für den der Seemann lebte.

Der Gouverneur von Calais schaute zusammen mit seiner Frau von ihrer Kutsche aus zu. Als er sah, daß die Spanier sich ergaben, sandte er ein Boot mit Unterhändlern aus, um den Engländern zu gratulieren und sie wissen zu lassen, daß das Plündergut rechtmäßig ihnen zustehe; daß er aber hoffe, sie wollten nicht auch das Schiff mit sich nehmen, denn es befinde sich unter den Kanonen von Calais und unterstehe somit seiner Rechtsgewalt. Man führte sie zu Howard, der unweit davon in seiner *Ark* zuschaute. Ob sie ihm ihren Einwand vortrugen, ist nicht bekannt; er hatte jedenfalls vor, die Galeasse wegzuschleppen, sobald die Flut sie wieder flott machte, und sicher drückten auch die Männer auf der Galeasse diese Auffassung aus – die grobe Sprache der Eroberer bedurfte wohl keines Dolmetschers. Dem Leutnant der *Margaret and John* zufolge waren die Franzosen sogar Mißhandlungen ausgesetzt, Ringe und Juwelen sollen ihnen abgenommen worden sein. Kaum waren sie wieder an Land, da richteten sich die Kanonen in den Festungs- und Stadtmauern auf die englischen Schiffe, die die Galeasse umgaben, und richteten großen Schaden an. Die Engländer mußten sich zurückziehen, Howard ließ Segel setzen und fuhr nach Nordosten, um die anderen Geschwader seiner Flotte aufzusuchen.

Drake war es überlassen, um ungefähr 7 Uhr den ersten Angriff zu führen. Medina Sidonia war es gelungen, den Großteil seiner Flotte vor Gravelines zu versammeln, etwa 10 Meilen nordöstlich von Calais. Seinem eigenen Bericht zufolge fuhren die englischen Schiffe an ihm vorbei, und seine flämischen Lotsen machten ihn auf die nahen Untiefen vor Dünkirchen aufmerksam. Er ging auf Kurs Nord und sandte Depeschenboote aus, um die Schiffe zu warnen, daß sie sich den Untiefen näherten. Die Geschwaderflaggschiffe und die portugiesischen und kastilischen Galeonen sowie die drei ihm verbliebenen Galeassen waren in der gleichen Formation wie auf ihrer Fahrt durch den Ärmelkanal.

Ein Freiwilliger auf der *Ark* notierte, daß die Spanier *„in ihrer gewöhnlichen Schlachtordnung waren“*[42], eine zeitgenössische Darstellung zeigt sie in halbmondförmiger Gestalt, mit der *San Martin* etwa in der Mitte der hinteren Reihe. Aus den Aufzeichnungen geht nicht eindeutig hervor, wo Recalde und de Leyva standen, die gemeinsam die Nachhut anführten. Was die Engländer als „Schwanz“ bezeichneten, war der Flügel rechts der *San Martin.* Medina Sidonia muß in diesem rechten Flügel gewesen sein; ein zeitgenössischer Stich zeigt ihn allerdings an dessen äußersten Ende, danach erstreckte sich dieser Flügel so weit zurück, daß man ihn tatsächlich als Nachhut bezeichnen kann. Es ist ferner anzunehmen, daß auch die Galeassen *Girona* und *Napolitana* hier waren.

Drake in seiner *Revenge,* unterstützt von Thomas Fenner in der *Nonpareil* und dem Rest des Geschwaders, richtete den ersten Angriff gegen Medina Sidonias Flaggschiff. Der Wind kam von West oder Südwest, und vom Strand war zu beobachten, daß die Engländer vor dem Wind segelten. Wahrscheinlich fuhr Drake von Westen her auf die *San Martin* zu, gab Feuer und drehte ab, indes die *Nonpareil* herankam und ihre Buggeschütze abfeuerte, dann folgte eine Breitseite, wonach die anderen von Drakes Gefolgschaft schossen. Während sie sich neu formierten, führte John Hawkins in der *Victory* den zweiten

Angriff, wieder auf das Flottenflaggschiff. Ein Augenzeuge von der *Mary Rose* schrieb: *„Sobald wir, die Verfolger, in Musketenschußweite heranwaren, wurde der Kampf heiß.“*[43] Spanische Berichte stellen übereinstimmend dar, daß die Engländer aus allernächster Nähe feuerten, sie waren näher, als je zuvor – *„so nahe“*, schrieb einer von der Galeasse *Zuniga*, daß *„man glaubte, der Feind würde es auf einen Nahkampf ankommen lassen, da er bis auf Musketenreichweite herankam“*[44]. Medina Sidonia schrieb, daß das englische Flaggschiff – damit meinte er wahrscheinlich Drake oder Howard – *„mit dem größeren Teil ihrer Flotte unser Flaggschiff angriffen, wobei sie innerhalb der Reichweite einer Muskete oder sogar einer Arkebuse mit ihrer Artillerie mächtig schossen“*[45].

Es ist beinahe sicher, daß Seymour, der tags zuvor im Kriegsrat den Auftrag erhielt, den dritten Angriff zu führen, bei Howard vor Calais war, als dieser die Galeasse angriff. Er schrieb an Elisabeth, daß *„einige unserer Leichterschiffe und Pinassen unter meinem Befehl“* dem schwer getroffenen Schiff gefolgt seien, *„und nach langem Kampf wurde es von einigen von uns geentert“*; der erste an Bord sei der Schiffsführer der *Delight* gewesen. Seymour zufolge begann der Kampf mit dem größeren Teil der Flotte nicht vor 10 Uhr, Winter zufolge um 9 Uhr, also drei Stunden nach Drakes erstem Angriff.[46]

Als sie die feindliche Flotte vor sich hatten, führte Seymour sein Geschwader gegen den äußersten rechten Flügel, den „Schwanz“, wo eine Gruppe portugiesischer Galeonen anscheinend etwas zurückblieb, vielleicht um einige der Levante-Schiffe zu decken, darunter die riesige *Trinidad Valencera*, die im Lauf der Nacht etwas leewärts abgefallen war und jetzt alle Anstrengungen unternahm, ihre Position im Schlachtverband wieder einzunehmen. Da sie zum erstenmal Pulverdampf rochen und ihre Schiffe zu den kleinsten der ersten königlichen Galeonen zählten, mußten sie sich gegenüber der furchteinflößenden Ordnung des Feindes unterlegen vorkommen; daher ist es zweifelhaft, ob sie beim ersten Angriff so nahe herankamen, wie sie in ihren Aufzeichnungen glauben machen möchten. Seymour behauptete *„näher als ein Musketenschuß“*,[47] und Winter *„näher als 120 Schritte“*, was etwa 90 Meter betragen könnte oder, wenn man den großen Schritt eines Kanoniers zugrundelegt, fast 200 Meter. Wahrscheinlich kamen sie erst später so nahe heran, nachdem sie sich ein Herz gefaßt hatten.

Inzwischen war auch Howard in den Kampf getreten, auch er drei Stunden nach Drakes erstem Angriff, wenn man einem zuverlässigen Zeugen der *Mary Rose* glauben darf; dies stimmt auch mit Schätzungen über die Zeit ein, die er bei der Galeasse vor Calais zubrachte. Er stürzte sich auf Medina Sidonias Flaggschiff, *„etwa dort, wo zuvor die Victory angegriffen hatte“*[48], ihm folgten Lord Thomas Howard in der *Golden Lion* und Lord Sheffield in der *White Bear* mit dem Rest des Geschwaders.[49] Die *Elizabeth Bonaventure*, die sich vielleicht etwas nach leewärts neigte, schloß sich Seymours Angriff auf die Nachhut an.

Die spanischen Schiffe, vor allem in der Nähe der *San Martin* und in der Nachhut, wurden heftig beschossen. *„Ihre Kanonen schossen mächtig“*, schrieb ein spanischer Soldat, die Engländer *„ließen ihre Geschütze nicht einzeln feuern, sondern setzten die Artillerie auf einmal ein, da wir so nahe beieinander und sie ein schönes Stück voneinander entfernt waren“*[50]. Ein anderer schrieb: *„Der Kampf war schrecklich ... Unsere Schiffe waren in den Rauchwolken verborgen.“*[51] Im Mittelpunkt des Kampfes stand die *San Martin*, wieder und wieder durchbohrt, drei ihrer Kanonen heruntergerissen, die Decks übersät mit Splittern, mit Toten und Verletzten, und infolge der verschiedenen Lecks so tief eingesunken, daß zwei Männer einen ganzen Tag lang *„alle Hände voll zu tun hatten, sie mit Tauen und Bleiplatten wieder flottzukriegen“*[52]. Medina Sidonia konnte

Dieser Druck zeigt die Entscheidungsschlacht vor Gravelines am 8. August 1588.

nichts tun. Sein Feind war etwa 200 Meter von ihm entfernt, drehte windwärts ab, wenn er eine Breitseite abgeschossen hatte; er wußte aus eigener bitterer Erfahrung, daß er ihm nicht nachjagen konnte. Niemals in der Geschichte der Seefahrt war es einer Reihe leewärts gelegener Segelschiffe gelungen, den Schiffen vor dem Wind, die diesen Vorteil behalten wollten, in den Rücken zu fallen, und vor allem dann nicht, wenn der Feind so schnell und wendig war wie dieser. Mit seinen schwerfälligen Transportschiffen im Gefolge blieb Medina Sidonia nichts weiter übrig, als auszuharren, die Schläge hinzunehmen und zu hoffen, daß seine Flotte ihre Ordnung beibehalten würde.

Weit hinten in der Armada gelang es Don Francisco de Toledo in der portugiesischen Galeone *San Felipe,* anzuluven und den Feind aufzufordern, näherzukommen – das war zumindest der Eindruck, den Medina Sidonia und andere bekamen, wahrscheinlich erst aus späteren Erzählungen, denn vor lauter Pulverdampf konnten sie selber es nicht sehen. Er war schnell von Seymours Geschwader umzingelt, nach Calderon sollen es 17 Fahrzeuge gewesen sein, die auf ihn feuerten:

„Der Feind kam so nahe heran, daß die Musketen und Arkebusen in Dienst treten

konnten, was vielen Leuten auf den feindlichen Schiffen das Leben kostete. Sie wagten es jedoch nicht, bei uns anzulegen, sondern schossen mit ihrer Artillerie aus der Ferne, beschädigten das Ruder, zerbrachen den Fockmast und töteten mehr als 200 Menschen …"[53]

Don Diego Pimentel, der die *San Mateo* befehligte, kam ihm zu Hilfe, und es erging ihm ebenso schlecht. Nun kamen Recalde und ein paar weitere Schiffe der Nachhut. Als er das Geknatter der Musketen über dem Donner der großen Kanonen vernahm, als die Schüsse die Luft zerrissen wie Leinwand, kletterte Medina Sidonia auf die Spitze des Großmasts, um sich einen besseren Überblick zu verschaffen. Er sah die *San Felipe* von Feinden umzingelt und rief hinunter, das Flaggschiff möge abdrehen und hinsegeln.

Für die Engländer war es einfach. Sie konzentrierten sich auf ein paar feindliche Schiffe, und da die Spanier jetzt immer spärlicher und wirkungsloser feuerten, weil die Kugeln knapp wurden, konnten sie ihre Breitseiten auf die hilflosen Opfer richten. Selbst wenn sie sich sehr nahe heranwagten, hatten sie wenig mehr zu fürchten als eine verirrte Musketenkugel. Winter schrieb:

„Wir fügten ihnen großen Schaden zu … die leichten Kanonen und beiderlei Feldschlangen meines Schiffes feuerten 500 Schuß ab; und ich war nie weiter entfernt als eine Arkebuse reicht, meistens sogar innerhalb Rufweite. Sicher hat jeder sein Bestes getan, und … ihr Blutzoll und ihr Schaden waren bestimmt groß …"[54]

Was sich auf den Decks dieser portugiesischen Galeonen zutrug, braucht den Vergleich mit dem Nahkampf auf den Kanonendecks in den folgenden Jahrhunderten nicht zu scheuen. Splitter waren die tödlichsten Geschosse – wenn eine Kugel eine Schiffswand durchbohrte, flogen Holzsplitter wie Pfeile umher. Die Kugel selber riß vielleicht einem Menschen ein Bein ab oder einen Arm; aber Splitter hatten einen viel größeren Zerstörungsradius. Calderon schreibt an anderer Stelle in seinem Bericht, daß die *San Felipe* 60 Tote und 200 Verletzte zu beklagen hatte, das war mehr als ein Drittel der Mannschaft, die seit La Coruña auf ihr fuhr. Die Decks müssen vor Blut glitschig gewesen sein, bedeckt mit stöhnenden Gestalten, die nach Wasser riefen. Die Überlebenden tobten in ihrem Ohnmachtsgefühl, brüllten den Engländern zu, sie seien protestantische Feiglinge und ängstliche Hühnchen, daß sie sich nicht auf einen richtigen Kampf mit ihnen einließen.

Dabei waren die Engländer inzwischen beleidigend nahe herangekommen; so schreibt Calderon über die *San Mateo: „Eines der feindlichen Schiffe fuhr neben diese Galeone, und ein Engländer sprang hinüber, aber unsere Männer schlugen ihn sofort in Stücke."*[55]

Recalde und Don Augustin Mexia in der portugiesischen Galeone *San Luis* waren die ersten, die zu Hilfe kamen; ihnen schlossen sich andere an. Es ist fraglich, ob diese Schiffe, oder auch nur eines, noch etwas zum Schießen übrighatten, bestimmt nicht Recaldes *San Juan,* die seit den ersten Kämpfen stets an vorderster Stelle war. Medina Sidonia berichtete von dieser Phase der Schlacht, daß der Feind *„mit seinen großen Geschützen feuerte, und unsere Männer sich mit Arkebusen und Musketen wehrten, da die Entfernung sehr gering war"*[56]. Auch diesmal hofften die Spanier, nahe an den Feind heranzukommen, damit sie ihn packen konnten; aber auch diesmal wahrten die Engländer Abstand. Inzwischen waren viele weitere königliche Schiffe an Seymours Geschwader herangerückt. Medina Sidonia hielt fest, daß der Feind sein Flaggschiff verließ, um bei den Kämpfen am hinteren Ende mit dabeizusein.

Angesichts der feindlichen Überlegenheit waren die Beschützer der beiden angeschlagenen Galeonen gezwungen, abzudrehen, und dabei, so berichtet Winter,

„verstrickten sich vier von ihnen in Bordhöhe miteinander. Eine vermochte sich zu lösen und fand Schutz in der Flotte; wie die anderen geschlagen wurden, will ich dem Bericht der Spanier überlassen, die ins Meer sprangen, herausgezogen wurden und sich jetzt in unserem Gewahrsam befinden.“[57]

Einer der Gefangenen von Recaldes *San Juan* hielt fest, daß *„drei große venezianische Schiffe (die drei Levantiner) an diesem Kampf teilnahmen, sie waren schwer geschlagen und an vielen Stellen durchbohrt, aber die Zimmerleute langten jetzt kräftig zu ...“*[58] Ein anderer schrieb: *„Die Engländer haben sie mit ihrer Artillerie schwer beschädigt, durch ihre Geschützpforten sahen sie ein italienisches Schiff, das voller Blut war, aber trotzdem weiterkämpfte ...“*[59]

Bis es der *San Martin* und weiteren Schiffen in der Umgebung von Medina Sidonia gelungen war, sich zwischen die Gruppe der Angegriffenen und die englischen Schiffe zu schieben, waren die *San Felipe,* die *San Mateo,* die *San Juan de Sicilia* und die *Maria Juan* nur noch schlingernde Wracks; ihre Segel und Takelage hingen in Fetzen, ihre Masten waren bloße Holzsplitter und ihre Rümpfe so durchlöchert, daß immer mehr Wasser hereinkam, je tiefer sie sanken. Am schlimmsten beschädigt war die *San Felipe,* sie hatte an Steuerbord fünf ihrer Kanonen eingebüßt, ihre beiden Pumpen waren zerschmettert und das *„Oberdeck zerstört“*[60].

Es war Nachmittag. Seit den frühen Morgenstunden tobte der Kampf. Auch die Engländer waren nun erschöpft, die Köpfe brummten vom Kanonendonner, sie hatten inzwischen so wenig Munition wie die Spanier. Howard ließ den Kampf abbrechen. Er hatte Medina Sidonia von seinem Ankerplatz vertrieben, über Dünkirchen hinaus aufs Meer. Der Wind hatte aufgefrischt, und wenn er im Westen blieb, konnte die Armada nicht an die Küste gelangen und Parma aufnehmen. In einem Brief an Walsingham schrieb Drake an diesem Abend:

„Gott hat uns einen guten Tag geschenkt, er hat den Feind so weit leewärts getrieben, daß ich bei Gott darauf hoffe, der Fürst von Parma und der Herzog von Medina Sidonia werden sich in diesen nächsten Tagen nicht die Hände schütteln.“[61]

Vorläufig brauchte Howard nur bei seinen Schiffen zu bleiben; soweit sie beschädigt waren, fing man an, sie auszubessern. Keines hatte großen Schaden erlitten, er beschränkte sich meist auf zerrissene Segel und Takelage. *„Unsere Schiffe wurden gottlob wenig lädiert“,* schrieb er zwei Tage später, und er war der erste, der sich um sie kümmerte. Thomas Fenner schrieb:

„Gott in seiner Macht hat die Streitkräfte Ihrer Majestät gut beschützt, wir haben die geringsten Verluste, die je zu verzeichnen waren, obschon rings um uns herum ganze Salven von Kugeln niedergingen, kleine wie große. Ich glaube wahrlich, die Streitkräfte haben keine fünf Dutzend Leute verloren ...“[62]

Das ist eine Untertreibung; allein die Berichte über den Kampf um die Galeasse vor Calais sprechen von Verlusten von etwa 50 Mann auf jeder Seite, und darüber hinaus gab es mit Sicherheit weitere englische Verluste in den Kämpfen, die acht oder neun Stunden dauerten.

Etwa eine Meile leewärts von Howard nutzten einige spanische Taucher und Zimmerleute die Ruhepause, um die Lecks in den Rümpfen der Schiffe zu stopfen, gegen die die Engländer ihre Wut besonders gerichtet hatten. Soldaten betätigten abwechselnd die Pumpen, während Matrosen die Takelage ausbesserten, die zerfetzte Leinwand herunternahmen und neue aufzogen. Nach Calderons Schätzung war Medina Sidonias Flaggschiff auf der Steuerbordseite von 200 Kugeln getroffen worden; viele dieser Löcher saßen tief und mit auffrischendem Wind war auch die See gestiegen, was die Arbeit der Taucher erschwerte. An Bord der *San Mateo* konnten die Pumpen das hereinströmende Wasser nicht mehr bewältigen, die *San Felipe* sank. Am frühen Abend war klar, daß es für sie keine Rettung gab. Don Francisco de Toledo ließ eine Kanone abschießen, um Hilfe herbeizuholen. Die *Doncella,* eine umgewandelte Hulk, kam heran und nahm die Überlebenden auf, doch als das Gerücht aufkam, auch sie habe Lecks, entschied Don Francisco, er würde lieber mit seinem Schiff untergehen und ging mit einigen anderen zurück an Bord.

Solange der Wind im Westen stand und die Untiefen zwischen Dünkirchen und Ostende südlich waren, konnte Medina Sidonia nichts weiter tun, als, seine Flotte um sich geschart, unter leichtem Segel nach Nordosten fahren. An Philipp schrieb er, er hoffe noch immer, er könne zurückfahren und Parma aufnehmen. Daß er dies wirklich annahm, ist kaum zu glauben, ebensowenig, daß er noch hoffte, er könne gegen die englische Flotte ankommen, der er doch soeben nicht einmal ein Schiff hatte nehmen können und die noch immer dicht hinter ihm war. Außerdem hatten seine ersten Linienschiffe ihre Munition praktisch verbraucht, die Lebensmittel fingen zu schimmeln an, das Trinkwasser war modrig und gefährlich knapp, und sicher würden die Engländer ihm keine Gelegenheit geben, seine Vorräte aufzufüllen.

Im Lauf der Nacht fuhr die *San Felipe* davon. Der Wind muß etwas nach Nordwest gedreht haben, in den frühen Morgenstunden wechselte die Flut nach Südwest, und diese beiden Kräfte trieben die schlingernde und fast menschenleere Galeone nach Süden, in die seichten Gewässer von Nieuwpoort. Dort fand sie am nächsten Morgen, gestrandet und verlassen, der Admiral von Seeland, Justinus de Nassau, der auf Seymours Bitte hin, sich ihm anzuschließen, aus Vlissingen herbeigesegelt war. Don Francisco und einer Handvoll Männer war es gelungen, zu entkommen und sich zu Parma durchzuschlagen. Die Seegeusen gingen an Bord, plünderten das Schiff und reparierten es soweit, daß es die rund 30 Meilen nach Vlissingen schaffen konnte.

Inzwischen war auch die *San Mateo* davon. Medina Sidonia hatte einen Taucher geschickt, ihre Lecks auszubessern; aber bei der hohen See und der hereinbrechenden Dunkelheit war von außen wenig zu machen. Auch sie strandete in einer Untiefe vor der flandrischen Küste, etwa 15 Meilen östlich der *San Felipe,* vor Blankenberge, auch sie wurde von den Seegeusen aufgebracht. Ihr Kommandeur, Don Diego Pimentel, und die überlebenden Soldaten leisteten den kleinen Geusenbooten, die aus allen Richtungen angriffen, beherzten Widerstand, aber schließlich blieb ihnen keine andere Wahl, als sich zu ergeben. Inzwischen war die *San Mateo,* wie ein spanischer Gefangener schrieb, *„von 350 Einschüssen durchbohrt“.* Die Geusen nahmen sie ins Schlepptau und brachten sie mit der Flut nach Vlissingen; aber sie war, wie die *San Felipe,* derart beschädigt, daß beide sanken, bevor man sie am Kai festmachen konnte. Pimentel und die anderen adligen Abenteurer wurden, wie dies üblich war, gegen Lösegeld zum Kauf ausgeschrieben.

Es gibt genaue Berichte darüber, wie weitere große Schiffe untergingen. Calderon zufolge hatte die *Maria Juan* aus dem Levante-Geschwader ihr

Gefecht zwischen der englischen und der spanischen Flotte. Englische Schule, um 1590. Möglicherweise war dies ein Entwurf für einen Wandbehang. Obwohl die Darstellung stark schematisch ist, vermittelt sie einen guten Eindruck vom Aussehen der Kriegsschiffe der Armada und den verwirrenden Gefechten.

Ruder und den Besanmast in der Schlacht verloren; sie signalisierte gegen Abend, daß sie Hilfe brauche. Depeschenboote fuhren heran, konnten aber nur eine Ladung mit Überlebenden aufnehmen, ehe sie unterging. Howard berichtete, am nächsten Tag sei Kapitän Robert Cross von der *Hope* auf *„eines der großen feindlichen Schiffe (gestoßen) .... in großer Not"* – offenbar war es weit abgekommen – und habe es aufgefordert, zu kapitulieren. Während sie über die Bedingungen verhandelten, sank es *„vor unseren Augen"*[63].

Medina Sidonia befand sich jetzt in einer höchst gefährlichen Situation. Es gab keinen schützenden Hafen, er hatte zuwenig Munition, Lebensmittel und Wasser, seine besten Schiffe waren in einem kläglichen Zustand, und jetzt trieb ihn auch noch ein Nordwestwind auf die Sandbänke vor Seeland zu. Trotz alledem scheinen weder Howard noch irgendeiner seiner Kommandeure die geringste Ahnung gehabt zu haben, daß sie gerade die Entscheidungsschlacht gegen die Armada gewonnen hatten. Am Abend der Schlacht bat Howard in einem eiligen Brief, ihm so schnell wie möglich Pulver, Munition und Lebensmittel zu schicken, falls sie ihre Verfolgung fortsetzen müßten; sie hatten diesem Feind *„schwer zugesetzt, aber er besitzt mächtige Schiffe von großer Stärke"*, schrieb er und fügte in einem Postscriptum hinzu:

Generationen englischer Historiker und Künstler haben versucht, die Legende, die sich um die Armada wob, neu zu deuten und auszuschmücken, oft für die Bedürfnisse ihrer Zeit. Diese beiden Bilder von O. W. Brierly (1818–1894), „The Revenge off Gravelines" (oben) und „The Attack of the Vanguard", sagen mehr aus über die siegesgewohnte Einstellung der Briten im 19. Jahrhundert als über die Wirklichkeit des 16. Jahrhunderts.

„Ich werde Eurer Majestät erst wieder schreiben, wenn etwas Neues geschehen ist. Ihre Streitmacht ist riesengroß und stark – und doch reißen wir ihnen eine Feder nach der anderen aus. Ich bete zu Gott, daß die Landstreitkräfte (in England) stark genug sind, einer solchen Macht entgegenzutreten."[64]

Drake versicherte am selben Abend Walsingham in einem Brief, daß sie *„durch die Mühe dieses Tages den Feind in schwere Bedrängnis gebracht haben, was unsere Armee zweifellos ermutigen wird ... Man sollte alle Sorgfalt darauf verwenden, uns Munition und Lebensmittel dorthin zu senden, wo immer auch der Feind hinzieht"*[65]. Zwei Tage später hob Hawkins in einem Brief an Walsingham hervor, man solle

„eine riesige Menge an Pulver und Geschossen bereithalten und sie überallhin verteilen, sonst droht unserem Land großes Unheil, denn dies ist, soweit ich weiß, die größte und stärkste Sammlung von Streitkräften, die die Christenheit je aufbrachte. Aus diesem Grund wünsche ich, daß jedermann das Seine tut."[66]

Wie Howard und Drake nahm auch er an, sie würden *„sie völlig erschöpft vom Meer vertreiben"*, vorausgesetzt, sie erhielten Pulver und Munition; aber er glaubte, Medina Sidonia habe noch immer *„50 mächtige, unbesiegbare Schiffe"*. Da die Kommandeure auf See sorgenvoll blieben, weil sie nicht erkannten, daß sie ihr Land und ihren Glauben gerettet hatten, erstaunt es nicht, daß Elisabeth, ihr Rat und die Armeeführer weiterhin sehr ängstlich waren – sie wußten nur, daß die Armada ohne größere Verzögerung oder Verluste weiterfuhr, die flandrische Küste erreicht und sicher mit Parma Verbindung hatte. Ihre Sorge zeigte sich in den Befehlen, die sie Seymour nach seiner Abreise zu Howard nachsandten, und die mit der Weisung endeten, die feindliche Flotte anzugreifen, bevor sie sich mit Parmas zusammentat: *„Macht im Gespräch mit dem Lord Admiral klar, daß Ihr keinen Grund seht, abzuwarten und den Kampf hinauszuschieben."*[67] Noch deutlicher zeigte sich ihre Unruhe in einem langen Katalog von Fragen an Howard, von dem man unter anderem zu wissen begehrte: *„Welche Verluste an Männern und Schiffen erlitt die spanische Seite?"* oder, noch verräterischer: *„Aus welchen Gründen wurde die spanische Marine nicht von den Schiffen der Königin geentert?"*

Als Elisabeth ins Heerlager von Tilbury reiste, wo der Earl of Leicester die Armee zur Verteidigung Londons befehligte, und ihre berühmte Trotzrede gegen König Philipp hielt, hatte man in England keineswegs den Eindruck, die Gefahr sei abgewendet – nur aus späterer Warte sieht man klar. Damals mußte man glauben, gerade jetzt sei die Bedrohung akut.

Am Tag der Schlacht, am 8. August, fuhr sie auf einer Bark, über der die königliche Fahne wehte, die Themse hinunter, begleitet von mehreren Flußschiffen mit dem Befehlshaber ihrer Garde, Trompetern, Trommlern, einigen ihrer adligen Gäste sowie Höflingen und ihrer Gefolgschaft. Sie hatte ihr Kriegsgewand angelegt. Über einem weißen Kleid aus Samt, das durch eine Krinoline unter der Taille weit abstand, trug sie einen brunierten Brustpanzer; über der Perücke mit dem roten Haar einen weißgefederten Helm. Sie bestieg einen großen Schimmel und ritt, einen silbernen Marschallstab in der Hand, mit ihrer Eskorte aus. Keiner von denen, die sich vor ihr aufs Knie warfen und Gott anrief, sie zu schützen, hat je diesen Anblick vergessen. *„Der Herr segne euch alle! Der Herr segne euch alle!"*, erwiderte sie. Nun wurde ein Manöver veranstaltet. Danach traten die Männer an einer sanften Erhebung unweit der Kirche von Tilbury an. Leicester und Lord Grey ritten ihr voraus durch die Rei-

hen, prächtig anzusehen mit ihren federgeschmückten Hüten in der Hand. Hinter Elisabeth ritten ein Page, der ihren Helm trug, Landwehr in Uniform, Damen des Hofes und Leute der Wache. In ihrer Mitte hielt sie an, eine wunderbare Erscheinung, *„wie eine Kaiserin der Amazonen"*, mit dem Rot ihrer Perücke, die Wangen mit Rouge geschminkt, und dazu die dunklen gebieterischen Augen, den Blick auf die 10000 Männer gerichtet. Sie erhob ihre Stimme, damit man sie überall verstehen konnte. Ihr Ruf zu den Waffen war nicht weniger aufrüttelnd als die Reden, die Shakespeare seinen Königen in den Mund gelegt hat.

„Mein geliebtes Volk, einige, die sich um unsere Sicherheit sorgen, haben davor gewarnt, Uns in eine Schar von Bewaffneten zu begeben, aus Angst, es könne einer Verrat üben gegen Uns. Aber Ich versichere euch, Ich wünsche nicht, meinem treuen, und geliebten Volk mit Mißtrauen zu begegnen. Sollen Tyrannen sich fürchten! Ich habe mich vor Gott immer so verhalten, Ich habe meine größte Stärke und Sicherheit in den treuen Herzen und im guten Willen meiner Untertanen gefunden, und daher bin Ich mitten unter euch getreten, wie ihr seht, in dieser schweren Zeit, nicht aus Zeitvertreib und nicht um Zuspruch zu suchen, sondern weil Ich entschlossen bin, in der Hitze der Schlacht in eurer Mitte zu leben und zu sterben, mich hinzuwerfen in den Staub, für meinen Gott und mein Königreich und mein Volk, für meine Ehre und mein Blut.

Ich weiß, Ich bin nur ein schwaches Weib; aber Ich habe das Herz und den Mut eines Königs, auch den eines Königs von England, und kann nur Verachtung empfinden, daß ein Parma oder ein spanischer Fürst oder irgendein anderer Fürst Europas es wagen sollte, die Grenzen meines Reiches zu überschreiten. Bevor Ich mich feige verhalte, will Ich lieber selbst zu den Waffen greifen, will euer Feldherr und Richter sein und jede eurer Heldentaten im Felde belohnen. Ich weiß, daß ihr allein für eure Aufrichtigkeit Auszeichnungen und Kronen verdient hättet, und Wir geben euch unser fürstliches Wort, daß ihr dafür entlohnt werdet. Bis dahin wird mein Generalleutnant an meiner Stelle stehen, denn niemals hat ein Fürst edlere und verdienstvollere Untertanen regiert. Ohne Zweifel werden Wir dank eures Gehorsams gegenüber meinem General, dank eures Einsatzes im Lager und eurer Tapferkeit im Feld einen glorreichen Sieg erringen über diese Feinde meines Gottes, meines Königreiches und meines Volkes."[68]

Daß hundert Meilen weiter östlich der Sieg bereits gewonnen war, wußte niemand, weder sie noch irgendeiner in ihrer Umgebung. Gerade jetzt versuchte irgendwo vor Walcheren die feindliche Flotte vor einem Wind aus Nordwesten haltzumachen, um nicht in die Sandbänke vor Seeland getrieben zu werden. Die Engländer folgten ihnen anderthalb Meilen weiter luvwärts.

Die Lotsen erklärten Medina Sidonia, daß bei dem vorherrschenden Wind kein einziges Schiff den leewärts gelegenen Untiefen entkommen könne. Die Tiefe betrug nur sechseinhalb Lot; auch das sandige Braungrün des aufgewühlten Wassers schien dies zu bestätigen, vielleicht zeigten sich auch vor Steuerbord lange Schaumkronen, gleichsam ein Spiegelbild des seichten Schelfs auf der weißgefleckten Wasseroberfläche. Ein Anker der *San Martin* hing unterhalb ihres Kieles, und ein Matrose beobachtete die Bewegungen des Ankertaus, damit man ihn fallenlassen konnte, bevor das Schiff auf Grund lief. Dies verzögerte ihre Fahrt und verstärkte die Schlagseite des Schiffes.

Da der Herzog nicht wußte, daß die Engländer an Munition knapp waren, glaubte er, sie zögerten mit dem Angriff in der Annahme, seine Schiffe würden ohnehin bald auf Grund laufen. Dann würden Drake, Howard und Juan Acles

Philipp James de Loutherbourg (1740–1812) war polnischer Abstammung und kam erst 1771 nach England. Die englische Begeisterung für die See nahm ihn bald gefangen, und er feierte die Siege von Lord Howe, Jervis und Nelson in glühenden Farben. Sein Bild „The Defeat of the Spanish Armada", das hier gezeigt wird, hätte man zutreffender „Kommt, freut euch, Burschen, wir steuern dem Sieg entgegen ..." betitelt.

– so nannte er Hawkins – reichlich Gelegenheit haben, seine hilflosen Schiffe zu umzingeln und sie einzeln zu schlagen. Seltsamerweise zeichnete kein Engländer solche Gedanken auf, falls einer sie überhaupt hatte; auch gibt es in den englischen Berichten keinen Hinweis auf die Gefahr, die von den Sandbänken drohte. Hatten sie bessere Lotsen? Waren sie sich der Gefahr weniger bewußt, weil sie tüchtigere Schiffe hatten, die nur gering beschädigt waren? Wenn einer der englischen Kommandeure geglaubt hätte, daß Medina Sidonia in so großer Gefahr wäre, wie er selbst annahm, dann hätte er bestimmt zum Angriff geraten, ob sie nun genügend Pulver und Munition hatten oder nicht; wenigstens einige dieser *„mächtigen, unbesiegbaren Schiffe"* hätten sie versenken können, vor allem das Flottenflaggschiff, das achtern schlingerte. Zweifellos wäre das die beste Gelegenheit gewesen, den noch immer gefürchteten Feind loszuwerden. Aber solche Gedanken werden nirgendwo erwähnt; die englischen Kommandeure gaben sich damit zufrieden, in gleicher Entfernung zum Feind zu bleiben. Das würde bedeuten, daß entweder die Lotsen des Herzogs phantastische Schreckgespenster an die Wand malten, oder daß diese erfahrenen englischen Seeleute keine Ahnung hatten und die Gelegenheit versäumten, als ihnen die Armada ausgeliefert war – es fällt schwer, das zu glauben, ganz beson-

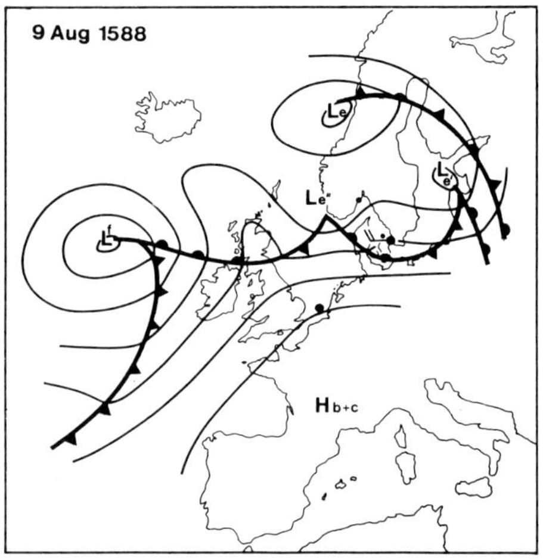

Was Medina Sidonia und Calderon eine „wunderbare Drehung des Windes" nannten, war in Wirklichkeit der Verlauf einer Hochdruckrinne nach Osten, der im Nordwesten Irlands ein Tief folgte. Klimaforscher der University of East Anglia rekonstruierten aufgrund englischer und spanischer Berichte sowie der täglichen Beobachtungen des Astronomen Tycho Brahe auf der Insel Van (nördlich von Kopenhagen) das Wetter. Am Nachmittag des 9. August war es – seinen Aufzeichnungen zufolge – „klar, mit westlichem Wind", in der Nacht kam ein „starker Sturm".

ders von Drake, der sich vorzüglich den Gegebenheiten anzupassen wußte. Der Brief eines erfahrenen Seemannes, eines Leutnants des Londoner Kauffahrers *Margaret and John,* bezeugt, daß die Engländer keine Gefahr sahen. Dieser Brief datiert vom 9. August, die Position wird mit 12 Leagues vor Walcheren angegeben, also 36 englische Meilen. Falls diese Position zutraf, waren die beiden Flotten viele Meilen von den Sandbänken entfernt; aus einem Bericht des spanischen Kapitäns Alonso Vanegas geht hervor, daß die Lotsen, die an Bord der *San Martin* darüber berieten – ein Engländer, ein Flame, die übrigen Spanier, Basken oder Portugiesen –, zu Recht glaubten, daß die Untiefen vor Seeland sich nur bis drei Meilen vor die Küste erstreckten.[69] In dem Brief heißt es weiter:

„... da der Wind von Westen bläst, treiben wir unsere Feinde flugs vor uns her gen Osten und fragen uns dabei, welchen Hafen sie ansteuern werden, falls der Wind so weiterweht. Einige denken an den Fluß bei Hamburg, ... andere denken, ... sie werden Schottland umrunden und dann wieder gen Spanien ..."[70]

Man wird sich kaum in dieser Weise äußern, wenn man glaubt, daß der Feind im nächsten Augenblick auf Grund läuft.

Möglicherweise war die Gefahr, vor der die Lotsen Medina Sidonia warnten, nicht so akut, wie der Herzog, Calderon und die meisten späteren Berichte sie darstellten; vielleicht sorgten sie sich mehr über den gegenwärtigen Kurs, denn damit mußte die Armada auf den Sandbänken zwischen Vlissingen und Brielle auf Grund laufen, oder aber irgendwo an der nordöstlichen Fortsetzung dieser Küste oberhalb von Hoek van Holland landen. Spanischen Aufzeichnungen zufolge fand zwischen Medina Sidonia und Oquendo von Schiff zu Schiff ein lautstarkes Streitgespräch statt, ob sie den vorherrschenden Kurs nach Nordosten beibehalten oder umkehren und gegen Südwest kreuzen sollten. Diese ganze Fragestellung, vor allem aber die Diskrepanz zwischen englischen und spanischen Aussagen, ist bis heute nicht geklärt worden und wird wohl nie gelöst werden.

Der Herzog blieb auf seinem Kurs, weil es, wie er und Calderon bemerkten, *„Gott gefiel, den Wind zu drehen",* und zwar nach Westsüdwest, wenn man ihnen glauben darf, *„zu unseren Gunsten".* William Winter zufolge blieb der Wind in West*nord*west stehen, als Howard an diesem Nachmittag gegen drei oder vier Uhr eine Signalkanone abschoß und die Flagge hißte, um einen Kriegsrat an Bord der *Ark* einzuberufen. Hier fiel die Entscheidung, daß Seymour – sehr zu seinem Kummer – mit seinem Geschwader zurückfahren sollte, um die Themse zu bewachen, falls Parma sich auf See begeben würde; damit sollten die Befürchtungen des Kronrats beschwichtigt werden. Damit der Feind ihre Abfahrt nicht bemerkte, sollten sie erst nach Sonnenuntergang aufbrechen. Seymours Aufzeichnungen zufolge waren sie südwestlich von Brielle, als sie umkehrten. Winter schreibt, der Wind habe gegen 20 Uhr nachgelassen und sei nach Nordosten gedreht. Er, Seymour, Palmer und der Rest des Geschwaders verabschiedeten sich von Howard, um zur englischen Küste zurückzufahren, und es ist anzunehmen, daß er die neue Windrichtung korrekt wiedergab, denn genau dieser Wind erlaubte ihnen die Umkehr.[71]

In einem anderen englischen Bericht heißt es, im Mündungsbecken der Themse sei es an diesem Abend windstill gewesen – doch am folgenden Morgen, dem 10. August, sei von Südosten ein so gewaltiger Wind aufgekommen, daß der Berichterstatter außerstande war, nach North Foreland zu kreuzen, der äußersten Ostspitze von Kent.[72] Auch Seymours Geschwader konnte auf

„Er blies, und sie wurden zerstreut . . .“
Diese holländischen Gedenkmedaillen von 1588/89 stellen dar, wie die Vorsehung in das Geschehen eingriff.

Skizze des Verfassers, gezeichnet von Lionel Willis. Sie zeigt die Route der beiden Flotten von ihren Ankerstätten vor Calais bis zur Flucht Medina Sidonias nach Norden, am 9. und 10. August, während Howard ihn noch immer verfolgt. Der Verfasser ging davon aus, daß der Leutnant der „Margaret and John" einigermaßen zutreffend berichtete, am 9. August seien sie „12 Leagues vor Walcheren gewesen".

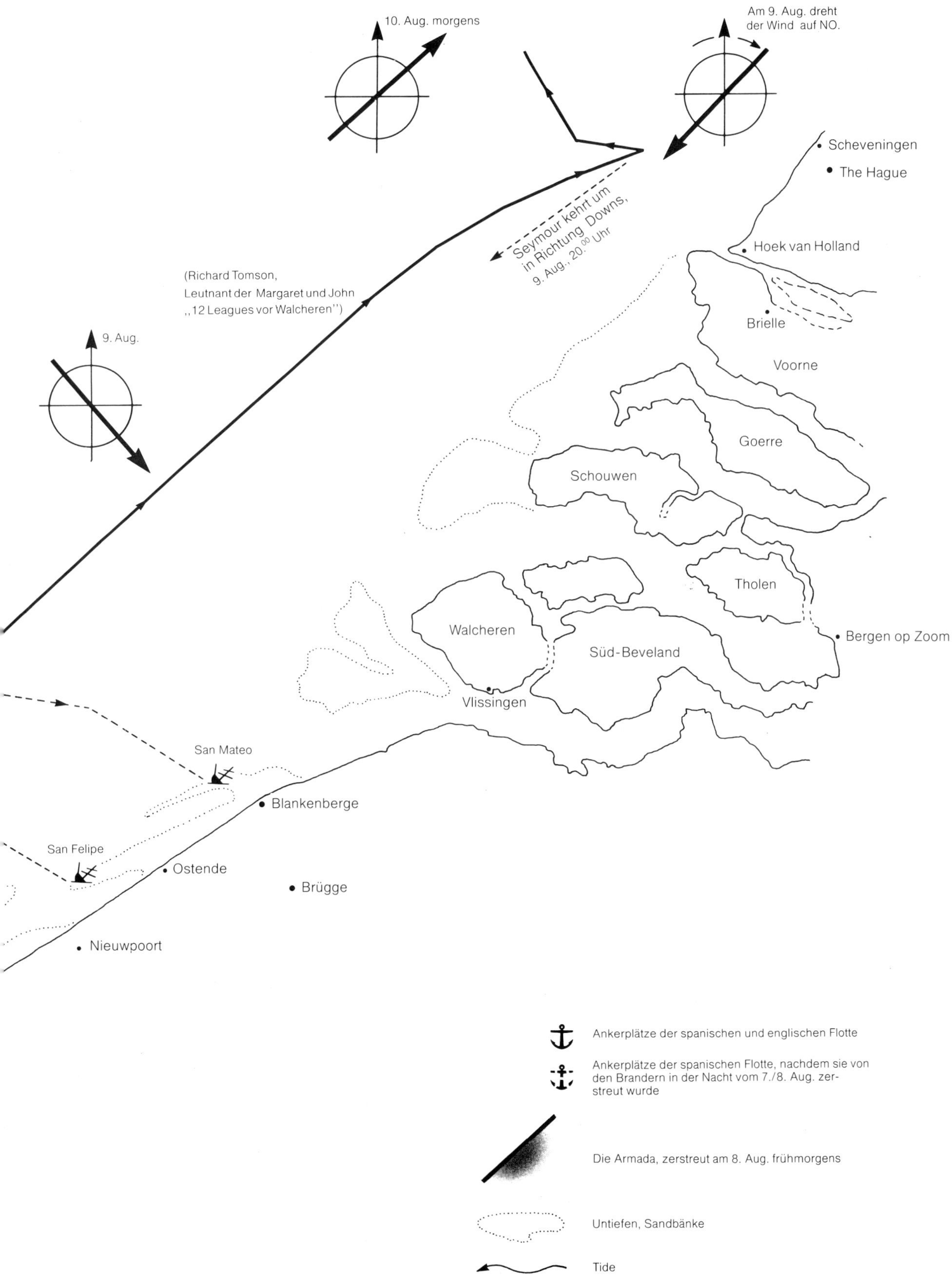
10. Aug. morgens
Am 9. Aug. dreht der Wind auf NO.
Seymour kehrt um in Richtung Downs, 9. Aug., 20.00 Uhr
(Richard Tomson, Leutnant der Margaret und John „12 Leagues vor Walcheren")
9. Aug.
Scheveningen
The Hague
Hoek van Holland
Brielle
Voorne
Goerre
Schouwen
Tholen
Bergen op Zoom
Walcheren
Süd-Beveland
Vlissingen
San Mateo
Blankenberge
San Felipe
Ostende
Brügge
Nieuwpoort
Ankerplätze der spanischen und englischen Flotte
Ankerplätze der spanischen Flotte, nachdem sie von den Brandern in der Nacht vom 7./8. Aug. zerstreut wurde
Die Armada, zerstreut am 8. Aug. frühmorgens
Untiefen, Sandbänke
Tide

seinem Weg zurück zur Themse North Foreland nicht anlaufen; mit einem Südostwind wäre das ein leichtes gewesen. Winter schrieb, der Wind sei an diesem Tag aus Südsüd*west* gekommen, so daß sie vor den Badsey Cliffs, nördlich von Harwich, vor Anker gehen mußten. Man muß daraus folgern, daß ein atlantisches Frontensystem vorüberzog und der Wind sich im Lauf des Morgens von Südost nach Südsüdwest drehte, die Schiffe ins Themsebecken trieb und Seymour und Winter zur Küste von Suffolk hinauf zwang.

Winters Aufzeichnungen stimmen am besten mit Medina Sidonias Vorgehen überein; am Abend der Gefahr, am 9. August, berief er an Bord der *San Martin* einen Kriegsrat ein und stellte – nachdem er den Zustand der Schiffe und den Mangel an Munition geschildert hatte – die Frage, ob es besser wäre, *„in den Kanal zurückzufahren, oder durch die Nordsee nach Spanien zurückzukehren, zumal der Herzog von Parma keine Nachricht gesandt habe, daß er bald kommen wird“*[73]. Diese Frage paßt besser zu Winters nordöstlichem Wind als sein eigener Bericht, daß der Wind nach Westsüdwest gedreht habe; dieser Wind hätte die Rückkehr zum Kanal unmöglich gemacht – es sei denn, er hätte sich erneut gedreht. Die spanischen Schiffe hätten gegen den Wind kreuzen müssen – und das konnten sie einfach nicht. Der Kriegsrat entschied einhellig, daß sie in den Kanal zurückfahren sollten, falls es die Windverhältnisse erlaubten, wenn nicht, sollten sie nordwärts, an Schottland vorbei, nach Spanien zurückkehren. Calderon zufolge schlug Diego Flores de Valdés vor, umzukehren und nach Calais zu segeln, *„aber es wurde beschlossen, daß sie Kurs auf Spanien nehmen sollten“*[74]. Bedenkt man ihren Zustand, ihre Not und die niederschmetternde Unfähigkeit, der englischen Flotte auch nur den geringsten Schaden zuzufügen, dann klingen Calderons Worte glaubhaft; Medina Sidonias Worte waren eher als Balsam für Philipps Ohren gedacht.

Am folgenden Morgen drehte sich der Wind schließlich auf Südsüdwest. Damit war ihre Entscheidung besiegelt. Sie setzten alle Segel und steuerten nach Nordwesten, den englischen Kommandeuren schien es, als strebten sie auf Schottland zu. Howard schrieb an Walsingham: *„Obwohl wir fast kein Pulver und keine Munition mehr haben, setzen wir eine fröhliche Miene auf und jagen ihnen nach, als ob es uns an nichts fehlte …“*[75] Hawkins schrieb:

„Die Spanier setzten Kurs auf Schottland, und mein Herr (Howard) folgt ihnen. Mit Gottes Hilfe werden wir ihre Landung verhindern, daran zweifle ich nicht. Wir benötigen allerdings noch Lebensmittel und Geld, Pulver und Munition.“[76]

Alle englischen Berichte strahlen größte Zuversicht aus, was in Anbetracht des Ausgangs der letzten Schlacht nicht erstaunen kann; es war Zuversicht vermischt mit Ärger, daß es ihnen an Munition fehlte, um die Sache zu Ende zu führen. Der Besitzer eines der Schiffe, die man als Brander geopfert hatte, und der jetzt auf der *Mary Rose* mitfuhr, schrieb, sie hätten *„sie in äußerste Notlage gebracht“*, falls sie bloß genug Pulver und Munition besessen hätten, sie noch zweimal anzugreifen. Er bedauerte *„den Geiz der Daheimgebliebenen, die uns des größten Sieges beraubt haben, den unsere Marine je hätte gewinnen können. Wir begehren so sehr einen Sieg, daß wir nicht einmal ihre nachzüglerischen Schiffe zu unserer Beute machten“*.[77] Der Leutnant der *Margaret and John* meinte, von der Armada gebe es nichts mehr zu befürchten:

„Die Schlacht, Tod und weitere Schläge haben ihre Macht sehr geschwächt, und diejenigen unter ihnen, die überlebt haben, sind so hilflos und ohnmächtig, daß sie wohl zufrieden sein können, wenn sie überhaupt wieder nach Hause kommen, ob

reich oder arm. Würde es uns nicht an Pulver, Munition und Lebensmitteln fehlen, wir würden sie Tag für Tag angreifen.“[78]

Und Drake schrieb am selben Tag, dem 10. August, an Walsingham:

„Nichts hat mir je besser gefallen als der Anblick des Feindes, der mit einem Südwind nach Norden fährt. Möge Gott, daß ihr ein waches Auge auf den Herzog von Parma habt; denn mit dem Herzog von Medina Sidonia werden wir, wenn Gott uns beisteht, bald fertig sein, zumal er sich doch selber wünscht, wieder unter seinen Orangenbäumen zu sein.“[79]

Die Stimmung im Feindlager war schlecht, das wußte man von Gefangenen, die man aus dem Wasser fischte. Dieser Eindruck steigerte noch den Kampfgeist der Engländer, zumal sie Medina Sidonia zutrauten, er werde seine Truppen in Schottland an Land bringen. Daran aber verschwendete der Herzog keinen Gedanken, angesichts aller Mängel war dies unmöglich; er hatte nur den Wunsch, möglichst viele Schiffe seiner schwer angeschlagenen Flotte und so viele seiner Männer wie möglich heimzubringen. Die Reise, die vor ihm lag, um den Norden Schottlands und hinaus auf den Atlantik, an Irland westlich vorbei, war lang und gefährlich, und wenn man die Schiffe zusammenhalten wollte, brauchte es Zucht und Ordnung. Vielleicht ließ er jetzt aus diesem Grund die schrecklichen Strafen verhängen, die er schon im Kanal angedroht hatte. Unmittelbarer Anlaß scheint ein Vorfall am Abend des 10. August gewesen zu sein. Der Wind hatte etwas nachgelassen, und einige Schiffe aus Recaldes Nachhut kamen ziemlich langsam hinterher. Als der Feind sich näherte, ließ Medina Sidonia *„die Topsegel streichen und wartete auf die Nachhut, außerdem ließ er drei Geschütze abfeuern, damit die ganze Flotte auf die Nachhut und das Flaggschiff warte“*[80].

Einige aus der Flotte machten dieses Manöver nicht mit; eine der Hulks, die *Santa Barbara,* die Don Cristobal de Ávila befehligte, sowie eine kastilische Kriegsgaleone, die *San Pedro* unter Francisco de Cuellar, ließen ihre Segel stehen und fuhren dem Flaggschiff um einige Meilen voraus. Medina Sidonia ließ ihre Kapitäne in Depeschenbooten auf sein Schiff holen und überließ dann ihr Schicksal dem Kommandeur der Armee, Don Francisco de Bobadillo. Dieser nahm sich außerdem auch die Kapitäne von Schiffen vor, die während der zuvor stattgehabten Kämpfe ihren Posten verlassen hatten. Warum dies nötig war, ist nicht klar. Alle englischen Berichte sprechen von der ausgezeichneten Ordnung, welche die Armada beibehielt, und zwar selbst während der Schlacht von Gravelines, als sie so fürchterlich verprügelt wurde. So unterschiedliche Schiffe mit solch primitivem Steuergerät während einer gefechtsreichen Woche beieinanderzuhalten, ist aus heutiger Sicht eine bemerkenswerte, ja außergewöhnliche seemännische Leistung. Allerdings dürfte es einigen Schiffen wegen ihrer Schwerfälligkeit beziehungsweise einer beschädigten Takelage unmöglich gewesen sein, ständig den ihnen zugewiesenen Platz beizubehalten. Das war bei den massierten Flottenaktionen im folgenden Jahrhundert, während der englisch-holländischen Seekriege, nicht anders; damals beschuldigten sich holländische Kapitäne und sogar Flaggenoffiziere gegenseitig dauernd der Feigheit vor dem Feind, vor allem nach erfolglosen Kämpfen. So muß es auch für Medina Sidonia und Bobadillo vom Flottenflaggschiff her ausgesehen haben. Man wird nie mehr erfahren, ob die Spanier die Strafen austeilten, um ihren Männern Furcht einzuflößen und damit die Disziplin zu erhöhen, oder ob sie einfach das menschliche Bedürfnis verspürten, Sündenböcke zu finden – wahrscheinlich mischten sich diese beiden Motive miteinander. Bemerkenswert ist allerdings, daß die Kapitäne und Offiziere, die sich etwas hatten zuschulden kommen lassen, degradiert und auf die Galeeren geschickt, Cuellar und Ávila jedoch beide zu einem schändlichen Tod verurteilt wurden.

Ein Gerichtsverfahren gab es nicht; Cuellar soll schon vor seinem Eintreffen auf dem Flottenflaggschiff gehört haben, daß er gehängt werden sollte.[81] Er setzte sich gegen dieses Unrecht verzweifelt zur Wehr und erinnerte Bobadillo, welche Rolle die *San Pedro* in allen Kämpfen gespielt und welche Schäden und Verluste sie dabei erlitten hatte; er bat, man möge seine Männer befragen *„und falls irgendeiner mir eine Schuld gibt, sollen sie mich in Stücke reißen"*. Bobadillo sandte ihn zum Militäranwalt Martin de Aranda, wo Cuellar seine Bitte wiederholte: Er habe, sagte er, sich zur fraglichen Zeit gerade eine Ruhepause gegönnt, *„denn ich hatte zehn Tag lang weder geschlafen noch andere nötige Dinge getan, als der Schuft von einem Maat, ohne mir ein Wort zu sagen, die Segel setzte und dem Flaggschiff zwei Meilen weit davonfuhr, um Zeit zu haben für Ausbesserungsarbeiten, wie es auch die anderen Schiffe gemacht haben"*[82]. Aranda verhörte einzeln die Männer der *San Pedro* und traf dann seine Entscheidung: Er schrieb an Medina Sidonia, der daraufhin das Urteil milderte, Cuellar wurde nur von seinem Schiff abberufen.

Don Cristobal de Ávila hatte kein Glück. Er wurde am Tag darauf, am 11. August, an Bord eines Depeschenboots am Hals an einem Strick an die Rahnock hinaufgezogen. Danach segelte das Boot durch die Flotte, den baumelnden Leichnam zur Schau stellend.

Cuellars Aufzeichnungen malen uns von Medina Sidonia ein Bild, der in seiner Niedergeschlagenheit und Schwäche die Leitung seiner Flotte Bobadillo und Diego Flores de Valdés überließ. Während Cuellar auf dem Flaggschiff war, durfte er den Herzog nicht sehen, da dieser, wie man ihm sagte, todunglücklich sei und keine Menschenseele zu sprechen wünschte. Die Erfolglosigkeit seiner Armada, ganz besonders aber der Verlust der *San Mateo* und der *San Felipe,* sowie der Tod der vielen Adligen drückte ihn nieder.

„Aus diesem Grund verblieb der Herzog allein in seiner Kajüte, und seine Ratgeber teilten nach allen Seiten ihre Ungerechtigkeiten aus, gleichsam um seine Nachlässigkeit auszugleichen. Dabei achteten sie nicht des Lebens und der Ehre von Unschuldigen, wie heute allgemein bekannt ist."[83]

Daß eine besiegte Flotte an ihrer obersten Führung kein gutes Haar läßt, ist selbstverständlich, und als Cuellar seine Erfahrungen einige Monate später niederschrieb, hatte er Unglaubliches erlebt, die Armada war inzwischen völlig aufgelöst. Er selbst hatte den Herzog weder gesehen noch gesprochen; vieles wußte er nur vom Hörensagen. Obwohl einiges mit dem verschlossenen Charakter des Herzogs übereinzustimmen scheint, auch mit seiner Bereitschaft, seine Unerfahrenheit zuzugeben, paßt es doch nicht zu anderen Berichten über seine Entschlossenheit, seine Kraft und seine Sorge um andere. Vielleicht war er nach dieser außergewöhnlichen Prüfung einfach erschöpft; er hatte praktisch zwölf Tage nur an Deck zugebracht. Vielleicht delegierte er die Aufgaben so, wie es sich durchaus gehörte. Strenge Hand war vor allem in einer besiegten Flotte notwendig, und summarische Hinrichtungen waren weder damals noch in späteren Jahrhunderten ungewöhnlich.

Die Armada setzte an diesem Tag ihre Fahrt nach Nordwesten fort, von den Engländern gefolgt. Gegen Abend rückte sie etwas enger zusammen.

Das „Armada-Bildnis" Königin Elisabeths I. von George Gower. Die Königin sitzt zwischen zwei Bildern, links englische Kriegsschiffe mit Fahnen, auf denen das St. Georg-Kreuz zu sehen ist, die Segel blähen sich vor dem Wind; zur Rechten die spanischen Galeonen, deren Segel mehr von Gottes Wind bekommen, als sie aufnehmen können.

Howard rief einen Kriegsrat ein; sie waren inzwischen auf der Höhe von Yorkshire und hatten den Eindruck, daß der Kurs und die aufgeblähten Segel der Spanier weniger auf eine Landung als auf eine Flucht hinwiesen. Nachdem sie ihren eigenen Proviantmangel erörtert hatten, beschlossen sie, der Armada weiterhin zu folgen, bis sie die englische Küste hinter sich gelassen und auf der Höhe des Firth of Forth war, dann umzukehren, neue Lebensmittel aufzunehmen und die eigene Küste zu bewachen. Es erfolgten *„neuerliche Beteuerungen, daß wir sie, sobald wir Lebensmittel und Munition hätten, bis zum äußersten verfolgen werden"*[84]. Robert Carey schreibt in seinen Memoiren, der Rat habe auch entschieden, dem Feind am nächsten Morgen eine letzte Schlacht zu liefern.

Doch am nächsten Morgen, es war der 12. August, wurde erneut ein Rat einberufen. Nach Howards Bericht waren sie inzwischen auf der nördlichen Breite von Newcastle-on-Tyne, und da der Feind noch immer auf die Inseln nördlich von Schottland Kurs hielt und nicht eine Landung im Firth of Forth anstrebte, beschloß man jetzt, selbst dorthin zu segeln, um die Vorräte aufzufüllen und den König von Schottland zu warnen. Nach Careys Worten verwarfen sie den Gedanken an eine letzte Schlacht als sie entdeckten, daß sie

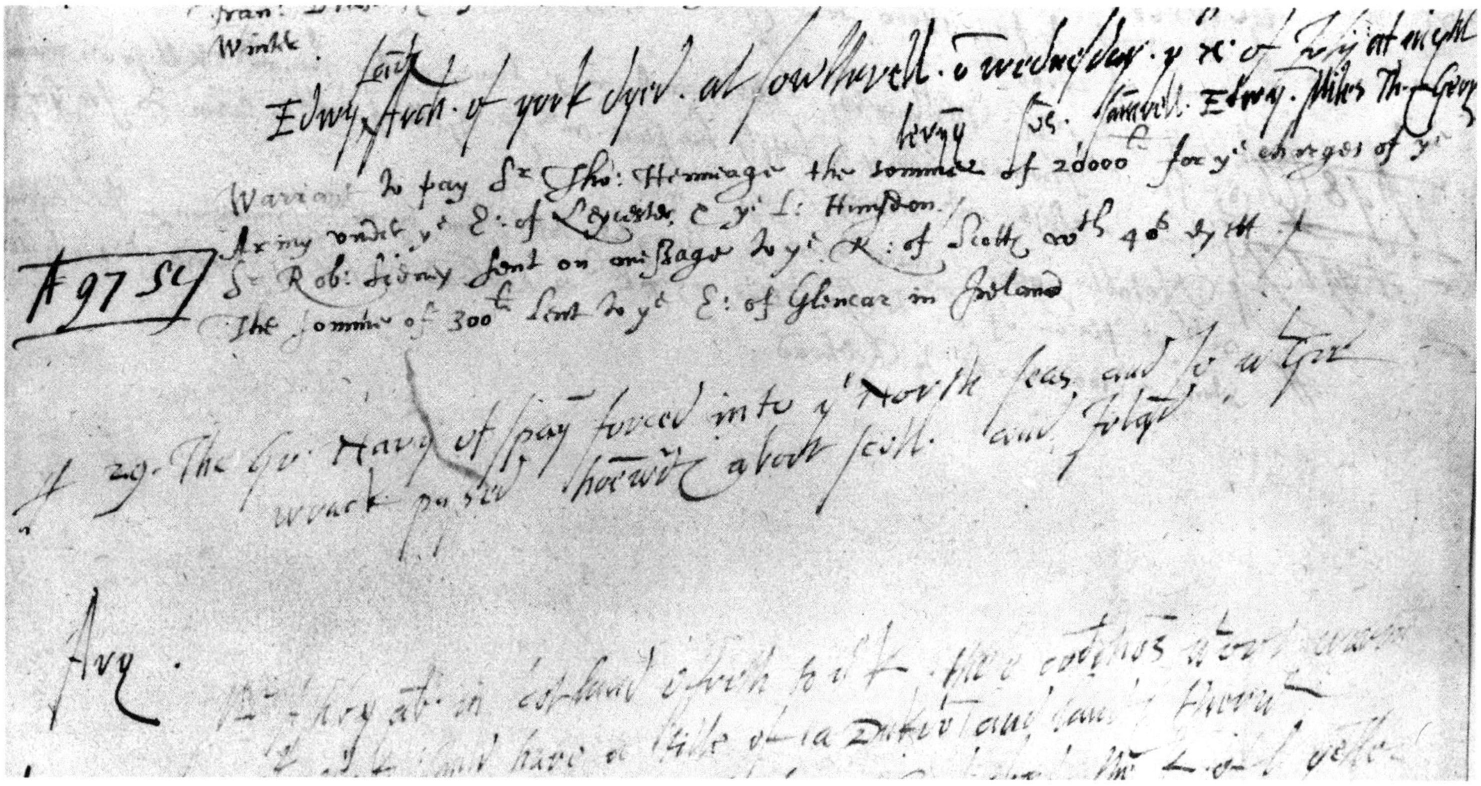

Eintrag aus Lord Burghleys Notizbuch vom 29. August: „Die große spanische Marine in die Nordsee getrieben; sie muß, schwer beschädigt, um Schottland und Irland herum nach Hause fahren.“

nicht einmal genug Pulver und Munition *„für eine halbe“* besaßen. Gegen Mittag machten sie sich westwärts davon, nur zwei Pinassen blieben zurück, um die Spanier zu beschatten. An Bord der *Nonpareil* notierte Edward Fenner:

„Ich glaube wahrhaftig, daß sie, wenn der Wind es zuläßt, um Schottland und Irland herumfahren, um nach Hause zu kommen. Bedenkt man die Jahreszeit, die lange Strecke, die sie noch vor sich haben, ihre mannigfachen Gebrechen sowie den Zeitverlust, den das Aufnehmen von Wasser zwangsläufig mit sich bringt, dann wird es wohl Winter werden, und das sehr zu ihrem Schaden.“[85]

Zwei Tage später drehte sich der Wind nach Westen; schließlich wechselte er nach Südwesten und nahm dabei mächtig zu. Da schrieb Fenner an Walsingham, seiner Meinung nach müsse die hohe See den spanischen Schiffen schwer zusetzen, denn sie seien so hoch und rank, *„daß sie bei gutem Wetter kaum ihre Topsegel aufziehen können“;* die Kälte müsse die Männer treffen, und dies mit der Zeit stärker und stärker.[86]

„Meiner Meinung nach sind sie schon völlig verzweifelt, daß sie so weit (nach Osten) abgekommen sind und viele von ihnen Spanien nie wieder sehen werden. Dies ist einzig und allein das Werk Gottes, die Strafe für ihre bösen Taten, und um sie zu lehren, daß weder menschliche Stärke noch ihre Götzendienerei obsiegen wird, wenn nur der allmächtige Gott Israels seinen Finger gegen sie ausstreckt.“

10

Die Katastrophe

Die letzten Stationen dieser Fahrt waren eine einzige Tragödie. Auf beiden Seiten wurden jetzt mehr Menschenleben ausgelöscht als in allen früheren Kämpfen zusammen. Das endlose Stöhnen der Verhungernden und Kranken wurde unterbrochen vom Angstschrei derer, die der Sturm, die Felsen, das Schwert und die Axt, die Kugel, die Lanze und der Strick des Henkers mit dem Tode bedrohten. Wer, auf spanischer Seite, von Hunger oder Krankheit dahingerafft wurde, war gegenüber den Lebenden beinahe zu beneiden.

Die ersten Schreie kamen aus den Kehlen der Tiere, welche die Spanier mitgenommen hatten, um ihren Belagerungszug und die Wagen mit Munition zu ziehen. Ob einige von ihnen unterwegs geschlachtet und verspeist wurden, ist nicht aufgezeichnet; aber ein Kauffahrer, der hinter der Armada herfuhr, kurz nachdem Howard umgekehrt war, erblickte zu seinem Erstaunen Pferde und Maultiere, die im Meer schwammen. Man hatte sie über Bord geworfen, um Trinkwasser zu sparen, das bereits knapp und modrig war, ehe man noch Calais erreichte. Zugleich hatte Medina Sidonia angesichts der bevorstehenden langen Fahrt angeordnet, daß die Rationen für jedermann auf ein halbes Pfund Brot täglich, einen viertel Liter Wein und einen halben Liter Wasser vermindert werden müßten. Das gesalzene Fleisch und der Fisch waren entweder schon zu stark verfault oder machten bei dieser Wasserknappheit zu durstig; nach der Nahrung auf Drakes Prisengut, der *Nuestra Señora del Rosario,* zu urteilen, war es ungenießbar. Anfang September hieß es, auf dem Schiff sei so wenig Essen übrig, daß man die spanischen Gefangenen nicht mehr ernähren könne – *„der Fisch stinkt, daß man ihn nicht essen kann, und ihr Brot (Zwieback) ist voller Würmer“*[1].

Nach der Beratung mit einem französischen Lotsen, dem er 2000 Dukaten anbot, falls er sie in einen spanischen Hafen zurückbrächte, gab Medina Sidonia der Flotte neue Anweisungen. Sie solle nach Nordnordosten fahren, bis auf die Höhe von 61° 30′, und sodann *„von jenen Inseln abkehren und das Kap in dieser Höhe umfahren, fahrt dann nach Westsüdwest bis ihr euch auf 58° befindet“,* das war die Höhe von Lewis, der nördlichsten der Hebrideninseln, *„und von dort nach Südwesten bis auf die Höhe von 53°“,* das waren etwa zwei Drittel der Strecke nach Irland, *„dann nach Südsüdwest, geradewegs auf Kap Finisterre zu“.* Die Längengrade wurden natürlich nicht angegeben, da es unmöglich war, sie einigermaßen exakt zu bestimmen.

Das *„Kap“,* das sie bei 61° 30′ umfahren sollten, war vielleicht Unst, die nördlichste der Shetland-Inseln, obschon diese ungenauen Anweisungen auch anders gedeutet werden können. Medina Sidonia hob jedoch die Notwendigkeit hervor, *„gut aufzupassen, damit wir nicht auf die Insel Irland geraten, denn dort könnte uns Schaden zustoßen“*[2]. Dies bezieht sich wahrscheinlich auf die gefährlichen felsigen Vorgebirge und die auflandigen Winde, weniger auf die englischen Truppen, die dort stationiert waren.

An dem Morgen, als diese Befehle ergingen – es war der 13. August –, drehte der Wind sich nach Nordwesten. Er brachte Howard auf seinen Kurs zum Firth of Forth und Medina Sidonia auf seinen Weg um Schottland. Howard wandte sich südwärts auf die Themse zu; Medina Sidonia sah sich gezwungen, einen nordöstlichen Kurs zu steuern. Tags darauf kam von Südwesten ein Sturm auf, nach englischen wie spanischen Berichten war er so heftig, daß die beschädigten spanischen Schiffe kaum etwas anderes tun konnten, als möglichst wenig Segel zu setzen. In den nächsten Tagen gab es, so schreibt Calderon, *„Sturmböen, Regen und Nebel sowie schwere See, so daß man unmöglich ein Schiff vom andern unterscheiden konnte. Es war daher nötig, die Flotte in einzelne Gruppen zu unterteilen.“*[3] Offenbar wurden sie ostwärts von ihrem Kurs abgetrieben. Auf der Galeasse *Zuniga* will man am 13. August, also vor dem Sturm, die Küste Norwegens *„zu unserer Rechten“* gesehen haben. Das ist kaum zu glauben: Nimmt man Howards geschätzte Position am Morgen des 12., als er die Armada verließ, mit 55° 13′ n. B. an – *„30 Leagues von Newcastle“* –, dann waren es bis zur norwegischen Westküste beinahe 300 englische Meilen; hätten sie diese Küste oder die Inseln davor wirklich gesehen, dann hätten sie über 10 Knoten schnell sein müssen, und das ist unmöglich. Andererseits gibt es kein anderes Land, das sie bei nördlichem oder nordöstlichem Kurs *„zu unserer Rechten“* gesehen haben könnten, so daß man von der *Zuniga* aus vielleicht tatsächlich Norwegen gesehen hat, aber nicht am 13., sondern am 15. August. Das wäre durchaus vereinbar damit, daß sie vier Tage später, am 19., *„die Insel, die man Shetland heißt“,* sahen. Medina Sidonia erwähnt lediglich, daß er weiter nach Norden fuhr, *„bis wir den Kanal der See von Norwegen hinter uns gelassen hatten, ohne daß es möglich war, zum Englischen Kanal zurückzufahren, wiewohl wir es gewünscht hätten“*[5]. Dann kam der Wind aus Nordosten, und am 20./21. fuhren sie an den Shetland Inseln vorbei. Diese dürren Worte sollen andeuten, daß er weit nach Osten abgetrieben wurde, denn die direkte Route von der Höhe von Newcastle bis zu den Shetlands beträgt kaum 300 englische Meilen. Selbst wenn die Flotte bei gutem Wind nicht mehr als drei Knoten zurücklegte, hätte sie die Strecke bei südlichem Wind in vier Tagen geschafft. So aber brauchte sie mehr als acht Tage.

Einer mündlichen Überlieferung der Insel Runde – etwas nördlich von Ålesund – zufolge soll wenigstens ein Schiff an der norwegischen Küste in Not geraten sein. Unweit von Runde, so erzählte man sich, sei ein Fahrzeug der Armada auf Grund gelaufen; es wurden Leichen an Land geschwemmt, darunter die von Frauen, mit schönen Gewändern bekleidet und mit Juwelen geschmückt. Man habe dann die Körper entkleidet und sie ihrer Wertgegenstände beraubt, einige von ihnen seien enthauptet und die Köpfe auf Pfähle gesteckt worden.[6] Nach einer anderen Legende wurden sieben Mönche der Armada in Jottane auf Runde beigesetzt. Die mündliche Überlieferung verknüpft auch die kleinen Inseln Skorpa, das ist bei Runde, Veilholmen und Sula, ziemlich genau westlich von Trondheim, mit einem Wrack der Armada. Der Name des Schiffes wird mit *Uovervinnelige Borg* (Unbesiegbares Kastell) wiedergegeben, und da das einzige Schiff der Armada mit „Kastell“ im Namen die *Castillo Negro* war, eine 750-Tonnen-Hulk, hat die neuere Forschung sie ins Spiel gebracht.[7] Es ist bekannt, daß die *Castillo Negro* westlich der Shetland Inseln von der Flotte getrennt wurde, und man nimmt an, daß sie im Atlantik untergegangen ist. Möglicherweise ist sie aber nicht gesunken, sondern von Gegenwind ostwärts abgetrieben worden, bis sie zu einer der kleinen Inseln vor der norwegischen Küste gelangte. Das „Unbesiegbare Kastell“ könnte freilich auch ein Hinweis auf die Aufbauten des Schiffes sein. Auf jeden Fall sollte man die mündliche Überlieferung nicht geringschätzen. Colin Martin fand ein Wrack der Armada bei Fair Isle, zwischen Schottland und den Shetlands, und was ihm die Inselbewohner über das Stranden dieses Schiffes erzählt hatten, stand durchaus im Einklang mit dem, was er an dessen Schiffsrumpf herausfinden konnte.

Natürlich ist es verblüffend, daß die eine der norwegischen Geschichten von Frauenleichen spricht. Marketenderinnen begleiteten damals die Heere, und es wäre interessant zu wissen, ob vielleicht eines der Vorratsschiffe eigens für sie eingerichtet war. Medina Sidonia hatte zwar vor der Abfahrt aus Lissabon befohlen, alle Frauen an Land zu bringen; aber es ist durchaus möglich, daß der eine oder andere Offizier seine Geliebte heimlich mit an Bord nahm oder dies sogar mit Wissen der Führung geschah. Wenn das aber so war, so ist doch erstaunlich, daß dies von keinem Bericht und von keinem Gefangenen beim Verhör erwähnt wurde. Vielleicht gibt uns eine Chronik des Feldzugs in den Niederlanden einen Hinweis; sie sagt, daß *„die Frauen (Marketenderinnen) mehrere Schiffe mieteten, mit denen sie hinter der Marine hersegelten, einige davon trieb der Sturm auf die Küste Frankreichs“*[8]. Möglicherweise begleitete eines der nicht vor Frankreich havarierten Schiffe die Fahrt durch die Nordsee und strandete auf den Felsen vor Norwegen. Wenigstens von einer Frau, einer Deutschen, ist bekannt, daß sie mit der Flotte segelte, denn sie wird in den englischen Berichten erwähnt, die die Überlebenden der *San Salvador* auflisten.

Ob tatsächlich eines der Schiffe sich nach Norwegen flüchtete oder dorthin verschlagen wurde, auf jeden Fall fanden die verschiedenen Gruppen der Flotte am 19. wieder zusammen. Calderon zufolge wurde die *San Juan de Sicilia* vermißt, und zweifellos fürchteten auch andere, sie könne verloren sein: *„Sie war so stark beschädigt, daß keines ihrer Segel mehr vor dem Wind hielt.“*[9] In dieser Nacht kam Calderons Schiff erneut bei schwerem Wetter von den anderen ab und segelte mehrere Tage allein weiter.

Am 18. August wurden sie von Fischern gesehen, etwa 36 englische Meilen südöstlich der Shetland Inseln: *„Sie erspähten eine sehr große Flotte von riesigen Schiffen, es kam ihnen vor, als seien es an die hundert, mit Kurs auf West, mit beiden Segeln achtern, so daß sie mit Kurs zwischen den Orkneys und Fair Isle fuhren.“*[10] Wahrscheinlich segelte der größere Teil der Armada zwischen Fair Isle und den Shetland Inseln hindurch; nach den Worten der Fischer zu urteilen, hatten sie den Wind im Rücken. Im selben Bericht heißt es, während der folgenden Woche habe der Wind aus Südost geweht.

Diese Vermutung wird auch von Calderons Aufzeichnungen gestützt; sein Schiff stieß am 22. wieder zur Flotte, zwei Tage später sprach er auf der *San Martin* mit dem Herzog. Inzwischen befanden sie sich, nach seinen eigenen und den Berechnungen der Lotsen, auf einer nördlichen Breite von 58° 30′, also auf der Höhe von Lewis, dem nördlichsten Punkt der Hebrideninseln; vielleicht sahen sie aber auch Kap Wrath, den nordwestlichsten Punkt des schottischen Festlandes. In den Aufzeichnungen der Galeasse *Zuniga* vom 21. heißt es, man habe *„den äußersten Punkt Irlands“* gesichtet; es kann aber nur Kap Wrath oder die Nordspitze von Lewis gewesen sein. Der Herzog fragte Calderon, ob er etwas wüßte von Don Alonso de Luzon und seiner *Trinidad Valencera,* da er sie seit 13 Tagen nicht mehr gesehen hatte. Calderon entgegnete, er habe weder die *Valencera* noch – während der letzten beiden Tage – die *San Marcos* oder ein anderes Schiff aus der Gruppe von Recalde gesehen. *„Er vermutete, er (Recalde) habe sich in Richtung Island oder zu den Färöer treiben lassen ... Island befindet sich auf 65°, die Färöer auf 62°.“*[11]

Dies läßt an südöstliche Winde denken, die es auch der Flotte um den

Spielkarten – auch auf den Seiten 174 und 175 –, die Armada-Motive zeigen. Hergestellt um 1675/1700. In ihrer Tendenz sind sie deutlich antikatholisch, wie dies im ausgehenden 17. Jahrhundert weitverbreitet war.

Herzog ermöglichten, ihren Kurs nach Westsüdwest einzuhalten, wie es die Instruktionen forderten, während stärker beschädigte Schiffe wie die von Recalde oder schlechtere Seeleute, wie die im Levante-Geschwader und den Hulks, weiter nach Norden gezwungen wurden.

Calderon empfahl, sich in einiger Entfernung von Irland zu halten, und diese Auffassung unterstützte auch der französische Lotse des Herzogs. Der Herzog nahm den Rat des Lotsen an; aber nach dem Bericht der Galeasse *Zuniga* hatte sich unterdessen der Wind nach Süden gedreht und war aufgefrischt, sie wurden jetzt also nach Norden getrieben. Calderon schrieb: *„Vom 24. August bis zum 4. September segelten wir, ohne zu wissen wohin, immerzu durch Stürme, Nebel und Regenböen."* Erneut wurde sein Schiff vom Großteil der Flotte getrennt. Am 3. September schrieb Medina Sidonia an Philipp einen Brief; seit seinem letzten Brief, den er am 21. mit einer Pinasse bei den Shetland-Inseln abgesandt hatte, hätten sie *„in vier Nächten schwere Stürme mit starkem Gegenwind gehabt, dichten Nebel und Regen; dadurch wurden 17 Schiffe von der Armada getrennt ..."*[12]

Wie es an Bord dieser sturmgebeutelten Schiffe aussah, kann man sich leichter vorstellen als es beschreiben. Schon bevor die Engländer umgekehrt waren, hatte Drake von Gefangenen erfahren, *„daß es im großen und ganzen in der ganzen Flotte kein Schiff gab, auf dem nicht Kranke waren"*[13]. In seinem Brief vom 21. schrieb Medina Sidonia *„von mehr als 3000 Kranken, die zahllosen Verletzten nicht einmal eingerechnet"*. In seinem Brief vom 3. September heißt es:

„Ich bete zu Gott, Er möge uns in Seiner Güte gutes Wetter senden, damit die Armada bald einen Hafen anlaufen kann, denn unsere Vorräte sind so knapp, daß alle verloren sein werden, falls wir unserer Sünden wegen noch lange auf See bleiben müssen. Wir haben jetzt eine große Menge Kranker, und viele sterben ..."[14]

Ein portugiesischer Seemann auf Recaldes Flaggschiff, der in Gefangenschaft geriet, erzählte beim Verhör: *„Da sterben täglich vier oder fünf an Hunger und Durst"*[15], und dabei war dies eines der bestversorgten Schiffe. Einer der schottischen Fischer, die Recaldes Schiff als Lotsen an Bord genommen hatte, bestätigte, daß die Schiffe keinerlei Lebensmittel mehr besaßen, und *„nicht die geringste Ahnung hatten, wo sie sich befanden"*[16].

Um eine Vorstellung von ihrem Elend zu bekommen, muß man sich die englischen Schiffe vergegenwärtigen, die weder so lange auf See gewesen noch so beschädigt waren und schützende Häfen und Vorräte in ihrer Nähe wußten – und wo trotzdem Tag für Tag Männer starben. Hawkins hatte sein Geschwader nach Harwich gebracht; Howard und Drake waren dann weitergefahren nach North Foreland, um vor Margate vor Anker zu gehen. Am 20. schrieb Howard an Burghley:

„Unerklärlicherweise beginnen Krankheit und Tod bei uns umzugehen; und es ist ein schrecklicher Anblick, zu sehen, wie die Männer, die an Land kein Heim haben, hier in Margate auf der Straße sterben. Notgedrungen gehe ich bisweilen an Land, um sie in einer Herberge unterzubringen; und das Beste, was ich für sie bekommen kann, sind Scheunen und irgendwelche Anbauten. Was ich ihnen bieten kann, ist nur wenig. Es würde das Herz eines jeden brechen, anschauen zu müssen, wie die, die so tapfer sich eingesetzt haben, so jämmerlich zugrunde gehen."[17]

Eines der am schlimmsten betroffenen Schiffe war die *Elizabeth Jones.* Bevor die Armada im Ärmelkanal erschienen war, hatte sie mehr als 200 ihrer 500

Mann Besatzung durch eine Krankheit verloren. Es wurden mannigfache Anstrengungen unternommen, um sie zu reinigen, der Ballast wurde erneuert, die Hohlräume und die Orlopdecks mit feuchten Besen gründlich gereinigt und ausgeräuchert, doch die unbekannten Krankheitserreger blieben. Howard schickte das Schiff ins Dock von Chatham. Er glaubte, wie alle anderen, daß die Erreger in dem Pech saßen, mit dem man kalfaterte. Wahrscheinlich waren sie im Trinkwasser oder in den Lebensmitteln; vielleicht wurden sie auch von Überlebenden der ersten Epidemie weitergegeben. Auch um andere Schiffe machte sich Howard Sorgen: Viele Männer waren schon lange an Bord, manche bereits seit acht Monaten. Sie hatten kaum mehr Kleidungsstücke und kein Geld für neue. Er bedrängte Burghley, für tausend Pfund *„Strümpfe, Jakken, Hemden, Hosen und dergleichen“* zu senden und auch Geld, damit er die Kranken auszahlen und entlassen konnte. Aus einem Brief von Hawkins an Burghley vom 5. September erfahren wir, daß Krankheit und Tod nicht aufhörten; er erinnerte Burghley, daß die Löhne der Verstorbenen an deren Freunde gezahlt werden mußten, und *„anstelle derer, die wegen Krankheit und Ungenügen entlassen werden, was in der Tat sehr viele sind, müssen neue Männer eingestellt werden“*[18].

Selbst noch zu dieser Zeit, einen ganzen Monat nach der Schlacht von Gravelines, wurde die englische Flotte in Einsatzbereitschaft gehalten, während die Geschwader der demoralisierten Armada von den Stürmen des Nordatlantiks hin und her geworfen wurden; aber solange es über die Spanier – und über Parma – keine verläßliche Nachricht gab, wollte England sich nicht in Sicherheit wiegen.

Falls Parma je auf eine Invasion gehofft hatte, war dieser Plan inzwischen längst aufgegeben. Philipps Gesandter in Paris erfuhr *„von überallher, daß der Herzog von Parma sehr betrübt und niedergeschlagen ist“*[19]. Durch sein eigenes Nachrichtennetz wußte Parma, daß Medina Sidonia nicht umkehren konnte; er wußte auch, daß Pinassen aus Seymours Geschwader, wie auch Justinus von Nassau, seine Häfen beobachteten. Das Schicksal der beiden Armada-Galeonen, die vor Nieuwpoort in die Untiefen geraten waren, war ihm bekannt. Es gab für seine Armee keine Möglichkeit hinauszufahren, geschweige denn den Kanal zu überqueren. Am 29. August setzte er Philipp davon in Kenntnis und erklärte, daß er seine Truppen in drei Abteilungen auflösen würde: die erste sollte rheinabwärts nach Bonn, die zweite nach Brabant, an die innere Flanke gegen Seeland, die dritte als Garnison in Flandern bleiben.

Elisabeth, ihr Kronrat und ihre Kommandeure zur See blieben weiterhin besorgt. Widersprüchliche Gerüchte waren in Umlauf, und als Hawkins und Drake einige Kauffahrer aus ihren Geschwadern entließen – die auf jeden Fall eher eine Behinderung als eine Hilfe waren –, war Howard verärgert. Erst gegen Ende der ersten Septemberwoche ließen die Spannungen nach. Howard teilte die kleineren Schiffe der Royal Navy in zwei Geschwader auf, damit im kommenden Herbst und Winter eines an der flandrischen Küste bleiben konnte, während das andere in den Downs wartete. Die Königin begann darüber nachzudenken, ob sie Drake auf die aus der Karibik zurückkehrende spanische Schatzflotte loslassen sollte – ein sicheres Zeichen, daß sich die Situation wieder normalisierte. Es war oftmals davon die Rede, wie schäbig Elisabeth die Seeleute entlohnt habe und daß sie sie auf den Straßen der Hafenstädte verkommen ließ. Dies rührt weitgehend aus einem schon zitierten Brief Howards, den er gleich nach seiner Rückkehr schrieb, sowie aus einem weiteren Schreiben vom 8. September, als Howard einige Kauffahrer bezahlen mußte und folglich wenig Geld übrig hatte:

„Ich muß Sir John Hawkins bitten, sie wenn möglich mit Bezahlung zu entlassen. Wir dürfen Männer, die solche Dienste geleistet haben, nicht einfach verhungern lassen. Ich weiß, Ihre Majestät würde dies um alles in der Welt nicht zulassen. Daher wäre es mir lieber, die Königin würde ihre Börse öffnen und ihnen helfen, als sie in dieser Notlage zu belassen. Wir müssen uns um sie kümmern, denn wir sind auf ihre Dienste angewiesen, und wenn man sich nicht um diese Männer sorgt, sondern sie hungern und jämmerlich sterben läßt, dann werden solche Männer nicht mehr dienen wollen ...“[20]

Liest man die Briefe und Berichte von Howard, Burghley und vor allem von Hawkins, dann merkt man, daß sie sich tatkräftig und ehrlich darum bemüht haben, Engpässe zu überwinden, die infolge unvorhersehbarer, großer Anstrengungen entstanden waren. Howard bezahlte die Männer aus seiner eigenen Tasche und erklärte, er wolle *„bei Gott lieber nicht einen einzigen Penny mein eigen nennen, als daß sie Not erleiden“*[21]. Er verkaufte offenbar sein eigenes Silber und nahm Gelder von Drakes spanischem Prisengut. Wieviel er davon an seine eigenen Leute gab, um sich deren Anhänglichkeit zu versichern, wieviel an die Kranken und die einfachen Seeleute, wieviel einfach Übertreibung war, um seinen Forderungen an Burghley Nachdruck zu verleihen, werden wir nie erfahren. Aber aus seinen Briefen klingt echte Empörung. Als er das Gold von der *Rosario* nahm, schrieb er dazu:

„... denn, bei Jesus, ich hatte keine drei Pfund mehr in der Tasche und konnte nicht einmal von London Geld bekommen; ich versichere Euch, mein Silber war bereits verkauft. Aber ich will es innerhalb von zehn Tagen nach meiner Heimkehr zurückzahlen. Ich bitte Euch, teilt das Ihrer Majestät mit. Und, beim Herrn im Himmel, ich besaß keine einzige Krone mehr, und hätte ich nicht die nackte Not verspürt, ich hätte keine angerührt; aber wenn ich nichts bekommen hätte, um es an die armen, jämmerlichen Männer weiterzugeben, hätte ich nicht mehr leben wollen ...“[22]

In den englischen Flotten dienten seinerzeit 15 398 Personen – beträchtlich mehr, als Philipp für möglich gehalten hätte –, und während des Jahres 1588 bezahlte John Hawkins mehr als 92 000 Pfund für Vorräte und Löhne[23]; sonst wurden jährlich nur 6000 Pfund ausgegeben. Es ist kaum erstaunlich, wenn Gelder und Lebensmittel sowie Munition nicht rechtzeitig am rechten Ort waren. Wenn in der Flotte der Tod umging, so war dies vor allem ansteckenden Krankheiten zuzuschreiben, weniger der allgemeinen Schwäche oder dem Skorbut, der von einseitiger Ernährung herrührte.

Die vernichtendste Anklage gegen die Marineverwaltung aber bestand darin, daß während der Schlacht von Gravelines der Flotte im entscheidenden Augenblick das Pulver und die Kugeln ausgingen, so daß sie außerstande war, ihren Kampf fortzusetzen. Richtig ist, daß fast jeder die ungeheure Größe der spanischen Schiffe – und der gesamten Flotte – unterschätzt hatte, und daher auch die Menge an Munition, die nötig war, um sie zu schlagen. Ein Großteil der Geschosse, die im Kanal abgefeuert wurden, wurde unsinnig vertan, und doch reichte der Vorrat nach vier Kämpfen noch immer für die Entscheidungsschlacht von Gravelines aus. Am 21. August schrieb Medina Sidonia unweit der Shetland-Inseln:

„Die Armada war so fürchterlich zerschlagen und verstreut, daß es mir als meine erste Pflicht gegenüber Eurer Majestät erschien, sie zu retten, selbst auf die Gefahr hin, die diese lange Reise in diesen Breiten bedeutet. Es fehlen uns Munition und

die besten unserer Fahrzeuge, und die Erfahrung hat uns gelehrt, wie wenig wir uns auf die verbliebenen Schiffe verlassen können. In dieser Art Kampf sind die Schiffe der Königin den unsrigen überlegen, und zwar infolge ihrer starken Artillerie und der Schnelligkeit ihrer Segelschiffe.“[24]

Daß die Armada während der Jagd durch den Ärmelkanal ihre geschlossene Ordnung beibehielt, war eine große seemännische Leistung. Am Ende der ersten Septemberwoche, nachdem sie Schottland umrundet hatte und in den Atlantik getrieben worden war, war sie noch immer weitgehend beisammen. Einzelne Schiffe und kleinere Gruppen hatten die Verbindung zu den anderen zwar in den Stürmen und Nebeln verloren, aber irgendwie blieben die meisten beieinander. In ihrer Geschwindigkeit richtete sich die Armada nach ihren langsamsten Schiffen, so hatte es Medina Sidonia schon während der Scharmützel im Kanal gehalten; die Folge davon war, daß auch Calderon in dem Vizeflaggschiff der Hulks mithalten konnte.

Inzwischen waren bereits acht Wochen vergangen, seit die ersten Geschwader in La Coruña in See gestochen waren. Seither waren sie unablässig auf See gewesen. In Calais hatten sie eine kleine Menge frischer Vorräte eingekauft, vielleicht ein paar Maultiere geschlachtet, um auch noch vor Schottland genug Fleisch zu haben. Von den Fischerbooten südlich der Shetland-Inseln hatten sie frischen Fisch gekauft, und Calderon hatte aus seinem persönlichen kleinen Vorrat an Kranke und Verletzte verteilen lassen; aber von all dem konnte jeder einzelne der vielen Tausend nur einen winzigen Teil bekommen. Was sie alle brauchten, entdeckte die Wissenschaft erst Jahrhunderte später – Vitamin C. Sie wußten bloß, daß sie frische Nahrungsmittel, vor allem aber Gemüse und Zitrusfrüchte benötigten. Nicht von ungefähr hatte Drake einen Monat zuvor geschrieben, der Herzog von Medina Sidonia werde sich bald nach seinen Orangenbäumen sehnen.[25]

Vom Hunger ausgemergelt, ausgekühlt von der Kälte des Nordmeeres, an die sie nicht gewöhnt waren, oftmals durchnäßt von Regenböen, die schlechte Luft aus dem Ballast und den ekelerregenden Gestank der dünnen Exkremente und des Erbrochenen in der Nase, das von Kranken und Verletzten herrührte, die dicht zusammengepfercht in den Orlopdecks lagen – in diesem Zustand begannen die Männer die ersten Symptome von Skorbut zu zeigen. Er konnte nach vier oder fünf Wochen auf See auftreten; nach sechs Wochen mit gepökeltem Essen aber war er unvermeidlich, nach acht Wochen stellte sich allgemeine Teilnahmslosigkeit ein, das Zahnfleisch begann zu schwellen und zu bluten, auf der Haut zeigten sich verräterische Flecke. Die Matrosen, die an Brassen, Bulinen und Segeltüchern zogen, die Soldaten, die schichtweise an den Pumpen standen und Ketten bildeten, wenn auf den Decks die Eimer von Hand zu Hand gingen, die Zimmerleute, die tief unten im Bauch des Schiffes mit Laternen hantierten, um neue Lecks ausfindig zu machen und auszubessern: Sie alle waren apathisch und schwach, und dies nicht nur durch Hunger und Kälte, den bitteren Geschmack ihrer Niederlage und den Fatalismus, den man verspürt, wenn einem Tag für Tag Gefährten von der Seite gerissen werden – nein, sie litten an Skorbut, der Seemannskrankheit, die in diesem Zeitalter der Seeschlachten mehr Menschenleben und mehr Schiffe kostete als alle Kämpfe zusammen.

Der größere Teil der Flotte um Medina Sidonia war inzwischen irgendwo im Norden oder Westen von Irland angelangt; da sie sich nicht auf einer regulären Handelsroute befanden, gab es keine verläßlichen Karten, so daß die genaue Position unbekannt war. Sie konnten nichts weiter tun, als den Südwest-

Dieser Anhänger in Form eines Salamanders, aus Gold und Rubinen, wurde aus dem Wrack der Galeasse Girona geborgen, die am Lacada Point, östlich des Giant's Causeway in Ulster, auf Grund lief. Von den 1300 Menschen an Bord wurden nur 9 gerettet.

kurs beizubehalten, den ihnen der französische Lotse nahegelegt hatte. Aufzeichnungen der *San Juan Bautista* lassen vermuten, daß sie inzwischen ein gutes Stück nach Süden gekommen waren, seit sie an den Hebriden vorbeigesegelt waren. Sie hatte am 27. August in 59° n. B. den Rest der Flotte aus den Augen verloren und war bis 8. September auf 55° nach Süden vorangekommen, also auf die Höhe Nordirlands. Wahrscheinlich befand sich Medina Sidonia noch weiter nördlich, denn mit ihm fuhren die schlechteren Seeleute; das Dutzend Schiffe um Recalde war vermutlich noch weiter nördlich. Daß sie immer wieder in ungünstige Winde gerieten, folgt aus dem Bericht eines weiteren versprengten Schiffes, der *Gran Grifon,* des Flaggschiffs der Hulks. Sie leckte so stark, daß ihr nichts weiter übrigblieb, als bei jedem Wind zu segeln, am 8. und 9. September fuhr sie nach Norden. Am 10. drehte sich der Wind nach Nordosten, sie machte eine Wendung und segelte wieder zurück. Jetzt fuhr sie genau in die gewünschte Richtung, ebenso kamen auch die Hauptflotte unter Medina Sidonia und Recaldes kleine Gruppe ein gutes Stück nach Südwesten voran; während der nächsten drei Tage segelten sie an Irland vorbei.

Am 11. drehte sich der Wind erneut nach Südsüdwest und blies ihnen entgegen. Die *Gran Grifon* machte eine Wendung und segelte vor dem Wind nach Nordnordost. Marcos de Aramburu auf seiner *San Juan Bautista* war sich offenbar nicht sicher, ob er die südlichen Kaps von Irland schon hinter sich hatte und kreuzte nach Nordwest, Medina Sidonia und Recalde wohl ebenso. Am 12. drehte sich der Wind nach Süden und frischte in der Nacht zu einem Sturm auf. Die Schiffe mit ihren dezimierten Mannschaften konnten nichts weiter tun, als sich von den mächtigen Wellen treiben zu lassen – am nächsten Morgen waren sie über viele Meilen verstreut. Als Medina Sidonia die Segel zählte, kam er bis 60 – am Anfang dieses Monats waren es noch 95 gewesen; nur ein einziges Depeschenboot war noch in dieser Einöde rollenden Wassers zu sehen, es gehörte zu Recaldes *San Juan.* Der alte Admiral selbst lag seit Gravelines schwer krank in seiner Kajüte.

Dies war der letzte Schlag, unter ihm zerbrach die Armada. Der Wind drehte zwar am nächsten Tag, dem 13. September, nach Nordwest, so daß der größere Teil nach Südsüdwest segeln und tags darauf die Südspitze Irlands umrunden konnte; aber einzelne Schiffe müssen nach Osten oder Südosten gefahren sein. Aus ihren Aufzeichnungen geht der Grund dafür nicht hervor. Bei einigen ließ wahrscheinlich der Zustand der Mannschaft und des Schiffes nichts anderes zu; andere Schiffe könnten so stark geleckt haben, daß die kraftlosen Arme an den Pumpen und Eimern nicht mehr mit dem Anstieg des Wassers im Schiffsrumpf mithalten konnten und sie daher das nächste Land ansteuern mußten. Wieder andere hatten wahrscheinlich alle Hoffnung aufgegeben, Spanien jemals zu erreichen, und suchten nur irgendein Stück Land, wo sie frisches Wasser, Nahrung und Ruhe erhofften, bis sie imstande wären, ihre Schiffe zu reparieren. Viele Kapitäne waren jetzt, da sie allein und ohne Führung waren, vollkommen durcheinander. Aus welchen Gründen auch immer – sie sahen sich hart gegen die irische Küste gedrängt, und da nun der Wind aus Westen kam, waren sie außerstande, die vorragenden Landzungen zu umrunden.

Die Engländer in Irland waren sehr nervös. Allenthalben an der Küste des Atlantiks, von Nord bis Süd, wurden spanische Schiffe gesichtet, viele gleich mehrfach, so daß es schien, als fahre die ganze Armada hier vorbei. Sir Richard Bingham aus Galway dachte sogar: *„Es sind neue Streitkräfte aus Spanien direkt gekommen."* Die Garnisonen waren weit verstreut und klein, sie setzten sich aus englischen Soldaten und irischen Söldnern zusammen und hatten kaum mehr

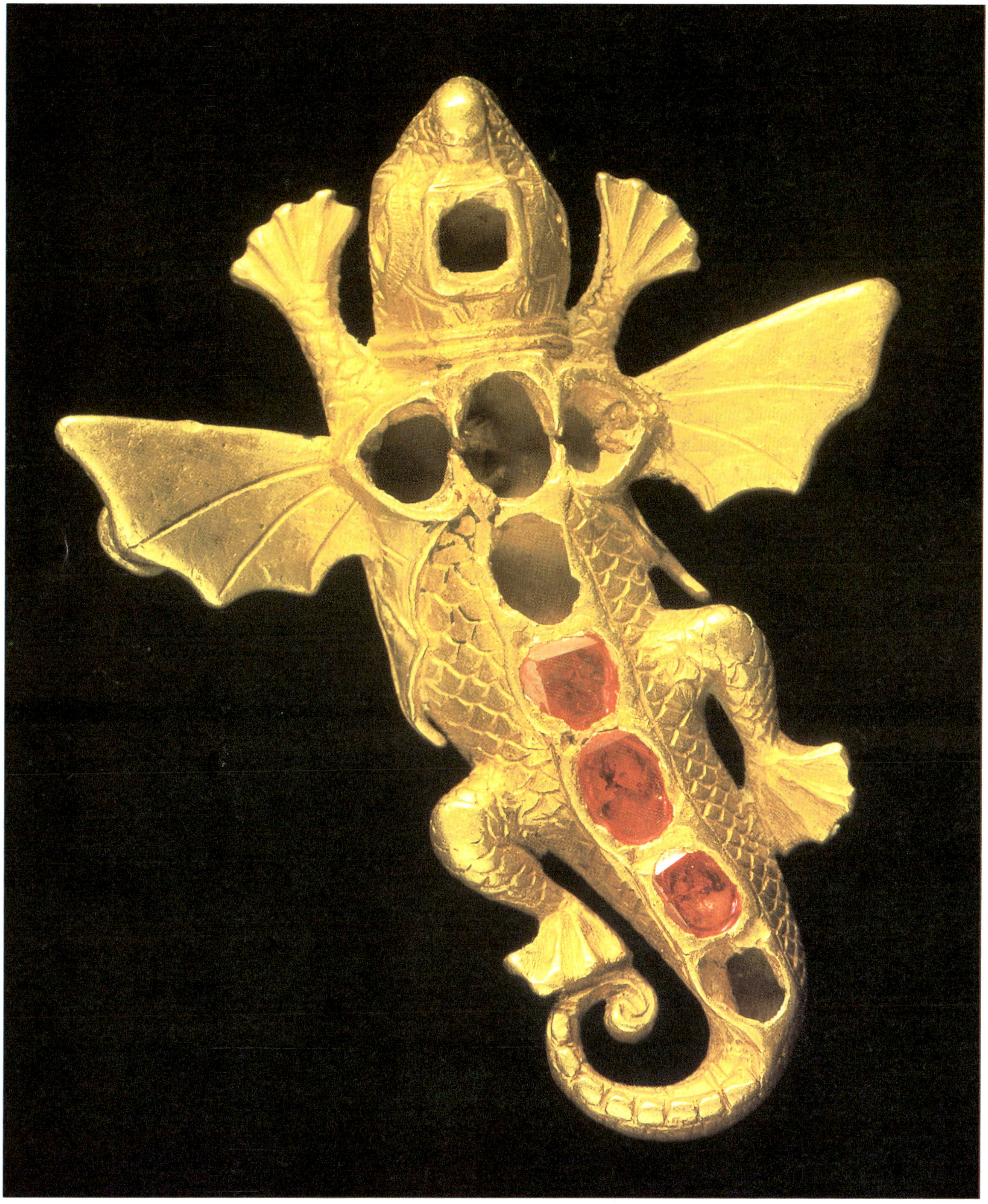

als 2000 Mann. Wenn es den Spaniern gelingen sollte, sich zusammenzutun, würden sie jeder Streitmacht, die man ihnen auf dem Feld entgegenstellen konnte, bei weitem überlegen sein, die Unterstützung durch die einheimische Bevölkerung noch gar nicht mitgerechnet. Keiner dachte daran, daß der Feind völlig erschöpft und von Hunger und Krankheit dezimiert war. Der neue Lord Deputy in Dublin, Sir William Fitzwilliam, gab den Befehl aus, *„alle Spanier, die man fand, zu ergreifen und hinzurichten, gleichgültig in welchem Zustand sie sind“.* Bedenkt man den hilflosen Zustand der „Invasoren“ und zugleich die Furcht der Engländer, die den Spaniern die schrecklichsten Grausamkeiten unterstellten, dann kann man sich vorstellen, daß die Entwicklung auf ein Gemetzel hinauslief.

Irland war ein wildes Land. Weite Teile waren seit dem 12. Jahrhundert von Engländern besiedelt worden, aber diese englischen Familien hatten im Lauf der Jahrhunderte ihren kolonialen Ehrgeiz aufgegeben und waren durch Heirat und Anpassung weitgehend irisch geworden. Sie führten, soweit sie Lehnsgüter besaßen, ein Leben als anglo-irische Feudalherren. Einige waren sehr mächtig, wie zum Beispiel die Geraldines, die über die große Grafschaft Desmond in der südwestlichen Provinz Munster herrschten. Nach außen gaben sie sich der englischen Krone treu ergeben; insgeheim aber konspirierten sie gegen England.

Die einheimischen Clan-Häuptlinge hatten vor allem in den entlegeneren Gebieten, in den sumpfigen und bergigen Landstrichen im Westen und Nordwesten, das Sagen. Die Vertreter der englischen Krone verfügten niemals über genügend Geld oder Truppen, zwischen all diesen zerstrittenen Sippen Frieden zu halten; in Wahrheit reichte das Gesetz der englischen Krone nicht weit über den *„Pale“* hinaus – eine kleine englische Enklave, bestehend aus fünf Grafschaften um Dublin und einigen Hafenstädten im Süden und Südwesten. Hier, wo ein gewisser Wohlstand aus Handel und Schiffahrt ein bequemeres städtisches Leben ermöglichte, hatten englische Sprache, Kleidung und Umgangsformen sowie der protestantische Glaube zaghaft Wurzeln geschlagen und waren zu einem Vorposten der Zivilisation inmitten einer rauhen Umgebung geworden. So sah man es wenigstens in England. Die einheimische Bevölkerung betrachtete man als Wilde – genau das dachten auch die Spanier, die nun hier landeten. Kapitän de Cuellar, dem Strick des Henkers nur knapp entronnen, wie wir gesehen haben, ist einer der wenigen, der sie längere Zeit beobachtete:

„Die Lebensweise dieser Wilden besteht darin, wie die Tiere in ihren Bergen zu hausen, wobei man sagen muß, daß die Berge in dem Teil der Insel, wohin es uns verschlagen hatte, sehr zerklüftet waren. Sie leben in Hütten aus Stroh. Die Männer haben große Körper, ihre Gesichtszüge und ihre Gliedmaßen sind schön anzusehen, sie sind so gelenkig wie Rehe. Sie essen nur eine Mahlzeit am Tag, und zwar abends, sie besteht gewöhnlich aus Brot, das aus Hafermehl gebacken ist, und Butter … An Feiertagen essen sie halbgares Fleisch, ohne Brot oder Salz. Sie tragen enge Kniehosen und Jacken aus Ziegenfell, die kurz geschnitten, aber sehr groß sind, darüber eine Decke; das Haar hängt ihnen bis zu den Augen herab. Sie sind gute Läufer und zeigen große Ausdauer. Mit den Engländern, die in diesem Land Garnisonen unterhalten, stehen sie ständig auf Kriegsfuß; sie wollen nicht, daß diese ihr Land betreten, das überall sumpfig und von Tümpeln übersät ist … Am liebsten berauben und bestehlen sie sich gegenseitig, daher geht kein Tag vorbei, ohne daß der Ruf nach Waffen erschallt. Wenn die Männer in einem Dorf erfahren, daß es in einem anderen Dorf Rinder oder etwas anderes gibt, machen sie

sich des Nachts bewaffnet auf, brüllen Kriegsschreie und töten einander. Und wenn die Engländer dann erfahren, welches Dorf die Rinder gestohlen hat, eilen sie dorthin und nehmen ihnen alles wieder weg. Dann bleibt ihnen nichts weiter übrig, als mit ihren Weibern und ihren Herden in die Berge zu fliehen, anderes Eigentum besitzen sie nicht, weder Haushaltsgegenstände noch Kleidungsstücke. Sie schlafen auf der Erde, auf frisch geschnittenen Binsen, die oft voller Wasser oder steif gefroren sind. Ihre Frauen sind meist sehr hübsch, aber schlecht angezogen. Sie tragen nichts weiter als ein Unterkleid und darüber eine Decke und auf dem Kopf ein Leinentuch, das vorne zugebunden ist ...“[26]

Ähnliche Schilderungen über ihre Gesetzlosigkeit und ihre wilden Stammeskämpfe lieferte ein englischer Lord Deputy, Sir Henry Sidney, der 1575 das ganze Land bereiste, begleitet von 400 Fußsoldaten und 200 Berittenen. In Galway saß er zu Gericht:

„Dort fand ich viele Fälle von Mord, Vergewaltigung, Brandstiftung und Gotteslästerung vor; außerdem hatten sie unzählige Waren und Rinder von anderen geraubt ... und dabei konnten wir nicht einmal ein Viertel von dem auffinden, was als gestohlen oder geraubt gemeldet worden war ...“[27]

Ihrem keltischen Wesen lag zwar Dichten und Rezitieren nicht weniger als Plündern und Kämpfen; die Anwesenheit der Engländer aber vertiefte fraglos ihre Schwierigkeiten. Unter Elisabeth wurden große Anstrengungen unternommen, das Land zu befrieden und neue Siedlungen anzulegen. Bei der Verfolgung dieses Ziels waren die Engländer nicht weniger roh als andere Eroberer, die sich ihrer überlegenen Lebensweise wegen vorgaukelten, Menschen von größerem Wert zu sein. J. S. Brewer, ein englischer Gelehrter des 19. Jahrhunderts, der über die englischen Eroberungen in Irland gut Bescheid wußte, vermochte in keinem der *„zahlreichen Pläne, Ordnung nach Irland zu bringen, auch nur die Andeutung eines edleren Zieles oder eines erhabeneren Zweckes zu finden als den, Irland zum größeren Nutzen Englands zu halten, und zwar möglichst ohne Kosten oder Schwierigkeiten ...“*[28]. Es schien, als konnten die Iren sich nicht selbst regieren, und von den Engländern wollten sie sich nicht regieren lassen. Also versuchten die englischen Behörden, alles Irische auszulöschen: sie verbannten lange Haare, Schnauzbärte und typische Kleidungsstücke, auch Barden und Dichter; einem irischen Sänger zu lauschen, war verboten, wer zweimal dabei ertappt wurde, büßte mit dem Verlust beider Ohren. Die englischen und schottischen Siedler, als Kolonisten in einer fremden, feindlichen Umgebung gleichsam an der Front, benahmen sich noch schlechter als die Träger der öffentlichen Gewalt. Noch einmal J. S. Brewer:

„Sie gewöhnten sich daran, die Iren als Beutegut anzusehen, unter dem entweihten Begriff des Patriotismus alle möglichen Abscheulichkeiten zu begehen und das ganze Land in Unzufriedenheit, Unmoral und Unordnung zu stürzen ... Die Iren hatten offenbar den Eindruck, nicht unter dem Schutz des englischen Rechts zu stehen, dies verstärkte noch ihre Neigung zu Rechtlosigkeit und Gewalttätigkeit. Ihre Peiniger jagten sie wie die wilden Tiere – also kehrten diese sich gegen sie wie die wilden Tiere. Und während die Engländer sich daran gewöhnten, alles Irische als gemein, wild und niedrig anzusehen, setzten die Iren bald jede Form von Grausamkeit, von Unterdrückung und Unrecht mit dem Namen England in eins; sie begannen zu hassen, was ihre Eroberer liebten, und zu lieben, was ihre Eroberer haßten ...“[29]

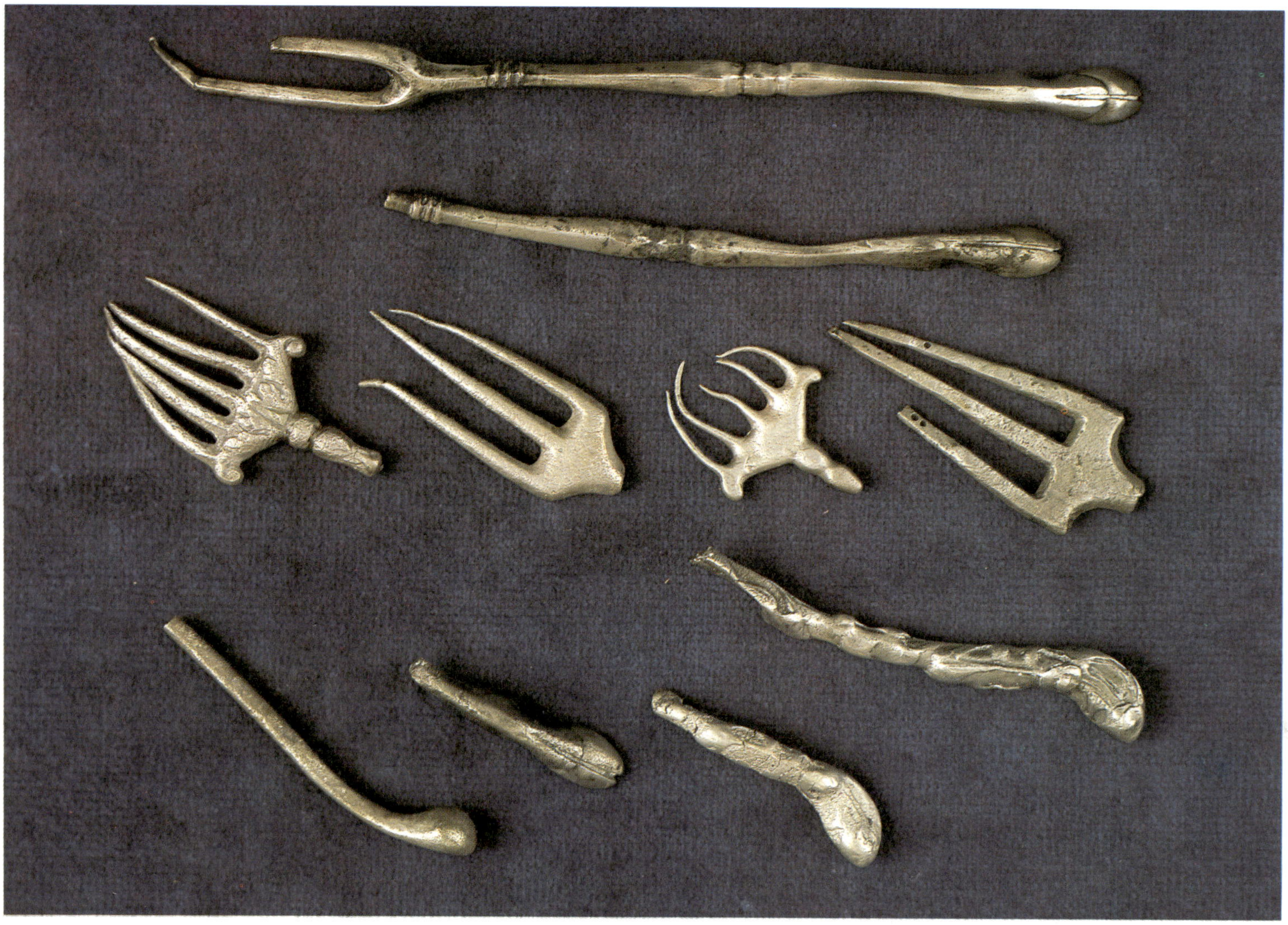

Silberne Gabeln und Kerzenhalter aus dem Wrack der Girona.

Goldene und silberne Münzen sowie ein goldener Ring, auf dem ein Salamander sitzt, aus dem Wrack der Girona.

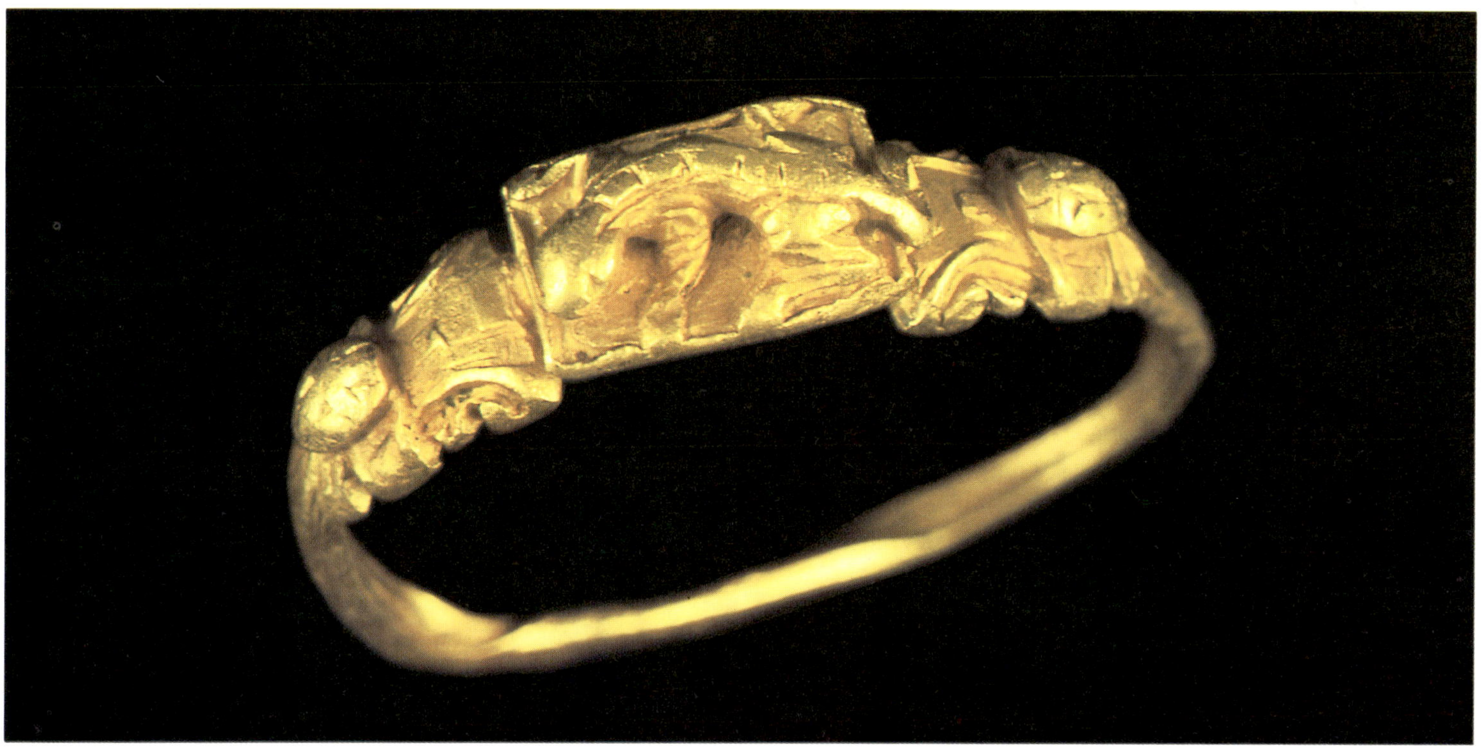

Die Iren wurden von ihren eigenen Häuptlingen und durch ihr archaisches Stammeswesen nicht weniger unterdrückt; da aber die fremden Eindringlinge versuchten, sie ihrer Seelen zu berauben, bildeten sie gegen die Engländer eine gemeinsame Front. Ihren Widerstand verbanden sie mit dem römisch-katholischen Glauben ihrer Ahnen. Der irische Katholizismus war damals sehr im Niedergang, aber ein neuer Zustrom von Missionaren, im Eifer der Gegenreformation, fand um 1580 fruchtbaren Boden für ihre Ideen. Brewer schrieb: *„In keinem Land der Erde hat sich die Priesterschaft mit der heiligen Sache der Nation so verbunden wie in Irland.“*[30]

Die Religion gab auch Hoffnung auf Hilfe von außen. Irische und anglo-irische Führer bedrängten ständig den Papst und Philipp von Spanien, gegen die ketzerischen Engländer in ihrem Land einen Kreuzzug zu unternehmen, wobei sie auf die Hilfe des gesamten irischen Volkes rechnen könnten. Im Jahr 1579 gelang es einem von ihnen, Sir James Fitzmaurice – Sir Henry Sidney hatte ihn als *„scharfzüngig, bösartig und kühn, ein Papist bis zum äußersten“* beschrieben –, praktische Hilfe zu bekommen: zusammen mit einer Handvoll italienischer, spanischer, portugiesischer, flämischer, französischer und irischer Söldner erhob er in Munster die Fahne des Aufstands. Im darauffolgenden Sommer brachte Recalde mit einem kleinen Geschwader weitere spanische und italienische Söldner in diese Provinz. Sie nahmen Fort Smerwick, wo sie gelandet waren; aber der Lord Deputy, Lord Frey de Wilton, belagerte sie, und sie ergaben sich bald. Die ausgehandelten Bedingungen ihrer Kapitulation wurden jedoch nicht eingehalten: Man metzelte sie wie Seeräuber nieder, ein paar adlige Männer ausgenommen, für die man Lösegeld verlangen konnte. Danach hetzte man die englischen Streitkräfte auf die irischen Rebellen und ihre Führer, die Geraldines aus der Grafschaft Desmond. Im Verlauf der nächsten Monate wurden mehr als 30 000 Menschen getötet oder ausgehungert. Ein Zeitgenosse beschreibt die Folgen so:

„Aus allen Wäldern und Tälern kamen sie hervorgekrochen, auf allen vieren, denn ihre Beine konnten sie nicht mehr tragen; sie sahen aus wie Skelette und redeten wie Gespenster, die nach ihren Gräbern verlangten; sie verzehrten Aas und waren glücklich, wenn sie welches finden konnten, und bald darauf waren sie es selber ...“[32]

In dieses Land, zerquält von Haß und Mißtrauen, Angst, religiöser Intoleranz und Grausamkeit, kamen die Reste der Armada. Viele der Spanier ertranken, die Überlebenden sahen vermutlich aus wie jene Bewohner von Munster ein paar Jahre zuvor – kaum imstande, auf den Beinen zu gehen, mit ausgemergelten Gesichtern.

Eine Ruhe der Angst hatte sich über das Land gelegt und Engländer wie Iren ergriffen, seit die ersten Nachrichten von der Armada im Ärmelkanal eingetroffen waren. Im August hatte der englische Beamte Sir George Carew geschrieben, daß das Volk *„glotzend dasteht, bis das Spiel beginnt, und es nicht wagt, seine wahren Absichten kundzutun. Sie sind so von Angst gepackt, daß ich niemals einen größeren Anschein von Ruhe bemerkt habe.“*[33] Die Spannung stieg, als von einigen Schiffen an der Küste zu hören war. Eins der ersten war die *Trinidad Valencera*. Seit dem schweren Sturm am 12. September hatte sie vorne ein Leck und war ostwärts gesegelt auf der Suche nach Land, indes das Wasser im Inneren die Pumpen überforderte. Sie fuhr an Malin Head vorbei, dem Nordkap von Donegal im äußersten Norden der Insel, und weiter in eine sandige Bucht gerade vor dem Lough Foyle, wo sie auf einen Felsen fuhr.

Dunluce Castle, unweit des Giant's Causeway, Sitz des irischen Häuptlings Sorleyboy McDonnell, der einigen spanischen Seeleuten bei der Flucht aus Irland behilflich war.

Ihr Befehlshaber, Don Alonso de Luzon, nahm *„fünf der besten aus seiner Mannschaft"* mit an den Strand, wo sie von *„vier oder fünf Wilden"* – wie er sie nannte – *„willkommen geheißen wurden"*. Sie gehörten zum örtlichen O'Doherty Clan. Kurze Zeit später kamen weitere Einheimische, und nach den ersten Freundlichkeiten kamen die Forderungen.[34] De Luzon erzählte später, man habe ihn zu diesem Zeitpunkt bereits um einen Beutel mit tausend Real und einen *„Mantel aus blauer Seide, reich verziert mit Goldfäden"* erleichtert. Es gelang ihm, ein Boot zu mieten, mit dem er seine Männer an Land bringen konnte; aber er mußte dafür die weit überhöhte Summe von 200 Dukaten bezahlen. Die einzigen Lebensmittel, die er für seine hungrigen Gefährten kaufen konnte, waren einige Ponies, die sie schlachteten, sowie eine kleine Menge Butter. Immerhin gelang es ihm während der nächsten beiden Tage, fast alle Männer samt ihren Waffen an Land zu bringen. Etwa vierzig ertranken, als das Schiff am 16. September zerbrach. Dann führte er sie zu einer Burg, wo dem Vernehmen nach ein irischer Bischof namens Cornelius lebte. Dies war entweder die Burg der O'Doherty in Illagh, heute Calliagh, unweit von Derry, die man nach einem beschwerlichen Fußmarsch von 30 Meilen erreichen konnte, oder eine andere, näher gelegene Burg.

Nach vier Tagen Marsch war die Burg zu sehen; aber eine Streitmacht aus irischen Söldnern, die von den Engländern bezahlt wurden, wartete schon auf sie. De Luzons Streitmacht war zahlenmäßig überlegen; er scheint mehr als 500 Mann gehabt zu haben, darunter die Überlebenden der *Barca de Amburg,* während die Garnisonstruppen nur aus 150 Mann bestanden, Berittenen und Fußsoldaten.[35] Aber die Spanier waren natürlich nicht kampffähig. Viele von ihnen waren schwer krank, die anderen waren noch immer geschwächt; sie waren in einem fremden Land, wußten nichts vom Schicksal ihrer Gefährten, glaubten sie auf dem Weg nach Spanien. Und jetzt drohten die feindlichen Anführer damit, ihnen die Kehlen durchzuschneiden, falls sie sich nicht ergeben wollten. 3000 englische Soldaten als Verstärkung seien im Anmarsch. De Luzon hatte weder Vorräte noch die Aussicht, sie zu erwerben – trotzdem entschied er sich, Widerstand zu leisten. Vielleicht ahnte er, was passieren würde, falls sie kapitulierten. An diesem Abend kam es zu einigen Scharmützeln.

Tags darauf versprachen die feindlichen Anführer, sie würden die Spanier zu ihrem Lord Deputy nach Dublin führen, nur 30 Meilen entfernt – in

Ein Satz von zwölf Kameen mit römischen Kaisern soll sich an Bord der Girona befunden haben, elf davon wurden aus dem Wrack geborgen. Diese ist die besterhaltene; sie trägt noch immer an den Seiten die Originalausstattung von vier Perlen, die mit einem feinen Golddraht befestigt sind.

Das Kreuz des Ordens vom Heiligen Johannes gehörte Fabricio Spinola, dem Kapitän der Girona.

Wirklichkeit war es fünfmal so weit –, falls sie die Waffen niederlegten. Nun gab de Luzon nach. Ob er ihnen wirklich traute, wird man nie erfahren; aber er konnte immerhin erwarten, daß das Leben derer geschont würde, die sich durch Lösegelder freikaufen konnten. Hätten sie sich nicht ergeben, wären sie ausgehungert worden. Ihre Waffen wurden eingesammelt und weggebracht. Dann fielen die Söldner über sie her, nahmen ihnen ihre restliche Habe weg, selbst die Kleidung der gewöhnlichen Soldaten, so daß sie die folgende Nacht nackt zubringen mußten. Am nächsten Morgen führten sie Don Alonso, die Offiziere und adligen Freiwilligen sowie fünf Diener und einige Mönche weg und trieben die übrigen auf ein Feld. Sie mußten sich zwischen zwei Reihen von Akebusieren und bewaffneten Lanzenreitern stellen, die nun begannen, sie niederzumetzeln. Ein Überlebender berichtete, es seien *„mehr als 300 mit Lanze und Kugel getötet worden“*[36]. Etwa 150 Männer, die weder von Kugeln noch von Lanzenstößen getroffen wurden, und noch kräftig genug waren, um vor den Pferden in einen nahegelegenen Sumpf zu entkommen, konnten dem Gemetzel entrinnen. Sie fanden auf der Burg von Bischof Cornelius Schutz. Don Alonso und 40 Herren, die man für lösegeldwürdig befand, wurden in einem langen Marsch nach Drogheda an der Ostküste gebracht.

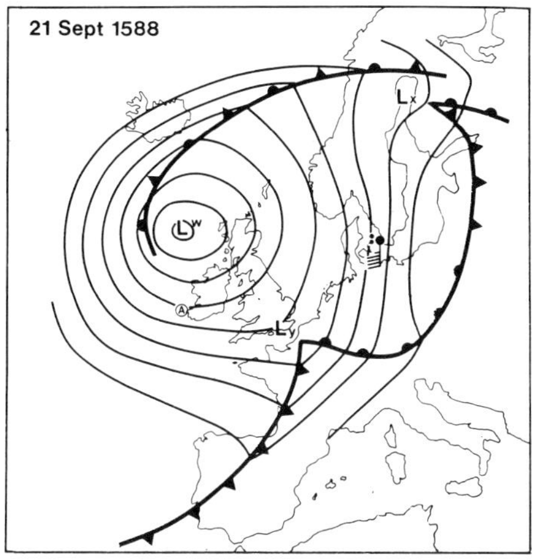

Die Untersuchungen des Fachbereichs Klimaforschung an der University of East Anglia lassen vermuten, daß der schwere Sturm vom 21. September 1588, der die Armada letztlich auflöste, aus einem tropischen Wirbelsturm im Atlantik hervorging – „in diesen Tagen kommt es in höheren Breitengraden häufig zu solchen Wirbelstürmen, und zwar folgen sie immer den gleichen Wegen und gelangen dabei nach Nordosten. Bis 21. September hatte sich das Tief ‚W' wahrscheinlich erneuert und verstärkt, indem es an seiner Rückfront arktische Kaltluft angesogen hatte." Die Folgen dieses Tiefs hatte Medina Sidonia bereits am 18. September als schweren Sturm im Süden der Biscaya zu spüren bekommen.

Inzwischen waren viele weitere Schiffe vor Anker gegangen oder an der Westküste auf Grund gelaufen. Recaldes *San Juan* und Aramburus *San Juan Bautista* fanden sich am frühen Morgen des 15. September unweit des Felssporns bei Kerry, wo das Festland in die Blasket-Inseln übergeht; sie konnten beide nicht gegen den Westwind ankommen. Recalde erhob sich nun von seinem Krankenlager; er ließ das Ruder luvwärts drehen und fuhr in die gefährliche Meeresenge zwischen diesen Inseln. Vielleicht halfen ihm die schottischen Fischer, die er aufgenommen hatte; vielleicht hatte er 1580, da er Fitzmaurice spanische und italienische Söldner brachte, einige Ortskenntnisse erworben. Aramburu folgte ihm durch die mahlenden, schäumenden Brecher zu beiden Seiten. Beide gingen im Schutz der großen Blasket-Insel vor Anker. Das einzige Depeschenboot, das Recalde nach dem Sturm vom 12. September verblieben war, folgte ihnen und ankerte gleichfalls.

Recalde sandte einen der schottischen Fischer und sieben Matrosen in einem Boot aus, um nach Lebensmitteln und Wasser Ausschau zu halten; sie wurden von einem englischen Kommando aufgegriffen und zum Verhör in den Hafen von Dingle gebracht. Ihre Schilderung der Situation auf dem Flaggschiff war düster; es gab nur noch 25 Schläuche Wein *„und sehr wenig Brot, kein Wasser mehr, nur noch das aus Spanien, das fürchterlich stinkt, das Fleisch kann man nicht essen, und der Durst ist so groß"*. Ein anderer erzählte, das gepökelte Rindfleisch sei verdorben, 200 von ihnen seien gestorben, der Admiral sei *„sehr krank"*, ebenso der Kapitän, einer der Lotsen und viele Soldaten und Matrosen, die restlichen Männer seien *„alle sehr schwach"*[37]. Wahrscheinlich wurden diese Männer nach dem Verhör gehängt; man hörte nichts mehr von ihnen. Inzwischen beobachtete eine Streitmacht von 200 Arkebusieren und einigen Reitern von den Felsen oberhalb des Blasket-Sunds die Schiffe, damit die Spanier nicht an Land gehen konnten.

Etwa 50 Meilen weiter nördlich, in der Grafschaft Clare, gelang es der steuerlosen Galeasse *Zuniga,* in einen Fluß einzufahren und zu ankern. Noch weiter nördlich, vor der Küste von Sligo, gingen drei große Schiffe aus Recaldes versprengter Gruppe beim Streedagh Point vor Anker, rund eine Meile vor der Küste. Das erste war eine kastilische Galeone, auch sie hieß *San Juan,* das zweite die *Lavia* aus dem Levante-Geschwader, mit Kapitän Cuellar, das dritte ebenfalls ein Levante-Schiff. Die Mannschaften befanden sich in einem so kläglichen Zustand, daß sie nach dem Ankerwerfen nicht einmal zu Reparaturarbeiten imstande waren. Die englische Garnison erfuhr bald von ihrem Eintreffen. Ein weiteres Schiff warf in der Bucht von Tralee seinen Anker aus – oder strandete; 25 Personen ergaben sich. Sie wurden verhört und alle hingerichtet, wahrscheinlich auf Befehl von Lady Denny, der Gemahlin des englischen Befehlshabers in dieser Region; er selbst hielt sich gerade in Dublin auf.

Viele weitere Schiffe, vor allem aus Recaldes Abteilung, kreuzten noch immer vor dem auflandigen Wind. Am Morgen des 21. September frischte der Wind auf und wurde zu einem stürmischen Westwind, dem schlimmsten bisher: *„Ein ungewöhnlich heftiger, ja schrecklicher Sturm, dergleichen hat man seit langem nicht mehr erlebt"*, klagte der Ratsschreiber von Connaught und fügte hinzu, die englischen Behörden seien *„guten Mutes, er werde viele dieser Schiffe umhertreiben und auf die Felsen werfen"*[38]. Diese Hoffnung erfüllte sich. Den zermürbten, kranken spanischen Mannschaften, gebeutelt von dem furchtbaren Seegang, blieb nichts anderes übrig, als sich dem Jenseits anzuvertrauen. Einige Schiffe fanden zufällig den Weg zu schützenden Ankerstätten, viele zerschellten auf Felsen, versanken im Meer oder wurden von der Gewalt der See in Stücke geschlagen. Tausende ertranken, mehr als tausend wurden an der

Küste niedergemetzelt, auf die sie mehr tot als lebendig hingeworfen wurden; den schon wartenden Truppen vermochten sie keinen Widerstand zu leisten. Ihr Zustand war so erbärmlich, daß ein schottischer Söldner namens McLaughlan MacCabe sich brüsten konnte, er habe eigenhändig mit seiner Axt 80 Männer des vor Tralee verunglückten Schiffes getötet.

Den Mannschaften, die beim Streedagh Point Anker geworfen hatten, widerfuhr ein ähnliches Schicksal. Die drei Schiffe waren dem Sturm in seiner ganzen Wut ausgesetzt, die riesigen Wellen hoben sie auf und schleuderten sie umher; schließlich wurden sie, wie Cuellar schildert, *„auf einen Sandstrand geworfen, der auf jeder Seite von großen Felsen umgeben war, ein schreckliches Schauspiel."*

Sich Gott und der Madonna anvertrauend, stieg er auf das Achterdeck

„... und von dort sah ich ein Bild des Jammers. Viele gingen mit ihren Schiffen unter, andere stürzten sich in die See, versanken und kamen nie wieder empor; einige ruderten auf Flößen und Fässern; Kapitäne warfen ihre goldenen Ketten und ihr Geld ins Meer, adlige Herren klammerten sich an Sparren fest; wieder andere, die auf den Schiffen geblieben waren, riefen laut nach Gott; etliche wurden von den Wellen hinweggespült. Und da ich dieses Schreckensbild sah, wußte ich nicht, was tun, denn ich kann nicht schwimmen, und die Wellen und der Sturm waren fürchterlich. Aber zugleich waren das Land und der Strand voller Feinde, die vor Freude über unser Unglück hüpften und tanzten. Sobald einer der unseren das Land erreichte, fielen 200 Wilde und andere Feinde über ihn her, nahmen ihm alles, was er besaß, ließen ihn nackt zurück, schlugen unbarmherzig auf ihn ein. Das alles konnte man von dem havarierten Schiff aus klar beobachten ..."[39]

Cuellars Worten zufolge wurden alle drei Schiffe binnen einer Stunde vollständig zerstört, und *„keine 300 Mann entkamen. Mehr als 1000 ertranken."* Schließlich warfen er und der Richter, der ihn einen Monat zuvor verschont hatte, sich auf einem Brett in die Wellen. Fast im gleichen Augenblick packte ein riesiger Brecher den Richter und spülte ihn herunter; er ertrank.

„Als er unterging, rief er laut Gottes Hilfe an. Ich konnte ihm nicht beistehen, denn sowie das Brett einseitig belastet wurde, begann es unter mir herumzuwirbeln, und in diesem Augenblick brach mir ein Balken beinahe die Beine."

Er klammerte sich fest und wurde an den Strand gespült, zerschlagen, blutig, außerstande, sich zu erheben. Als er vom Wasser wegkroch, waren seine Kleider so blutbeschmiert, *„daß die Feinde und die Wilden, die am Strand waren und alle beraubten, die an Land schwammen"*, ihn in Ruhe ließen. Er schaffte es bis ins Dünengras, wo er einen weiteren Überlebenden fand, einen jungen Mann, nackt, zitternd und so entsetzt, daß er ihm nicht einmal seinen Namen sagen konnte. Als über dieser schaurigen Szene die Nacht hereinbrach, fiel Cuellar in einen unruhigen Schlaf. Er wachte auf, als eine weitere Bande von Engländern und Iren hinzukam und sich unter viel Lärm anschickte, beim Plündern des Wracks mitzumachen. Am Morgen sah er, daß der junge Mann tot war: *„Da lag er auf dem Feld, mit mehr als 600 anderen Leichen, welche die See angespült hatte. Die Krähen und Wölfe nährten sich von ihnen, und keiner war da, sie zu beerdigen."*

Ähnliche Szenen von Grausamkeit, Gier und Totschlag fanden während der nächsten Tage überall an der Küste statt; etwa 30 Schiffe samt ihren zerschlagenen Mannschaften wurden an Land gespült. Mitunter fand einer Mitleid – so war es Cuellar ergangen –, mitunter nahmen irische Gemeinden spanische Überlebende auf. Sie riskierten dabei das Leben, falls sie von den Engländern erwischt wurden. Aber im großen und ganzen bekamen die jammervollen Gestalten, die das Meer ans Land warf, nur die allerschlimmsten englischen und irischen Gesichter zu sehen. Daß in diesem grausam zerteilten Land ganz besondere Zustände herrschten, daß hier eine Minderheit ein rebellisches Volk beherrschte und den Terror absichtlich als Waffe einsetzte – daß Spanier in der Karibik und Portugiesen auf den Gewürzinseln die Eingeborenen behandelten, wie ihre Landsleute dann in Irland behandelt wurden: das alles kann den Blick auf die schrecklichen Abgründe der menschlichen Natur nicht versperren. Ein Schatten fällt auf den Sieg der Engländer über die Spanier.

Aber das ist eine moderne Reaktion. Wenn seinerzeit die Verantwortlichen Bedauern oder Scham empfanden, so zeigten sie dies in ihrem Schriftverkehr jedenfalls nicht. Sie äußerten Erleichterung und Dankbarkeit gegenüber dem Herrn, der sie von ihrem Todfeind befreit hatte. So schreibt Sir George Carew, der Meister des Geschützparks von Dublin Castle, am 28. September in einem Brief an Walsingham:

„Zwischen Lough Foyle in Ulster und Dingle in Kerry erlitten 16 Segelschiffe Schiffbruch, viele davon waren sehr groß – wären sie nicht Spanier, man müßte sie bedauern für all die Leiden, die sie an diesen Küsten ertragen. Von denen, die schwimmend an Land kamen oder die der Hunger hertrieb, wurden beinahe 3000 erschlagen; man nimmt an, daß die See und das Schwert ungefähr 5000 oder 6000 an unseren Küsten zu Tode brachten ... Ihre Majestät hat Grund, Gott dafür zu preisen, daß er ihr auf so wunderbare Weise die allerschlimmsten Feinde in die Hände geliefert hat, ohne ihr Untertanen zu nehmen. Das Band zwischen ihnen und diesem Volk hier ist zerstört, denn jetzt hofft hier keiner mehr auf Spanien ... In diesem Land ist es mit dem Aufruhr vorbei, so sehr regiert der Terror.“ [40]

Ganz im selben Sinne schrieb ein paar Tage später der Gouverneur von Connaught, Sir Richard Bingham, an den Lord Deputy, Sir William Fitzwilliam: *„Es sieht aus wie ein großes Werk Gottes, der die Überreste dieser mächtigen Armee zum größten Teil an den Küsten dieser Provinz ertrinken ließ.“* Er schätzte 15 oder 16 havarierte Schiffe und 6000 oder 7000 umgekommene Spanier, *„davon sind allein durch meinen Bruder George und andere in Mayo, Thomond und Galway auf die eine oder andere Weise 700 bis 800 oder mehr ums Leben gebracht worden, viele davon mit dem Schwert“;* etwas später machte er daraus: *„1100 oder mehr“* [41]. Die Spanier, die vor Ulster oder Munster Schiffbruch erlitten und starben, sind in diesen Zahlen nicht enthalten.

Einige Wochen später reiste der Lord Deputy persönlich die Küste entlang und sah die vielen Wrackteile und Leichen, die das Wasser noch immer an den Strand warf, mehr als 1100 aufgeblähte, dunkelfarbige Körper auf einer Strecke von fünf Meilen, etwa dort, wo Cuellars Schiff gesunken war. Er schrieb an Walsingham: *„Da Gott Gefallen daran fand, den größeren Teil von ihnen mit seiner Hand auf die Felsen zu werfen und zu ertränken, will ich mit seiner Gnade sein Soldat sein und die restlichen Lumpen erledigen.“* [42] Mit den *„Lumpen“* meinte er die Flüchtigen, die sich bei den irischen Clans versteckt hielten, und vor allem jene rund 300 aus der Streitmacht des Don Alonso de Leyva, die in Ulster geblieben waren.

Don Alonso hatte sich vor dem schweren Sturm am 21. September in die Bucht von Blacksod geflüchtet, auf eine vorspringende Landzunge gerade unterhalb von Streedagh. Seine *Rata Encoronada* war zusammen mit der *Duquesa Santa Ana* gefahren und hier vor Anker gegangen. Die *Rata* geriet ins

Schlingern und lief auf Grund; die *Duquesa* überstand den Sturm in einem besser geschützten Seitenarm der Bucht, und de Leyva, der seine Männer an Land gebracht hatte, marschierte mit ihnen dorthin. Die Mannschaften machten sie wieder flott, sie wollten damit nach Schottland fahren. Die Küste von Donegal lag noch nicht hinter ihnen, da brach aufs neue ein Sturm los und zwang sie in die kleine felsige Loughros More Bay: die Ankertaue rissen und das Schiff zerschellte. De Leyva erlitt schwere Verletzungen an einem Bein.

Jetzt bewies er, daß er nicht nur Charme besaß, sondern auch Schneid und Kraft. Er erfuhr von einem Iren – vielleicht von einem Priester, denn Don Alonso sprach Latein –, daß in Killybegs Bay an der Nordküste der Bucht von Donegal, etwa 20 Meilen weiter südlich, drei spanische Schiffe ankerten. Sogleich marschierte er mit seinen Leuten über die grünen Hügel dorthin; er selber ließ sich in einem Stuhl tragen. Zwei der drei Schiffe waren nicht mehr zu gebrauchen, nur die Galeasse *Girona* war noch seetüchtig. Für ein Schiff waren sie zu viele, daher war es nötig, die Schwerverletzten und Kranken auszusondern, die schon von sich aus keine neuerliche Seereise wagten. Mit etwa 1300 Mann, auf der Galeasse zusammengepfercht, ließ er Segel setzen und fuhr bei günstigem Wind in Richtung Schottland los. Er umrundete die nördlichen Kaps von Ulster und war ein schönes Stück vorangekommen, als der Wind nach Norden drehte, auffrischte und ihn zur Umkehr zwang. Jetzt zerbrach das Steuerruder, das sie in Killybegs Bay repariert hatten, und sie trieben hilflos an die Nordostküste von Ulster, wo die *Girona* an den Felsen von Lacada Point zerschellte. Bis auf neun Personen fanden alle den Tod, darunter auch de Leyva und eine Schar junger Kavaliere, die mit ihm ausgezogen war.

Daß de Leyva hier sein Ende fand, war grausame Ironie – unweit davon war Dunluce Castle, der Sitz des lokalen Häuptlings Sorleyboy McDonnell. Er hatte bereits anderen Spaniern bei ihrer Flucht aus Irland geholfen. Diejenigen, die das Massaker von Illagh überlebt hatten, waren von einer Gruppe Katholiken zur anderen weitergereicht worden, bis sie schließlich zu Sorleyboy gelangten. Dann ging es weiter auf einem Boot nach Schottland. Andere Flüchtlinge folgten dieser Route, beispielsweise Cuellar, der im Jahr darauf nach einer Reihe beinahe unglaublicher Abenteuer in Schottland eintraf.

In einem Schriftstück faßte Cuellar die Einstellung der irischen Bevölkerung zusammen, die ihm in Ulster begegnet war. Dadurch versteht man vielleicht eher, warum Sir William Fitzwilliam und die anderen in Irland es für nötig gehalten hatten, die Spanier so grausam zu verfolgen:

„Diese Wilden mochten uns sehr, denn sie wußten, daß wir die größten Feinde der Ketzer und gegen sie ausgezogen waren; wären sie nicht gewesen, wäre keiner mehr von uns am Leben. Dafür sind wir ihnen sehr dankbar, obschon sie die ersten waren, die die Überlebenden unter uns ausplünderten und beraubten. Diese Wilden bekamen eine große Menge Juwelen und Geld von uns, denn an Bord der 13 Schiffe waren viele sehr wohlhabende Männer, die allesamt ertranken ...“[43]

Von den Wohlhabenden, die weder ertrunken noch an Erschöpfung gestorben waren, hielt der englische Lord Deputy fast 100 in Dublin und Drogheda gefangen. Sie wurden nach England gebracht und gegen Lösegeld angeboten. Während ihrer Gefangenschaft waren sie offenbar wieder ein wenig zu Kräften gekommen. Einer Gruppe von etwa 30 gelang es, die Mannschaft der Pinasse *Swallow* auf der Überfahrt zu überwältigen und mit dem Schiff nach La Coruña zu segeln. Dort, so scheint es, zahlten die unglücklichen irischen Matrosen den gleichen Preis, den so viele Spanier in ihrem Land gezahlt hatten.[44]

Auch anderen gelang die Flucht. Die Galeasse *Zuniga* und Aramburus *San Juan Bautista* nahmen am 23. September bei östlichem Wind ihre Fahrt wieder auf und umfuhren die Südküste. Fünf Tage später packte ein Sturm von Westen die *Zuniga* und trieb sie im Ärmelkanal bis auf die Höhe von Havre de Grâce, wo sie an der Küste der Normandie Schutz fand. Aramburu überstand den Sturm und kehrte heim nach Spanien, ebenso Recalde, der am 28. September vom Blasket-Sund losfuhr. Auch das Schicksal der *Gran Grifon* ist zu erzählen: Zwei Wochen lang war ihre Mannschaft dem Wind ausgeliefert, der sie hin und her trieb. Sie hatten schon alle Hoffnung fahren lassen, als am Nachmittag des 27. September vor ihnen Fair Isle auftauchte. Es gelang ihnen, an einer geschützten Stelle Anker zu werfen. Aber am Tag darauf – sie suchten anscheinend einen sicheren Hafen –, fuhren sie in einer felsigen Bucht auf Grund. Die 300köpfige Besatzung kletterte über die Rahen zu den Felsspitzen hinauf und lebte eine Weile in der Bucht. Im November schließlich fanden sie ein Boot, das sie nach Schottland brachte – alle, bis auf 50, die inzwischen gestorben waren. Hier nahmen sich schottische Katholiken ihrer an, besorgten ihnen auf Kosten des Herzogs von Parma einige Schiffe, mit denen sie nach Flandern fuhren. Einige wurden unterwegs Opfer der Seegeusen, andere, darunter Kapitän Cuellar, trafen sicher ein und schafften schließlich den Weg nach Spanien. Sie waren nur ein Bruchteil derer, die ausgezogen waren.

Sehr viele aus dem größeren Teil der Flotte blieben bei Medina Sidonia. Sie können an der irischen Küste nicht sehr weit gelangt sein. Calderon sichtete am 10. September oder kurz vorher eine Insel und kreuzte in Nordwestrichtung, um daran vorbeizukommen; *„Man glaubt“*, schrieb er, *„daß der Rest der Armada das gleiche gemacht hat.“*[45] Bis zum 14. war es seiner *San Salvador* gelungen, nach Süden vorzustoßen, gerade bis unterhalb von Kap Clear, an der Südwestspitze von Munster, und gerade weit genug entfernt, es nicht zu sehen. Er nahm Kurs auf Südsüdwest, *„Richtung La Coruña“*.

Nun trennte noch der offene Atlantik und der Golf von Biscaya den Großteil der Flotte von der spanischen Küste, die Hauptfeinde wurden jetzt Skorbut und andere Krankheiten, Hunger und Durst. Es war fraglich, ob der Wind sie bis in einen Hafen gelangen lassen würde und ob sie dann noch kräftig genug waren, die Segel und die Pumpen zu bedienen. Medina Sidonia litt an *„Fieber und Flux“*, womit man wohl eine Dysenterie bezeichnete, und verbrachte die meiste Zeit in seiner Koje; ein Diener nach dem anderen wurde dahingerafft, bis kaum mehr einer übrig war, ihn zu pflegen. Schiffe und Menschen wurden zu Gefäßen des Leidens, jeden Tag wurden weitere ausgemergelte Leichen der See übergeben und versanken vor den starren Augen derer, die nur darauf warteten, ihnen zu folgen.

Medina Sidonia konnte mit etwa sechzig Fahrzeugen über die Biscaya kreuzen. Am 18. September trieb ein Sturm sie auseinander, und als sie in der Höhe der spanischen Nordküste waren, befanden sich nur noch elf Schiffe bei der *San Martin*. Wahrscheinlich war dieser Sturm ein Teil des Sturmtiefs, das nach Nordosten drehte und am 21. September den schweren Sturm an der irischen Küste hervorrief.[46]

Am 21. September kam Land in Sicht; Medina Sidonia wurde berichtet, dies sei eine Insel 20 Meilen vor La Coruña – doch in Wirklichkeit waren sie 250 Meilen weiter östlich, tief in der Biscaya, nahe dem Hafen von Santander. Depeschenboote schleppten das Flaggschiff zu einem Ankerplatz vor dem Hafen, und Medina Sidonia wurde an Land gebracht; gleich darauf kam ein heftiger Sturm von Südwest auf und zwang das Schiff, die Anker zu lichten und weiterzufahren nach Laredo. Während der Wind im Lauf der nächsten Tage abflaute, kamen die Schiffe, eins nach dem andern, in die verschiedenen Häfen. Alle waren beschädigt, bei einigen fehlten Maste; die Überlebenden waren regungslos, nicht einmal die süßen Gerüche des Landes und der Anblick der Bäume vermochte sie zu beleben. Auf einigen Schiffen war keiner mehr imstande, die Rahnocks zu senken und die Anker auszuwerfen, sie liefen einfach auf Grund.

Am 23. September fuhr Calderons Hulk in Santander ein. Er ging an Land und fand Medina Sidonia *„sehr krank"* im Bett. Der Herzog sandte am selben Tag einen Brief an König Philipp:

„Man kann Eurer Majestät das Elend und die Schwierigkeiten nicht schildern, welche wir erduldet haben; sie waren schlimmer als alles, was je zuvor auf einer Reise erlitten wurde. Es kamen hier Schiffe an, die hatten seit zwei Wochen nicht einen Tropfen Trinkwasser an Bord. Auf dem Flaggschiff wurden 180 Männer von Krankheiten dahingerafft, drei der vier Lotsen; auch die anderen Leute sind schwer krank, viele leiden an Typhus und anderen Krankheiten. Von den etwa 60 Personen meines Hofes sind alle entweder gestorben oder krank, nur zwei hielten aus, und konnten mich weiterhin bedienen. Gepriesen sei Gott für alles, was Er uns geschickt hat. Groß waren die Leiden und Prüfungen, und jetzt sind wir in größerer Bedrängnis denn zuvor: alle Männer liegen krank darnieder, und das bißchen Schiffszwieback und Wein, das wir übrighaben, wird in einer Woche verzehrt sein. Wir sind in einem kümmerlichen Zustand, und ich flehe Eure Majestät an, geschwind einiges Geld bereitzustellen, um die nötigen Dinge zu besorgen ..."[47]

Außerdem schickte er Don Francisco de Bobadillo mit einer Note zu Philipp, in der es hieß, dieser könne bestätigen, daß der Herzog nicht mehr in der Lage sei, das Kommando weiterhin zu führen; er sei beinahe mit dem letzten Atemzug zurückgekehrt. Bis dahin hatte Philipp stets optimistische Berichte erhalten; was er über die Verluste der Engländer gelesen hatte, war schlicht und einfach erfunden. Jetzt gab es allerdings keinen Zweifel mehr, daß sein Unternehmen gescheitert war – und er dachte bereits an ein neues. Bobadillo berichtete ihm wahrscheinlich noch andere Dinge, jedenfalls wurde der Stabschef der Armada, Don Diego de Florés, später ins Gefängnis gebracht. Vielleicht diente er auch nur als Sündenbock, ebenso wie Parma; inzwischen sprach man in der Flotte darüber, daß einige der Schiffsbesatzungen sich bei den Kämpfen sehr zurückgehalten hätten.[48] Bis jetzt kannte noch niemand das genaue Ausmaß der Verluste; und was auch immer Bobadillo sagte, es änderte nichts an Philipps Entscheidung, eine weitere Expedition auszurüsten. Er hatte inzwischen einen Verwalter nach Santander geschickt, Garcia de Villejo, der dort die Dinge in die Hand nehmen sollte.

Was ihn dort erwartete, war erschütternd. Bislang war nur ein Teil der Schiffe dort angekommen; gleichwohl

„... sind es über 1000 Kranke, und würde man die Leute alle auf einmal von Bord bringen, dann wäre das Spital so vollgepfercht, daß ich fürchte, es würde eine Seuche ausbrechen, was noch nicht geschehen ist. Es ist unmöglich, so viele Kranke aufzunehmen, und dabei müssen die Männer einfach erkranken, wenn sie weiterhin auf den Schiffen schlafen, wo es fürchterlich stinkt und erbärmliche Zustände herrschen ... Ich denke, wir haben – Seeleute und Soldaten zusammengenommen – 7000 Mann zu ernähren, 2000 Seeleute und 5000 Bewaffnete, und es ist zum Erbarmen, sie anzusehen. Niemand kann glauben, daß dieser Brief die Dinge verbessern wird; ich schreibe ihn trotzdem, selbst wenn er ins Feuer fliegt ..."[49]

Medina Sidonia war bereits in einer Sänfte aufgebrochen. Er haderte noch immer mit sich und seiner Unerfahrenheit und beharrte darauf, daß Philipp ihm das Kommando nicht hätte aufdrängen sollen. Das schreckliche Durcheinander, das er hinterlassen hatte, all die Kranken und Sterbenden, bereiteten ihm große Sorgen. Sein Verantwortungsbewußtsein hielt ihn allerdings nicht davon ab, einen Teil seines Lohns oder seiner Ausgaben zu fordern. Vor der Abfahrt aus Lissabon hatte er sehr viel Geld ausgeben müssen, zum Schluß hatte er auch das Spital in Santander bezuschußt. Bevor er Santander verließ, erfuhr Villejo seine Forderungen: *„33 000 Dukaten, davon seien 20 000 ein besonderes Geschenk seiner Majestät an ihn, 7000 stünden ihm noch als Lohn zu, und 6000 habe er für Spitalkosten vorgeschossen“*[50].

Bis Ende Oktober waren 65 Schiffe in spanische Häfen zurückgekehrt, 64 galten als vermißt. Einige der vermißten trafen später ein, und möglicherweise fanden ein paar weitere in Norwegen oder in der Ostsee einen sicheren Hafen; allerdings berichtete ein dänischer Gesandter, der am 4. September nach Hamburg reiste und von dort weiter nach Holland, er habe *„keinerlei Nachricht vom Eintreffen eines Armada-Fahrzeugs in Norwegen, Dänemark oder Hamburg vernommen“*[51].

Aus dem Geschwader der 22 Hulks, die von La Coruña losgesegelt waren, gingen 10 verloren; das Levante-Geschwader erlitt anteilsmäßig sogar noch höhere Verluste; nur 2 von 10 Schiffen, Martin de Bertendonas Flaggschiff *Regazona* und die *Trinidad de Scala,* trafen zu Hause ein. Von den anderen Geschwadern, die Depeschenboote ausgenommen, erlitten nur das kastilische und das Galeassen-Geschwader auf ihrer Rückreise ernste Verluste; die Galeone *San Juan* von Don Diego Enriquez erlitt am Strand von Streedagh Schiffbruch, 2 umgerüstete Kauffahrer kehrten überhaupt nicht mehr zurück. Von den Galeassen scheiterte die *Girona* in Nordulster; und die *Zuniga,* die es nach Havre verschlug, segelte ein paar Wochen später wieder los, mußte aber infolge der Witterung umkehren und dort einige Monate bleiben. Nur eine portugiesische Galeone, die *San Marcos* von Marqués de Penafiel, schaffte die Heimreise nicht ganz; und von den Guipúzcoa-, Biscaya- und Andalusien-Geschwadern gingen nur vier größere Schiffe verloren, so daß insgesamt 27 wichtige Fahrzeuge nach dieser Reise vermißt wurden.

Von diesen abgesehen, gingen gleich bei den ersten Kämpfen mit den Engländern im Kanal 2 große Schiffe verloren, das Galeassenflaggschiff sank vor dem Hafen von Calais, 2 portugiesische Galeonen und 1 weiteres großes Schiff, vielleicht sogar 2, gingen nach der Schlacht bei Gravelines verloren; 2 weitere, darunter Oquendos Flaggschiff, überstanden die Rückreise nicht – also insgesamt 35, die kleineren nicht eingerechnet. Die offizielle Vermißtenliste zählt auch 20 Depeschenboote auf, somit sind also 55 verlorengegangen.[52] Zählt man noch die Schiffe dazu, die nachhaltig beschädigt waren, dann sieht es so aus, als habe Philipp fast die Hälfte seiner Flotte verloren. Die englische Artillerie bewirkte zwar einige Schäden, direkte wie indirekte, aber da so viele Levantiner und Hulks zu den beschädigten Schiffen gehörten, ist anzunehmen, daß ihre einfache Bauweise und schlechte Leistung vor dem Wind mit Sicherheit eine noch größere Rolle spielten. Daß den Mannschaften frische Lebensmittel fehlten, vor allem Zitrusfrüchte, darf man gleichfalls nicht unterschätzen.

Die Bedingungen schlossen im Grunde einen Sieg Medina Sidonias aus. Trotzdem war er wohl der falsche Mann an der Spitze eines solchen Unternehmens; unerfahrene Führer ohne Selbstvertrauen, die nur in sich hineinschauen und die Schwierigkeiten in ihrer Vorstellung eher übertreiben, kön-

Von Königin Elisabeth eigenhändig geschriebenes Gebet. Die deutsche Übersetzung lautet:
„Allmächtiger und Großmütiger Gott, dem es gefallen hat, die Bitten von uns, deinen getreuen Dienern, so wohlwollend zu erhören, und nicht nur mit gerechten Mitteln zu unserem Nutz und Frommen einzugreifen, sondern mit noch viel größerer Gunst; Du hast nicht nur unsere Armee beschützt vor dem Feind, sondern auch die Ehrlosen ferngehalten von uns, die mit Waffengewalt uns anzugreifen versuchten. Laß uns dies demütig anerkennen und unseren Dank abstatten, denn kaum verstehen wir solch unsagbare Großmut und unendliche Güte, und unsere einfache Sprache kennt nicht die Worte, derer es bedarf, solche Lobpreisungen zu ersinnen. Nimm daher dieses Gelübde, Geliebter Gott, daß wir bis zu unserem letzten Atemzug nicht aufhören werden, dieser Gnade zu gedenken, die Deine Liebe uns schenkt, eher soll die Welt enden und sich Dir zuneigen.
Mit Deiner hohen Gnade hoffen wir, dies zu erfüllen."

nen solche schwierigen Feldzüge nicht gewinnen – vor allem nicht in einem Zeitalter, in dem Wagemut, Leidenschaft, Forschheit ganz besonders wichtig waren. Der Herzog kannte seine Grenzen nur allzu gut. Er gab sein Bestes: wo es um Fragen der Verwaltung und um zwischenmenschlichen Ausgleich ging, war er hervorragend. Es mangelte ihm weder an Sachverstand noch an persönlichem Mut. Santa Cruz, oder auch Alonso de Leyva, wäre es vielleicht gelungen, in den Sitzungen des Kriegsrats andere Entscheidungen durchzusetzen. Aber keiner von beiden hätte die geographischen und die nautischen Nachteile aufzuheben vermocht. Gegen die Flotten Englands und die Seegeusen eine Invasion Englands durchzuführen, war unmöglich; Parma hatte dies erkannt. Es ist leichter, sich – auch unter einem anderen, kühneren oder schneidigeren Führer – einen noch schlimmeren Ausgang vorzustellen als einen Sieg, gleichgültig, welche Absichten Philipp wirklich hatte.

Die Zahl der Toten zu schätzen ist unmöglich, sie belief sich auf viele Tausende, und wahrscheinlich rafften Hunger und Krankheit mehr Menschen dahin als im Atlantik ertranken oder in Irland niedergemetzelt wurden. Die *San Martin* verlor 180 Männer ihrer 469köpfigen Besatzung, bevor sie Spanien erreichte; man kann sich unschwer vorstellen, daß wenigstens weitere 50 der todkranken Mannschaft durch die chaotischen Umstände nach ihrer Rückkehr starben, so daß insgesamt die Hälfte ums Leben kam. Wenn alle zurückkehrenden Schiffe den gleichen Anteil verloren, und die – oben erwähnten – 35 großen Schiffe sowie vielleicht 10 kleine ihre ganze Mannschaft einbüßten, dann beträgt die Todesziffer mehr als 18 000 – sie könnte noch höher gewesen sein. Aber das ist reine Spekulation.

Die Engländer verloren keines ihrer Schiffe und erlitten wenig Schaden, keinen, den man nicht binnen weniger Wochen hätte gutmachen können. Es ist unmöglich, ihre Verluste genau zu erfahren, es können aber für die gesamte Dauer der Mobilisierung nicht viel mehr als 2000 Männer gewesen sein; doch das ist noch ungewisser als die spanischen Zahlen. Sicher ist nur, daß ihre Verluste im Vergleich mit den spanischen gering waren.

Philipp II. hatte eine fürchterliche Niederlage erlitten, und zwar politisch, strategisch und taktisch, in materieller wie in menschlicher Hinsicht, eine Niederlage in einer Seeschlacht, die man durchaus in einem Atemzug mit anderen nennen darf: mit Salamis, Lepanto, Trafalgar und Tsushima.

Philipp II. war selber der Urheber dieser Niederlage; und doch waren es die englischen Kommandeure, die ihren Vorteil erkannten und ihn auch zu wahren wußten, die Medina Sidonia auf seinem Weg durch den Kanal keine Atempause gönnten, die ihn *„mit angeberhafter Drohgebärde"* – und mit weitgehend leeren Kanonenrohren – vor sich her jagten, die sicherstellten, daß die Fehler Philipps Fehler waren und blieben. Elisabeth I. vertraute das Schicksal ihres Königreiches Lord Howard an, und dies erwies sich in der Folge als eine kluge Entscheidung; er hörte auf die erfahrenen Seefahrer, und was sie ihm sagten, war vernünftig. Wollte man einen von ihnen vor dem Vergessen der Geschichte bewahren, als den ungepriesenen Helden dieses Kampfes, dann vielleicht John Hawkins. Er bereitete die Flotte auf ihren Einsatz vor. Es paßt gut, daß er ein Schiff befehligte, dessen Name *Victory* war.

Most powrifull and Largest Giving God whose
care hath pleased [illegible] to
Grace the petitions of thy [illegible] not [illegible] within
[illegible] to your [illegible] but for
whose ample favour hath
not only protected our [illegible] from foreign
pray and from [illegible] but hast [illegible]
[illegible] [illegible] [illegible] having force
to resist us from having power to
attempt us or assault [illegible] Let
humble acknowledgment and most reverend
thanks be sacrifice supply the our want
of skill to express [illegible] and his goodness
and unspeakable Liberality [illegible] such
Good Lord as our simple tongue may
not include such words as merits
such favours but this vow except
most dear God in lieu of bitter
merit that our [illegible] we hope
to their last gasp shall never
cease to the [illegible] of such
grace as thy mighty
flowing grace as thy [illegible] to
[illegible] us but [illegible] such [illegible] to the
shall [illegible] the world and [illegible]

All these [illegible] thy good grace
we trust [illegible]
we shall

Epilog

Seeschlachten sind selten oder nie für einen längeren Zeitraum entscheidend. Man kann Meere weder besetzt halten noch sie von Festungen aus beherrschen. Die Vormacht zur See, wie die Freiheit der Meere, darf man nicht als gegeben ansehen – sie muß, einmal erreicht, ständig gesichert werden. Es ist sinnvoller, im Ergebnis einer Seeschlacht die wirtschaftlichen, technischen und geographischen Möglichkeiten eines Landes zu sehen. Der Ausgang des Armada-Unternehmens hat genau diese aufgezeigt. An der ursprünglichen Situation hat sich zunächst nichts geändert. Die Schätze aus Spanisch-Amerika blieben der Motor für Philipps Reich und erregten weiterhin den Neid aller Handelsmächte und aller Seeräuber an den Küsten des Atlantiks. Wenn der Ausgang dieser Seeschlacht etwas bewirkte, dann dies: die bestehende Situation blieb, wie sie war. Sie schwächte Elisabeths Finanzen, zwang sie dazu, außergewöhnliche Aushebungen und Anleihen zu machen – und ermutigte sie zu weiteren teuren Seeräuberunternehmen, die Philipp noch mehr bestärkten – falls dies überhaupt nötig war –, ihren Sturz zu betreiben.

Philipp, der Verlierer, lernte aus seiner Niederlage. Er baute eine königliche Marine auf, deren Kriegsschiffe es mit den englischen aufnehmen konnten; er versuchte, mehr Fabriken für Kanonen zu gründen; er erkannte seinen tödlichen Fehler, das Kommando aufzuspalten, und das Problem, das die seichten Gewässer vor der flandrischen Küste darstellten; er begann die entscheidenden Festungen im Verteidigungssystem der Karibik zu stärken und ließ schnelle, schwerbewaffnete Fregatten bauen, die sogenannten *galizabras,* die die Schätze heimbrachten, so daß man nicht mehr auf die langsamen, jährlichen Flotten warten mußte.

Elisabeth, die Siegerin, errang außerordentlichen Ruhm, nichts weiter. Sie lernte nichts aus ihrem Sieg. Vielleicht gab es auch nicht viel zu lernen, außer, daß Philipp weitaus gefährlicher war, als sie und ihre Berater angenommen hatten. Nie verlor sie die Furcht vor einer neuen Armada. Sie mußte weiterhin die niederländischen und französischen Protestanten mit Hilfsgeldern unterstützen, um Philipp von einem Tiefwasserhafen auszusperren, von dem aus er eine erfolgreiche Invasion hätte durchführen können. Sie mußte die Iren niederhalten, falls die Spanier eines Tages dort landen würden. Sie mußte die Ausgaben für die Marine drosseln und sich, wie zuvor, darauf verlassen, daß Londoner Kaufleute und ihre Höflinge an den Unternehmungen der Piraten Anteile erwarben. Diese Fahrten hatten einen Nachteil – schnell erworbene Gewinne und langfristige nationale Interessen waren gewöhnlich unvereinbar. Große Beute zu machen wurde immer schwieriger, und der Schatz, aus dem Philipps Kreditwürdigkeit floß, wurde nie erobert. 1588 war fast in jeder Hinsicht der Höhepunkt des großen Elisabethanischen Abenteuers und der meisten großen Namen, die sich damit verbinden. Danach wurde es eine traurige Geschichte. Schon 1589 wurde Drake mit einer Flotte ausgesandt: 150 Schiffe, die meisten davon englische und holländische Kauffahrer, an der Spitze 7 Kriegsschiffe der Königin, eine Landstreitmacht unter Sir John Norreys und dem portugiesischen Prätendenten, Dom Antonio. Ihr Ziel war, die übriggebliebenen Schiffe der Armada in ihren Häfen zu zerstören, danach Lissabon anzugreifen, die Bevölkerung zum Aufstand zu treiben und Dom Antonio auf den portugiesischen Thron zu setzen, schließlich eine der Azoreninseln zu nehmen und sie für den Rest des Krieges zu halten. Nicht eines dieser Ziele wurde auch nur annähernd erreicht – der denkwürdigste Augenblick dieser glücklosen Reise kam, als Elisabeths gutaussehender junger Günstling, der Earl of Essex, den Kommandeur der Garnison von Lissabon zum Zweikampf aufforderte – und dieser nicht annahm. Nach der teuren Niederlage war Elisabeth mit Drake so unzufrieden, daß sie ihn fünf Jahre lang nicht mehr einsetzte; er mußte sich damit zufriedengeben, Plymouth im Parlament zu vertreten.

Im folgenden Jahr wurden Hawkins und Frobisher an die spanische Küste und zu den Azoren geschickt. Aber sie kamen zu spät: die Schatzflotte war bereits in Spanien eingetroffen. Auf dem Rückweg, mit leeren Händen, schrieb Hawkins an Burghley und berichtete ihm von seiner Enttäuschung; aber da dies Gottes Wille sei, schloß er, sei er es zufrieden. *„Gottes Wille!“* rief Elisabeth, noch immer scharfzüngig, *„Dieser Dummkopf ist als Soldat ausgezogen und kommt als Theologe nach Hause.“*[1]

1591 war Lord Thomas Howard an der Reihe, vor den Azoren zu kreuzen und auf die heimkehrende Schatzflotte zu warten. Zu seiner Überraschung hatte Philipp der Flotte eine sehr große Streitmacht als Schutz mitgegeben. Howards Vizeadmiral, Sir Richard Grenville, der Drakes Lieblingsschiff *Revenge* befehligte, hatte entweder die falschen Seeleute an Bord genommen oder entschied sich absichtlich, dem Feind nicht auszuweichen, sondern mittendurch zu segeln. Seine Aussichten waren gering, aber er tat es, und der nun anhebende Kampf dauerte 15 Stunden; die meisten Männer seiner Mannschaft wurden getötet oder verletzt. Er selbst wurde tödlich verwundet und starb auf einem spanischen Flaggschiff; die *Revenge* war so stark beschädigt, daß sie in einem Sturm versank, ehe sie Spanien erreichte. Sie war das einzige englische Schiff in königlichem Besitz, das im Krieg gegen Spanien – dem erklärten wie dem unerklärten – verlorenging. Diese Tatsache klingt beinahe wie eine Lobeshymne auf die Qualität der Schiffe, auf Hawkins' Sachverstand und auf die Erfahrung der englischen Offiziere. Der letzte Kampf der *Revenge* wurde zur Legende, und der englische Dichter Alfred Lord Tennyson hat sie im 19. Jahrhundert unsterblich gemacht. Grenvilles Zeitgenosse Monson schrieb: *„Daß die Spanier sie erobern konnten, ist der Ratlosigkeit, der Unachtsamkeit und der Dickköpfigkeit von Kapitän Sir Richard Greynville zuzuschreiben.“*[2]

Im folgenden Jahr gelang es einer Streitmacht unter dem Befehl von Sir John Burrough, eine der reichsten Prisen dieser Jahre zu machen: er nahm die riesige portugiesische Karracke *Madre de Dios,* die vollbeladen war mit Pfeffer, Nelken, Muskatblüte und Muskatnuß, grünem Ingwer, Weihrauch, Galgantwurz, Aloe, Kampfer, Seidenstoffen, Damast, Taft, Sarsenett, Perlen, Moschus, Zibet, grauem Ambra, Elfenbein, Porzellan und vielen anderen fremden, exotischen Waren, deren Wert auf insgesamt 800 000 Pfund geschätzt wurde. Die Geldgeber der englischen Freibeuter sahen ihren Gewinn geschmälert, denn die Seeleute plünderten nach Herzenslust – trotzdem bekamen sie für eine Investition von 3000 Pfund etwas mehr als 60 000 Pfund zurück.[3] Henry Cavendishs Weltumsegelung hatte den Appetit nach Handel mit dem Osten angeregt – als sein Schiff 1588 die Themse heraufkam, um vor dem Haus der Königin in Greenwich zu ankern, heißt es, hatte *„jeder Seemann eine* *goldene Kette um den Hals, und die Segel des Schiffes waren aus blauem Damast, die Standarten aus gold- und silberdurchwirkten Stoffen. Es war, als habe man Kleopatra zu neuem Leben erweckt ...*"[4] Die *Madre de Dios* reizte etliche Kaufleute und Abenteurer, Fahrten nach dem Osten zu unternehmen.

Elisabeths Aufmerksamkeit wandte sich dem Kontinent zu. Sie unterstützte den Hugenotten Heinrich von Navarra, der 1589 als Heinrich IV. den französischen Thron bestiegen hatte, gegen die französischen Katholiken der Heiligen Liga. Philipp förderte die Liga und versuchte, mit ihrer Hilfe Zugang zu französischen Häfen zu bekommen, von wo aus er eine Invasion Englands unternehmen konnte. Im Winter 1593/94 führte sein Kommandeur in der Bretagne Truppen auf die Halbinsel Camaret, unterhalb des großen natürlichen Hafens von Brest, und begann ein Fort zu errichten, das den Meeresarm nach Brest beherrschen sollte. Die Aussicht, daß die Spanier Häfen in der Bretagne beherrschten, erschien Elisabeth ebenso gefährlich wie die Anwesenheit von Spaniern in Irland; im Sommer 1594 wurde Frobisher mit acht Kriegsschiffen und einer Streitmacht von 3000 Mann unter Sir John Norreys ausgesandt, das Fort zu schleifen. Dies gelang ihnen nach einer kurzen Belagerung; die Spanier wurden alle getötet. Dies war Frobishers letzter Dienst für die Königin: er wurde verletzt und starb schon bald nach der Heimkehr des Geschwaders in Plymouth.

Hawkins und Drake folgten ihm wenig später. Beide waren in einem Alter, in dem sie sich – hochgeachtet und geehrt – hätten zurückziehen können; die Abenteurer der nächsten Generation hätten sicher ihre Ruhmestaten gegen die Spanier fortgesetzt. Aber beide waren besessen von der Idee, die Quelle des spanischen Reichtums zu verstopfen und Philipp auf diese Weise zu lähmen. Noch einmal, ein letztes Mal, ließ Elisabeth sie gewähren; sie steuerte zu diesem Abenteuer sechs ihrer Schiffe bei, vom Gewinn sollte sie dafür ein Drittel bekommen. Die beiden hatten vor, zunächst Panama zu erobern, dafür wurde eine Streitmacht von 1500 Soldaten auf eine Flotte von 27 Schiffen verteilt. Als Elisabeth von spanischen Überfällen auf Städte an der Küste von Cornwall erfuhr und die Nachricht kam, Philipp plane die Entsendung einer weiteren Armada, verbot sie ihnen im letzten Augenblick auszulaufen. Erst im August 1595 durften sie in Richtung Puerto Rico in See stechen, wo ein Schatzschiff liegen sollte.

Dieses Unternehmen war von Anfang an dadurch belastet, daß die beiden Führer allzu verschieden und uneins waren: Drake war temperamentvoll und lebte von Eingebungen; Hawkins hingegen baute stets auf gründliche Planung – und diese Eigenschaften der beiden nahmen mit dem Alter noch gewaltig zu. Zwischen ihnen *„kam es zu vielen lautstarken Gesprächen, solcherart, wie John Hawkins sie zeit seines Lebens führte"*[5].

An den Kanarischen Inseln versuchten sie ein unglückliches Ablenkungsmanöver – und das ließ die Spanier gerade ihr wahres Ziel ahnen; dann wurde Hawkins krank und blieb in seiner Koje, er war *„so entmutigt, ... und sein Herz sogar gebrochen"*, wenn er an die vielen Versäumnisse dachte, die *„dank widersinniger und unüberlegter Handlungen einiger Leute (unterlaufen waren), die ihre eigenen Einfälle seiner Tüchtigkeit vorzogen"*[6]. Er starb vor Puerto Rico, am Nachmittag des 12. November, während die Flotte sich auf den Angriff vorbereitete; sein Leichnam wurde der See übergeben.

Der Angriff auf Puerto Rico scheiterte, und Drake, der nun zu den Abenteuerstätten seiner Jugend zurückkehrte, segelte zum südamerikanischen Festland und plünderte und brandschatzte Städte wie Rio de la Hacha, Santa Marta und Nombre de Dios, ohne jedoch große Beute zu machen. Schließlich versuchten seine Truppen einen Angriff auf die Landenge von Panama, aber die Spanier waren vorbereitet und trieben sie zu ihren Schiffen zurück. Einer der vielen, die dem Fieber dieser Region erlagen, war Drake – er starb am 28. Januar 1596 vor Porto Bello.

Diese beiden Männer haben mehr beigetragen zur Bildung der Elisabethanischen Legende als irgend jemand sonst: Der eine setzte eine völlige Umwälzung im Bau der Kriegsschiffe durch; der andere war ein genialer Seemann, der den König von Spanien mächtig plünderte. Für beide war es ein würdiger und passender Abschluß, daß sie ihre letzte Ruhestätte hier fanden, zwischen Südamerika und den spanischen Karibikinseln, wo so viele Träume ihrer Königin gespielt hatten – und auch ihre eigenen.

Philipp zog indessen noch immer Schiffe und Vorräte zusammen für eine zweite große Armada, die ihm seit der Niederlage der ersten nicht mehr aus dem Kopf gegangen war. Da immer wieder von diesen Vorbereitungen zu hören war, konnte Howard Elisabeth dazu überreden, einen Präventivschlag zu unternehmen, wie Drake und Hawkins schon von jeher geraten hatten. Schlachterprobte Truppen, Engländer und Holländer, wurden heimlich aus den Niederlanden abgezogen; eine große Flotte von 17 Königlichen Schiffen, 18 niederländischen Kriegsschiffen und 47 Kauffahrern wurde in Plymouth zusammengestellt, um die Truppen nach Spanien zu befördern. Howard auf seiner *Ark Royal* und Essex auf der neuen Galeone *Repulse* sollten das Unternehmen gemeinsam führen. Sie streuten das Gerücht aus, sie würden an den Azoren auf die aus Amerika zurückkehrende spanische Flotte warten – und dann erschienen sie plötzlich Anfang Juni vor Kap Finisterre und trafen die Spanier völlig unerwartet. Sie hatten ihre drei schnellsten Segler vorausgeschickt, um die feindlichen Kundschafter abzufangen, die sonst Alarm hätten schlagen können. Die Engländer erfuhren, daß die nach Amerika auslaufende Flotte sich gerade in Cádiz versammelte, und segelten sofort dorthin; als sie am 20. Juni dort auftauchten, waren die Spanier völlig überrascht.

Zunächst vergeudete man viel Zeit über der Frage, wo man die Truppen landen solle; schließlich fiel die Entscheidung, statt dessen einen Angriff auf See durchzuführen. Sie versuchten es am nächsten Tag gegen vier Galeonen, die zum Begleitschutz der Schatzflotte gehörten und sich am Hafeneingang aufgestellt hatten. Bis nachmittags lieferten sie sich ein Artillerieduell, dann setzten die Galeonen Segel, entweder um einfach zu wenden und mit einer neuen Breitseite zurückzukommen, oder um sich in den Hafen zurückzuziehen. Aber statt dessen liefen sie auf Grund. Sofort wurden die leichten Schleppfahrzeuge ausgesandt, die zwei der vier ins Schlepptau nahmen; die beiden anderen wurden von ihren eigenen Mannschaften angezündet. Sobald der Hafen in der Hand der Engländer war, landete Essex seine Truppen, und die Überraschung war so groß, daß sie die Stadt mit nur geringen Verlusten einnahmen. Zuletzt ergab sich auch die Burg.

Den nächsten Tag verbrachten die Engländer damit, die Stadt und die Schiffe zu plündern; inzwischen verhandelten Essex und Howard mit den Honoratioren über das Lösegeld. Man einigte sich schließlich auf 120 000 Dukaten. Die Flotte im Hafen hatte einen Wert von 6 oder 7 Millionen, aber die Spanier zerstörten ihre Schiffe, um sie dem Feind vorzuenthalten.

Die Sieger von Cádiz benahmen sich zurückhaltend und großmütig. Monson, der Kapitän der *Ark Royal,* schreibt von *„der noblen Behandlung, welche die Gefangenen erfuhren, sie wird unserer Nation fortan zur Ehre gereichen, ganz besonders den Generalen“*[7]. Und als man zwei Wochen später die Stadt anzündete, wurden die Kirchen ausdrücklich verschont; einige wurden zwar beschädigt, aber nur deshalb, weil die Flammen von benachbarten Gebäuden übergriffen. Ungefähr ein Fünftel der Häuser wurde eingeäschert.

Medina Sidonia, der für die Verteidigung von Andalusien zuständig war, hatte ungefähr 5000 Mann zusammengezogen und wartete auf die nächste Unternehmung der Engländer. Er sandte Philipp Botschaften, die in ihrer Besorgnis an seine Briefe über die erste Armada erinnern: er benötige Geld, Vorräte und Munition. Das war sicher die Wahrheit; ein Spanier schrieb damals, wenn die Engländer ausziehen würden, Sevilla zu nehmen, würde sich ihnen kein Hindernis in den Weg stellen. Howard nahm Verhandlungen mit seinem alten Widersacher auf und bot ihm einen Gefangenenaustausch an; so kamen 51 Engländer frei, die auf spanischen Galeeren Rudersklaven gewesen waren.

Anfangs war dieses Unternehmen gewiß gut durchdacht und glanzvoll ausgeführt; aber kurz nach der Abfahrt aus Cádiz kam die Wende. Die Staatsinteressen hätten eigentlich die Zerstörung von Philipps zweiter Armada verlangt – aber man verzichtete darauf, sei es, daß man sich anderswo schnelle Beute versprach, sei es, daß man erst die bereits eroberte Beute heimbringen wollte. Essex wollte unbedingt der zurückkehrenden amerikanischen Flotte bei den Azoren auflauern; Howard und einige andere aber waren damit nicht einverstanden und wiesen, wie so oft, auf mangelnde Vorräte hin. Weil sie die Schiffe der Armada in La Coruña oder El Ferrol nicht fanden, wollte Essex in die Biscaya segeln, um sie in Santander oder Los Pasages zu suchen – dort hätte er tatsächlich viele gefunden, die restlichen waren in Lissabon. Er wurde erneut überstimmt. Nach Cádiz kam nur noch eine kühne Tat: sie plünderten zwei kleine Städte unweit São Vicente aus und brannten sie nieder. Aus einem dieser Orte nahm Essex die umfangreiche Bibliothek des Jerónimo Ossorio mit, des Bischofs der Algarve; nach seiner Rückkehr schenkte er sie der neuen Bibliothek in Oxford, der Bodleian Library.

Die Plünderung von Cádiz und der Raub der amerikanischen Flotte – dies waren die größten Demütigungen, die Philipp durch Elisabeth erlitt. Sie stachelten ihn an, seine Vorbereitungen für eine weitere Armada zu beschleunigen. Es sollten Truppen nach Irland geschafft werden, wo seine Emissäre stets in Verbindung standen mit den Geraldines von Munster, mit dem Earl of Tyrone und verschiedenen irischen Bischöfen, darunter Cornelius. Tyrone und sein weitläufiger Verschwörerkreis im Norden versprachen, 6000 Fußsoldaten und 1000 Berittene gegen die englische Garnison von 4000 Mann ins Feld zu führen, wenn Philipp ihnen Waffen und Ausrüstung senden würde.[8]

Gegen Ende September waren rund hundert Schiffe bereitgestellt, zwanzig davon Kriegsschiffe; in Lissabon hatte sich unter dem Kommando des Gouverneurs von Kastilien, Don Martin de Padilla, eine Streitmacht von mehr als 16 000 Mann eingefunden. Philipp drängte ihn, loszusegeln, genau wie er Santa Cruz bedrängt hatte, mit der ersten Armada auszufahren, lange nachdem die besten Tage dafür vorbei waren. Padillas Vizeadmiral Diego Brochero de Anaya und weitere Seeoffiziere unterschrieben gemeinsam eine Protestnote, jedoch vergeblich. Philipp befahl ihnen, in See zu stechen. Am 28. Oktober wurden sie auf der Höhe von Kap Finisterre, von einem schweren Sturm überrascht: ungefähr ein Drittel der Schiffe ging verloren, und von den Seeleuten, die es schließlich zurück in einen Hafen schafften, desertierten Dutzende. Der venezianische Gesandte meinte dazu: *„Wenn Seine Majestät seine Flotte im nächsten Jahr einsetzen möchte, wird er sie von Grund auf erneuern müssen."*[9]

Seit der Plünderung von Cádiz war Geld für Philipp ein schwerwiegendes Problem. Natürlich war es auch schon vorher eine ernste Angelegenheit gewesen; aber jetzt, da die Engländer gezeigt hatten, mit welcher Leichtigkeit sie seine vermeintlich sicheren Flottenstützpunkte einnehmen konnten, waren die europäischen Bankiers unwillig, ihm weitere Kredite zu geben, es sei denn zu noch höheren Zinsen. Im November 1596 erklärte er sich zum dritten Mal in seiner Regierungszeit für zahlungsunfähig; seine Schulden erklärte er für null und nichtig und sich selbst für frei, die bereits verpfändeten Schätze aus Amerika nach seinem Belieben zu verwenden. Im Jahr darauf kam er mit seinen Kreditgebern zu einer Übereinkunft: sie verzichteten auf Teile ihres Kapitals und der Zinsen. Menschen aus allen Handelszentren Europas, so heißt es, sind damals ruiniert worden.

Inzwischen war eine neue Armada aufgestellt, auch sie war erst im Spätsommer zum Auslaufen bereit, und bis Padilla tatsächlich ausfuhr, war es September. Diesmal sah der Plan vor, die Truppen in dem Tiefwasserhafen von Falmouth, gerade nordöstlich des Lizard, zu landen und dort, am „Eingang" zum Kanal, einen vorgerückten Stützpunkt zu errichten, der luvwärts von den Basen der englischen Flotte gelegen war. Dies war ein bedeutend realistischerer Plan als der, den Medina Sidonia durchführen sollte. Wieder aber schlug das atlantische Wetter zu: ein Sturm ließ die Schiffe in der Biscaya zerschellen und trieb den Rest zurück in spanische Häfen.

Es war Philipps letzter Versuch gegen Elisabeth. Im darauffolgenden Frühjahr ließ seine Gesundheit nach, und als der Juli zu Ende ging, lag er unbeweglich auf seinem Lager im Escorial, von Geschwüren bedeckt, und wartete darauf, daß der Tod ihn von seinen Qualen erlöste. Am 13. September starb er, in seiner Hand das silberne Sterbekreuz seiner Eltern; wahrscheinlich war der Chorgesang der eben beginnenden Frühmesse zu hören.

Sein Tod bedeutete keineswegs, daß der Krieg nun zu Ende war; erst als auch Elisabeth starb, war Frieden. All ihre Günstlinge segneten lange vor ihr das Zeitliche: Leicester, ihre immerwährende Liebe, mitten während der Siegesfeiern von 1588. Essex starb etwas später, nachdem er in Irland gegen den Earl of Tyrone versagt hatte, der eine Rebellion angezettelt hatte; anschließend unternahm Essex selber einen operettenhaften, schlecht vorbereiteten Aufstand in London – und büßte dafür mit seinem Kopf. Burghley starb 1598, im selben Jahr wie Philipp, nachdem er sichergestellt hatte, daß sein Sohn Robert Cecil, der nicht weniger schlau war als der Vater und seiner teuflischen Listen wegen als Robert le Diable bekannt, ihm als erster Minister der Krone folgte. Howard war übriggeblieben, noch immer so kerzengerade und stutzerhaft in seinem Äußeren wie früher; aber seit Hawkins' Tod war in der Marineverwaltung der Schlendrian eingezogen, und wegen seines Alters war er nicht mehr imstande, hart durchzugreifen.

Elisabeth saß im März 1603 tagelang an einer Stelle und schaute schweigend vor sich hin, seufzte oder fiel in einen Weinkrampf; nur ungern suchte sie ihr Bett auf, aus Angst, sie würde es nicht wieder verlassen. Ihr fiel das Sterben viel schwerer als Philipp.

Da ich jung ward und hübsch und die Gunst mich verwöhnte,
Ward von vielen ich begehrt, ihre Geliebte zu sein;
Doch ich hab' sie alle verschmäht mit den Worten:
Geht, geht, geht, sucht euch eine anderswo,
Und laßt mich künftig in Ruh'.[10]

Am 22. März erlaubte sie schließlich, daß man sie zu Bett brachte; zwei Tage später, am 24. März 1603, kam, während sie schlief, der Tod. Sir Robert Carey, der in Howards Flotte als einer der adligen Herren der Armada durch den

Kanal folgte und vor Gravelines *„einen glorreichen Tag verlebte“,* stand mit einem Pferd bereit, die Botschaft nach Edinburgh zu bringen, zu Jakob VI. von Schottland, der bald als Jakob I. auf dem englischen Thron sitzen würde.

Der Glanz ihres Hofes, ihr Witz und die Legende, die Elisabeth zu ihren Lebzeiten selbst spann, der Ruhm ihrer Seefahrer-Entdecker und Möchtegern-Kolonisatoren, die Tollkühnheit der Abenteurer, die dem mächtigsten Monarchen der Christenheit den Bart versengten, nicht zu vergessen die Blüte der englischen Dichtkunst und des Schauspiels – all das hat den prosaisch nüchternen Aufstieg der niederländischen Rebellen, der historisch eigentlich wichtiger ist, ins Dunkel gedrängt und vergessen gemacht. Während Elisabeths Kanoniere mit ihrer Artillerie ein prächtiges Feuerwerk abschossen, rissen die einfachen Seeleute und die nicht ganz so einfachen Kaufleute der niederländischen Nordprovinzen, vor allem Hollands, den Handel der westlichen Welt an sich.

Dieser Prozeß hatte schon vor dem Aufstand gegen Philipps Herrschaft begonnen; der Aufstand war sogar die natürliche Folge davon. Bis dahin war Antwerpen die Finanzmetropole und Werkstatt von Philipps Reich gewesen, doch als die Seegeusen die Schelde blockierten, verlagerte sich dieses Zentrum nach Norden, nach Amsterdam. Parma eroberte zwar Antwerpen zurück, aber er erlaubte den Protestanten, mit ihrem Kapital auszuwandern – zum Nutzen vieler europäischer Städte, Amsterdam an der Spitze. Die Engländer schickten großartige Expeditionen nach Spanien und in die Karibik; englische Hilfsgelder flossen in die Niederlande und nach Frankreich, wo zeitweise englische Truppen stationiert waren – so vergeudete Elisabeth ihr Geld. Englische und seeländische Freibeuter machten die Meere für die spanischen Schiffe, die nun ohne Begleitschutz fuhren, so unsicher, daß sich auch deren Kapitäne der Seeräuberei zuwandten. Durch den enormen Warenumschlag blühte an der Zuidersee bald der Handel. Die holländischen Rebellen vereinigten sich schließlich in einer Handelsrepublik, den sogenannten Generalstaaten.

Parma starb 1592, ohne daß es ihm gelungen wäre, die Niederlande auf Dauer für die Krone Spaniens zurückzuerobern.

Die Generalstaaten, später Republik der Vereinigten Niederlande, entwikkelten sich zu einer Handels- und Seemacht ersten Ranges, und schon zehn Jahre nach Elisabeths Tod waren sie auf den Weltmeeren das, was Venedig einst im Mittelmeer gewesen war.

Ihre Anfänge können auf die Zeit vor Philipps Armada-Unternehmen zurückverfolgt werden. Bereits 1585 wurden in Amsterdam allwöchentlich Preislisten der wichtigsten Waren gedruckt; schon damals war ihr Markt in der Lage, die Frachten von ganzen Flotten aufzukaufen und Waren für die Rückfahrt zu besorgen. Die niederländische *Fleute,* ein billiges Fahrzeug, das in Massenfertigung hergestellt wurde, mit einfacher Takelage, benötigte nur die Hälfte oder gar nur ein Drittel der Mannschaft eines vergleichbaren englischen Kauffahrers; dabei war sie gut ausgestattet und beförderte gerade große Güter billiger zwischen der Ostsee und dem Atlantik hin und her. Schon 1598 waren in Amsterdam Sägemühlen im Einsatz, die ihre Energie aus Windmühlen bezogen und standardisierte Holzteile für die Massenproduktion von Schiffen herstellten. Im selben Jahr, als die Engländer noch immer Abenteurer aussandten, um die Handelsrouten in den Fernen Osten auszukundschaften, rüsteten fünf miteinander konkurrierende holländische Firmen 22 Schiffe für eine Fahrt zu den Gewürzinseln aus. Drei Jahre später segelten 65 Schiffe in 14 Flotten nach Osten, im darauffolgenden Jahr waren es sogar 1602 Schiffe; noch zur Regierungszeit Elisabeths schlossen sich diese Firmen in der Vereinigten Niederländischen Ostindischen Handelscompagnie zusammen. Da sie und die später gegründete Westindische Compagnie den Portugiesen und Spaniern ihre eifersüchtig bewachten Handelsräume streitig machten, erhielten sie vom Staat das Recht zugesprochen, Kriege zu führen, überseeische Besitzungen zu erobern, zu besiedeln und zu verwalten. So waren sie gleichsam souveräne Gemeinwesen innerhalb der größeren Souveränität der Generalstaaten.[11]

Diesen beiden Handelsgesellschaften gelang es, die spanischen und portugiesischen Märkte aufzubrechen und deren Schiffe praktisch von den Meeren zu verdrängen. Der holländische Admiral Pieter Heyn schaffte es 1628, den alten Traum wahrzumachen und die spanische Schatzflotte zu erobern. Ein anderer holländischer Admiral, Marten Tromp, zerstörte 1639 die letzte nach Norden entsandte spanische Armada – sie fuhr übrigens nicht gegen England aus, sondern um die südlichen, spanisch gebliebenen, Niederlande gegen einen Angriff der Holländer abzuschirmen. Der spanische Kommandeur, Don Antonio de Oquendo, war ein Sohn von Medina Sidonias Geschwaderkommandeur, er suchte Schutz in den Downs, nachdem die Holländer ihm auf seinem Weg durch den Kanal schwer zugesetzt hatten. Die englische Seemacht war inzwischen soweit heruntergekommen, daß Tromp die Spanier in englischen Gewässern anzugreifen wagte. Oquendo verlor vier Fünftel seiner Flotte, seine Schiffe strandeten, wurden versenkt oder als Prisen genommen, und obgleich er sein zerstörtes Flaggschiff und ein paar weitere Schiffe heimbringen konnte, war er doch ein gebrochener Mann. Er starb kurz darauf, wie sein Vater und Recalde kurz nach ihrer Rückkehr mit der ersten Armada verstorben waren.

Während die Holländer im 17. Jahrhundert Spanien bedrängten, gelang es den Engländern, die Ostküste Nordamerikas zu besiedeln, den Handel zu verstärken und ihre Handelsflotte zu vergrößern. Aber die Monopole lagen weiterhin in den Händen der Holländer; Amsterdam war – was Handel, Finanzdinge und Industrieproduktion anging – die Metropole der Welt. So wandten sich die Franzosen an die niederländischen Schiffsbaumeister, als die Königliche Marine ausgebaut werden sollte. Die englischen Modelle interessierten sie nicht.

Englische Historiker haben sich gerne mit den Höhepunkten des Elisabethanischen Zeitalters beschäftigt und dabei die Bedeutung Englands verzerrt dargestellt. Natürlich war England tatsächlich in manchen Bereichen überragend. Hawkins verfügte über die beste Marine im Atlantik. Aber letztlich blieb England ein weitgehend von der Landwirtschaft bestimmtes Land, an dessen Rand räuberische Seefahrer hausten, die auf den Meeren mit Beteiligung der Regierung der Piraterie nachgingen. Für andere Dinge hatte Elisabeth wenig Geld. Erst später, nach der Revolution, schufen die Engländer eine neue Marine mit neuen Regeln und unterstellten sie der Aufsicht des Staates, wie es Elisabeth nicht in den Sinn gekommen wäre. Nun traten die Engländer den Weg zur Weltherrschaft an, indem sie den Holländern die Weltmeere streitig machten. Doch auch diese Periode ist längst vorbei.

Wie glorreich auch immer bestimmte Zeiten für eine Nation oder für einen Herrscher waren – ihre Errungenschaften sind nicht von Dauer und die Opfer der vielen Tausend oft vergeblich.

Anmerkungen

Abkürzungsverzeichnis

Arm. I, Arm. II J. K. Laughton (Hg.): *State Papers Relating to the Defeat of the Spanish Armada* (Navy Records Society), 2 Bde., 1894. (Die Briefdaten werden in dieser Veröffentlichung gewöhnlich im alten – protestantischen – Stil angegeben, also nach dem Julianischen Kalender, der dem Gregorianischen – katholischen – im 16. und 17. Jahrhundert um zehn Tage nachhinkte.)

Calderon Pedro Calderons Bericht, in: *Sp.* (siehe unten

Car. J. S. Brewer u. W. Buller (Hg.): *Calendar of Carew Manuscripts, 1575–1588,* London 1868

Dom. R. Lemon (Hg.): *Calendar of State Papers, Domestic, 1581–1590,* London 1865.

IJNA *International Journal of Nautical Archaeology and Underwater Exploration.*

Ir. N. Hamilton (Hg.): *Calendar of State Papers Relating to Ireland,* London 1885.

MM *Mariner's Mirror,* Journal of Society for Nautical Research.

Med.Sid. Diary Medina Sidonia (Tagebuch) an Philipp, August 1588, abgedruckt in: *Arm. II,* S. 354 ff. und *Sp.,* S. 293 ff. (Alle Verweise beziehen sich auf *Sp.*)

Relation A Relation of Proceedings (Engl.), in: *Arm. I.*

Sp. M. A. S. Hume (Hg.): *Calendar of Letters and State Papers Relating to English Affairs preserved in ... Simancas, Bd. 4, Elizabeth, 1587–1603,* London 1899.

1. Der vorsichtige König

1. Braudel, *Bd. II,* S. 1236.
2. Kamen, *Spain,* S. 89.
3. Elliott, *Spain,* S. 208.
4. Karl an Johanna, 25. 5. 1588; zit. nach Kamen, *Inquisition* (engl.) S. 79.
5. Philipp an de Espinosa, früh im Jahr 1569; zit. nach Parker, *Philip,* S. 94.
6. F. Alvarez, *Politica Mundial de Carlos V y Felipe II,* Madrid, [7]1963, S. 205–210; zit. nach Pierson, *Philip,* S. 43.
7. Braudel, *a. a. O.*
8. Siehe Pierson, *Philip,* S. 50.
9. Alvarez, *a. a. O.*
10. Thompson, *War & Government,* S. 288.
11. Philipp an Parma, 4. 9. 1587, *Sp.,* S. 137.
12. Philipp an den Kard. Erzherzog, 14. 9. 1587, Lloyd/Naish, S. 8.

2. Die jungfräuliche Königin

1. T. Glasgow Jr., The Navy in the First Elizabethan undeclared War, 1559–1560; in: *MM,* Bd. 54.1 (Feb. 1968), S. 26.
2. *Ebd.,* S. 33.
3. Rowse, *England of Elizabeth,* S. 302.
4. Bindoff, *Tudor England,* S. 176.
5. Neale, *Queen Elizabeth,* S. 65.
6. Cerovski, *Fragmenta Regalia,* S. 42.
7. *Ebd.,* S. 75.
8. C. Hatton, zit. nach Neale, S. 213.
9. Rowse, *a. a. O.,* S. 312.
10. Siehe Wilson, *Queen Elizabeth,* S. 129 ff.
11. Siehe Williamson, *Hawkins,* S. 102; und Andrews, *Drake's Voyages,* S. 20.
12. *Dom.,* S. 357, zit. nach R. Pollitt, Bureaucracy and the Armada: the Administrator's Battle, in: *MM,* Bd. 60.2 (Mai 1974), S. 120.
13. Siehe Rowse, *a. a. O.,* S. 73 ff.
14. Siehe Thompson, *a. a. O.,* S. 73 ff.
15. Neale, S. 277.
16. *Ebd.,* S. 81.
17. Mattingly, *The Defeat of the Spanish Armada,* S. 92 f.

3. Die Seefahrer

1. J. Sugden, Edmund Drake of Tavistock, in: *MM,* Bd. 59.4, (Nov. 73), S. 436.
2. Williamson, *Hawkins,* S. 145.
3. *Ebd.*
4. Siehe J. Sugden, Sir Francis Drake. A Note on his Portraiture, in: *MM,* Bd. 70.3 (Aug. 1984), S. 303; und Andrews, S. 61.
5. Zit. nach Waters, *The Art of Navigation,* S. 536.
6. *Ebd.*
7. Zit. nach Andrews, S. 61.
8. Zit. nach Waters, S. 535.
9. John Stow u. Edmund Howes, Annales ..., S. 808; zit. nach Richard Boulind, Drake's Navigational Skills, in: *MM,* Bd. 54.4 (Nov. 1968), S. 355.
10. Drake an Königin Elisabeth, 13. 4. 1588, *Arm. I,* S. 148.
11. Zit. nach *Arm. I,* S. 148.
12. Kenny, *Elizabeth's Admiral,* S. 77; siehe auch Williamson, *Drake,* S. 302.
13. Zit. nach Waters, S. 179.
14. *Arm. II,* S. 103.

4. Kommandeur wider Willen

1. Siehe Thompson *a. a. O.,* S. 205.
2. Siehe *ebd.,* S. 73.
3. Zit. nach I. A. A. Thompson, The Appointment of the Duke of Medina Sidonia to the Command of the Armada, in: *Historical Journal* 12.2 (1969), S. 209.
4. *Ebd.,* S. 200 f.
5. Parma an Philipp, 31. 1. 1588, *Sp.,* S. 201.
6. Siehe z. B. Mendoza an Philipp, 16. 1., *Sp.,* S. 194.
7. Medina Sidonia an Idiáquez, 16. 2. 1588, *Sp.,* S. 207 f.
8. Thompson *(wie Anm. 3),* S. 212–214.
9. Fr. Juan de Victoria, *Noticias ...,* Madrid 1842, zit. nach P. O. M. Pierson, A Commander for the Armada, in: *MM,* Bd. 55.4 (Nov. 1969), S. 396 f.
10. Philipp an Medina Sidonia, 20. 2. 1588, Lloyd/Naish, S. 12 f.
11. Parma an Philipp, 20. 3. 1588, *Sp.,* S. 237.
12. Zit. nach Thompson *(wie Anm. 3),* S. 199.
13. Zit. nach Pierson *(wie Anm. 9),* S. 383 ff.
14. Siehe R. J. Lander, An Assessment of the numbers, sizes and types of English and Spanish ships mobilised for the Armada Campaign, in: *MM,* Bd. 63.4 (Nov. 1977), S. 359 ff.; und C. Martin, Spanish Armada tonnages, *ebd.,* S. 365–367.
15. Siehe Martin, *Full Fathom Five,* S. 132 f.
16. Zit. nach Mattingly, S. 191 f.
17. 1. 4., Lloyd/Naish, S. 14. Siehe auch *Sp.,* S. 246.
18. Medina Sidonia General Orders, Mai (?) 1588, *Sp.,* S. 290.
19. Notiz über Plündergut, *Arm. II,* S. 209 f.
20. Siehe Full Statement of the Armada sailing from Lisbon, 9. 5. 1588, Medina Sidonia an Philipp, *Sp.,* S. 280 ff. Die Zusammenfassung auf S. 285 führt auf: 130 Galeonen, Hulks, Depeschenboote, Zabras, Galeassen, Galeeren, ferner 10 Karavellen, 10 Felluken.
21. Medina Sidonia an Philipp, 14. 5., *Sp.,* S. 296.
22. Medina Sidonia an Parma, 10. 6., *Sp.,* S. 309.
23. Medina Sidonia an Philipp, 21. 6., *Sp.,* S. 314.
24. Medina Sidonia an Philipp, 24. 6., *Sp.,* S. 317 f.
25. Philipp an Medina Sidonia, Lloyd/Naish, S. 25.

5. Lord High Admiral

1. Siehe Full Statement of Armada sailing from Lisbon, 9. 5. 1588; Medina Sidonia an Philipp, *Sp.,* S. 280 ff.
2. Kenny, S. 6.
3. Cerovski, S. 68.
4. Kenny, S. 75.
5. Siehe R. Pollitt, Bureaucracy and the Armada: the Administrators' Battle, in: *MM,* Bd. 60.2 (Mai 1974), S. 121.
6. *Ebd.,* S. 126.
7. Lord Howard's Commission, 21. 12. 1587, *Arm. I,* S. 19–21.
8. Howard an Burghley, 21. 2. 1588, *Arm. I,* S. 179.
9. Howard an Burghley, 29. 2. 1588, *ebd.,* S. 85.
10. *Ebd.,* S. 85 f.
11. Winter an wichtige Offiziere, 28. 2., *Arm. I,* S. 81.
12. Drake an Königin Elisabeth, 13. 4., *Arm. I,* S. 148 f.
13. Howard an Burghley, 8. 4., *ebd.,* S. 138.
14. Howard an Walsingham, 14. 6., *ebd.,* S. 202.
15. *Ebd.,* S. 200.
16. Howard an Burghley, 13. 6., *ebd.,* S. 198.
17. Howard an Walsingham, 15. 6., *ebd.,* S. 204.
18. Howard an Walsingham, 13. 6., *ebd.,* S. 258.
19. Howard an Walsingham, 6. 7., *ebd.,* S. 247.
20. Howard an Walsingham, 13. 7., *ebd.,* S. 258.
21. Howard an Walsingham, 17. 7., *ebd.,* S. 273.
22. Siehe C. Martin, Spanish Armada tonnages, in: *MM,* Bd. 63.4 (Nov. 1977), S. 355–367.
23. Siehe I. A. A. Thompson, Spanish Armada Guns, in: *MM,* Bd. 61.4 (Nov. 1975), S. 355–371.
24. Siehe M. Lewis, zit. nach *ebd.*
25. Gegenüber den englischen hatten sie einen Vorteil von rund 5 kg. Siehe I. A. A. Thompson, *ebd.,* Tab. 10, S. 368.
26. Diese Einzelheiten sind in *Sp.,* nicht enthalten; aber sie sind abgedruckt in Martin, *Full Fathom,* S. 266 ff.
27. T. Glasgow Jr., Gorgas' Seafight, in: *MM,* Bd. 59.2 (Mai 1973), S. 180 f.

6. Die Schiffe und die Geheimnisse der See

1. G. Waymouth, *The Jewell of Artes,* 1604, zit. nach Waters, S. 295.
2. W. J. Carpenter Turner, The building of the Gracedieu, in: *MM,* Bd. 40 (1954), S. 55–72.
3. Siehe W. A. Baker, The Arrangement and Construction of early 17th Century Ships, in: *American Neptune,* Bd. 15.4 (1955), S. 20. Bezüglich der Pläne und des Baus von Schiffen habe ich obigen Aufsatz verwendet sowie W. A. Baker, Early Seventeenth Century Ship Design, in: *American Neptune,* Bd. 14.4 (1954), und ders., *Mayflower II.* Scale Plans and Rigging Specifications, Hingham/Mass.; sowie W. Walisbury u. R. C. Anderson (Hg.), A Treatise on Shipbuilding and a Treatise on Rigging written about 1620–1625, *Society for Nautical Research,* 1958, und verschiedene Spezialartikel in *MM.*
4. Siehe Oppenheim, *Admin.,* S. 125 (Madre de Dios, Kiel: 100 Fuß, Gesamtlänge: 165 Fuß, Balken: 46 Fuß, 10 Zoll).
5. *Ebd.,* S. 124.
6. Siehe Baker, Early 17th Century Ship Design, *(wie Anm. 3).*
7. Siehe R. W. Unger, 4 Dordrecht Ships, in: *MM,* Bd. 61.2 (Mai 1975), S. 111.
8. Siehe Oppenheim, *Admin.,* S. 129.
9. Derauve, Durosquel, *Trésors de l'Armada,* S. 56.
10. Howard an Burghley, 8. 4. 1588, *Arm. I,* S. 138.
11. Siehe Visschers Stiche der Armada, National Maritime Museum; G. S. Laird Clowes, *Sailing Ships, their History and Development,* Teil I, HMSO für das Science Museum, 1959, S. 55.
12. Siehe Waters, S. 576.
13. P. Padfield, *The Sea is a Magic Carpet,* London 1959, S. 72. Der Verfasser stand damals selbst am Steuerrad.
14. Siehe Waters, S. 576.
15. *Ebd.;* und G. V. Scammell, European Seamanship in the Great Age of Discovery, in: *MM,* Bd. 68.4 (Nov. 1982), S. 360.
16. Zit. nach Scammell *(wie Anm. 15),* S. 359.
17. Siehe *ebd.,* S. 364.
18. R. Holinshed u. a., *Chronicles,* zit. nach Waters, S. 168.
19. Howard an Walsingham, 6. 7. 1588, *Arm. I,* S. 247 f.
20. Siehe Waters, S. 30–38.

7. Geschütze, Kanoniere und Mannschaften

1. C. Martin, El Gran Grifon: An Armada Wreck on Fair Isle, in: *IJNA* I, (1972), S. 63 f.
2. Zit. nach Oppenheim, *Admin.,* S. 155.
3. Oppenheim, *Monson* IV, S. 33.
4. Binning, *A Light to the Art of Gunnery,* S. 109.
5. Siehe im einzelnen Padfield, *Guns,* S. 59 ff.
6. J. Montgomery, *Censuria Literaria,* zit. nach J. Corbett, *Drake and the Tudor Navy;* Corbett, Drake, London 1899, S. 289.
7. Zit. nach Padfield, *Guns,* S. 62.
8. Major J. G. D. Elvin an den Verfasser, 9. 11. 1982.
9. Bezüglich der technischen Konstruktionsdetails siehe F. Howard, Early Ship Guns, Part I: Built-up Breech-loaders, in: *MM,* Bd. 72.4 (Nov. 1986), S. 439 ff. und Part II – Swivels, in: *MM,* Bd. 73.1 (Feb. 1987), S. 49 ff.; siehe dazu auch den offiziellen Katalog des Museum of Artillery in Rotunda, Woolwich, 1934.
10. Zit. nach Oppenheim, *Admin.,* S. 334.
11. Eine detaillierte Übersicht der Gewichte spanischer Kanonen gibt I. A. A. Thompson, Spanish Armada Guns, in: *MM,* Bd. 61.4 (Nov. 1975), S. 355 ff., bes. S. 361.
12. Siehe Tabelle in Oppenheim, *Admin.,* S. 318; Padfield, *Guns,* S. 37 f.; *Royal Armouries Catalogue,* Tower of London, S. 394 f.; Oppenheim, *Monson IV,* S. 36–41.
13. Siehe dazu im einzelnen Padfield, *Guns.*
14. C. R. D. Bethune (Hg.), *The Observations of Sir Richard Hawkins,* Hakluyt, 1847, S. 190.
15. *Ebd.,* S. 214.
16. Thompson, Spanish Armada Guns *(wie Anm. 15),* S. 368, gibt die Geschütze der Spanier mit 441 Feldschlangen, leichten Feldschlangen und Saker an gegenüber 324 Kanonen.
17. Siehe z. B. *Dom.,* S. 244; und Oppenheim, *Admin.,* S. 159 f.
18. Siehe N. A. M. Rodger, Elizabethan Naval Gunnery, Anm., in: *MM,* Bd. 61.4 (Nov. 1975), S. 353 f.
19. Corbett, *Fighting* (zitiert W. Raleighs Instruktionen von 1617), S. 42.
20. Corbett, *Spanish War,* S. 55 f.
21. *Colloquies of Tartaglia,* zit. nach Hodges, S. 12.
22. R. Hawkins, *Observations,* zit. nach *ebd.,* S. 22.
23. Befehle Medina Sidonias an die Armada in Lissabon, Mai?, *Sp.,* S. 293.
24. James Humfrey, *The Book of the Lawe of Olerone ...,* 1568, Pepys Library, Cambridge, S. 173, zitiert die Musterungsoffiziere von Ipswich.
25. Siehe Oppenheim, *Admin.,* S. 79.
26. Lloyd, *British Seaman,* S. 33.
27. Howard an Walsingham, 26. 8., *Arm. II,* S. 160.
28. Zit. nach Oppenheim, *Monson II,* S. 248.
29. *Ebd.,* S. 237.
30. Med. Sid. Anweisungen an die Schiffsführer der Armada in Lissabon, 21. 4. 1588, *Sp.,* S. 269–271; siehe dort auch die Vorratslisten der Armada, *ebd.,* S. 276.
31. Siehe Mary-Rose-Museum, Porthsmouth, und den Souvenir Guide to the Mary Rose; sowie Derauve, Durosquel, S. 40, und die Funde im Ulster Museum, Belfast.
32. C. Martin an den Verfasser, 14. 4. 1987; „zwei verschiedene Größen von Geschirr wurden gefunden, solche für eine Einzelperson und größere Behälter für 6–8 Rationen, auf der Trinidad Valencera". Siehe auch Derauve, Durosquel, S. 40.
33. Dr. Margaret Rule (Forschungsdirektorin der Mary-Rose-Stiftung) an den Verf., 8. 5. 1987: „Wir fanden Kochgeschirre sowie eine größere Zahl von Tellern und Schüsseln. Das meiste davon wurde in einem Vorratsraum auf dem Orlopdeck gefunden, genau über der Kombüse." Siehe auch den Souvenir Guide to the Mary Rose (wie Anm. 38).
34. Bezüglich des Ursprungs der spanischen Keramikwaren in den Wracks der Armada siehe Muckleroy, S. 97 ff.
35. Derauve, Durosquel, S. 66.
36. Siehe Oppenheim, *Admin.,* S. 139.
37. Rawlinson's Ballads, Bodleian Library, Nr. 157, zit. nach C. Bridge, *Sea Songs and Ballads,* Oxford 1906, S. 10–12.
38. Siehe Mary-Rose-Museum, Portsmouth; Ulster Museum, Belfast.

8. Der Kampf im Kanal

1. Howard an Walsingham, Kurze Zusammenfassung der Ereignisse, *Arm. II,* S. 55; Medina Sidonia an Philipp, 30. 7. 1588, *Sp.,* S. 356 f.; bezüglich des Treffpunkts der Armada, Allgemeine Anweisungen vom Mai, *ebd.,* S. 291 f., – „luvwärts von den Scilly Inseln".
2. Howarth, *The Voyage of the Armada,* S. 119.
3. Drake an Königin Elisabeth, 13. 4. 1588, *Arm. I,* S. 148.
4. Kurze Zusammenfassung ..., *Arm. II,* S. 55.
5. Harleian Manuscripts 132 & 4685, zit. nach Smith, S. XVII f.
6. Ratschläge aus England, 5. 11. 1588, von dem genuesischen Spion Marco Antonio Micea, *Sp.,* S. 480.
7. Philipps Anweisungen an Medina Sidonia, 1. 4. 1588, *Sp.,* S. 248.
8. Howarth, S. 116.
9. Medina Sidonia an Philipp, 30. 7. 1588, *Sp.,* S. 357 f.
10. *Relation,* S. 7.
11. Pedro de Estrada, wahrscheinlich an Bord der San Marcos, zit. nach Oppenheim, *Monson II,* S. 301.
12. Alonso de Chaves, zit. nach Corbett, *Fighting,* S. 4 f.
13. *Ebd.,* S. 8.
14. W. Camden, zit. nach Smith, S. XVII.
15. *Relation,* S. 7.
16. Henry Whyte an Walsingham, 8. 8. 1588, *Arm. II,* S. 63.
17. Befragung Emanuel Fremosos, auf der San Juan, *Arm. II.* S. 219.
18. Jorge Manrique an Philipp, 11. 8. 1588, *Sp.,* S. 373.
19. *Calderon,* S. 440.
20. Pedro de Estrada, zit. nach Oppenheim, *Monson II,* S. 302.
21. Medina Sidonia Diary, S. 396.
22. Howard an Walsingham, 21. 7. 1588, *Arm. I,* S. 288.
23. Bericht über Deserteure, Holland, 3. 8. 1588, *Arm. II,* S. 79; *Calderon,* S. 441.
24. Howard an Sussex, 22. 7. 1588, *Arm. I,* S. 299.
25. *Relation,* S. 8.
26. Petition ..., Margaret and John, *Arm. II,* S. 106 f.
27. Don Pedro de Valdés an Philipp, 21. 8., *Arm. II,* S. 135.
28. *Relation,* S. 9.
29. Medina Sidonia Diary, S. 396.
30. Medina Sidonia an Parma, 1. 8., *Sp.,* S. 358.
31. Kurze Zusammenfassung der Ereignisse, Howard an Walsingham, 7. 8., *Arm. II,* S. 56.
32. *Calderon,* S. 441.
33. *Relation,* S. 10.
34. Medina Sidonia Diary, S. 397.
35. *Relation,* S. 10.
36. Siehe Willamson, *Drake,* S. 334.
37. *Relation,* S. 11.
38. Medina Sidonia Diary, S. 398.
39. *Calderon,* S. 442.
40. Jorge Manrique an Philipp, 11. 8., *Sp.,* S. 374.
41. Medina Sidonia Diary, S. 398.
42. *Relation,* S. 11.
43. *Ebd.,* S. 12.
44. W. Thomas an Burghley, 30. 9., *Arm. II,* S. 259.
45. Siehe R. Pitt, Bürgermeister von Weymouth, 24. 7., *Arm. I,* S. 303.
46. Medina Sidonia Diary, S. 397 f.
47. Medina Sidonia an Moncada, 2. 8., *Sp.,* S. 359.
48. Medina Sidonia Diary, S. 398.
49. *Ebd.,* S. 359.
50. *Calderon,* S. 443.
51. Sir G. Carey an Sussex, 25. 7., *Arm. I,* S. 234.
52. Medina Sidonia an Parma, 4. 8., *Sp.,* S. 360.
53. Medina Sidonia Diary, S. 399 f.
54. Seymour an Königin Elisabeth, 11. 8., *Arm. II,* S. 1; Seymour an Walsingham, 7. 8., *ebd.,* S. 3; siehe auch Borough an Walsingham, 7. 8., *ebd.,* I, S. 336.
55. Estrada, zit. nach Oppenheim, *Monson II,* S. 306.
56. Medina Sidonia an Parma, 6. 8., *Sp.,* S. 362 f.

9. Die Schlacht von Gravelines

1. Parma an Philipp, 7. 8., *Sp.,* S. 365.
2. Manrique an Idiáquez, 11. 8., *Sp.,* S. 375.
3. Ratschläge an die Flotte, 11. 8., *Sp.,* S. 377.
4. Mendoza an Philipp, 27. 12., *Sp.,* S. 183.

5. Philipp an Erzherzog (zur Weitergabe an Santa Cruz), Jan. 1588, *Sp.*, S. 187 f.
6. Parma an Philipp, 31. 1., *Sp.*, S. 199.
7. Parma an Philipp, 22. 2., *Sp.*, S. 211.
8. Parma an Philipp, 20. 3., *Sp.*, S. 236.
9. Medina Sidonia an Philipp, 14. 5., *Sp.*, S. 296.
10. Parma an Mendoza, 22. 3., *Sp.*, S. 241.
11. Philipp an Parma, zit. nach Howarth, S. 153.
12. Fernando Duro, *La Armada Invencible*, Madrid 1884, II, S. 10, zit. nach Thompson, *The Appointment*, a. a. O., S. 205.
13. Philipp an Medina Sidonia (zusätzliche geheime Instruktionen), 1. 4., *Sp.*, S. 250.
14. Zit. nach Thompson *(wie Anm. 12)*, S. 201.
15. *Ebd.*, S. 200, Anm. 21.
16. Philipp an Erzherzog, 14. 9. 1587, zusammen mit Philipp an Medina Sidonia, 1. 4. 1588, Lloyd/Naish, S. 9.
17. Annahme Medina Sidonias an Philipp, in dem er diesem seine Absicht mitteilt, 10. 6., *Sp.*, S. 302 f.
18. Parma an Philipp, 22. 6., *Sp.*, S. 315 f.
19. Recalde an Philipp, 11. 7., *Sp.*, S. 334 f.
20. Philipp an Medina Sidonia, *Sp.*, 7. 8., S. 363.
21. Parma an Philipp, 22. 6., *Sp.*, S. 315 Anm.
22. Seymour an Walsingham, 12. 7., *Arm. I*, S. 254 f.; siehe auch Seymour an Walsingham, 20. 7., *ebd.*, S. 286 – „Der Herzog hatte lediglich vor, sie auf Wakerland (= Walcheren) einzusetzen."
23. Winter an Walsingham, 20. 6., *ebd.*, S. 213 f.
24. Dale an Leicester, 17. und 21. 6., *Sp.*, S. 312 f.
25. Parma an Philipp, 8. 8., *Sp.*, S. 366.
26. *Ebd.*
27. Siehe Medina Sidonia Diary, Sonntag, 7., bezüglich Tellos Bericht, S. 400.
28. Medina Sidonia an Philipp, 1. 8., *Sp.*, S. 358.
29. Medina Sidonia Diary, S. 399.
30. Dale an Leicester, 21. 6., *Sp.*, S. 313.
31. Medina Sidonia an Parma, 6. 8., *Sp.*, S. 362 f.
32. Philipp an Medina Sidonia, Anweisungen, 1. 4., *Sp.*, S. 246.
33. Drake an Königin Elisabeth, 13. 4. 1588, *Arm. I*, S. 148.
34. Winter an Walsingham, 11. 8., *ebd.*, S. 8.
35. Estrade, zit. nach Oppenheim, *Monson II*, S. 306.
36. *Memoirs of Robert Carey*, London 1905, S. 9.
37. Ratschläge an die Flotte, 11. 8., *Sp.*, S. 376.
38. *Calderon*, S. 443.
39. Manrique an Philipp, 11. 8., *Sp.*, S. 373.
40. Medina Sidonia Diary, S. 401.
41. R. Thomson an Walsingham, 9. 8., *Arm. I*, S. 347.
42. Sir H. Palavicino's Relation, *Arm. II*, S. 207.
43. H. Whyte an Walsingham, 18. 8., *ebd.*, S. 63.
44. Bericht über die Galeasse Zuniga, 4. 10., *Sp.*, S. 461.
45. Medina Sidonia Diary, S. 401.
46. Seymour an Königin Elisabeth, 11. 8., *Arm. II*, S. 2; und Winter an Walsingham, 11. 8., *ebd.*, S. 9 f.
47. Seymour an Königin Elisabeth, *a. a. O.*
48. *Relation*, S. 16.
49. Whyte an Walsingham, 18. 8., *Arm. II*, S. 64.
50. Estrada, zit. nach Oppenheim, *Monson II*, S. 307.
51. Bericht Zuniga, *Sp.*, S. 461.
52. *Calderon*, S. 444.
53. *Ebd.*
54. Winter an Walsingham, 11. 8., *Arm. II*, S. 11.
55. *Calderon*, S. 444.
56. Medina Sidonia Diary, S. 402.
57. Winter an Walsingham, 11. 8., *Arm. II*, S. 10.
58. Emanuel Fremosos Aussage, *ebd.*, S. 221.
59. Aussagen span. Gefangener von Pimentels Schiff, *ebd.*, S. 80.
60. *Calderon*, S. 445.
61. Drake an Walsingham, 8. 8., *Arm. I*, S. 341.
62. Fenner an Walsingham, 14. 8., *Arm. II*, S. 40.
63. Kurze Zusammenfassung der Ereignisse, 17. 8., *Arm. II*, S. 58.
64. Howard an Walsingham, 8. 8., *Arm. I*, S. 341.
65. Drake an Walsingham, 8. 8., *ebd.*, S. 342.
66. Hawkins an Walsingham, 10. 8., *ebd.*, S. 360.
67. Kronrat an Seymour, 7. 8., *ebd.*, S. 335 f.
68. Zit. nach A. Strickland, *The Life of Queen Elizabeth*, S. 267 f.
69. Siehe Howarth, S. 184.
70. Tomson an Walsingham, 9. 8., *Arm. I*, S. 350.
71. Seymour an Königin Elisabeth, 11. 8., *Arm. II*, S. 2; und Winter an Walsingham, 11. 8., *ebd.*, S. 11 f.
72. Gorgas an Walsingham, 10. 8., *Arm. I*, S. 357.
73. Medina Sidonia Diary, S. 403.
74. *Calderon*, S. 446 f.
75. Howard an Walsingham, 17. 8., *Arm. II*, S. 54.
76. Hawkins an Walsingham, 10. 8., *Arm. I*, S. 361.
77. H. Whyte an Walsingham, 18. 8., *Arm. II*, S. 64.
78. Tomson an Walsingham, 9. 8., *Arm. I*, S. 350.
79. Drake an Walsingham, 10. 8., *ebd.*, S. 364.
80. Medina Sidonia Diary, S. 404.
81. H. D. Sedgwick (Trans.), *A Letter Written ... to King Philip II*, S. 10.
82. *Ebd.*
83. *Ebd.*, S. 7 f.
84. Resolution des Kriegsrats, 11. 8., *Arm. II*, S. 6.
85. Fenner an Walsingham, 14. 8., *ebd.*, S. 40.
86. *Ebd.*, S. 41 f.

10. Die Katastrophe

1. Carey an Walsingham, 8. 9., *Arm. II*, S. 186.
2. Zit. nach *ebd.*, S. 240.
3. *Calderon*, S. 447.
4. Bericht der Zuniga, 4. 10., *Sp.*, S. 461.
5. Medina Sidonia Diary, S. 104.
6. Die mündl. Überlieferung wurde verfolgt von Frank Lindner, behilflich waren ihm dabei Magne Flem; Kristina Behnke an den Verf., 6. 5. 1987.
7. Bjørn Ringstad, Molde, an den Verf., 10. 8. 1987; Bjørn Jonsen Dale, Oslo, an den Verf., 10. 7. 1987.
8. E. van Meteran, *The miraculous Victory ...*, zit. nach Blacker, S. 417.
9. *Calderon*, S. 448.
10. Carey an Hunsdon, 1. 9., *Arm. II*, S. 137.
11. *Calderon*, S. 44.
12. Medina Sidonia an Philipp, 3. 9., *Sp.*, S. 411.
13. Drake an Walsingham, 20. 8., *Arm. II*, S. 97.
14. Medina Sidonia an Philipp, 3. 9., *Sp.*, S. 412.
15. Aussage von Emanuel Fremoso, *Arm. II*, S. 221.
16. Zit. nach Martin, *Full Fathom*, S. 36.
17. Howard an Burghley, 20. 8., *Arm. II*, S. 96.
18. Hawkins an Burghley, 5. 9., *ebd.*, S. 163.
19. Mendoza an Idiáquez, 30. 8., *Sp.*, S. 409.
20. Howard an Walsingham, 8. 9., *Arm. II*, S. 183.
21. *Ebd.*, S. 184.
22. Howard an Walsingham, 6. 9., *ebd.*, S. 168.
23. Siehe R. Pollitt, *Bureaucracy ...*, (wie Kap. 2, Anm. 12), S. 130.
24. Medina Sidonia an Philipp, 21. 8., *Sp.*, S. 393.
25. Drake an Walsingham, 10. 8., *Arm. II*, S. 364.
26. Sedgwick, S. 69–72.
27. Zit. nach *Car.*, S. LXXVI.
28. Einführung zu *Car.*, S. XXXI f.
29. *Ebd.*, S. XIII.
30. *Ebd.*, S. XVII.
31. *Car.*, S. LXXV.
32. Spenser, zit. nach Black, S. 479.
33. Carew an Vizekämmerer, Dublin, 4. 8. 1588, *Car.*, S. 470.
34. Befragung span. Gefangener, 13. 10., *Arm. II*, S. 273.
35. Siehe N. Fallon, *The Armada in Ireland*, S. 135.
36. Aussage Juan de Nova, *Sp.*, S. 508.
37. Aussage von Emanuel Fremoso, *Arm. II*, S. 223 f.; Aussage von P. Carr, *ebd.*, S. 226–228.
38. Bericht E. Whyte, zit. nach Douglas, Lamb, Loader, betr. 21.9.
39. Sedgwick, S. 20–22. Die folgenden Zitate von Cuellar auf den S. 16 f., 24 f., 29.
40. Carew an Walsingham, 18. 9. 1588, *Car.*, S. 471.
41. Bingham an Fitzwilliam, 21. 9., *Arm. II*, S. 238; und Bingham an Königin Elisabeth, 3. 12., *ebd.*, S. 300.
42. Fitzwilliam an Walsingham, 28. 10., *ebd.*, S. 286.
43. Sedgwick, S. 73 f.
44. Siehe D. Quinn, Spanish Armada prisoners' escape from Ireland, in: *MM*, Bd. 170.2 (Mai 1984), S. 117 f.
45. *Calderon*, S. 449.
46. Siehe Douglas, Lamb, Loader, 18.9.
47. Medina Sidonia an Philipp, 23. 9., *Sp.*, S. 432.
48. Siehe de Villejo an de Prada, 10. 10., *ebd.*, S. 467.
49. *Ebd.*
50. *Ebd.*
51. Mendoza an Philipp, 24. 9., *ebd.*, S. 434.
52. Siehe die Aufstellung der Spanier über ihre verlorengegangenen Fahrzeuge, *ebd.*, S. 343 f.

Epilog

1. Zit. nach Williamson, Hawkins, S. 322.
2. Oppenheim, *Monson II*, S. 263.
3. Black, *The Reign of Elizabeth*, S. 413.
4. Brief aus London, Mendoza, *Sp.*, S. 491.
5. Kapitän J. Troughton, zit. nach Williamson, *Hawkins*, S. 388.
6. Hawkins an Königin Elisabeth, über Kapt. Troughton, zit. nach *ebd.*, S. 342.
7. Oppenheim, *Monson I*, S. 354.
8. Bericht aus Irland, Juni 1596, *Sp.*, S. 626.
9. Zit. nach Oppenheim, *Monson II*, S. 17.
10. Diese Verse werden Königin Elisabeth zugeschrieben, aus The Art of English Poesy, 1589, zit. nach Lloyd/Nash, S. 83.
11. Siehe z. B. V. Barbour, *Capitalism in Amsterdam in the 17th Century*, Baltimore 1950, S. 17 ff.; C. R. Boxer, *The Dutch Seaborne Empire 1600–1800*, London 1965, S. 20 ff.; C. Wilson, *Profit and Power*, London 1957, S. 3 ff.; P. Padfield, *Tide of Empires. Decisive Naval Campaigns in the Rise of the West*, 2 Bde., London 1979/81.

Auswahlbibliographie

K. R. Andrews: *Drake's Voyages,* London 1967 (dt.: *Admiral und Pirat Francis Drake. England auf dem Weg zur Seeherrschaft,* Frankfurt/M. 1970)

S. T. Bindoff: *Tudor England,* Harmondsworth 1950 (= The Pelican History of England, 5)

T. Binning: *A Light to the Art of Gunnery,* London 1669

I. Blacker (Hg.): *The Portable Hakluyt's Voyages,* New York 1965

J. B. Black: *The Reign of Elizabeth,* Oxford 1959 (= The Oxford History of England, 8)

F. Braudel: *The Mediterranean and the Mediterranean World in the Age of Philip II,* London 1972 (Original: *La Méditerranée et le Monde Méditerranéen à l'Epoque de Philippe II,* Paris 1949, ²1966)

W. Camden (Hg. W. T. Maccaffrey): *The History of the Most Reknowned and Victorious Princess Elizabeth ...,* Chicago 1970

J. S. Cerovski (Hg.): *Fragmenta Regalia* ... Sir Robert Naunton (Nachdruck: Associated University Presses Inc.,) Washington 1985

C. M. Cipolla: *Guns and Sails in the early phase of European expansion, 1400–1700,* London 1965

J. S. Corbett (Hg.): *Papers Relating to the Navy during the Spanish War 1585–87* (Navy Records Society), London 1898

– *Fighting Instructions 1530–1816* (Navy Records Society), London 1904

C. G. Cruikshank: *Elizabeth's Army,* Oxford ²1966

J. Derauve, J.-M. Durosquel (Hg.): *Trésors de l'Armada,* Brüssel 1985

K. S. Douglas, H. H. Lamb, C. Loader: *A Meteorological Study of July to October 1588: The Spanish Armada Storms,* Norwich 1978

K. S. Douglas, H. H. Lamb: *Weather Observations and a tentative Meteorological Analysis of the period May to July 1588,* Norwich 1979

J. H. Elliott: *Imperial Spain 1469–1716,* London 1963

C. Erikson: *The First Elizabeth,* London 1983

N. Fallon: *The Armada in Ireland,* London 1978

H. W. Hodges, E. A. Hughes (Hg.): *Select Naval Documents,* Cambridge 1936

D. Howarth: *The Voyage of the Armada, The Spanish Story,* New York 1981

H. Kamen: *Spain 1469–1714,* London 1983

– *The Spanish Inquisition,* London 1965 (dt. *Die spanische Inquisition,* München 1967)

R. W. Kenny: *Elizabeth's Admiral. The political career of Charles Howard, Earl of Effingham 1536–1624,* Baltimore 1970

Michael A. Lewis: *Armada Guns. A Comparative Study of English and Spanish Armaments,* London 1961

Christopher Lloyd: *The British Seaman 1200–1860, A Social Survey,* London 1968

– (Hg.): *The Health of Seamen* (Navy Records Society), London 1965

–, G. Naish (Hg.): *The Naval Miscellany,* Vol. 4 (Navy Records Society), London 1952

C. Martin: *Full Fathom Five,* London 1975

G. Mattingly: *The Defeat of the Spanish Armada,* London 1959 (dt.: *Die Armada. Sieben Tage machen Weltgeschichte,* München 1960; neu 1988)

K. Muckelroy (Hg.): *Archaeology Under Water. An Atlas of the World's Submerged Sites,* New York - Hamburg u. a., 1980

J. E. Neale: *Queen Elizabeth I,* London 1934 (dt.: *Königin Elisabeth,* München 1967)

Z. Nuttall (Hg.): *New Light on Drake. A Collection of Documents relating to his voyage of circumnavigation 1577–1580,* Cambridge 1914

M. Oppenheim (Hg.): *The Naval Tracts of Sir William Monson* (Navy Records Society), London 1902

– *A History of the Administration of the Royal Navy,* London 1896

A. D. Ortiz: *The Golden Age of Spain,* London 1971

P. Padfield: *Guns at Sea,* London 1973 (dt.: *Waffen auf See,* Bielefeld o. J.)

G. Parker: *The Dutch Revolt,* London 1977

– *Philipp II,* Boston 1978

P. Pierson: *Philip II of Spain,* London 1975

A. L. Rowse: *The England of Elizabeth,* London 1950

– *The Expansion of Elizabethan England,* London 1955

M. Rule: *The Mary Rose,* London 1983

R. A. Sabatini: *Torquemada and the Spanish Inquisition,* London ²1913

W. Salisbury, R. C. Anderson (Hg.): *A Treatise on Shipbuilding and a Treatise on Rigging written about 1620–1625* (Society for Nautical Research), London 1985

W. Scott (Hg.): *Memoirs of Robert Carey, Earl of Monmouth,* London 1905

H. D. Sedgwick Jr. (Übers.): *A Letter Written on Oct. 4, 1589, to King Philip II,* London - New York 1896

A. R. Smith (Hg.): *Spanish Armada List, 1588,* London 1886

C. Stone (Hg.): *Sea Songs and Ballads,* Oxford 1906

A. Strickland: *The Life of Queen Elizabeth,* London 1904

I. A. A. Thompson: *War and Government in Hapsburg Spain 1560–1620,* London 1976

D. W. Waters: *The Art of Navigation in England in Elizabethan and Early Stuart Times,* New Haven 1958

J. A. Williamson: *The Age of Drake,* London 1946

– *Hawkins of Plymouth. A New History of Sir John Hawkins and of the other Members of His Family prominent in Tudor Age,* London 1969

C. H. Wilson: *Queen Elizabeth and the Revolt in the Netherlands,* London 1970

Weitere Aufsätze aus *Mariner's Mirror,* die in den Anmerkungen nicht aufgeführt sind:

K. R. Andrews: The Elizabethan Seaman, Bd. 68.3 (Aug. 1982), S. 245 ff.

L. A. Clayton: Ships and Empire: the Case of Spain, Bd. 62.3 (Aug. 1976), S. 235 ff.

P. Croft: English Mariners trading to Spain and Portugal, 1558–1625, Bd. 69.3 (Aug. 1983), S. 251 ff.

T. Glasgow Jr.: List of Ships in the Royal Navy from 1539 to 1588 ..., Bd. 56.3 (Aug. 1970), S. 299 ff.

G. V. Scammell: The English in the Atlantic Islands c. 1450–1650, Bd. 72.3 (Aug. 1986), S. 295 ff.

– Manning the English Merchant Service in the Sixteenth Century , Bd. 56.2 (Mai 1970), S. 131 ff.

Register

Kursive Ziffern verweisen auf Nennungen in den Bildunterschriften;
kursiv gesetzte Namen sind Schiffsnamen.

H. Gravelot delin.

Published by John Pine, June